Familienpsychologische Sachverständigengutachten
in Sorge-, Umgangs- und Kindeswohlgefährdungsverfahren

Studien zum deutschen und internationalen Familien- und Erbrecht

Herausgegeben von Martin Lipp, Christoph Benicke, Marina Wellenhofer, Bettina Heiderhoff und Barbara Veit

Band 30

Zur Qualitätssicherung und Peer Review der vorliegenden Publikation

Die Qualität der in dieser Reihe erscheinenden Arbeiten wird vor der Publikation durch den Herausgeber der Reihe geprüft.

Notes on the quality assurance and peer review of this publication

Prior to publication, the quality of the work published in this series is reviewed by the editor of the series.

Meike Löwer

Familienpsychologische Sachverständigengutachten in Sorge-, Umgangs- und Kindeswohlgefährdungsverfahren

Zur effektiven Einbeziehung von psychologischen Sachverständigen in kindschaftsrechtlichen Verfahren zum Wohle des Kindes

PL ACADEMIC RESEARCH

Bibliografische Information der Deutschen Nationalbibliothek
Die Deutsche Nationalbibliothek verzeichnet diese Publikation in der Deutschen Nationalbibliografie; detaillierte bibliografische Daten sind im Internet über http://dnb.d-nb.de abrufbar.

Zugl.: Frankfurt (Main), Univ., Diss., 2017

D 30
ISSN 1864-497X
ISBN 978-3-631-73616-6 (Print)
E-ISBN 978-3-631-73687-6 (E-PDF)
E-ISBN 978-3-631-73688-3 (EPUB)
E-ISBN 978-3-631-73689-0 (MOBI)
DOI 10.3726/b12105

PL Academic Research ist ein Imprint der Peter Lang GmbH.

Peter Lang – Frankfurt am Main · Bern · Bruxelles · New York · Oxford · Warszawa · Wien

Diese Publikation wurde begutachtet.

www.peterlang.com

Vorwort

Die vorliegende Arbeit wurde im Sommersemester 2017 vom Fachbereich Rechtswissenschaft der Johann Wolfgang Goethe-Universität Frankfurt am Main als Dissertation angenommen. Rechtsprechung und Literatur wurden bis zum Juli 2017 berücksichtigt und eingearbeitet.

Besonders möchte ich *Frau Prof. Dr. Marina Wellenhofer* ganz herzlich danken, die nicht nur zu dieser hochspannenden Untersuchung anregte, sondern mir auch die Möglichkeit gab, als Wissenschaftliche Mitarbeiterin an ihrem Lehrstuhl die Dissertation in einer unvergleichlich schönen Arbeitsatmosphäre zu erstellen. Während der Bearbeitung stand sie stets für wertvolle Gespräche und Anregungen jeglicher Art zur Verfügung. Ich bedanke mich deshalb für die tolle Zeit an ihrem Lehrstuhl, die mich auch in persönlicher Hinsicht sehr geprägt hat. Dazu haben auch meine geschätzten Kolleginnen und Freundinnen *Janett Theile, Dragana Damljanovic, Charlotte Baecker* und in besonderem Maße auch *Frau Alexandra von Christen* wesentlich beigetragen.

Herrn Prof. Dr. Ludwig Salgo danke ich sehr für die Erstellung des Zweitgutachtens und die wertvollen Anregungen. Weiterhin möchte ich mich herzlich für die konstruktiven Gespräche in der Anfangsphase der Dissertation über die praktische Relevanz der Thematik aus Sicht eines Familienrichters mit *Herrn Prof. Dr. Stefan Heilmann* bedanken. Ebenso danke ich *Frau Prof. Dr. Sonja Rohrmann* und ihrem Mitarbeiter *Herrn Dr. Andreas Thiele* am Fachbereich Psychologie der Johann Wolfgang Goethe-Universität Frankfurt am Main für die anfänglichen Gespräche zu den psychologischen Aspekten.

Der größte Dank gilt aber meinen „zwei Männern". Mein Vater *Markus Funke* hat mich während meines Studiums und meiner Promotion in jeglicher Hinsicht großartig unterstützt und gefördert. Er hat keine Mühen gescheut und sich durch ein kritisches Korrekturlesen besonders eingebracht. Meinem wundervollen Freund *Patrick Winter* danke ich für das unbeschreibliche und unbezahlbare Engagement während der gesamten Schaffensphase. Er hat mich stets aufs Beste zu fördern und zu fordern gewusst, indem er mich im richtigen Moment motiviert hat und fachlich wahrscheinlich mein größter Fan und Kritiker zugleich war.

Zu guter Letzt danke ich allen meinen lieben Familienmitgliedern und Freundinnen, die mich auf diesem Weg begleitet und jeder auf seine Weise unterstützt haben.

Frankfurt am Main, im August 2017
Meike Löwer

Inhaltsverzeichnis

Literaturverzeichnis

Abele-Brehm, Andrea; Bühner, Markus; Deutsch, Roland; Erdfelder, Edgar; Fydrich, Thomas; Gollwitzer, Mario; Heinrichs, Markus; König, Cornelius; Spinath, Birgit; Vaterrodt, Bianca; Heinke-Becker, Jesco: Bericht der Kommission „Studium und Lehre“ der Deutschen Gesellschaft für Psychologie, in: PsyRundsch 2014, 230–235 (zit.: *Abele-Brehm et al.*, PsyRundsch 2014, 230).

–: Bericht der Kommission „Studium und Lehre“ der Deutschen Gesellschaft für Psychologie, Teil II: Masterstudium Psychologie, in: PsyRundsch 2014, 31–36 (zit.: *Abele-Brehm et al.*, PsyRundsch 2014, 31).

Ainsworth, Mary D. Salter: Infancy in Uganda: Infant Care and the Growth of Attachment, Baltimore 1967 (Felduntersuchungen in Uganda) (zit.: *Ainsworth*, 1967).

Alberstötter, Uli: Wenn Eltern Krieg gegeneinander führen: Zu einer neuen Praxis der Beratungsarbeit mit hoch strittigen Eltern, in: *Weber*/Schilling, Eskalierte Elternkonflikte: Beratungsarbeit im Interesse des Kindes bei hoch strittigen Trennungen, 2. Auflage, Weinheim 2012, S. 29–51 (zit.: Weber/Schilling/ *Alberstötter*, S. 29).

Altrogge, Alexandra: Umgang unter Zwang: das Recht des Kindes auf Umgang mit dem umgangsunwilligen Elternteil, Dissertation, Bielefeld 2007 (zit.: *Altrogge*).

Amato, Paul: Children's adjustment to divorce: Theories, hypotheses, and empirical support. Journal of Marriage and the Family, 55, 1993, 23–38 (zit.: *Amato*, 1993).

–: Children and divorce in the 1990s: An update of the Amato and Keith (1991) meta-analysis. *Journal of Family Psychology, 2001, 15*, 355–370 (zit.: *Amato*, 2001).

Amelang, Manfred; Schmidt-Atzert, Lothar: Psychologische Diagnostik und Intervention: mit 58 Tabellen, 4. Auflage, Heidelberg 2006 (zit.: *Amelang/ Schmidt-Atzert*).

Amann, Gabriele; Wipplinger, Rudolf: Sexueller Missbrauch: Ein Überblick zu Forschung, Beratung und Therapie. Ein Handbuch, Tübingen 2005 (zit.: *Amann/Wipplinger*).

Arntzen, Friedrich: Elterliche Sorge und persönlicher Umgang mit Kindern aus gerichtspsychologischer Sicht: Ein Grundriss der forensischen Familienpsychologie, München 1980 (zit.: *Arntzen*, 1980).

–: Elterliche Sorge und persönlicher Umgang mit Kindern aus gerichtspsychologischer Sicht: Ein Grundriss der forensischen Familienpsychologie, München 1994 (zit.: *Arntzen*, 1994).

***B**ärmann*, Johannes: Freiwillige Gerichtsbarkeit und Notarrecht, Berlin 1968 (zit.: *Bärmann*).

Bahrenfuss, Dirk: Kommentar zum FamFG: Gesetz über das Verfahren in Familiensachen und in den Angelegenheiten der freiwilligen Gerichtsbarkeit, 2. Auflage, Berlin 2013 (zit.: Bahrenfuss/*Bearbeiter*).

Balloff, Rainer: Diagnostische und therapeutische Probleme bei trennungsgeschädigten Eltern und deren Kindern während des Scheidungsverfahrens, in: *Schorr*, Bericht über den 13. Kongress für Angewandte Psychologie, Bonn 1985 (zit.: Schorr/*Balloff*).

–: Brauchen wir einen Rechtspsychologen, einen Fachanwalt für Familienrecht und einen Anwalt des Kindes, in: FPR 1995, 176–179 (zit.: *Balloff*, FPR 1995, 176).

–: Kindeswille, Grundbedürfnisse des Kindes und Kindeswohl in Umgangsrechtsfragen, in: FPR 2002, 240 (zit.: *Balloff*, FPR 2002, 240).

–: Der Sachverständige aus der Sicht des Psychologen, in: FF (Sonderheft April) 2003, 83 (zit.: *Balloff*, FF-Sonderheft 2003, 83).

–: Die Rolle des Sachverständigen in Kindschaftssachen nach neuem Recht, in: FPR 2006, 415 (zit.: *Balloff*, FPR 2006, 415).

–: Der Sachverständige in Umgangsverfahren, in: FPR 2007, 288–291 (zit.: *Balloff*, FPR 2007, 288).

–: Der Sachverständige in Umgangsverfahren, in: PdR 2009, 33 (zit.: *Balloff*, PdR 2009, 33).

–: Zum aktuellen Stand der Begutachtung im Familiengerichtsverfahren – Einschätzung und Perspektiven, in: PdR 2014, 99–113 (zit.: *Balloff*, PdR 2014, 99).

–: Kinder vor dem Familiengericht: Praxishandbuch zum Schutz des Kindeswohls unter rechtlichen, psychologischen und pädagogischen Aspekten, 2. Auflage, Baden-Baden 2014 (zit.: *Balloff*).

Balloff, Rainer; Stötzel, Manuela: Psychologische Sachverständige, in: *Meysen*, Praxiskommentar Familienverfahrensrecht: Einführung, Erläuterungen, Arbeitshilfen, 2. Auflage, Köln 2014, S. 28–36 (zit.: Meysen/*Balloff/Stötzel*).

Balloff, Rainer; Walter, Eginhard: Anforderungen an familienrechtspsychologische Gutachten bei Kindeswohlgefährdungen nach § 1666 BGB, in: NZFam 2015, 580 (zit.: *Balloff/Walter*, NZFam 2015, 580).

Bauer, Horst: Gerichtsschutz als Verfassungsgarantie: zur Auslegung des Art. 19 Abs. 4 GG, Dissertation, Berlin 1973 (zit.: *Bauer*).

Bauer, Axel; Schaus, Grazia: Der Anwalt des Kindes im vormundschaftsgerichtlichen Verfahren – Ein Erfahrungsbericht aus der Frankfurter Gerichtspraxis –, Tagung: Damit auch die Kinder zu Wort kommen, Ev. Akademie, Frankfurt 1993 (zit.: *Bauer/Schaus*).

Bauers, Bärbel: Psychische Folgen von Trennung und Scheidung der Kinder, in: *Menne/Schilling/Weber*, Kinder im Scheidungskonflikt: Beratung von Kindern und Eltern bei Trennung und Scheidung, Weinheim 1993, 39 ff. (zit.: Menne/Schilling/Weber/*Bauers*, S. 39).

Baur, Fritz: Zum sogenannten Freibeweis im Verfahren der freiwilligen Gerichtsbarkeit, in: Festschrift für Schima, Wien 1969, S. 59–69 (zit.: *Baur*, FS Schima, S. 59)

Bayerlein, Walter; Bleutge, Katharina; Roeßner, Wolfgang: Praxishandbuch Sachverständigenrecht, 5. Auflage, München 2015 (zit.: Bayerlein/Bleutge/Roeßner/*Bearbeiter*).

Beck'scher Online-Kommentar zum FamFG: 23. Edition, Stand: 01.07.2017 (zit.: BeckOK FamFG/*Bearbeiter*).

Beck'scher Online-Kommentar zum KostR: 18. Edition, Stand: 15.05.2017 (zit.: BeckOKJVEG/ *Bearbeiter*).

Beck'scher Online-Kommentar zur ZPO: 25. Edition, Stand: 15.06.2017 (zit.: BeckOKZPO/ *Bearbeiter*).

Beelmann, Wolfgang; Schmidt-Denter, Ulrich: Der Family Relations Test (FRT), in: *Sturzbecher*, Spielbasierte Befragungstechniken : interaktionsdiagnostische Verfahren für Begutachtung, Beratung und Forschung, Göttingen 2001, S. 64–73 (zit.: Sturzbecher/*Beelmann/Schmidt-Denter*, S. 74).

–: Neuere Forschungen mit dem Family Relations Test (FRT), in: *Sturzbecher*, Spielbasierte Befragungstechniken : interaktionsdiagnostische Verfahren für Begutachtung, Beratung und Forschung, Göttingen 2001, S. 74–89 (zit.: Sturzbecher/*Beelmann/Schmidt-Denter*, S. 74).

Behler, Wolfgang: Das Kind: Eine Anthropologie des Kindes, Freiburg 1971 (zit.: Behler/*Bearbeiter*).

Bergau, Bettina: Lösungsorientierte Begutachtung als Intervention bei hochstrittiger Trennung und Scheidung, Dissertation, Weinheim 2014 (zit.: *Bergau*).

–: Lösungsorientierte Begutachtung als Intervention bei hochstrittiger Trennung und Scheidung – Empirische Befunde, in: PdR 2014, S. 196–211 (zit.: *Bergau*, PdR 2014, 196).

Bergau, Bettina; Walper, Sabine: Diagnostik und einvernehmensorientiertes Vorgehen im familiengerichtlichen Verfahren nach § 163 Abs. 2 FamFG, in: PdR 2011, 207 (zit.: *Bergau/Walper*, PdR 2011, 207).

Bergmann, Matthias: Der Beweisbeschluss im Kindschaftsverfahren: Schnittstelle zwischen Recht und Spekulation, in: FamRB 2016, 364–372 (zit.: *Bergmann*, FamRB 2016, 364).

Bergmann, Elmar; Jopt, Uwe; Rexilius, Günter: Lösungsorientierte Arbeit im Familienrecht : Intervention bei Trennung und Scheidung, 1. Auflage, Köln 2002 (zit.: Bergmann/Jopt/Rexilius/*Bearbeiter*).

Berufsverband Deutscher Psychologen e.V.: Richtlinien für die Erstellung psychologischer Gutachten, Bonn 1986 (zit.: *BDP*, Richtlinien, 1986).

Binz, Karl Josef; Dörndorfer, Josef; Petzold, Rainer; Zimmermann, Walter: Kommentar zum Gerichtskostengesetz, Gesetz über Gerichtskosten in Familiensachen, Justizvergütungs- und -entschädigungsgesetz: GKG – FamGKG – JVEG, 3. Auflage, München 2014 (zit.: BDPZ/*Bearbeiter*).

Bleutge, Katharina: Achtung Auftrag – Was schuldet ein Sachverständiger, in: Der Sachverständige (DS) 2010, 142–143 (zit.: *Bleutge*, DS 2010, 142).

–: Die Vergütung von Sachverständigen in Europa: Ein Einblick in die Honorarpraxis im gerichtlichen Bereich, in: DS 2013, 222 (zit.: *Bleutge*, DS 2013, 222).

Bleutge, Peter: Der nachträgliche Verlust und die Kürzung des Vergütungsanspruchs nach dem JVEG – Tickende Zeitbomben bei der Abrechnung des vom Gericht beauftragten Sachverständigen, in: DS 2010, 92–102 (zit.: *Bleutge*, DS 2010, 92).

–: Die Novelle zum JVEG Änderungen, Verbesserungen, Mängel, Praxistipps, in: DS 2013, 256–264 (zit.: *Bleutge*, DS 2013, 256).

Bleutge, Peter; Roeßner, Wolfgang: Praxishandbuch Sachverständigenrecht, 5. Auflage, München 2015 (zit.: Bleutge/Roeßner/*Bearbeiter*).

Boehme-Neßler, Volker: Prekäre Balance: Überlegungen zum heiklen Verhältnis von Richtern und Gutachtern, in: Rechtswissenschaft Heft 2 2014, 189 (zit.: *Boehme-Neßler*, RW 2014, 189).

Boerner, Klaus: Psychologische Gutachten, 8. Auflage, Weinheim 2010 (zit.: *Boerner*).

Bohnert, Cornelia: Mitwirkungspflichten bei der Beweisaufnahme in Familiensachen, in: NZFam 2014, 107 (zit.: *Bohnert*, NZFam 2014, 107).

Bork, Reinhard; Jacoby, Florian; Schwab, Dieter: FamFG: Kommentar zum Gesetz über das Verfahren in Familiensachen und in den Angelegenheiten der freiwilligen Gerichtsbarkeit, 2. Auflage, Bielefeld 2013 (zit.: Bork/Jacoby/Schwab/*Bearbeiter*).

Borth, Helmuth: Das Kreuz mit dem Sachverständigen, in: FF Sonderheft 2003, 73 (zit.: *Borth*, FF-Sonderheft 2003, 73).

Bovenschen, Ina; Spangler, Gottfried: Besondere Kenntnisse der am Kindschaftsverfahren Beteiligten über frühkindliche Bindungen, in: NZFam 2014, 900 (zit.: *Bovenschen/Spangler*, NZFam 2014, 900).

Bowlby, John: Bindung: eine Analyse der Mutter-Kind-Beziehung, Band 1, München 1975 (Attachment and Loss, Vol. 1: Attachment, 1969/1982) (zit.: *Bowlby*, 1975).

–: Bindung: eine Analyse der Mutter-Kind-Beziehung, Band 2: Trennung, München 1980 (Attachment and Loss, Vol. 2: Separation and Loss) (zit.: *Bowlby*, 1980).

–: Bindung: Historische Wurzeln, theoretische Konzepte und klinische Relevanz, in: *Spangler/Zimmermann*, Die Bindungstheorie: Grundlagen, Forschung und Anwendung, 5. Auflage, Stuttgart 2009 (zit.: Spangler/Zimmermann/*Bowlby*, S. 17).

Bowlby, John; Ainsworth, Mary D. Salter: Mutterliebe und kindliche Entwicklung, 1. Auflage, München 1985 (Child care and the growth of love) (zit.: *Bowlby/Ainsworth*, 1985).

Braches-Chyrek, Rita; Macke, Kathrin; Wölfel, Ingrid: Kindheit in Pflegefamilien, Leverkusen 2010 (zit.: *Braches-Chyrek/Macke/Wölfel*).

Brebeck, Andrea: Das Stufenmodell der Bindungsfürsorge – Eine Erwiderung zum Beitrag von Temizyürek (ZKJ 6/2014), in: ZKJ 2014, 473 (zit.: *Brebeck*, ZKJ 2014, 473).

Brehm, Wolfgang: Freiwillige Gerichtsbarkeit, Kurzlehrbuch, Stuttgart 1988 (zit.: *Brehm*).

Bremer, Heinz: Der Sachverständige, 2. Auflage, Heidelberg 1973 (zit.: *Bremer, 1973*).

Brinkmann, Wilhelm: Kinderschutz als sozialpolitische Praxis: Hilfe, Schutz und Kontrolle, München 1984 (zit.: Brinkmann/*Bearbeiter*).

Brückner, Sascha; Neumann, Lorenz: Die Haftung des Sachverständigen nach neuem Delikts- und Werkvertragsrecht, in: MDR 2003, 906–912 (zit.: *Brückner/Neumann*, MDR 2003, 906).

Bumiller, Ursula; Winkler, Karl: Beck'sche Kurzkommentar, Band 33: Freiwillige Gerichtsbarkeit: Gesetz über die Angelegenheiten der freiwilligen Gerichtsbarkeit, 8. Auflage, München 2006 (zit.: *Bumiller/Winkler*).

Bumiller, Ursula; Harders, Dirk; Schwamb, Werner: FamFG : Gesetz über das Verfahren in Familiensachen und in den Angelegenheiten der freiwilligen Gerichtsbarkeit, 11. Auflage, München 2015 (zit.: *Bumiller/Harders/Schwamb*).

Burschel, Hans-Otto: Wie weit geht die Pflicht zur Förderung des Umgangs?, in: NZFam 2015, 623 (zit.: *Burschel*, NZFam 2015, 623).

Busemann, Adolf: Kindheit und Reifezeit: Die menschliche Jugend in Entwicklung und Aufbau, Frankfurt 1965 (zit.: *Busemann*).

Carl, Eberhard: Die Aufklärung des Verdachts eines sexuellen Missbrauchs in familien- und vormundschaftsgerichtlichen Verfahren, in: FamRZ 1995, 1183–1192 (zit.: *Carl*, FamRZ 1995, 1183).

–: Erkenntnisgewinn im Sorgerechtsverfahren, Anmerkung zur Entscheidung des OLG Brandenburg vom 03.08.2015 – 13 UF 190/14, in: FamRZ 2016, 244–245 (zit.: *Carl*, FamRZ 2016, 244).

Cassidy, Jude; Shaver, Phillip R.: Handbook of Attachment, Edition 2, Theory, Research, and Clinical Applications, The Guilford Press 2010 (zit.: *Cassidy/Shaver*, 2010).

Castellanos, Helen A.; Hertkorn, Christine: Psychologische Sachverständigengutachten im Familienrecht, 1. Auflage, Baden-Baden 2014 (zit.: *Castellanos/Hertkorn*).

Castellanos, Helen A.; Hertkorn, Christiane; Plattner, Anita; Salzgeber, Josef: Psychologische Diagnostik der Erziehungsfähigkeit, in: PdR 2004 (2), 304–319 (zit.: *Castellanos/Hertkorn/Plattner/Salzgeber*, PdR 2004, 304).

Coester, Michael: Das Kindeswohl als Rechtsbegriff: der richterlichen Entscheidung über die elterliche Sorge beim Zerfall der Familiengemeinschaft, Habilitationsschrift, Augsburg 1981 (zit.: *Coester*).

–: Sorgerechtsentzug bei elterlicher Verweigerung der Mitwirkung an Sachverhaltsaufklärung, Anmerkung zur Entscheidung des KG Berlin vom 15.01.2016 – 13 UF 202/14, in: FamRZ 2016, 646 (zit.: *Coester*, FamRZ 2016, 646).

Coester-Waltjen, Dagmar; Lipp, Volker; Schumann, Eva; Veit, Barbara: Alles zum Wohle des Kindes? : aktuelle Probleme des Kindschaftsrechts, 2. Familienrechtliches Forum Göttingen, Göttingen 2012 (zit.: Coester-Waltjen et al./*Bearbeiter*).

Cuvenhaus, Hanspeter: Rechtliche Grundlagen einer systematisch ausgerichteten Sachverständigenbeauftragung im familiengerichtlichen Verfahren, in: *Bergmann/Jopt*/Rexilius, Lösungsorientierte Arbeit im Familienrecht: Intervention bei Trennung und Scheidung, 1. Auflage, Köln 2002, S. 225–236 (zit.: Bergmann/Jopt/Rexilius/*Cuvenhaus*, S. 225).

17. Deutscher Familiengerichtstag: Brühler Schriften zum Familienrecht, Band 15, 2008 (*17. DFGT*, Brühler Schriften, 2008).

18. Deutscher Familiengerichtstag: Brühler Schriften zum Familienrecht, Band 16, 2010 (*18. DFGT*, Brühler Schriften, 2010).

70. Deutscher Juristentag: Der Richter im Zivilprozess – Sind ZPO und GVG noch zeitgemäß?, Hannover 2014, A 106 (zit.: *70. DJT*, 2014).

Deutsches Institut für Jugendhilfe und Familienrecht (DIJuF): Rechtsgutachten vom 17.09.2009, in: JAmt 2009, 499 (zit.: *DIJuF*, JAmt 2009, 499).

Dettenborn, Harry: Kindeswohl und Kindeswille: psychologische und rechtliche Aspekte, 4. Auflage, München 2014 (zit.: *Dettenborn*).

–: Die Beurteilung der Kindeswohlgefährdung als Risikoentscheidung, in: FPR 2003, 293 (zit.: *Dettenborn*, FPR 2003, 293).

Dettenborn, Harry; Walter, Eginhard: Familienrechtspsychologie, 2. Auflage, München 2015 (zit.: *Dettenborn/Walter*).

Dettenborn, Harry; Fröhlich, Hans-Hermann; Szewczyk, Hans: Forensische Psychologie: Lehrbuch der gerichtlichen Psychologie für Juristen, Kriminalisten, Psychologen, Pädagogen und Mediziner, 2. Auflage, Berlin, 1989 (zit.: *Dettenborn/Fröhliche/Szewczyk*).

Dietrich, Peter: Der Scenotest, in: *Sturzbecher*, Spielbasierte Befragungstechniken: interaktionsdiagnostische Verfahren für Begutachtung, Beratung und Forschung, Göttingen 2001, S. 228–241 (zit.: Sturzbecher/*Dietrich*, S. 228).

Dietrich, Peter; Fichtner, Jörg; Halatcheva, Maya; Sandner, Eva; Weber, Matthias: Arbeit mit hochkonflikthaften Trennungs- und Scheidungsfamilien: Eine Handreichung für die Praxis, Verbundprojekt „Kinderschutz bei hochstrittiger Elternschaft“ des Deutschen Jugendinstitut e.V. (DJI) (zit.: *Dietrich et al.*).

Deutsche Industrie- und Handelskammer (DIHK): *Mustergliederung für den Aufbau von Bestellungsvoraussetzungen*, in: IfS 2009, 5 (zit.: *DIHK*, IfS 2009, 5).

Dörner, Heinrich: Industrialisierung und Familienrecht: die Auswirkungen des sozialen Wandels dargestellt an den Familienmodellen der ALR, BGB und dem französischen Code civil, Berlin 1974 (zit.: *Dörner*).

Ehinger, Uta: Die Rechtsprechung des BGH in Betreuungs- und Unterbringungssachen seit dem 1.9.2009, in: FPR 2012, 17 (zit.: *Ehinger*, FPR 2012, 17).

Ell, Ernst: Anmerkungen aus psychologischer Sicht zur Regelung der Personensorge, in: ZfJ 1980, 319 (zit.: *Ell*, ZfJ 1980, 319).

–: Wie ist das mit der „Hauptbezugsperson“?, in: ZfJ 1982, 76–82 (zit.: *Ell*, ZfJ 1982, 76).

–: Psychologische Kriterien bei der Sorgerechtsregelung, in: ZfJ 1986, 289–295 (zit.: *Ell*, ZfJ 1986, 289).

–: Psychologische Kriterien bei der Regelung des persönlichen Umgangs, Weinheim 1990 (zit.: *Ell*).

Erikson, Erik H.: Identity and the Life Cycl, International Universities Press, New York 1959 (Identität und Lebenszyklus, Frankfurt 1966) (zit.: *Erikson*, 1959).

Erman Kommentar zum BGB: 14. Auflage, Köln 2014 (zit.: Erman/*Bearbeiter*).

Ernst, Rüdiger: Psychologische Sachverständigengutachten in Kindschaftssachen: Formulierung und Beantwortung der Beweisfrage(n), in: FamRB 2016, 361–364 (zit.: *Ernst*, FPR 2016, 361).

–: Der Sachverständige in Kindschaftssachen nach neuem Recht, in: FPR 2009, 345 (zit.: *Ernst*, FPR 2009, 345).

Fegert, Jörg M.: Wann ist der begleitete Umgang, wann ist der Ausschluss des Umgangs indiziert?, in: Familie Partnerschaft Recht (FPR) 2002, 219–225 (zit.: *Fegert*, FPR 2002, 219).

–: Endgültiges Aus für das Parental Alienation Syndrome (PAS) im amerikanischen Klassifikationssystem DSM-5, in: ZKJ 2013, 190 (zit.: *Fegert*, ZKJ 2013, 190).

Fegert, Jörg M.; Ziegenhain, Ute: Hilfen für Alleinerziehende: die Lebenssituation von Einelternfamilien in Deutschland, 1. Auflage, Weinheim 2003 (zit.: Fegert/Ziegenhain/*Bearbeiter*).

Fellenberg, Barbara: Entwurf eines Gesetzes zur Erleichterung familiengerichtlicher Maßnahmen bei Gefährdung des Kindeswohls, in: FPR 2008, 125 (zit.: *Fellenberg*, FPR 2008, 125).

Feskorn, Christian: Kosten der Begutachtung im familiengerichtlichen Verfahren, in: FPR 2003, 525 (zit.: *Feskorn*, FPR 2003, 525).

Fichtner, Jörg: Hilfen bei Hochkonflikthaftigkeit?, in: ZKJ 2012, 46 (zit.: *Fichtner*, ZKJ 2012, 46).

–: Seriöser Anzug oder Matschhose, Teil 1, in: ZKJ 2015, 9 (zit.: *Fichtner*, ZKJ 2015, 9).

–: Seriöser Anzug oder Matschhose, Teil 2, in: ZKJ 2015, 63 (zit.: *Fichtner*, ZKJ 2015, 63).

–: Das Kindeswohl im Bermudadreieck? Besonderheiten familienpsychologischer Begutachtung bei Umgangs- und Sorgerechtsstreitigkeiten, in: NZFam 2015, 588 (zit.: *Fichtner*, NZFam 2015, 588).

Figdor, Helmuth: „…und ich hab nicht mehr gewusst, wer ich eigentlich bin“ – Die psychischen Folgen des Trennungstraumas am Beispiel des Scheidungskindes, in: FPR 1997, 60 (zit.: *Figdor*, FPR 1997, 60).

–: Scheidungskinder – Wege der Hilfe, Gießen 1998 (zit.: *Figdor*).

Finke, Fritz: Psychologische Sachverständigengutachten im familiengerichtlichen Verfahren aus richterlicher Sicht, in: FPR 1996, 160–165 (zit.: *Finke*, FPR 1996, 160).

–: Auswahl von Sachverständigen, materiellrechtliche Voraussetzungen für die Bestellung, in: FF Sonderheft 2003, 78 (zit.: *Fritz*, FF Sonderheft 2003, 78).

–: Die rechtlichen Grundlagen der Sachverständigentätigkeit in der Familiengerichtsbarkeit nach der Kindschaftsrechtsreform vom 1. 7. 1998, in: FPR 2003, 503 (zit.: *Finke*, FPR 2003, 503).

–: Die Kostenentscheidung in Familiensachen nach dem FamFG im Überblick, in: FPR 2010, 331–336 (zit.: *Finke*, FPR 2010, 331).

Fischer, Ansgar: Verfassungsmäßigkeit der Trennung eines Kindes von seinen Eltern, in: FamRB 2014, 288–290 (zit.: *Fischer*, FamRB 2014, 288).

Flügge, Sibylla: Ambivalenzen im Kampf um das Sorgerecht – Die Geschichte der elterlichen Sorge und die aktuelle Diskussion um die „gemeinsame Sorge", in: STREIT 1/1991, 4–15 (zit.: *Flügge*, Streit 1991, 4).

–: Zur Geschichte von Vaterrecht und mütterlicher Sorge, in: *Simon*, Zum Wohle des Kindes? – Die Regelung der elterlichen Sorge auf dem Prüfstand: Fachtagung, 1. bis 3. Dezember 1994, Dresden 1996, S. 39 ff. (zit.: Simon/*Flügge*, S. 39).

–: Gerichtssaal als Elternschule? Neue Gefährdungen durch die geplante Reform des familiengerichtlichen Verfahrens, in: FPR 2008, 1 (zit.: *Flügge*, FPR 2008, 1).

Föderation Deutscher Psychologenvereinigungen: Richtlinien für die Erstellung psychologischer Gutachten, Bonn 1994 (zit.: *FöDP*, Richtlinien, 1994).

Fölsch, Peter: Das neue FamFG in Familiensachen, Bonn 2009 (zit.: *Fölsch*).

Frank, Christel; Harrer, Gerhart: Der Sachverständige im Strafrecht, Berlin 1990 (zit.: Frank/Harrer/*Bearbeiter*).

Frederichs, Jan: Gutachten müssen nachvollziehbar sein. SEG-Entscheidung zur Erstellung von Sachverständigengutachten, in: Report Psychologie 2010, 344 (zit.: *Frederichs*, RP 2010, 344).

Früh-Naumann, Doris: Psychologische Sachverständige, in: *Prenzlow*, Handbuch Elterliche Sorge und Umgang: pädagogische, psychologische und rechtliche Aspekte, 2. Auflage, Köln 2016, 219 ff. (zit.: Prenzlow/*Früh-Naumann*, S. 219).

Fthenakis, Wassilios E.: Kindeswohl – gesetzlicher Anspruch und Wirklichkeit, in: 5. Deutscher Familiengerichtstag, Brühler Schriften zum Familienrecht, Band 3, 1984 (zit.: *Fthenakis*, 5. DFGT, Brühler Schriften, 1984, S. 33).

–: Zum Stellenwert der Bindungen des Kindes als sorgerechtsrelevantes Kriterium gemäß § 1671 BGB, in: FamRZ 1985, 662 (zit.: *Fthenakis*, FamRZ 1985, 662).

Fthenakis, Wassilios E.; Niesel, Renate; Griebel, Wilfried: Scheidung als Reorganisationsprozess. Interventionsansätze für Kinder und Eltern, in: *Menne/Schilling/Weber*, Kinder im Scheidungskonflikt: Beratung von Kindern und Eltern bei Trennung und Scheidung, Weinheim 1993, 261 (zit.: Menne/Schilling/Weber/*Fthenakis et al.*, S. 261).

Fthenakis, Wassilios E.; Niesel, Renate; Kunze, Hans-Rainer: Ehescheidung: Konsequenzen für Eltern und Kinder, München 1982 (zit.: *Fthenakis/Niesel/Kunze*).

Furstenberg, Frank F.; Cherlin, Andrew J.: Geteilte Familien, Stuttgart 1993 (Divided families) (zit.: *Furstenberg/Cherlin*).

***G**arbe, Roland; Ullrich, Christoph*: Verfahren in Familiensachen: FamFG, ZPO, BGB, 3. Auflage, Baden-Baden 2012 (zit.: Garbe/Ullrich/*Bearbeiter*).

Glasl, Friedrich: Konfliktmanagement: Ein Handbuch für Führungskräfte, Beraterinnen und Berater, 8. Auflage, Bern 2004 (zit.: *Glasl*).

Goldstein, Joseph: Das Wohl des Kindes: Grenzen professionellen Handelns, 1. Auflage, Frankfurt 1988 (zit.: Goldstein/*Bearbeiter*).

Goldstein, Joseph; Freud, Anna; Solnit, Albert J.: Jenseits des Kindeswohls, Frankfurt 1974 (Beyond the Best Interests oft he Child, 1973) (zit.: *Goldtsein/Freud/Solnit*).

–: Beyond the best interests of the child, New Edition, 1979 (zit.: *Goldstein/Freud/Solnit*, 1979).

–: Diesseits des Kindeswohls, 1. Auflage, Frankfurt 1982 (zit.: *Goldstein/Freud/Solnit*, 1982).

Gomille, Christian: Beweiserhebung – Unterschiede zwischen ZPO- und FamFG-Verfahren, in: NZFam 2014, 100 (zit.: *Gomille*, NZFam 2014,100).

Grabow, Michael: Das neue kindschaftsrechtliche Verfahren. Ein kurzer Abriss, in: *Menne/Weber*, Professionelle Kooperation zum Wohle des Kindes: Hinwirken auf elterliches Einvernehmen im familiengerichtlichen Verfahren (FamFG), Weinheim 2011, S. 25–40 (zit.: Menne/Weber/*Grabow*, S. 25).

Grafe, Peter; Klosinski, Gunther: Probleme im Umgangs- und Sorgerechtsverfahren aus der Sicht der Gutachtenauftraggeber, in: Warnke/Trott/Remschmidt, Forensische Kinder- und Jugendpsychiatrie: ein Handbuch für Klinik und Praxis, Bern 1997, S. 56–61 (zit.: Warnke/Trott/Remschmidt/*Grafe/Klosinski*, S. 56).

Grosse, Siegfried: Die Kooperation zwischen Familiengericht, Jugendamt und Psychologischer Beratungsstelle – Probleme und Möglichkeiten, in: ZfJ 1982, 504 (zit.: *Grosse*, ZfJ 1982, 504).

Grossmann, Karin; Grossmann, Klaus E.: Bindungen – das Gefüge psychischer Sicherheit, 5. Auflage, Stuttgart 2012 (zit.: *Grossmann/Grossmann*).

–: Bindung und menschliche Entwicklung. John Bowlby, Mary Ainsworth und die Grundlagen der Bindungstheorie, übersetzt aus dem Englischen, 4. Auflage, Stuttgart 2015 (zit.: *Grossmann/Grossmann*, 2015).

***H**ammer, Stephan*: Überprüfung eines Sorgerechtsentzugs im Eilverfahren, Anmerkung zur Entscheidung des BVerfG vom 07.04.2014 – 1 BvR 3121/13, in: FamRZ 2014, 1005–1007 (*Hammer*, FamRZ 2014, 1005).

–: Sachverhaltsaufklärung im Verfahren auf Entzug des Aufenthaltsbestimmungsrechts, Anmerkung zur Entscheidung des BVerfG vom 29.09.2015 – 1 BvR 1292/15, in: FamRZ 2016, 25–26 (zit.: *Hammer*, FamRZ 2016, 25).

Hartmann, Hans: Psychologische Diagnostik: Auftrag, Testsituation, Gutachten, 2. Auflage, Stuttgart 1978 (zit.: *Hartmann*).

Hartmann, Peter: Kostengesetze, 46. Auflage, München 2016 (zit.: *Hartmann*, Kostengesetze).

Hassenstein, Bernhard: Zur Biologie des Kindes, in: *Behler*, Das Kind: Eine Anthropologie des Kindes, Freiburg 1971, S. 31–107 (zit.: Behler/*Hassenstein*, S. 31).

Haueisen, Fritz: Die freie Beweiswürdigung im sozialgerichtlichen Verfahren und ihre Grenzen, in: NJW 1959, 1348 (zit.: *Haueisen*, NJW 1959, 1348).

Haußleiter, Martin: Kommentar zum FamFG: Gesetz über das Verfahren in Familiensachen und in den Angelegenheiten der freiwilligen Gerichtsbarkeit, 2. Auflage, München 2017 (zit.: Haußleiter/*Bearbeiter*).

Heilmann, Stefan: Kindliches Zeitempfinden und Verfahrensrecht, Dissertation, Frankfurt 1998 (zit.: *Heilmann*).

–: Das Verfahren in Kindschaftssachen – Übersichten, in: ZKJ 2011, 426 (zit.: *Heilmann*, ZKJ 2011, 426).

–: Die Gesetzeslage zum Sorge- und Umgangsrecht – Eine Bestandsaufnahme unter Einbeziehung aktueller Rechtsprechungstendenzen, in: NJW 2012, 16 (zit.: *Heilmann*, NJW 2012, 16).

–: Schützt das Grundgesetz die Kinder nicht? – Eine Betrachtung der bisherigen Kammerrechtsprechung des BVerfG im Jahr 2014, in: NJW 2014, 2904 (zit.: *Heilmann*, NJW 2014, 2904).

–: Editorial, in: ZKJ 2015 Heft 1 (zit.: *Heilmann*, ZKJ 2015, Heft 1 Editorial).

–: Zu den Auswirkungen der aktuellen Rechtsprechung des Bundesverfassungsgerichts auf die Praxis des Kinderschutzes – Zugleich eine Anmerkung zum Beschluss des BVerfG vom 19.11.2014 – 1 BvR 1178/14, in: FamRZ 2015, 92 (zit.: *Heilmann*, FamRZ 2015, 92).

–: Praxiskommentar Kindschaftsrecht: BGB – FamFG – SGB VIII – RPflG – HKÜ – IntFamRVG, Köln 2015 (zit.: Heilmann/*Bearbeiter*).

Heistermann, Ulrich: Eilverfahren im Sorge-, und Umgangsbereich nach dem FamFG, in: FF 2009, 281–285 (zit.: *Heistermann*, FF 2009, 281).

Hennemann, Heike: Die Umsetzung des Vorrangs- und Beschleunigungsgrundsatzes – Schnelle Terminierung und Fristsetzung bei schriftlicher Begutachtung, in: FPR 2009, 20 (zit.: *Hennemann*, FPR 2009, 20).

Hermann, Ute: Das Verfahren „Familie in Tieren“, in: *Sturzbecher*, Spielbasierte Befragungstechniken: interaktionsdiagnostische Verfahren für Begutachtung, Beratung und Forschung, Göttingen 2001, S. 242–259 (zit.: Sturzbecher/*Hermann*, S. 242).

Hermanns, Friedhelm: Der Beitrag der Psychologischen Sachverständigen zur Regelung des Scheidungskonfliktes, in: *Simon*, Zum Wohle des Kindes? – Die Regelung der elterlichen Sorge auf dem Prüfstand : Fachtagung, 1. bis 3. Dezember 1994, Dresden 1996, 79 ff. (zit.: Simon/*Hermanns*, S. 79).

Herrler, Elmar: Überprüfung und Auswertung von familienpsychologischen Gutachten aus richterlicher Sicht, in: NZFam 2015, 597 (zit.: *Herrler*, NZFam 2015, 597).

Hetherington, Eileen Mavis; Kelly, John: Scheidung: die Perspektiven der Kinder, 1. Auflage, Weinheim 2003 (For better or for worse, 2002) (zit.: *Hetherington/Kelly*, 2003).

Heumann, Friedrich-Wilhelm: Der Sachverständige im familiengerichtlichen Verfahren, in: FuR 2001, 16 (zit.: *Heumann*, FuR 2001, 16).

Hoffmann, Birgit: Mitwirkung des Jugendamtes in familiengerichtlichen Verfahren und Leistungen der Jugendhilfe insbesondere bei Sorgerechts- und Umgangskonflikten, in: FF 2006, 127 (zit.: *Hoffmann*, FF 2006, 127).

Hofstede, Geert; Hofstede, Gert Van; Minkov, Michael: Cultures and Organizations – Software of the Mind: Intercultural Cooperation and Its Importance for Survival (Business Skills and Development), 3. Auflage, New York 2010 (zit.: *Hofstede/Hofstede/Minkov*, 2010).

Hohlfeld, Ulrike: Die Einholung amtlicher Auskünfte im Zivilprozess, Dissertation, 1. Auflage, Konstanz 1995 (zit.: *Hohlfeld*).

Hohmann- Dennhardt, Christine: Kinderrechte ins Grundgesetz – warum?, in: FPR 2012, 185 (zit.: *Hohmann-Dennhardt*, FPR 2012, 185).

Hommers, Wilfried: Anmerkungen zum „Untersuchungsbericht I“ über „Qualitätsmerkmale in der Familienrechtspsychologischen Begutachtung“, in: PdR 24 (2) 2014, 477–490 (zit.: *Hommers*, PdR 2014, 477).

Horndasch, Klaus-Peter; Viefues, Wolfram: Kommentar zum FamFG: Betreuungs- und Unterbringungssachen, Nachlass- und Teilungssachen, Anwaltsgebühren und Gerichtskosten, 3. Auflage, Münster 2013 (zit.: Horndasch/Viefues/*Bearbeiter*).

Huber, Christian: Das neue Schadensersatzrecht, Bonn 2003 (zit.: *Huber*).

Huffmann, Johann-Friedrich: Die Erfassung der Familie im Zivilrecht: die Auslegung der Begriffe „Familie“, „Familienangehöriger“ und „naher Angehöriger“, Stuttgart 1990 (zit.: *Huffmann*).

Huss, Michael; Lehmkuhl, Ulrike: *Folgen von Trennung und Scheidung – Eine Literaturübersicht, in*: *Lehmkuhl/Lehmkuhl*, Scheidung – Trennung – Kindeswohl: Diagnostische, therapeutische und juristische Aspekte, Weinheim 1997 (zit.: Lehmkuhl/Lehmkuhl/*Huss/Lehmkuhl*).

Jacobi, Gert: Kindesmisshandlung und Vernachlässigung: Epidemiologie, Diagnostik und Vorgehen, 1. Auflage, Bern 2008 (zit.: Jacobi/*Bearbeiter*).

Jacobs, Wolfgang: Die Haftung des gerichtlichen Sachverständigen, in: Zeitschrift ZRP 2001, 489 (zit.: *Jacobs*, ZRP 2001, 489).

Jaeger, Lothar; Luckey, Jan: Das neue Schadensersatzrecht, Köln 2002 (zit.: *Jaeger/Luckey*).

Jäger, Reinhold; Petermann, Franz: Psychologische Diagnostik, 3. Auflage, Weinheim 1999 (zit.: *Jäger/Petermann*).

Jankowski, Klaus: Das Rechtsverhältnis zwischen den Prozessbeteiligten, dem Gericht und dem gerichtlich bestellten Sachverständigen, in: NZBau 2006, 96 (zit.: *Jankowski*, NZBau 2006, 96).

Jansen, Paul: Wandlungen im Verfahren der freiwilligen Gerichtsbarkeit, Vortrag, Tübingen 1964, Recht und Staat 290/291 (zit.: *Jansen*, Wandlungen).

–: Kommentar zum FGG: Gesetz über die Angelegenheiten der freiwilligen Gerichtsbarkeit, Band 1, 2. Auflage, Berlin 1969 (zit.: *Jansen*, 1969).

–: Kommentar zum FGG: Gesetz über die Angelegenheiten der freiwilligen Gerichtsbarkeit, Band 1, 3. Auflage, Berlin 2006 (zit.: Jansen/*Bearbeiter*, 2006).

Jessnitzer, Kurt: Aus Rechtsprechung und Justiz: Zur begrifflichen Abgrenzung von öffentlich bestellten Sachverständigen von anderen Sachverständigengruppen, in: DS 1988, 106–108 (zit.: *Jessnitzer*, DS 1988, 106).

Jessnitzer, Kurt; Frieling, Günter; Ulrich, Jürgen: Der gerichtliche Sachverständige: Ein Handbuch für die Praxis, 12. Auflage, Köln 2007 (zit.: *Jessnitzer/Frieling/Ulrich*).

Jestaedt, Matthias: Das Recht des Kindes auf Pflege und Erziehung durch seine Eltern, in: *Coester-Waltjen/Lipp/Schumann/Veit,* Alles zum Wohle des Kindes?, Göttingen 2012, S. 13–37 (zit.: Coester-Waltjen et al./*Jestaedt*, S. 13).

Johannsen, Kurt Herbert; Henrich, Dieter: Kommentar zum Familienrecht: Scheidung, Unterhalt, Verfahren, 6. Auflage, München 2015 (zit.: Johannsen/Henrich/*Bearbeiter*).

Jopt, Uwe: Zur (un)heimlichen Allianz zwischen Justiz und Psychologie im Familienrecht, in: Betrifft Justiz 1988, 288 (zit.: *Jopt*, Betrifft Justiz 1988, 288).

–: Jugendhilfe und Trennungsberatung, in: ZfJ 1998, 286 (zit.: *Jopt*, ZfJ 1998, 286).

Jopt, Uwe; Behrend, Katharina: Das Parental Alienation Sydrome (PAS) – Ein Zwei-Phasen-Modell (Teil 1), in: ZfJ 2000, 223 (zit.: *Jopt/Behrend*, ZfJ 2000, 223).

Kaltenborn, Karl-Franz: Die personalen Beziehungen des Scheidungskindes als sorgerechtsrelevantes Entscheidungskriterium, in: FamRZ 1987, 990 (zit.: *Kaltenborn*, FamRZ 1987, 990).

–: Die lebensgeschichtliche Bedeutung der richterlichen Sorgerechtsregelung: Eine Langzeitstudie nach fachwissenschaftlicher Begutachtung zur Regelung der elterlichen Sorge nach Trennung oder Scheidung der Eltern, in: ZfJ 1996, 255 (zit.: *Kaltenborn*, ZfJ 1996, 255).

–: Die lebensgeschichtliche Bedeutung der richterlichen Sorgerechtsregelung (Fortsetzung aus H 7/8), in: ZfJ 1996, 354 (zit.: *Kaltenborn*, ZfJ 1996, 354).

Kannegießer, Anja: Besondere Qualifikationen der Sachverständigen erforderlich?, in: NZFam 2015, 620 (zit.: *Kannegießer*, NZFam 2015, 620).

Karle, Michael: Geschwister in Trennungsfamilien, in: PdR 2004 (1), 190–207 (zit.: *Karle*, PdR 2004, 190).

–: Trennung der Eltern – Trennung der Geschwister?, in: Frühe Kindheit 15 (2) 2002, 32–37 (zit.: *Karle*, FK 2012, 32).

–: Geschwister in Trennungsfamilien, in: PdR 2014, 190–207 (zit.: *Karle*, PdR 2014, 190).

Karle, Michael; Klosinski, Gunther: Ausschluss des Umgangs – und was dann?, in: ZfJ 2000, 343 (zit.: *Karle/Klosinski*, ZfJ 2000, 343).

–: Die Bedeutung der Geschwistertrennung bei der Trennung der Eltern, in: PdKK 2001, 401–420 (zit.: *Karle/Klosinski*, PdKK 2001, 401).

–: Sachverständigen-Empfehlungen zur Einschränkung oder zum Ausschluss des Umgangsrechts, *in: Karle/Klosinski*, PdKK 1999, 163–177 (zit.: *Karle/Klosinski*, PdKK 1999, 163).

Kaser, Max: Römisches Recht: Ein Studienbuch, 20. Auflage, München 2014 (zit.: *Kaser*).

Katzenstein, Henriette: Formelle Beteiligung des Jugendamts im familiengerichtlichen Verfahren: Fach- oder Machtfrage?, in: FPR 2011, 20 (zit.: *Katzenstein*, FPR 2011, 20).

Keders, Johannes; Walter, Frank: Langdauernde Zivilverfahren – Ursachen überlanger Verfahrensdauern und Abhilfemöglichkeiten, in: NJW 2013, 1697–1704 (zit.: *Keders/Walter*, NJW 2013, 1697).

Keidel, Theodor: FamFG: Kommentar zum Gesetz über das Verfahren in Familiensachen und die Angelegenheiten der freiwilligen Gerichtsbarkeit, 19. Auflage, München 2017 (zit.: Keidel/*Bearbeiter*).

Keidel, Theodor; Kuntze, Joachim; Winkler, Karl: Freiwillige Gerichtsbarkeit, Kommentar zum Gesetz über die Angelegenheiten der freiwilligen Gerichtsbarkeit, 15. Auflage, München 2003 (zit.: Keidel/Kuntze/Winkler/*Bearbeiter*).

Kemper, Rainer; Schreiber, Klaus: Familienverfahrensrecht: Handkommentar, 3. Auflage, Baden-Baden 2015 (zit.: Kemper/Schreiber/*Bearbeiter*).

Kilian, Matthias: Die Haftung des gerichtlichen Sachverständigen nach § 839a BGB, in: VersR 2003, 683 (zit.: *Kilian*, VersR 2003, 683).

Kindler, Heinz: Gefährdungseinschätzung durch psychologische Sachverständige im Kontext von § 1666 BGB/§ 8a SGB VIII, in: PdR 2008, 240–257 (zit.: *Kindler*, PdR 2008, 240).

–: Umgang und Kindeswohl, in: ZKJ 2009, 110 (zit.: *Kindler*, ZKJ 2009, 110).

Kindler, Heinz; Fichtner, Jörg: Die gemeinsame elterliche Sorge aus der Sicht der Bindungs- und Scheidungsforschung, in: FPR 2008, 139 (zit.: *Kindler/Fichtner*, FPR 2008, 139).

Kindler, Heinz; Reinhold, Claudia: Umgangskontakte: Wohl und Wille des Kindes, in: FPR 2007, 291 (zit.: *Kindler/Reinhold*, FPR 2007, 291).

Kindler, Heinz; Salzgeber, Joseph; Fichtner, Jörg; Werner, Annegret: Familiäre Gewalt im Umgang, in: FamRZ 2004, 1241 (*Kindler et al.*, FamRZ 2004, 1241).

Kirchhof, Gregor: Kinderrechte in der Verfassung – zur Diskussion einer Gesetzesänderung, in: ZRP 2007, 149 (zit.: *Kirchhof*, ZRP 2007, 149).

Kirchhof, Paul: Verfassungsrechtliche Maßstäbe für die Verfahrensdauer und für die Rechtsmittel, in: DStZ 1989, 55 (zit.: *Kirchhof*, DStZ 1989, 55).

Klenner, Wolfgang: Vertrauensgrenzen des psychologischen Gutachtens im Familienrechtsverfahren – Entwurf eines Fehlererkennungssystems, in: FamRZ 1989, 804 (zit.: *Klenner*, FamRZ 1989, 804).

–: Rituale der Umgangsvereitelung bei getrenntlebenden oder geschiedenen Eltern, in: FamRZ 1995, 1529–1535 (zit.: *Klenner*, FamRZ 1995, 1529).

Klocke, Wilhelm: Die Haftung des Sachverständigen, in: DS 1988, 190 (zit.: *Klocke*, DS 1988, 190).

Kloepfer, Michael: Verfahrensdauer und Verfassungsrecht, Verfassungsrechtliche Grenzen der Dauer von Gerichtsverfahren, in: JZ 1979, 209 (zit.: *Kloepfer*, JZ 1979, 209).

Kluck, Marie-Luise: Das Psychologische Gutachten im familienrechtlichen Verfahren zur Regelung der elterlichen Sorge, in: FPR 1996, 155–160 (zit.: *Kluck*, FPR 1996, 155).

Klüber, Antje: Psychologische Gutachten für das Familiengericht – eine empirische Untersuchung über Nachvollziehbarkeit und Verständlichkeit des diagnostischen Prozesses sowie ausgewählte Aspekte des Kindeswohls, Dissertation, Lengerich 1998 (zit.: *Klüber*, 1998).

Köhler, Sven: Beweiserhebung im familiengerichtlichen Verfahren, in: NZFam 2014, 97 (zit.: *Köhler*, NZFam 2014, 97).

Kölch, Michael; Fegert, Jörg: Die Umgangsrechtliche Praxis aus Sicht der Kinder- und Jugendpsychiatrie, in: FamRZ 2008, 1573 (zit.: *Kölsch/Fegert*, FamRZ 2008, 1573).

Kommission für das Zivilprozessrecht: Bericht, Bonn 1977 (zit.: *ZPO-Kommission*).

Korintenberg, Werner; Lappe, Friedrich: Kommentar zur Kostenordnung: Gesetz über die Kosten in Angelegenheiten der freiwilligen Gerichtsbarkeit, 15. Auflage, München 2002 (zit.: Korintenberg/*Bearbeiter*).

Koritz, Nikola: Kosten von psychologischen Gutachten in Sorgerechts- und Umgangsverfahren, in: FPR 1995, 90 (zit.: *Koritz*, FPR 1995, 90).

Koritz-Dohrmann, Adelheid: Gutachtenkosten als Kostenbelastung im Familiengerichtsprozess, in: FPR 1996, 304–306 (zit.: *Koritz-Dohrmann*, FPR 1996, 304).

Korn-Bergmann, Marita; Purschke, Andreas: Gutachter – „Heimliche Richter" im Kindschaftverfahren?, in: Familienrechtsberater (FamRB) 2013, 338 (zit.: *Korn-Bergmann/Purschke*, FamRB 2013, 338).

Kostka, Kerima: Im Interesse des Kindes?: Elterntrennung und Sorgerechtsmodelle in Deutschland, Großbritannien und den USA, Frankfurt 2004 (zit.: *Kostka*).

–: Elterliche Sorge und Umgang bei Trennung und Scheidung – unter besonderer Berücksichtigung der Perspektive des Kindes, in: FPR 2005, 89 (zit.: *Kostka*, FPR 2005, 89).

Kreß, Hartmut; Gerhardt, Rudolf: Kinderrechte gehören nun auch ins Grundgesetz, in: ZRP 2014, 215 (zit.: *Kreß/Gerhardt*, ZRP 2014, 215).

Kretzschmar; Sima; Meysen, Thomas: Reform des Familienverfahrensrechts – Reformziele und Regelungsmechanismen: eine Auswahl, in: FPR 2009, 1–5 (zit.: *Kretzschmar/Meysen*, FPR 2009, 1).

Kröner, Hans-Peter : Kindesmisshandlung in historischer Perspektive, *in*: *Jacobi*, Kindesmisshandlung und Vernachlässigung: Epidemiologie, Diagnostik und Vorgehen, 1. Auflage, Bern 2008, S. 21–44 (zit.: Jacobi/*Kröner*, S. 21).

Krohne, Heinz W.; Hock, Michael: Psychologische Diagnostik : Grundlagen und Anwendungsfelder, 2. Auflage, Stuttgart 2015 (zit.: *Krohne/Hock*).

Kubinger, Klaus D.: Einführung in die psychologische Diagnostik, Weinheim 1995 (zit.: *Kubinger*).

Kurth, Wolfram: Das Gutachten: Anleitung für Mediziner, Psychologen und Juristen, München 1980 (zit.: *Kurth*).

Kury, Helmut; Obergfell-Fuchs, Joachim: Rechtspsychologie. Forensische Grundlagen und Begutachtung. Ein Lehrbuch für Studium und Praxis, 1. Auflage, Stuttgart 2012 (zit.: Kury/Obergfell-Fuchs/*Bearbeiter*).

Lack, Katrin: Die Beteiligtenstellung des Jugendamtes in Kindschaftssachen, in: ZKJ 2010, 189 (zit.: *Lack*, ZKJ 2010, 189).

–: Möglichkeiten und Grenzen der Gesetzgebung zur Effektuierung des Kinderschutzes, Dissertation, Bielefeld 2012 (zit.: *Lack*).

Lack, Katrin; Heilmann, Stefan: Kinderschutz und Familiengericht, in: Zeitschrift ZKJ 2014, 308 ff. (zit.: *Lack/Heilmann*, ZKJ 2014, 308).

Landmann, Robert von; Rohmer, Gustav: *Kommentar zur* Gewerbeordnung, Loseblattsammlung, Stand: 71. Ergänzungslieferung Januar 2016 (zit.: Landmann/Rohmer/*Bearbeiter*).

Lange, Sabine; Lemkuhl, Ulrike: Kann eine Geschwisterbindung bei der Bewältigung kritischer Lebensereignisse protektiv wirken?, in: PdKK 2012, 524–538 (zit.: *Lange/Lemkuhl*, PdKK 2012, 524).

Lehmann, Heinrich: Familienrecht des Bürgerlichen Gesetzbuches einschließlich Jugendfürsorgerecht, Berlin 1926 (zit.: *Lehmann*).

Lehmkuhl, Gerd; Lehmkuhl, Ulrike: Scheidung – Trennung – Kindeswohl: Diagnostische, therapeutische und juristische Aspekte, Weinheim 1997 (zit.: Lehmkuhl/Lehmkuhl/*Bearbeiter*).

Leipold, Michael: Die Ablehnung des Sachverständigen im ZPO/FGG/FamFG-Verfahren, in: DS 2008, 218 (zit.: *Leipold*, DS 2008, 218).

Leitner, Werner: Zur Mängelerkennung in familienpsychologischen Gutachten, in: FuR 2000, 57 (*Leitner*, FuR 2000, 57).

–: Gutachten für Familiengerichte – häufigste Mängel, in: *Cyprian*, Forschungsschwerpunkt Familienforschung 1999/2000, Universität Bamberg, S. 14–17 (zit.: *Leitner*, Forschung, S. 14).

–: Parental Alienation Syndrome, in: *Sehrbrock/Erdélyi/Gand*, Internationale und vergleichende Heil- und Sonderpädagogik und Inklusion : Individualität und Gemeinschaft als Prinzipien internationalen Heil- und Sonderpädagogik, Bad Heilbrunn 2013, S. 68–75 (zit.: Sehrbrock/Erdélyi/Gand/*Leitner*, S. 68).

Lempp, Reinhart: Frühkindliche Hirnschädigung und Neurose: Untersuchung über die Häufigkeit exogener cerebralorganische Schädigungen bei neurologischen und milieureaktiv verhaltensgestörten Kindern, sowie die Darstellung einer frühkindlichen exogenen Psychosyndroms und Erörterung der Bedeutung für die Entstehung kindlicher Neurosen, Habilitationsschrift, Tübingen 1963 (zit.: *Lempp*, 1963).

–: Frühkindliche Hirnschädigung und Neurose: Die Bedeutung eines frühkindlichen exogenen Psychosyndroms für die Entstehung kindlicher Neurosen und milieureaktiver Verhaltensstörungen, Bern, 1964 (zit.: *Lempp*, 1964).

–: Gerichtliche Kinder- und Jugendpsychiatrie, Bern 1983 (zit.: *Lempp*, 1983).

–: Die Bindungen des Kindes und ihre Bedeutung für das Wohl des Kindes gemäß § 1671 BGB, in: FamRZ 1984, 741–744 (zit.: *Lempp*, FamRZ 1984, 741).

–: Zur Bewertung des Kindeswillens bei Entscheidungen nach § 1671 BGB, in: FamRZ 1986, 530–532 (zit.: *Lempp*, FamRZ 1986, 530).

–: Das Wohl des Kindes in § 1666 und § 1671 BGB, in: NJW 1963, 1659–1660 (zit.: *Lempp*, NJW 1963, 1659).

–: Die Ehescheidung und das Kind: Ratgeber für die Eltern, 4. Auflage, München 1989 (zit.: *Lempp*).

Lempp, Reinhart; Schütze, Gerd; Köhnken, Günter: Forensische Psychiatrie und Psychologie des Kindes- und Jugendalters, 2. Auflage, Darmstadt 2003 (zit.: Lempp/Schütze/Köhnken/*Bearbeiter*).

Lent, Friedrich; Habscheid, Walther J.: Freiwillige Gerichtsbarkeit: Ein Studienbuch, 4. Auflage, München 1962 (zit.: *Lent/Habscheid*).

Lerche, Peter: Zum „Anspruch auf rechtliches Gehör", in: ZZP 78 (1965), 1 (zit.: *Lerche*, ZZP 1965, 1).

Lienert, Gustav; Raatz, Ulrich: Testaufbau und Testanalyse, 6. Auflage, Weinheim 1998 (zit.: *Lienert/Raatz*).

Lipp, Volker; Schumann, Eva; Veit, Barbara: Reform des familiengerichtlichen Verfahrens, Göttingen 2009 (zit.: Lipp/Schumann/Veit/*Bearbeiter*).

Löhnig, Martin; Heiß, Georg: Die Neuregelung des einstweiligen Rechtsschutzes nach dem FamFG – die einstweilige Anordnung nach §§ 49 ff. FamFG, in: FamRZ 2009, 1101–1105 (zit.: *Löhnig/Heiß*, FamRZ 2009, 1101).

Lübbehüsen, Bärbel; Kolbe, Florian: Intervenierendes Arbeiten in der familienpsychologischen Begutachtung, in: PdR 2009, 282 (zit.: *Lübbehüsen/Kolbe*, PdR 2009, 282).

–: Intervenierendes Arbeiten bei Begutachtung nach § 1666 BGB, in: PdR 2014 (2), 319–345 (zit.: *Lübbehüsen/Kolbe*, PdR 2014, 319).

Lüblinghoff, Joachim: Dem Kindeswohl verpflichtet, in: DRiZ 2014, 358 (zit.: *Lüblinghoff*, DRiZ 2014, 358).

–: Fingerzeig aus Karlsruhe zur Qualität von Gerichtsgutachten, in: Deutsche DRiZ 2015, 52–53 (zit.: *Lüblinghoff*, DRiZ 2015, 52).

–: Justizminister will Qualität von Gutachten verbessern, in: DRiZ 2015, 194–197 (zit.: *Lüblinghoff*, DRiZ 2015, 194).

–: Gutachten in Kindschaftssachen, in: NZFam 2015, 577 (zit.: *Lüblinghoff*, NZFam 2015, 577).

–: Das Gesetz zur Änderung des Sachverständigenrechts, in: NJW 2016, 3329–3332 (zit.: *Lüblinghoff*, NJW 2016, 3329).

Lüderitz, Alexander: Die Rechtsstellung ehelicher Kinder nach Trennung ihrer Eltern im künftigen Recht der Bundesrepublik Deutschland, in: FamRZ 1975, 605 ff. (zit.: *Lüderitz*, FamRZ 1975, 605).

Luthin, Horst: Aus der Praxis zum Sorgerecht, in: FamRZ 1981, 111 (zit.: *Luthin*, FamRZ 1981, 111).

Mackscheidt, Elisabeth: Loyalitätsproblematik bei Trennung und Scheidung, in: FamRZ 1993, 254–258 (zit.: *Mackscheidt*, FamRZ 1993, 54).

Maywald, Jörg: Misshandlung, Vernachlässigung und sexueller Missbrauch, in: FPR 2003, 299 (zit.: *Maywald*, FPR 2003, 299).

Menne, Martin: Das Holen und Bringen des Kindes im Rahmen der Regelung des Umgangs, in: ZKJ 2006, 135–137 (zit.: *Menne*, ZKJ 2006, 135).

–: Der Verfahrensbeistand im neuen FamFG, in: ZKJ 2009, 68–74 (zit.: *Menne*, ZKJ 2009, 68).

Menne, Klaus; Weber, Matthias: Beratung in Fragen Partnerschaft, Trennung und Scheidung (§ 17 KJHG), in: ZfJ 1998, 85 (zit.: *Menne/Weber*, ZfJ 1998, 85).

–: Professionelle Kooperation zum Wohle des Kindes : Hinwirken auf elterliches Einvernehmen im familiengerichtlichen Verfahren (FamFG), Weinheim 2011 (zit.: Menne/Weber/*Bearbeiter*).

Menne, Klaus; Schilling, Herbert; Weber, Matthias: Kinder im Scheidungskonflikt: Beratung von Kindern und Eltern bei Trennung und Scheidung, Weinheim 1993 (zit.: Menne/Schilling/Weber/*Bearbeiter*).

Meysen, Thomas: Praxiskommentar Familienverfahrensrecht : Einführung, Erläuterungen, Arbeitshilfen, 2. Auflage, Köln 2014 (zit.: Meysen/*Bearbeiter*).

Maccoby, Eleanor E.; Mnookin, Robert H.: Die Schwierigkeiten der Sorgerechtsregelung, in: FamRZ 1995, 1 (zit.: *Maccoby/Mnookin*, FamRZ 1995, 1).

Meyer, Paul; Höver, Albert; Bach, Wolfgang: Kommentar zum JVEG: die Vergütung und Entschädigung von Sachverständigen, Zeugen, Dritten und von den ehrenamtlichen Richtern, 26. Auflage, Köln 2014 (zit.: Meyer/Höver/Bach/*Bearbeiter*).

Motzer, Stefan: Die Entwicklung des Rechts der elterlichen Sorge und des Umgangs seit 2002, in: FamRZ 2004, 1145–1155 (zit.: *Motzer*, FamRZ 2004, 1145).

–: Die gerichtliche Praxis der Sorgerechtsentscheidung seit der Neufassung von § 1671 BGB, in: FamRZ 1101–1106 (zit.: *Motzer*, FamRZ 1999, 1101).

Müller, Klaus: Der Sachverständige im gerichtlichen Verfahren: Handbuch des Sachverständigenbeweises, 3. Auflage, Heidelberg 1988 (zit.: *Müller*).

Müller, Rembert: Psychologie im Familienrecht, in: FuR 2001, 299 (zit.: *Müller*, FuR 2001, 299).

Müller-Magdeburg, Cornelia: Das beschleunigte Familienverfahren im Lichte des FamFG, in: ZKJ 2009, 184 (zit.: *Müller-Magdeburg*, ZKJ 2009, 184).

Münchener Kommentar zum BGB: Band 6: §§ 705–853 BGB, 7. Auflage 2017 (zit.: MüKoBGB/ *Bearbeiter*).

Münchener Kommentar zum BGB: Band 9: §§ 1589–1921, SGB VIII, 7. Auflage 2017 (zit.: MüKoBGB/*Bearbeiter* bzw. MüKoSGB VIII/*Bearbeiter*).

Münchener Kommentar zum FamFG: Band FamFG, 2. Auflage 2013 (zit.: MüKo-FamFG/*Bearbeiter*).

Münchener Kommentar zur ZPO: Band 2: §§ 355–945b, 5. Auflage 2016 (zit.: MüKoZPO/*Bearbeiter*).

Münchner Runder Tisch, Umgangsverweigerung – Möglichkeiten der Intervention und interdisziplinären Kooperation (Teil 1), in: ZKJ 2009, 17 (zit.: *Münchner Runder Tisch*, ZKJ 2009, 17).

Münder, Johannes: Zur Balance von Elternrechten, Kindeswohl, Kinderschutz und Kinderrechten, in: JAmt 2008, 294 (zit.: *Münder*, JAmt 2008, 294).

–: Aufnahme von Kindergrundrechten in die Verfassung, in: JAmt 2008, 299 (zit.: *Münder*, JAmt 2008, 299).

Musielak, Hans-Joachim; Borth, Helmut: Kommentar: Familiengerichtliches Verfahren, 1. und 2. Buch, 5. Auflage, München 2015 (zit.: Musielak/Borth/*Bearbeiter*).

Musielak, Hans-Joachim; Voit, Wolfgang: Kommentar: Zivilprozessordnung, 13. Auflage, München 2016 (zit.: Musielak/Voit/*Bearbeiter*).

***N**app-Peters, Anneke*: Familien nach der Scheidung, 1. Auflage, München 1995 (zit.: *Napp-Peters*).

Nave-Herz, Rosemarie: Wandel im kindlichen Alltag, in: FuR 1990, 29–35 (zit.: *Nave-Herz*, FuR 1990, 29).

Niemeyer, Gisela: Jugendhilfe und Pflegefamilie aus verfassungsrechtlicher Sicht – 2. Teil; Auswirkungen der grundrechtlichen Stellung des minderjährigen Kindes auf seine verfahrensrechtliche Interessenwahrung, in: FuR 1991, 330 (zit.: *Niemeyer*, FuR 1991, 330).

Kaiser, Dagmar; Schnitzler, Klaus; Friederici, Peter; Schilling, Roger: Nomos Kommentar zum Bürgerlichen Gesetzbuch, Band 4: Familienrecht, §§ 1297–1921 BGB, 3. Auflage, Baden-Baden 2014 (zit.: NK-BGB/*Bearbeiter*).

***O**berloskamp, Helga*: Die Zusammenarbeit von Vormundschafts-/Familiengericht und Jugendamt, in: FamRZ 1992, 1241–1249 (zit.: *Oberloskamp*, FamRZ 1992, 1241).

Oberloskamp, Helga; Borg-Laufs, Michael; Mutke, Barbara: Gutachterliche Stellungnahmen in der sozialen Arbeit, 7. Auflage, Köln 2009 (zit.: *Oberloskamp/ Borg-Laufs/Mutke*).

Oberndorfer, Rotraut: Können Trennung und Scheidung krankheitsauslösend sein?, in: FPR 1999, 97–101 (zit.: *Oberndorfer*, FPR 1999, 97).

Oenning, Rolf: Anforderungen an Gutachten aus Anwaltssicht, in: FPR 1996, 165–168 (zit.: *Oenning*, FPR 1996, 165).

Oerter, Rolf; Montada, Leo: Entwicklungspsychologie, 6. Auflage, Weinheim 2008 (zit.: *Oerter/Montada*).

Osthold, Rolf: Sachverständigengutachten in Kindschaftssachen nach § 163 FamFG, in: PdR 2011, 195 (zit.: *Osthold*, PdR 2011, 195).

Palandt: Kommentar zum Bürgerlichen Gesetzbuch: BGB, 75. Auflage, München 2016 (zit.: Palandt/*Bearbeiter*).

Papier, Hans-Jürgen: Ehe und Familie in der neueren Rechtsprechung des Bundesverfassungsgerichts, in: FF 2003, 4 (zit.: *Papier*, FF 2003, 4).

Peschel-Gutzeit, Lore Maria: Anmerkung zur Entscheidung des BGH vom 17.02. 2010 – XII ZB 68/09, in: NJW 2010, 1356 (zit.: *Peschel-Gutzeit*, NJW 2010, 1356).

–: Die Bedeutung des Kindeswillens, in: NZFam 2014, 433 (zit.: *Peschel-Gutzeit*, NZFam 2014, 433).

Peters, Egbert: Der sogenannte Freibeweis im Zivilprozess, Habilitationsschrift, Köln 1962 (zit.: *Peters*).

Pieper, Helmut: Richter und Sachverständige im Zivilprozess, in: ZZP 1971, 1 (zit.: *Pieper*, ZZP 1971, 1).

Pieper, Helmut; Breunung, Leonie; Stahlmann, Günther: Sachverständige im Zivilprozess: Theorie, Dogmatik und Realität des Sachverständigenbeweises, München 1982 (zit.: *Pieper/Breunung/Stahlmann*).

Plagemann, Hermann: Rechtsgutachten zur Geltung des Approbationsvorbehalts nach dem PsychThG bei rechtspsychologischer Sachverständigentätigkeit vom 25.04.2007, im Auftrag der Föderation Deutscher Psychologenvereinigungen, in: PdR 2007, 410–435 (zit.: *Plagemann*, PdR 2007, 410).

Planitz, Hans: Deutsches Privatrecht, 3. Auflage, Wien 1948 (zit.: *Planitz*).

Plewig, Hans-Joachim: Das „Kindeswohl" – Grenzen der Sozialdisziplinierung durch Kinderrerchte, in: *Steindorff*, Vom Kindeswohl zu den Kindesrechte, Neuwied 1994, 7–20 (zit.: Steindorff/*Plewig*, S. 7).

Pohlmann, Petra: Streng- und Freibeweis in der Freiwilligen Gerichtsbarkeit, in: ZZP 1993, 181 (zit.: *Pohlmann*, ZZP 1993, 181).

Prenzlow, Reinhard: Handbuch Elterliche Sorge und Umgang: pädagogische, psychologische und rechtliche Aspekte, 2. Auflage, Köln 2016 (zit.: Prenzlow/*Bearbeiter*).

Preyer, William T.: Die Seele des Kindes, Berlin 1989 (zit.: *Preyer*).

Proksch, Roland: Rechtstatsächliche Untersuchung zur Reform des Kindschaftsrechts : Begleitforschung zur Umsetzung des Kindschaftsrechtsreformgesetzes, Köln 2002 (zit.: *Proksch*).

–: Die Kindschaftsrechtsreform auf dem Prüfstand – Wirkungen für Kinder und Eltern, in: JAmt 2004, 1 (zit.: *Proksch*, JAmt 2004, 1).

Prütting, Hanns; Helms, Tobias: Kommentar zum FamFG: Gesetz über das Verfahren in Familiensachen und in den Angelegenheiten der freiwilligen Gerichtsbarkeit mit Gesetz über Gerichtskosten in Familiensachen, 3. Auflage, Köln 2014 (zit.: Prütting/Helms/*Bearbeiter*).

***R**aack, Wolfgang*: Erwartungen an den Verfahrenspfleger aus der Sicht des Richters, in: ZKJ 2009, 75 (zit.: *Raack*, ZKJ 2009, 75).

Rakete-Dombek, Ingeborg: Das familienpsychologische Sachverständigengutachten aus anwaltlicher Sicht, in: FPR 2003, 508 (zit.: *Rakete-Dombek*, FPR 2003, 508).

Rassek, Ernst Jan: Begriff und Bestimmung des Kindeswohls als Maßstab bei der Sorgerechtsregelung nach § 1671, 1672 BGB, Dissertation, Mannheim 1983 (zit.: *Rassek*).

Reich, Kerstin; Wulf, Rüdiger: Kindeswohlprognose: Ein kriminologischer und viktimologischer Beitrag, in: ZKJ 2007, 266 ff. (zit.: *Reich/Wulf*, ZKJ 2007, 266).

Remschmidt, Helmut: Kinderpsychiatrie und Familienrecht, Stuttgart 1984 (zit.: Remschmidt/*Bearbeiter*).

–: Kinder- und Jugendpsychiatrie: Eine praktische Einführung, 2. Auflage, Stuttgart 1987 (zit.: *Remschmidt*, 1987).

Riegner, Klaus: Verfassungsrechtliche Anforderungen an die Trennung des Kindes von den Eltern wegen Kindeswohlgefährdung, in: NZFam 2014, 625 ff. (zit.: *Riegner*, NZFam 2014, 625).

Ritter, Gerhard: Zusammenarbeit zwischen Richtern und Sachverständigen, in: *Frank/Harrer*, Der Sachverständige im Strafrecht, Berlin 1990, S. 48–58 (zit.: Frank/Harrer/*Ritter*, S. 48).

Röchling, Vormundschaftsgerichtliches Eingriffsrecht und KJHG – unter besonderer Berücksichtigung der „öffentlichen Hilfen“ nach § 1666a Abs. 1 BGB, Neuwied 1997 (zit.: *Röchling*).

Roemer, Agnes; Wetzels, Peter: Zur Diagnostik sexuellen Missbrauchs bei Kindern in der forensisch-psychologischen Praxis, in: PdR 1991, 22–31 (zit.: *Roemer/Wetzels*, PdR 1991, 22).

Rösler, Katja: Die Verfahrensbeistandschaft : verfahrensrechtliche Umsetzung des verfassungsmäßigen Gebotes einer Interessenvertretung für Minderjährige, Dissertation, Berlin 2014 (zit.: *Rösler*, Verfahrensbeistand).

Rohmann, Josef A.: Diagnostische und methodische Standards in der familienrechtspsychologischen Begutachtung – unter Beachtung der methodenkritischen Stellungnahme, in: FPR 2008, 268 (zit.: *Rohmann*, FPR 2008, 268).

–: In Fragen der Heimerziehung ausgewiesener Psychologe als Sachverständiger bei Unterbringung von Kindern und Jugendlichen (§ 70e FGG n.F.), in: FPR 2009, 30 (zit.: *Rohmann*, FPR 2009, 30).

–: Hinwirken auf die Herstellung des Einvernehmens durch den Sachverständigen – wie geht das?, in: FPR 2010, 446 (zit.: *Rohmann*, FPR 2010, 446).

Rosenberg, Leo; Schwab, Karl Heinz; Gottwald, Peter: Zivilprozessrecht, 17. Auflage München 2010 (zit.: *Rosenberg/Schwab/Gottwald*).

Rosenboom, Esther: Die familiengerichtliche Praxis in Hamburg bei Gefährdung des Kindeswohls durch Gewalt und Vernachlässigung nach §§ 1666, 1666a BGB: eine qualitative Untersuchung, Dissertation, Bielefeld 2006 (zit.: *Rosenboom*).

Rudolph, Jürgen: Du bist mein Kind: die „Cochemer Praxis" – Wege zu einem menschlicheren Familienrecht, Berlin 2007 (zit.: *Rudolph*, 2007).

Rüth, Ulrich: Das kinder- und jugendpsychiatrische Gutachten im Sorgerechtsverfahren nach § 1666, 1666a BGB, in: ZfJ 1999, 277 (zit.: *Rüth*, ZfJ 1999, 277).

Sachs, Michael: Effektive Rechtsschutzgewährleistung in einer einheitlichen Verwaltungsprozessordnung, in: ZRP 1982, 227 (zit.: *Sachs*, ZRP 1982, 227).

Salewski, Christel; Stürmer, Stefan: Qualität familienrechtspsychologischer Gutachten, in: ZKJ 2015, 4 (zit.: *Salewski/Stürmer*, ZKJ 2015, 4).

–: Qualität familienrechtspsychologischer Gutachten: Erwiderung auf Fichtner (ZKJ 2015, 9 ff. u. 63 ff.), in: ZKJ 2015, 132 (zit.: *Salweski/Stürmer*, ZKJ 2015, 132).

Salgo, Ludwig: Soll die Zuständigkeit des Familiengerichts erweitert werden?, in: FamRZ 1984, 221 (zit.: *Salgo*, FamRZ 1984, 221).

–: Der Anwalt des Kindes, 1. Auflage, Frankfurt 1996 (zit.: *Salgo*).

–: Zur gemeinsamen elterlichen Sorge nach Scheidung als Regelfall – ein Zwischenruf, in: FamRZ 1996, 449–454 (zit.: *Salgo*, FamRZ 1996, 449).

–: 10 Jahre Übereinkommen über die Rechte des Kindes – Auswirkungen am Beispiel von Art. 12, Kind-Prax 1999, 2 ff. (zit.: *Salgo*, Kind-Prax 1999, 2).

–: Rechtliche Grundlagen (BGB), in: *Lempp/Schütze/Köhnke*, Forensische Psychiatrie und Psychologie des Kindes- und Jugendalters, 2. Auflage, Darmstadt 2003, S. 23–46 (zit.: Lempp/Schütze/Köhnken/*Salgo*, S. 23).

–: 10 Jahre Verfahrenspflegschaft – eine Bilanz, in: ZKJ 2009, 49 (zit.: *Salgo*, ZKJ 2009, 49).

–: Die Beziehung zwischen Familienrecht und Human-/Sozialwissenschaften am Beispiel des Kindschaftsrechts, in: zff 2016, S. 191–207 (zit.: *Salgo*, zff 2016, 191).

Salgo, Ludwig; Zenz, Gisela; Fegert, Jörg; Bauer, Axel; Lack, Katrin; Weber, Corina; Zitelmann, Maud: Verfahrensbeistandschaft: Ein Handbuch für die Praxis, 3. Auflage, Köln 2014 (zit.: HB-VB/*Bearbeiter*).

Salzgeber, Joseph: Kosten von psychologischen Gutachten in Sorgerechts- und Umgangsverfahren aus der Sicht des psychologischen Sachverständigen, in: FPR 1995, 317 (zit.: *Salzgeber*, FPR 1995, 317).

–: Die psychologische Sachverständigentätigkeit im Familienrecht unter ökonomischen Gesichtspunkten, in: FPR 2003, 355 (zit.: *Salzgeber*, FPR 2003, 555).

–: Rechte und Pflichten des familienforensischen Sachverständigen bei Bekanntwerden einer Straftat im Rahmen der Begutachtung, in: FPR 2006, 383 (zit.: *Salzgeber*, FPR 2006, 383).

–: Der Sachverständige als Hersteller des Einvernehmens, endlich der Garant für das Kindeswohl?, in: FamRZ 2008, 656 (zit.: *Salzgeber*, FamRZ 2008, 656).

–: Qualifikation von Sachverständigen, in: FPR 2008, 278 (zit.: *Salzgeber*, FPR 2008, 278).

–: Der psychologische Sachverständige im Familiengerichtsverfahren – Hat der Sachverständige immer Recht?, Teil I, in: FF, 2013, 194 (zit.: *Salzgeber*, FF 2013, 194).

–: Der psychologische Sachverständige im Familiengerichtsverfahren – Hat der Sachverständige immer Recht?, Teil II: Zum Beweisbeschluss und dessen Bedeutung für den Sachverständigen, in: FF, 2013, 442 (zit.: *Salzgeber*, FF 2013, 442).

–: Familienpsychologische Gutachten : rechtliche Vorgaben und sachverständiges Vorgehen, 6. Auflage, München 2015 (zit.: *Salzgeber*, Gutachten).

Salzgeber, Joseph; Fichtner, Jörg; Bublath, Katharina: Verschriftung bei einer lösungsorientierten familienrechtspsychologischen Begutachtung, in: ZKJ 2011, 338 (zit.: *Salzgeber/Fichtner/Bublath*, ZKJ 2011, 338).

Salzgeber, Joseph; Fichtner, Jörg: *Der psychologische Sachverständige im Familienrecht, in: Kury/Obergfell-Fuchs,* Rechtspsychologie. Forensische Grundlagen und Begutachtung. Ein Lehrbuch für Studium und Praxis, 1. Auflage, Stuttgart 2012, 207–263 (zit.: Kury/Obergfell-Fuchs/*Salzgeber/Fichtner*, 207).

–: Neue und bekannte Handlungsspielräume des Sachverständigen bei der Orientierung auf Lösung, in: PdR 2009, 245 (zit.: *Salzgeber/Fichtner*, PdR 2009, 245).

–: Konzepte zur Herstellung von Einvernehmen: Intervention statt Diagnostik?, in: FPR 2009, 348 (zit.: *Salzgeber/Fichtner*, FPR 2009, 348).

Schilling, Roger: Rechtliche Probleme bei der gemeinsamen Sorge nach Trennung bzw. Scheidung, in: NJW 2007, 3233–3240 (zit.: *Schilling*, NJW 2007, 3233).

Schlegel, Rainer; Voelzke, Thomas; Luthe, Ernst-Wilhelm; Nellissen, Gabriele: Juris PraxisKommentar SGB, Buch 8: Kinder- und Jugendhilfe, 2. Auflage, Saarbrücken 2014 (zit.: jurisPK-SGB VIII/*Bearbeiter*).

Schmid, Jürgen: Das Beschleunigungs- und Vorranggebot – erste Erfahrungen in der Praxis, in: FPR 2011, 5–8 (zit.: *Schmid*, FPR 2011, 5).

Schmidt-Denter, Ulrich: Entwicklung von Trennungs- und Scheidungsfamilien: Die Kölner Längsschnittstudie, in: *Schneewind*, Familienpsychologie im Aufwind. Brückenschläge zwischen Forschung und Praxis, Göttingen 2000, S. 203–221 (zit.: Schneewind/*Schmidt-Denter*, 2000, S. 203).

Schmidt-Denter, Ulrich; Schmitz, Heike: Familiäre Beziehungen und Strukturen sechs Jahre nach der elterlichen Trennung, in: *Walper*/Schwarz, Was wird aus den Kindern?: Chancen und Risiken für die Entwicklung von Kindern aus Trennungs- und Stieffamilien, Weinheim 1999, S. 73–90 (zit.: Walper/Schwarz/*Schmidt-Denter/Schmitz*, S. 73).

Schneewind, Klaus A.; Ruppert, Stefan: Familien gestern und heute: ein Generationsvergleich über 16 Jahre, Berlin 1995 (zit.: *Schneewind/Ruppert*).

Schneider, Hagen: Vorschusspflicht in Kindschaftssachen, in: FamRB 2012, 164–167 (zit.: *Schneider*, FamRB 2012, 164).

–: Nichterhebung der Kosten für ein Gutachten bei fehlender Bewertung, Anmerkung zur Entscheidung des OLG Frankfurt vom 20.11.2015 – 1 UF 189/15, in: FamRB 2016, 148–149 (zit.: *Schneider*, FamRB 2016, 148).

Schneider, Norbert: Die Zusatzgebühr für besonders umfangreiche Beweisaufnahmen in Familiensachen, in: NZFam 2015, 411 (zit.: *Schneider*, NZFam 2015, 411).

–: Einfluss von Gutachten auf den Verfahrenswert, in: NZFam 2015, 624 (zit.: *Schneider*, NZFam 2015, 624).

Schnitzler, Klaus: Der Anwalt des Kindes auch im Sorgerechtsverfahren?, in: FamRZ 1995, 397 (zit.: *Schnitzler*, FamRZ 1995, 397).

–: Familiengerichte, in: FF 2015, 133 Editorial (zit.: *Schnitzler*, FF 2015, 133 Editorial).

Schorr, Angela: Bericht über den 13. Kongress für Angewandte Psychologie, Bonn 1985 (zit.: Schorr/*Bearbeiter*).

Schulte-Bunert, Kai; Weinreich, Gerd: Kommentar des FamFG: mit FamGKG, 4. Auflage, Köln 2014 (zit.: Schulte-Bunert/Weinreich/*Bearbeiter*).

Schwab, Dieter: Die rechtliche Stellung des Kindes in Geschichte und Gegenwart, in: *Behler*: Das Kind: Eine Anthropologie des Kindes, Freiburg 1971, S. 379–406 (zit.: Behler/*Schwab*, S. 379).

–: Elterliche Sorge bei Trennung und Scheidung der Eltern, in: FamRZ 1998, 457 (zit.: *Schwab*, FamRZ 1998, 457).

Schwab, Rouven: Das unrichtige Gutachten des gerichtlichen Sachverständigen, in: DS 2005, 132 (zit.: *Schwab*, DS 2005, 132).

Sehrbrock, Peter; Erdélyi, Andrea; Gand, Sina: Internationale und vergleichende Heil- und Sonderpädagogik und Inklusion: Individualität und Gemeinschaft als Prinzipien internationalen Heil- und Sonderpädagogik, Bad Heilbrunn 2013 (zit.: Sehrbrock/Erdélyi/Gand/*Bearbeiter*).

Simitis, Spiros: Zur Situation des Familienrechts – Über einige Prämissen, in: *Simitis/Zenz,* Seminar Familie und Familienrecht, Band 1 und Band 2, 1. Auflage, Frankfurt 1975, S. 15 ff. (zit.: Simitis/Zenz/*Simitis*, S. 15).

–: Das „Kindeswohl" als universale Kategorie, in: Goldstein, Das Wohl des Kindes: Grenzen professionellen Handelns, 1. Auflage, Frankfurt 1988, S. 95–124 (zit.: Goldstein/*Simitis*).

Simitis, Spiros; Zenz, Gisela: Seminar Familie und Familienrecht, Band 1 und Band 2, 1. Auflage, Frankfurt 1975 (zit.: Simitis/Zenz).

Simitis, Spiros; Rosenkötter, Lutz; Vogel, Rudolf: Kindeswohl: eine interdisziplinäre Untersuchung über seine Verwirklichung in der vormundschaftsgerichtlichen Praxis, 1. Auflage, Frankfurt 1979 (zit.: *Simitis et al.*).

Simon, Kirsten: um Wohle des Kindes? – Die Regelung der elterlichen Sorge auf dem Prüfstand : Fachtagung, 1. bis 3. Dezember 1994, Dresden 1996 (zit.: Simon/*Bearbeiter*).

Soergel: Kommentar zum Bürgerlichen Gesetzbuch, Band 12: Schuldrecht 10, §§ 823–853, Produkthaftungsgesetz, Umweltgesetz, 13. Auflage, Stuttgart 2005 (zit.: Soergel/*Bearbeiter*).

Sommer, Anja: Das Verhältnis von Familiengericht und Jugendamt: Kooperation zum Wohle des Kindes?, Dissertation, Frankfurt 2012 (zit.: *Sommer*).

Spangenberg, Brigitte; Spangenberg, Ernst: Geschwisterbindung und Kindeswohl, in: Zeitschrift für das gesamte Familienrecht (FamRZ) 2002, 1007–1010 (zit.: *Spangenberg/Spangenberg*, FamRZ 2002, 1007).

Spangler, Gottfried; Zimmermann, Peter: Die Bindungstheorie: Grundlagen, Forschung und Anwendung, 5. Auflage, Stuttgart 2009 (zit.: Spangler/Zimmermann/*Bearbeiter*).

Spangler, Gottfried; Grossmann, Karin; Grossmann, Klaus; Fremmer-Bombik, Elisabeth: Individuelle und soziale Grundlagen von Bindungssicherheit und Bindungsdesorganisation Individual and Social Determinants of Attachment Security and Disorganization, in: Psychologie in Erziehung und Unterricht (Psych.Erz.u.Unter.) 2000, 203 ff. (*Spangler/Grossmann/Grossmann/Fremmer-Bombik*, Psych.Erz.u.Unter. 2000, 203).

Spindler, Manfred: Hochstrittige Trennung und Scheidung, in: ZKJ 2008, 98 (zit.: *Spindler*, ZKJ 2008, 98).

–: Die Bedeutung hoch konflikthafter Trennung und Scheidung für Beratung und Therapie, in: ZKJ 2012, 426 (*Spindler*, ZKJ 2012, 426).

Staudinger: Kommentar zum BGB, Buch 2: Recht der Schuldverhältnisse, §§ 241–853, Neubearbeitung 2013 (zit.: Staudinger/*Bearbeiter*).

-: Kommentar zum BGB, Buch 4: Familienrecht, §§ 1589–1600d, Neubearbeitung 2011 (zit.: Staudinger/*Bearbeiter*).

-: Kommentar zum BGB, Buch 4: Familienrecht, §§ 1626–1633, Neubearbeitung 2015 (zit.: Staudinger/*Bearbeiter*).

-: Kommentar zum BGB, Buch 4: Familienrecht, §§ 1638–1683 , Neubearbeitung 2016 (zit.: Staudinger/*Bearbeiter*).

-: Kommentar zum BGB, Buch 4: Familienrecht, §§ 1684–1717 , Neubearbeitung 2014 (zit.: Staudinger/*Bearbeiter*).

Stein, Friedrich; Jonas, Martin: Kommentar zur Zivilprozessordnung, Band 5: §§ 328–510c ZPO, 23. Auflage, Tübingen 2015 (zit.: Stein/Jonas/*Bearbeiter*).

Steindorff, Caroline: Vom Kindeswohl zu den Kindesrechten, Neuwied 1994 (zit.: Steindorff/*Bearbeiter*).

Steinmetz, Martina; Lewand, Martin: Diagnostik der Erziehungsfähigkeit im Rahmen familienrechtlicher Begutachtung, in: PdR 2004 (2), 286–303 (zit.: *Steinmetz/Lewand*, PdR 2004, 286).

Stemmler, Gerhard; Kannegießer, Anja: Diagnostische Kompetenzen von Sachverständigen in Kindschaftssachen: Welche Anforderungen sind zu stellen?, in: NZFam 2017, 639–643 (zit.: *Stemmler/Kannegießer*, NZFam 2017, 639).

Stern, Klaus: Das Staatsrecht der Bundesrepublik Deutschland, Band 1: Grundbegriffe und Grundlagen des Staatsrechts, Strukturprinzipien der Verfassung, München 1977 (zit.: *Stern*).

Sternbeck, Elisabeth; Däther, Gerd: Das familienpsychologische Gutachten in Sorgerechtsverfahren, in: FamRZ 1986, 21 (zit.: *Sternbeck/Däther*, FamRZ 1986, 21).

Stößer, Eberhard: Das neue Verfahren in Kindschaftssachen, in: FamRZ 2009, 656 (zit.: *Stößer*, FamRZ 2009, 656).

Strobach, Susanne: Die seelische Entwicklung des Kindes nach einer Elterntrennung und Scheidung, in: FPR 2008, 148 (zit.: *Strobach*, FPR 2008, 148).

Stürmer, Stefan; Rohmann, Anette: Qualität familienpsychologischer Gutachten: Eine empirische Analyse mit Praxiskommentaren, Band 1, Beiträge zur angewandten Psychologie, 1. Auflage, Frankfurt 2016 (zit.: Stürmer/Rohmann/*Bearbeiter*, Qualität).

Sturzbecher, Dietmar: Spielbasierte Befragungstechniken: interaktionsdiagnostische Verfahren für Begutachtung, Beratung und Forschung, Göttingen 2001 (zit.: Sturzbecher/*Bearbeiter*).

–: Methodische Lösungsansätze zur Befragung jüngerer Kinder, in: Sturzbecher, Spielbasierte Befragungstechniken: interaktionsdiagnostische Verfahren für Begutachtung, Beratung und Forschung, Göttingen 2001, S. 51–63 (zit.: *Sturzbecher*, S. 51).

Temizyürek, Kemal: Das Stufenmodell der Bindungsfürsorge, in: ZKJ 2014, 228–231 (zit.: *Temizyürek*, ZKJ 2014, 228).

Terlinden-Arzt, Patricia: Psychologische Gutachten für das Familiengericht – eine empirische Untersuchung über diagnostische Strategien sowie ausgewählt Aspekte des Kindeswohls, Dissertation, Lengerich 1998 (zit.: *Terlinden-Arzt*, 1998).

Thiel, Lotte; Schneider, Norbert: Die Abweichung vom Regelverfahrenswert – Werterhöhung – Wertherabsetzung, in: FPR 2010, 323 (zit.: *Thiel/Schneider*, FPR 2003, 323).

–: Die neue Zusatzgebühr für besonders umfangreiche Beweisaufnahmen, in: Anwaltsgebühren Spezial 2013, 53–56 (zit.: *Thiel/Schneider*, AGS 2013, 53).

Thole, Christoph: Die Haftung des gerichtlichen Sachverständigen nach § 839a BGB, Dissertation, Köln 2004 (zit.: *Thole*).

Titz, Joachim: Die Pflichten und die Ablehnung des Sachverständigen, in: NZFam 2015, 388 (zit.: *Titz*, NZFam 2015, 388).

Trautner, Hanns Martin: Allgemeine Entwicklungspsychologie, 2. Auflage, Stuttgart 2003 (zit.: *Trautner*).

Trenczek, Thomas: Familiengerichtliches Verfahren und Mitwirkung der Jugendhilfe nach dem FGG-Reformgesetz, in: ZKJ 2009, 97 (zit.: *Trenczek*, ZKJ 2009, 97).

–: Der Verfahrensbeistand im FamFG, in: ZKJ 2009, 196 (zit.: *Trenczek*, ZKJ 2009, 196).

Ulrich, Jürgen: Sachverstand, Sachverständiger, am sachverständigsten?: Eine Bestandsaufnahme zum aktuellen Wettbewerbsrecht der Sachverständigen, in: DS 1999, 26 (zit.: *Ulrich*, DS 1999, 26).

–: JVEG: Vorher – Nachher, in: DS 2013, 264 (zit.: *Ulrich*, DS 2013, 264).

Varrentrapp, Eberhard: Die Stellung der gerichtlichen Sachverständigen, in: DRiZ 1969, 351–353 (zit.: *Varrentrapp*, DRiZ 1969, 351).

Völker, Mallory: Die Ablehnung des Sachverständigen im ZPO-/FGG-/FamFG-Verfahren, in: FPR 2008, 287 (zit.: *Völker*, FPR 2008, 287).

Vogel, Harald: (Offene) Rechtsfragen zum einstweiligen Rechtsschutz nach den §§ 49 ff. FamFG, in: FF 2011, 196–202 (zit.: *Vogel*, FF 2011, 196).

Vogel, Roland R.: Zur Änderung des § 13 II JVEG – Besondere Vergütung: Eine Mogelpackung?, in: DS 2014, 16 (zit.: *Vogel*, DS 2014, 16).

Voges-Wallhöfer, Lars: OLG Saarbrücken: Kein Umgangsausschluss ohne psychologischen Sachverstand, in: FamFR 2012, 285 (zit.: *Voges-Wallhöfer*, FamFR 2012, 285).

Volze, Harald: Die Grundlagen der Haftung des Sachverständigen, in: DS 2004, 48 (zit.: *Volze*, DS 2004, 48).

Wallerstein, Judith S.; Blakeslee, Sandra: Gewinner und Verlierer: Frauen, Männer, Kinder nach der Scheidung; eine Langzeitstudie, München 1992 (zit.: *Wallerstein/Blakeslee*).

Wallerstein, Judith S.; Kelly, John B.: Surviving the Breackup: How children and parents cope with divorce, 1980 (zit.: *Wallerstein/Kelly*).

Wallerstein, Judy S.; Lewis, Julia: Langzeitwirkungen der elterlichen Ehescheidung auf Kinder – Eine Längsschnittuntersuchung über 25 Jahre, in: FamRZ 2001, 65–72 (zit.: *Wallerstein/Lewis*, FamRZ 2001, 65).

Wallerstein, Judith S.; Lewis, Julia M.; Blakeslee, Sandra: Scheidungsfolgen – die Kinder tragen die Last: eine Langzeitstudie über 25 Jahre, Münster 2002 (The unexpected legacy of divorce, 2000) (zit.: *Wallerstein/Lewis/Blakeslee*).

Wapler, Friederike: Kinderrechte und Kindeswohl: eine Untersuchung zum Status des Kindes im Öffentlichen Recht, Tübingen 2015 (zit.: *Wapler*).

Walper, Sabine: Einflüsse von Trennung und neuer Partnerschaft der Eltern. Ein Vergleich von Jungen und Mädchen in Ost- und Westdeutschland, Weinheim 2002 (zit.: *Walper*, 2002).

–: Kontextmerkmale gelingender und misslingender Entwicklung von Kindern in Einelternfamilien, in: *Fegert/Ziegenhain*, Hilfen für Alleinerziehende: die

Lebenssituation von Einelternfamilien in Deutschland, 1. Auflage, Weinheim 2003, 148–166 (zit.: Fegert/Ziegenhain/*Walper*, S. 148).

Walper, Sabine; Fichtner, Jörg; Normann, Katrin: Hochkonflikthafte Trennungsfamilien : Forschungsergebnisse, Praxiserfahrungen und Hilfen für Scheidungseltern und ihre Kinder, 2. Auflage, Weinheim 2013 (zit.: Walper/Fichtner/Normann/*Bearbeiter*).

Walper, Sabine; Langmeyer, Alexandra: Auswirkungen einer elterlichen Scheidung auf die Entwicklung der Kinder, in: ZKJ 2008, 94 (zit.: *Walper/Langmeyer*, ZKJ 2008, 94).

Walper, Sabine; Schwarz, Beate: Was wird aus den Kindern?: Chancen und Risiken für die Entwicklung von Kindern aus Trennungs- und Stieffamilien, Weinheim 1999 (zit.: Walper/Schwarz/*Bearbeiter*).

Walter, Joachim: Sexueller Missbrauch im Kindesalter, Heidelberg 1992 (zit.: Walter/*Bearbeiter*).

Walter, Eginhard: Qualitätsentwicklung und -sicherung in der Verfahrenspflegschaft, in: Familie Partnerschaft Recht (FPR) 2006, 33–36 (zit.: *Walter*, FPR 2006, 33).

–: Hinwirken auf Einvernehmen – Welche Zusatzqualifikation braucht das Gericht?, in: FPR 2009, 23 (zit.: *Walter*, FPR 2009, 23).

Walterscheidt, Bernd: Guitachtenauftrag und Anforderungen an das Gutachten, in: NZFam 2015, 385 (zit.: *Walterscheidt*, NZFam 2015, 385).

Wagner, Wiebke; Balloff, Rainer: FamFG und die Sachverständigentätigkeit, in: PdR 2009, 263 (zit.: *Wagner/Balloff*, PdR 2009, 263).

Wagner, Gerhard; Thole, Christoph: Die zivilrechtliche Haftung des gerichtlichen Sachverständigen, in: FPR 2003, 521 (zit.: *Wagner/Thole*, FPR 2003, 521).

Warnke, Andreas; Trott, Götz-Erik; Remschmidt, Helmut: Forensische Kinder- und Jugendpsychiatrie: ein Handbuch für Klinik und Praxis, Bern 1997 (zit.: Warnke/Trott/Remschmidt/*Bearbeiter*).

Weber, Matthias; Schilling, Herbert: Eskalierte Elternkonflikte: Beratungsarbeit im Interesse des Kindes bei hoch strittigen Trennungen, 2. Auflage, Weinheim 2012 (zit.: Weber/Schilling/*Bearbeiter*).

Wegener, Hermann: Zur Zusammenarbeit des psychologischen Sachverständigen mit dem Familienrichter, in: ZfJ 1982, 493 (zit.: *Wegener*, ZfJ 1982, 493).

Weglage, Andreas: Die Vergütung des Sachverständigen : Grundlagen – JVEG – Beispiele, 3. Auflage, Wiesbaden 2014 (zit.: *Weglage*).

Wellenhofer, Marina: Umfang der Amtsermittlungspflicht bei Kindeswohlgefährdung, in: JuS 2010, 819 (zit.: *Wellenhofer*, JuS 2010, 819).

Werneck, Harald; Eder, Maximilian O.; Ebner, Simone; Werneck-Rohrer, Sonja: Vater-Kind-Kontakt und kindliches Wohlbefinden in getrennt und nicht-getrennten Familien, in: PdKK 2015, 135–151 (zit.: *Werneck et al.*, PdKK 2015, 135).

Werst, Christoph; Hemminger, Hans-Jörg: Schlussbericht des Projekts Psychologische Gutachten in Prozessen vor dem Familiengericht, Projektleiter Peter Dietrich, Universität Freiburg, 1989, im Auftrag des Justizministeriums (zit.: *Werst/Hemminger*).

Westhoff, Karl; Kluck, Marie-Luise: Psychologische Gutachten schreiben und beurteilen, 6. Auflage, Berlin 2014 (zit.: *Westhoff/Kluck*).

Westhoff, Karl; Terlinden-Arzt, Patricia; Klüber, Antje: Entscheidungsorientierte psychologische Gutachten für das Familiengericht, Berlin 2000 (zit.: *Westhoff/Terlinden-Arzt/Klüber*).

Wichmann, Klaus: Die Reform des Kindschaftsrechts in der Diskussion, in: FuR 1996, 161–171 (zit.: *Wichmann*, FuR 1996, 161).

Wiedemann, Michael: Gutachtenerstellung im Familienrecht – Beschwerdenvalidität und Nachvollziehbarkeit, in: ZKJ 2014, 185–194 (zit.: *Wiedemann*, ZKJ 2014, 185).

Wilken, Walter: Zwischen Philanthropie und Sozialpolitik – Zur Geschichte des Deutschen Kinderschutzbundes, in: *Brinkmann*, Kinderschutz als sozialpolitische Praxis: Hilfe, Schutz und Kontrolle, München 1984, S. 97–124 (zit.: Brinkmann/*Wilken*, S. 97).

Willutzki, Siegfried: Psychologie im Familienrecht, Kind-Prax 1999 (1), 3–7 (zit.: *Willutzki*, Kind-Prax 1999, 3).

–: Die FGG-Reform – Chance für ein stärker kindorientiertes Verfahren, in: ZKJ 2006, 224 (zit.: *Willutzki*, ZKJ 2006, 224).

–: Der Schutzauftrag des Jugendamtes im neuen Recht, in: FPR 2008, 488–492 (zit.: *Willutzki*, FPR 2008, 488).

–: Kinderschutz aus Sicht des Familiengerichts, in: ZKJ 2008, 139–143 (zit.: *Willutzki*, ZKJ 2008, 139).

Wütz, Bernhard: Der Freibeweis in der freiwilligen Gerichtsbarkeit, Tübingen 1970 (zit.: *Wütz*).

Zenz, Gisela: Kindesmisshandlung und Kinderrechte: Erfahrungswissen, Normstruktur und Entscheidungsrationalität, 1. Auflage, Frankfurt 1981 (zit.: *Zenz*).

Zenz, Gisela; Salgo, Ludwig: Zur Diskriminierung der Frau im Recht der Eltern-Kind-Beziehung, Stuttgart 1983 (zit.: *Zenz/Salgo*).

Zitelmann, Maud: Kindeswille und Kindeswohl, in: *Salgo et al.*, Verfahrensbeistandschaft: Ein Handbuch für die Praxis, 3. Auflage, Köln 2014 (zit.: HB-VB/*Zitelmann*, S. 199).

Zöller, Richard: Kommentar zur Zivilprozessordnung mit FamFG und Gerichtsverfassungsgesetz, den Einführungsgesetzen, mit Internationalem Zivilprozessrecht, EU-Verordnungen, Kostenanmerkungen, 32. Auflage, Köln 2016 (zit.: Zöller/*Bearbeiter*).

Zuschlag, Berndt: Das Gutachten des Sachverständigen, 2. Auflage, Göttingen 2002 (zit.: *Zuschlag*, 2002).

–: Richtlinien für die Erstellung psychologischer Gutachten, 2006 (zit.: *Zuschlag*, 2006).

Zütphen, Julia: Psychologische Begutachtung im Familienrecht: Effekte entscheidungsorientierter vs. lösungsorientierter Begutachtung auf die Trennungsfamilie, Dissertation, Bielefeld 2010 (zit.: *Zütphen*).

Internetverzeichnis

Änderungsantrag CDU, CSU und SPD vom 04.02.2016: https://www.bmjv.de/SharedDocs/Gesetzgebungsverfahren/Dokumente/Formulierungshilfe_Aenderung_Sachverstaendigenrecht .pdf?__blob=publicationFile&v=1, zuletzt abgerufen am 01.08.2017 (zit.: Änderungsantrag CDU, CSU und SPD v. 04.02.2016).

Arbeitsgruppe Familiengerichtliche Gutachten 2015: Mindestanforderungen an die Qualität von Sachverständigengutachten im Kindschaftsrecht: https://www.rak-berlin.de/download/mitglieder_pdfs_skripten/Famrechtl_SV_Gutachten_Delerue_2015.pdf, zuletzt abgerufen am 01.08.2017 (zit.: *Arbeitsgruppe Gutachten*, 2015).

Arbeitsgruppe „Familiengerichtliche Maßnahmen bei Gefährdung des Kindeswohls“: Abschlussbericht vom 17.11.2006, http://www.lag-autonomefrauenhaeusernrw.de/files/abschlussbericht_kindeswohlgefahrdung.pdf, zuletzt abgerufen am 01.08.2017 (zit.: *Arbeitsgruppe Kindeswohlgefährdung*, Bericht 2006).

Arbeitsgruppe „Familiengerichtliche Maßnahmen bei Gefährdung des Kindeswohls – § 1666 BGB“: Abschlussbericht vom 14.07.2009, http://sfbb.berlin-brandenburg.de/sixcms/media.php/5488/RS_G_4224_Ergebnisse_AG_Familiengerichtliche_Ma%C3%9Fnahmen_Anlage.pdf, zuletzt abgerufen am 01.08.2017 (zit.: *Arbeitsgruppe Kindeswohlgefährdung*, Bericht 2009).

Bundesministerium für Gesundheit: Eckpunkte des Bundesministeriums für Gesundheit zur Novellierung der Ausbildung zum Psychologischen Psychotherapeuten, 2016, http://www.dgpt.de/fileadmin/download/Mitteilungen/

2016-10-23_BMG_PsychThG_Eckpunkte Direktausbildung.pdf, zuletzt abgerufen am 01.08.2017 (*BMG*, Eckpunkte Novellierung PsychThG).

Deutscher Anwaltsverein: Stellungnahme zum Referentenentwurf vom August 2015, https://anwaltverein.de/de/newsroom/sn-42-15-referentenentwurf-des-bmjv-zur-aenderung-des-sachverstaendigenrechts?file=files/anwaltverein.de/downloads/newsroom/stellungnahmen/2015 DAV-SN_42-15.pdf, zuletzt abgerufen am 01.08.2017 (zit.: *DAV*, Stellungnahme Ref-E).

Deutscher Familiengerichtstag e.V.: Stellungnahme zum Referentenentwurf vom 01.08.2015, http://www.dfgt.de/resources/SN-VS_Aenderung_des_Sachverstaendigenrechts_und_FamFG .pdf, zuletzt abgerufen am 01.08.2017 (zit.: *DFGT*, Stellungnahme Ref-E).

Deutsche Gesellschaft für Psychologie: Empfehlungen der Arbeitsgruppe „Qualitätsstandards für psychodiagnostische Gutachten" im Auftrag der Deutschen Gesellschaft für Psychologie DGPs, Dezember 2011: https://www.tu-chemnitz.de/hsw/psychologie/professuren/ppd/lehre/AS/skrip-te/psychologische_begutachtung/sommersemester_2016/gruppe_1/00_DGPS_Qualiaets standards%20f%C3%BCr%20Psychologisch-Diagnostische%20Gutachten.pdf, zuletzt abgerufen am 01.08.2017 (zit.: *DGPs*, Qualitätsstandards 2011).

Deutsche Industrie- und Handelskammer (DIHK): Muster-Sachverständigenordnung und Richtlinien, neueste Fassung vom 26.03.2012: http://www.beck-shop.de/fachbuch/zusatz-infos/Muster-SVO_DIHK_2803212.pdf, zuletzt abgerufen am 01.08.2017 (zit.: *DIHK*, Muster-Sachverständigenordnung).

Deutsches Institut für Jugendhilfe und Familienrecht e.V.: Hinweise zum Referentenentwurf vom 06.08.2015, https://www.dijuf.de/tl_files/downloads/2015/DIJuF-Hinweise_RefE_Sachverstaendigenrecht_v._06_08_2015.pdf, zuletzt abgerufen am 01.08.2017 (zit.: *DIJuF*, Hinweise Ref-E).

Deutscher Juristinnenbund: Stellungnahme zum Referentenentwurf vom 11.08.2015, https://www.djb.de/404-error.html?referer=www.djb.de%2FKom%2FK2%2Fst15-09%2F, zuletzt abgerufen am 01.08.2017 (zit.: *djb*, Stellungnahme Ref-E).

Deutsches Jugendinstitut: Stellungnahme zum Referentenentwurf vom 12.08.2015, http://www.dji.de/fileadmin/user_upload/dasdji/stellungnahmen/2015/2015_08-10_DJI_Stellungnahme_Sachverstaendigenrecht.pdf, zuletzt abgerufen am 01.08.2017 (zit.: *DJI*, Stellungnahme Ref-E).

Der Paritätische Gesamtverband: Stellungnahme zum Referentenentwurf vom 10.08.2015, http://infothek.paritaet.org/pid/fachinfos.nsf/0/6d400757ff8c067dc1257ea10039ca8b/$FILE/StN_Parität_SachV_10.08.2015.pdf, zuletzt abgerufen am 01.08.2017 (zit.: *DPG*, Stellungnahme Ref-E).

22. Deutscher Familiengerichtstag: 18.06. – 01.07.2017, Arbeitskreis 22, Fortbildung im Familienrecht, http://www.dfgt.de/resources/2017_Arbeitskreis_22.pdf, zuletzt angerufen am 01.08.2017 (zit.: *22. DFGT*, AK 22, Fortbildung im Familienrecht).

Deutsche PsychotherapeutenVereinigung: Stellungnahme zum Referentenentwurf vom 12.08.2015, http://www.deutschepsychotherapeutenvereinigung.de/index.php?eID=dumpFile&t=f&f=4671&token=71edf69950a5b66927510fca07f0d3ee95d7a42b, zuletzt abgerufen am 01.08.2017 (zit.: *DPtV*, Stellungnahme Ref-E).

Deutscher Richterbund: Thesenpapier zur Qualität der Arbeit in Gerichten und Staatsanwaltschaften, April 2014, http://www.drb.de/fileadmin/docs/140404_DRB_Thesenpapier_zur_Qualitaet_der_Arbeit.pdf, zuletzt abgerufen am 01.03.2017 (zit.: *DRB*, Qualität).

–: Stellungnahme zum Referentenentwurf vom 09.12.2015, Nr. 15/15 August 2015, http://www.drb.de/stellungnahmen/2015/sachverstaendigenrecht.html, zuletzt abgerufen am 01.03.2017 (zit.: *DRB*, Stellungnahme Ref-E).

–: Eckpunkte zur Fortbildung der Richter und Staatsanwälte vom 29.04.2016, http://www.drb.de/fileadmin/docs_public/Positionen/DRB_160428_Eckpunkte_zur_Fortbildung_der_Richter_und_Staatsanw%C3%A4lte.pdf, zuletzt abgerufen am 01.08.2017 (zit.: *DRB*, Eckpunkte).

Fachverband Systemisch-Lösungsorientierter Sachverständiger: Fehlerhafte Gutachten im Familienrecht – Stellungnahme des FSLS zur Studie: Salewski/Stürmer, Qualitätsstandards in der familiengerichtlichen Begutachtung, 2014. Abrufbar unter: http://www.fsls.de/aktuell.htm, zuletzt abgerufen am 01.08.2017 (zit.: *FSLS*, Stellungnahme zur Hagener Studie).

Föderation Deutscher Psychologenvereinigungen: Berufsethische Richtlinien in der Fassung von 2016, http://www.bdp-verband.org/bdp/verband/clips/Berufsethische_Richlinien_2016. pdf, zuletzt abgerufen am 01.08.2017 (zit.: *FöDP*, Berufsethische Richtlinien).

–: Stellungnahme zum Referentenentwurf vom 05.08.2016, https://www.dgps.de/uploads/media/Foederation_Stellungnahme_zu_Sachverst_20150805.pdf, zuletzt abgerufen am 01.08.2017 (zit.: *FöDP*, Stellungnahme Ref-E).

Heilmann, Stefan: Stellungnahme zum Regierungsentwurf BT-Drs. 18/6985 vom 11.03.2016, https://www.bundestag.de/blob/415098/e00a3f9f5d584314f9368351113a89c3/heilmann-data. pdf, zuletzt abgerufen am 01.08.2017 (zit.: *Heilmann*, Stellungnahme BT-Drs. 18/6985).

Kannegießer, Anja: Stellungnahme zum Regierungsentwurf BT-Drs. 18/6985 vom 14.03.2016, https://www.bundestag.de/blob/415194/f28c0fa0e7efd2008f561f829f9ffefe/kannegiesser-data. pdf, zuletzt abgerufen am 01.08.2017 (zit.: *Kannegießer*, Stellungnahme BT-Drs. 18/6985).

Kramme, Karl-Erhard: Stellungnahme zum Regierungsentwurf BT-Drs. 18/6985 vom 12.03.2016, https://www.bundestag.de/blob/415100/c4c3b800547405eb 6b67281184155fcc/kramme-data.pdf, zuletzt abgerufen am 01.08.2017 (zit.: *Kramme*, Stellungnahme BT-Drs. 18/6985).

Koalitionsvertrag CDU, CSU und SPD: 18. Legislaturperiode, https://www.bundesregierung.de/Content/DE/_Anlagen/2013/2013-12-17-koalitionsvertrag.pdf?__blob=publicationFile, zuletzt abgerufen am 01.08.2017 (zit.: Koalitionsvertrag CDU, CSU und SPD).

Lüblinghoff, Joachim: Stellungnahme zum Regierungsentwurf BT-Drs. 18/6985 vom 09.03.2016, https://www.bundestag.de/blob/414442/2c07391c9f6c9c0 68c25041bd04ef34f/ lueblinghoff-data.pdf, zuletzt abgerufen am 01.08.2017 (zit.: *Lüblinghoff*, Stellungnahme BT-Drs. 18/6985).

Müller, Harald: Stellungnahme zum Regierungsentwurf BT-Drs. 18/6985 vom 11.03.2016, https://www.bundestag.de/blob/415022/a3c8dce21a61f18b680c6 f50651ca073/mueller-data. pdf, zuletzt abgerufen am 01.08.2017 (zit.: *Müller*, Stellungnahme BT-Drs. 18/6985).

Nedden-Boeger, Claudio: Stellungnahme zum Regierungsentwurf BT-Drs. 18/6985 vom 09.03.2016, https://www.bundestag.de/blob/414026/f46ec70b5 49132ed5608d3660ab81fba/ nedden-boeger-data.pdf, zuletzt abgerufen am 01.08.2017 (zit.: *Nedden-Boeger*, Stellungnahme BT-Drs. 18/6985).

Paul, Stephanie; Dietrich, Peter S.: Expertise A: Genese, Formen und Folgen „Hochstrittiger Elternschaft2 – Nationaler und internationaler Forschungsstand und Expertise B: Wirkungen von Beratungs- und Unterstützungsansätzen bei hochstrittiger Elternschaft – Nationale und internationale Befunde, Deutsches Jugendinstitut (DJI), 2007: http://www.bke.de/content/application/explorer/public/newsletter/juni-2007/hs-expertise-a-und-b.pdf, zuletzt abgerufen am 01.08.2017 (zit.: *Paul/Dietrich*, 2007).

Rechtsausschuss des Bundestages (Ausschuss für Recht und Verbraucherschutz): Öffentliche Anhörung ausgewählter Experten vom 16.03.2016, https://www.bundestag.de/dokumente/textarchiv/2016/kw11-pa-recht/412446, zuletzt abgerufen am 01.08.2017.

Referentenentwurf des BMJV vom 29.05.2015: https://www.bmjv.de/SharedDocs/Gesetzgebungsverfahren/Dokumente/RefE_Sachverstaendigenrat.pdf?__blob=publicationFile&v=5, zuletzt abgerufen am 01.08.2017 (zit.: *Ref-E BMJV*, 29.05.2015).

Richterbund Hessen: Bund der Richterinnen und Richter, Staatsanwältinnen und Staatsanwälte, Assessorenmappe: Wissenswertes zum Berufseinstieg in der hessischen Justiz, http://www.richterbund-hessen.de/wp-content/PDF/Assessorenmappe_Hessen_Oktober2013.pdf, zuletzt abgerufen am 01.08.2017 (zit.: *Richterbund Hessen*, Assessorenmappe).

Salewski, Christel; Stürmer, Stefan: Studie, Standards in der familienrechtspsychologischen Begutachtung, 2014: http://www.fernuni-hagen.de/psychologie/qpfg/, zuletzt abgerufen am 01.08.2017 (zit.: *Salewski/Stürmer*, Standards, 2014).

Salgo, Ludwig: Fortbildungspflicht für Richter, Editorial NJW-aktuell 23/2016, http://www.stiftung-pflegekind.de/fileadmin/templates/szwdpk/media/user_upload/Editorial_ Salgo.pdf, zuletzt abgerufen am 01.08.2017 (zit.: *Salgo*, Editorial NJW-aktuell 23/2016).

Schmidt-Denter, Ulrich; Beelmann, Wolfgang: Familiäre Beziehungen nach Trennung und Scheidung. Veränderungsprozesse bei Müttern, Vätern und Kindern, Forschungsbericht (2 Bände) des Psychologischen Instituts Köln, Köln 1995, http://www.schmidt-denter.de/forschung/scheidung/bericht1.pdf, zuletzt abgerufen am 01.08.2017 (zit.: *Schmidt-Denter/Beelmann*).

Statistisches Bundesamt: Destatis, Rechtspflege Familiengerichte, Fachserie 10 Reihe 2.2, Wiesbaden 2014, https://www.destatis.de/DE/Publikationen/Thematisch/Rechtspflege/GerichtePersonal/Familiengerichte2100220137004.pdf?__blob=publicationFile, zuletzt abgerufen am 01.08.2017 (*Statistisches Bundesamt*, 2014).

Verband alleinerziehender Mütter und Väter: Stellungnahme zum Referentenentwurf vom 22.07.2015, https://www.vamv.de/uploads/media/VAMV__Stellungnahme__AEnderung_ Sachverstaendigenrecht.pdf, zuletzt abgerufen am 01.08.2017 (zit.: *VAMV*, Stellungnahme Ref-E).

Streiten Eltern um das Sorgerecht für ihr gemeinsames Kind oder um die Umgangskontakte des nicht betreuenden Elternteils, gerät das Wohl des Kindes nur allzu oft aus dem Blick. Es rückt dann zwischen den elterlichen Konflikten, Ängsten und Enttäuschungen in weite Ferne, auf die „Kindeswohl-Insel". Ziel des kindschaftsrechtlichen Verfahrens ist es daher, sich dem Kindeswohl wieder anzunähern. Der Familienrichter agiert hier als Kapitän mit der Aufgabe, die Eltern und das Kind wieder zusammenzubringen und eine für alle Familienmitglieder akzeptable Regelung zu finden. Dabei geben die Eltern mit ihren Anträgen und ihrem Verhalten die grobe Richtung vor. Nur wenn sie kooperativ sind, sowohl untereinander als auch in der Interaktion mit dem Familienrichter und den sonstigen professionell am Verfahren Beteiligten, sind sie überhaupt in der Lage, die Kindeswohl-Insel anzuvisieren. Die Fahrt dorthin ist häufig beschwerlich. Der Familienrichter muss die Familie durch verschiedene Wetterlagen und oft auch durch starken Wellengang steuern. Die Emotionen der Eltern können sich dabei zu Flutwellen entwickeln und eine einvernehmliche Regelung gefährden. Damit der Familienrichter den Kurs nicht aus den Augen verliert, stehen ihm psychologische Sachverständige navigierend zur Seite. Sie begleiten die Beteiligten und helfen, aus schweren Unwettern herauszufinden und neue Unwetter zu umfahren.

[die Verfasserin]

Einleitung

A. Besonderheiten kindschaftsrechtlicher Verfahren

Kindschaftsrechtliche Verfahren betreffen immer den sensiblen Bereich der Familie, die nach Art. 6 Abs. 1 GG unter besonderem verfassungsrechtlichem Schutz steht. Die Norm gilt als eine der komplexesten unserer Verfassung, denn sie vereint gleich drei Grundrechtsdimensionen (Abwehrrecht, Institutsgarantie und wertentscheidende Grundsatznorm), die das staatliche Handeln beeinflussen.[1] Die hierbei in Rede stehenden Grundrechtspositionen der Eltern[2] und des Kindes[3] bilden das Fundament unseres gesellschaftlichen und familiären Zusammenlebens und bedürfen deshalb des besonderen Schutzes gegenüber staatlichen Eingriffen. Gleichzeitig obliegt es dem Staat, in seiner Wächterfunktion (Art. 6 Abs. 2 S. 2 GG) sowohl Eltern als auch Kind (notfalls vor sich selbst) zu schützen.[4] Das Schicksal des Kindes und der Familie wird in die Hände der Familiengerichte gelegt. Deshalb obliegt den Familiengerichten die Verantwortung, den Sachverhalt sorgfältig zu ermitteln und das Verfahren gewissenhaft zu leiten und zu entscheiden (§ 26 FamFG). In ständiger Rechtsprechung betont das *BVerfG*, dass die Familiengerichte unter Ausschöpfung der zur Verfügung stehenden Erkenntnisquellen den Sachverhalt bestmöglich aufzuklären haben,

---

1 BVerfGE 6, 55 (71 ff.); 61, 18 (25); 76, 1 (41 ff.). Ausführlich zu den Dimensionen Abwehrrecht, Institutsgarantie und wertentscheidende Grundsatznorm *Papier*, FF 2003, 4.

2 Elternrecht als „natürliches" Recht (Art. 6 Abs. 2 S. 1 GG), *BVerfG* FamRZ 2009, 1897 (1897), das pflichtgebunden zum Wohle des Kindes auszuüben ist, BVerfGE 24, 119 (145).

3 Allgemeines Persönlichkeitsrecht (Art. 2 Abs. 1 i.V.m. Art. 1 Abs. 1 GG); körperliche Unversehrtheit (Art. 2 Abs. 2 S. 1 GG); Anspruch auf rechtliches Gehör (Art. 103 Abs. 1 GG). Das BVerfG leitet daneben ein Grundrecht des Kindes aus dem staatlichen Wächteramt, Art. 2 Abs. 1 i.V.m. Art. 6 Abs. 2 S. 1 GG her, BVerfGE 121, 69, Ls. 1 = FamRZ 2008, 845. Kritisch hierzu Coester-Waltjen et al./*Jestaedt*, S. 13 (24 ff.). Zur Diskussion um die Aufnahme besonderer Kinderrechte in das Grundgesetz, die überwiegend abgelehnt wird: *Kirchhof*, ZRP 2007, 149; *Münder*, JAmt 2008, 294; *ders.*, JAmt 2008, 299; *Hohmann-Dennhardt*, FPR 2012, 185; *Heilmann*, NJW 2012, 16; NJW 2014, 2904; FamRZ 2015, 92 (95).

4 Das Wächteramt berechtige aber nicht, die elterlichen Erziehungsvorstellungen an seinen eigenen Vorstellungen von einer gelungenen Kindererziehung zu messen, zuletzt *BVerfG* FamRZ 2015, 112 (116); vgl. auch BVerfGE 60, 79 (94); BVerfGK 13, 119 (124); 16, 517 (529).

um eine *hinreichende Grundlage für eine am Kindeswohl orientierte Entscheidung zu erlangen.*[5]

Eine Besonderheit besteht in kindschaftsrechtlichen Verfahren darin, dass die Familiengerichte anders als in den klassischen Zivilgerichtsverfahren nicht über in der Vergangenheit abgeschlossene Sachverhalte zu entscheiden haben, sondern sich den Sachverhalt erst erarbeiten müssen.[6] Erschwert wird dies dadurch, dass sich die Tatsachengrundlage während des laufenden Verfahrens stetig verändert, insbesondere Verhaltensweisen und Empfindungen durchweg Wandlungen unterliegen[7], und der Entscheidung immer die aktuellen Gegebenheiten und Tatsachen zugrunde zu legen sind.

Am Ende der Ermittlungen hat das Gericht auf Grundlage des festgestellten Sachverhaltes Wahrscheinlichkeiten abzuwägen und Prognosen zu treffen und daraus eine Entscheidung abzuleiten. Das Ziel gerichtlicher Entscheidungen ist es, die Rechtsordnung durchzusetzen, d. h. das „richtige" Recht zu „sprechen" und Rechtsfrieden (wieder)herzustellen.[8] Unabhängig davon, inwieweit sich Richtigkeit im Recht überhaupt verwirklichen lässt, ist eine derartige Richtigkeitsvorstellung in kindschaftsrechtlichen Verfahren ohne Frage eine Fiktion.[9] Immer dann, wenn schwierige Rechtsanwendungs- oder Auslegungsfragen wie solche hinsichtlich des Kindeswohls zu klären sind, bleibt die Richtigkeit hier im Vergleich zu den Naturwissenschaften eine nicht messbare Größe.[10] Abzuwägen sind die verschiedenen Alternativen unter dem Gesichtspunkt, welche dem Kindeswohl am besten entspricht (§ 1671 BGB), ihm dienlicher ist (§ 1684 BGB) oder die Kindeswohlgefährdung (§ 1666 BGB) abwendet. Jede Entscheidung beinhaltet dabei stets das Risiko, dass sich in der Zukunft die entgegengesetzte Entscheidung als dem Kindeswohl dienlicher herausstellt.[11] Es kann jedenfalls

---

5 BVerfGE 55, 171 (182); *BVerfG* FamRZ 2002, 1021; 2007, 105 (106); 2009, 399 (400); 2009, 1897 (1898) spricht von „hinreichender Gewähr"; bestätigt durch *BGH* FamRZ 2010, 720 (722).

6 Die Rechtsprechung beschäftigt sich mit der Vergangenheit, die Exekutive mit der Gegenwart und die Gesetzgebung mit der Zukunft, *Kirchhof*, DStZ 1989, 55 (56).

7 *Heilmann*, S. 50; *Salzgeber/Fichtner/Bublath*, ZKJ 2011, 338 (340).

8 *Sachs*, ZRP 1982, 227 (231); *Kloepfer*, JZ 1979, 209 (210); *Kirchhof*, DStZ 1989, 55 (55); *Heilmann*, S. 48; *BVerfG* NJW 1981, 217 (218); s. auch BVerfGE 42, 64 (73); 49, 220 (226); 49, 252 (257), insbesondere betreffend die Grundrechte.

9 *Kloepfer*, JZ 1979, 209 (211).

10 *Kloepfer*, JZ 1979, 209 (211).

11 *Rassek*, S. 45.

davon ausgegangen werden, dass die Gewähr für die „richtige" Entscheidung proportional zur sorgfältigen Ermittlung immer größer wird.[12]

Gleichzeitig muss die Entscheidung rechtzeitig erfolgen, um das ermittelte „richtige" Recht noch durchsetzen zu können. Mit fortschreitendem Verfahrensverlauf wächst aufgrund des kindlichen Zeitempfindens das Risiko faktischer Präjudizierungen, wodurch irreversible Fakten geschaffen werden können.[13] Deswegen sind auch „rückwirkende" Entscheidungen nur bedingt möglich.[14] Eine zu späte gerichtliche Entscheidung ist insbesondere in den besonders zeitsensiblen kindschaftsrechtlichen Verfahren nicht mit dem verfassungsrechtlichen Gebot effektiven Rechtsschutzes (Art. 19 Abs. 4 GG)[15] vereinbar.[16] Gesetzgeber und Gerichte müssen daher die Balance zwischen einem beschleunigten Gerichtsverfahren und sorgfältigen Ermittlungen finden.[17] Das Dilemma der „richtigen" Entscheidung verdichtet sich schließlich bei der Einholung eines Sachverständigengutachtens. Sie können durch ihre Expertise zur weiteren Aufklärung des Sachverhalts wesentlich beitragen, der Begutachtungsprozess verzögert aber zugleich das kindschaftsrechtliche Verfahren.

Dem mit der „richtigen" Entscheidung teils gleichlaufenden, teils konkurrierenden Ziel, durch eine verbindliche Entscheidung Rechtsfrieden zu stiften, kommt in kindschaftsrechtlichen Verfahren eine besondere Bedeutung zu. In klassischen ZPO-Verfahren steht vor allem der Rechtsfrieden zwischen den Parteien im Mittelpunkt.[18] Demgegenüber ist in kindschaftsrechtlichen Verfahren entscheidend, dass das Kind Rechtsfrieden im Sinne einer Regelung zu seinem Wohlergehen erfährt.[19] Gleichwohl sind es in Antragsverfahren die Eltern, die das Verfahren einleiten. Entscheidend für ihren Rechtsfrieden ist ein möglichst hohes Maß an Akzeptanz der verbindlichen Entscheidung.[20] Die Entscheidung

---

12 *Kloepfer*, JZ 1979, 209 (210).

13 Zum kindlichen Zeitempfinden im Verfahrensrecht *Heilmann*, insbesondere S. 49 ff.

14 *Salgo*, FamRZ 1984, 221 (225); *Heilmann*, S. 49; s. auch *Kölch/Fegert*, FamRZ 2008, 1573 (1579) wonach Verfahrensdauer Faktizität schafft.

15 Vgl. nur BVerfGE 57, 9 (22); *Stern*, § 20 IV 5g; *Lerche*, ZZP 1965, 1 (17); umfassend auch *Bauer*, S. 96 f.

16 *Kloepfer*, JZ 1979, 209 (211); *Heilmann*, S. 49; zum generellen Verhältnis einer gründlichen und schnellen Entscheidung siehe *Rauter*, DRiZ 1987, 354; *Vollkommer*, ZZP 1968, 102 (107 ff.); *Bettermann*, ZZP 1978, 365 (379 ff.) jew.m.w.Nachw.

17 *Kloepfer*, JZ 1979, 209 (210, 211).

18 Vgl. etwa BVerfGE 47, 146 (161); zum Widerstreit zwischen materieller Gerechtigkeit und Rechtssicherheit siehe BVerfGE 35, 41 (47) m.w.Nachw.

19 BVerfGE 24, 119 (144) = NJW 1968, 2233.

20 *Sachs*, ZRP 1982, 227 (231).

soll auch vom „unterlegenen" Elternteil als richtig empfunden werden. Ihm muss nahe gebracht werden, dass die getroffene Regelung unter den vorhandenen Alternativen die für die Entwicklung des Kindes besten Bedingungen schafft.

B. Begutachtung in kindschaftsrechtlichen Verfahren

In kindschaftsrechtlichen Verfahren hat das psychologische Sachverständigengutachten einen besonderen Stellenwert, ohne dass es jedoch die Aufgabe der Familiengerichte, das Verfahren in eigener Verantwortung zu leiten und zu entscheiden, beeinflussen darf. Seit jeher werden Sachverständige in den unterschiedlichsten gerichtlichen Verfahren hinzugezogen, wenn von Seiten des Gerichts spezielle fachliche Expertise zur Aufklärung des Sachverhaltes benötigt wird. Aufgrund der stetigen gesellschaftlichen und technischen Entwicklungen werden viele Bereiche des menschlichen Zusammenlebens zunehmend komplexer, sodass das Stadium „fehlender Sachkenntnis" im Rahmen der Entscheidungsfindung der Gerichte schneller erreicht wird.[21] Gleichzeitig ermöglichen es jedoch die Entwicklungen in den Natur- und Geisteswissenschaften, dieser wachsenden Komplexität Herr zu werden. Konsequenz dieser Entwicklungen ist eine zunehmende Notwendigkeit der Spezialisierung und Fokussierung auf bestimmte Themenbereiche, die sich besonders deutlich in der Person des Sachverständigen als Experten für spezielle Vorgänge und Zusammenhänge und deren methodischer Erschließung ausdrückt.[22]

Im Bereich des Kindschaftsrechts wird die Einbeziehung eines psychologischen Sachverständigen[23] vor allem dann notwendig, wenn die familiären Beziehungen und die Entwicklungsbedingungen des Kindes festzustellen und zu beurteilen sind. Familienrichter werden die dafür notwendige psychologische Fachkunde regelmäßig nicht selbst aufbringen können. Im Gegensatz zu den in anderen Teilbereichen des Familienrechts notwendigen Begutachtungen (z. B. Abstammungsgutachten, Bewertungsfragen bei Vermögensgegenständen im Zugewinnausgleich, Nutzungsvorteile für Immobilien in Unterhalts- oder Nutzungsentschädigungssachen) werden in Kindschaftssachen keine Fakten genetischer oder wirtschaftlicher Art ermittelt. Vielmehr untersuchen psychologische

---

21 *Pieper*, ZZP 1971, 1 (1); *Dettenborn*, S. 25.

22 *Pieper*, ZZP 1971, 1 (1).

23 Aus Gründen der besseren Lesbarkeit wird hier und im Weiteren auf die gleichzeitige Verwendung männlicher und weiblicher Sprachformen verzichtet. Sämtliche Personenbezeichnungen gelten gleichwohl für beiderlei Geschlecht.

Gutachten Personen (Eltern und Kind), ihre Beziehungen zueinander, ihre Ansichten und Verhaltensweisen.

Die vorliegende Arbeit beschränkt sich auf Begutachtungen in sorge- und umgangsrechtlichen Verfahren anlässlich Trennung und Scheidung der Eltern (§ 1671, § 1684 BGB) und in Kindeswohlgefährdungsverfahren nach §§ 1666, 1666a BGB. Sie stellen statistisch gesehen die relevantesten Fallkonstellationen dar.[24] Psychologische Sachverständigengutachten können daneben selbstverständlich auch in anderen sorge- und umgangsrechtlichen Verfahren bedeutsam werden. Hierbei seien insbesondere die im Zuge der jüngsten Reformen eingefügten Normen der § 1626a BGB (elterliche Sorge nicht miteinander verheirateter Eltern; Sorgeerklärungen)[25] und § 1686a BGB (Rechte des leiblichen, nicht rechtlichen Vaters)[26] zu erwähnen.

C. Problemlage

Die seit jeher rechtsgebietsübergreifend bestehende Vermutung, die Gerichte würden gerade auf Grund der ihnen mangelnden Sachkunde in den meisten Fällen blind dem Ergebnis des Sachverständigen folgen, so dass dieser der eigentliche Richter sei, ist vor allem auch in kindschaftsrechtlichen Verfahren nicht von der Hand zu weisen. Es ist festzustellen, dass in der gerichtlichen Praxis leider häufig sehr pauschal auf das Gutachten Bezug genommen wird, ohne dass eine richterliche Auseinandersetzung mit dem Gutachten erkennbar ist.[27] Das ist bereits im Hinblick auf die freie richterliche Beweiswürdigung und die existentielle Bedeutung der gerichtlichen Entscheidung für die Betroffenen äußerst bedenklich. Dies verschärft sich dadurch, dass in der jüngsten Vergangenheit immer wieder Mängel in familienpsychologischen Gutachten aufgedeckt wurden. Es wurden in verschiedenen Untersuchungen erhebliche Schwachstellen aufgezeigt.

Das betrifft auf Seiten des Sachverständigen einerseits dessen fachliche Qualifikation und andererseits die formalen und inhaltlichen Anforderungen

24 Mangels statistischer Erfassung von Sachverständigengutachten in familiengerichtlichen Verfahren nach Verfahrensgegenständen muss auf kleinere Erhebungen und persönliche Erfahrungswerte abgestellt werden, Prenzlow/*Früh-Naumann*, S. 219 (219, 228 auch bezogen auf lösungsorientierte Begutachtungen); *Amelang/Schmidt-Atzert*, S. 550; Kury/Obergfell-Fuchs/*Salzgeber/ Fichtner*, S. 207 (207, 213).

25 Gesetz zur Reform der elterlichen Sorge nicht miteinander verheirateter Eltern v. 16.04.2013, BGBl. I, S. 795.

26 Gesetz zur Stärkung der Rechte des leiblichen, nicht rechtlichen Vaters v. 04.07.2013, BGBl. I, S. 2176.

27 Siehe hierzu nur *BVerfG*, Beschl. v. 27.08.2014 – 1 BvR 1822/14 –, juris.

an die Durchführung von familienpsychologischen Begutachtungen sowie deren schriftliche Ausarbeitung. Das Verfahrensrecht des FamFG hält so gut wie keine Regelungen hinsichtlich der Einholung eines psychologischen Gutachtens in Kindschaftssachen bereit. Bis zur Reform des Sachverständigenrechts von 2016[28] enthielt die einzige Regelung zum schriftlichen Sachverständigengutachten in Kindschaftssachen in § 163 FamFG anders als vergleichbare Regelungen in anderen FamFG-Verfahren (vgl. § 321 Abs. 1 S. 4 FamFG) keine Angaben zur Qualifikation des Sachverständigen. Da die in § 163 Abs. 1 FamFG nunmehr festgeschriebenen Qualifikationsanforderungen letztlich nicht über die Normierung der verschiedenen Berufsgruppen hinausgeht, die auch nach bisheriger Praxis zur Begutachtung herangezogen wurden, muss der Mehrwert der Regelung angezweifelt werden. Auch in Bezug auf den Inhalt eines kinderpsychologischen Gutachtens wird lediglich in § 163 Abs. 2 FamFG geregelt, dass der Sachverständige mit dem Zusatzauftrag des Hinwirkens auf Einvernehmen der Eltern betraut werden kann. Es muss insgesamt bezweifelt werden, dass die wenigen Vorschriften ausreichen, den hohen verfassungsrechtlichen Vorgaben an kindschaftsrechtliche Entscheidungen gerecht zu werden.

Die Familiengerichte müssen sich zunächst mit der Frage beschäftigen, ob sie überhaupt die Unterstützung eines Sachverständigen benötigen. Das hängt einerseits von ihrer eigenen Sachkunde ab und andererseits davon, was Sachverständige in den unterschiedlichen kindschaftsrechtlichen Verfahren (§§ 1671, 1684, 1666 BGB) überhaupt leisten können. Das Feld der Familienrechtspsychologie ist weit und die wissenschaftlichen Methoden sind vielfältig. Um entscheiden zu können, ob und zu welchen konkreten Beweisthemen eine Begutachtung notwendig ist, müssen sich Familienrichter auf dem Gebiet der Familienrechtspsychologie auskennen. Darüber hinaus werden ihnen auch mit Blick auf die inhaltliche Auseinandersetzung mit einem schriftlichen Gutachten und dessen Würdigung Fähigkeiten abverlangt, die in der juristischen Ausbildung nicht erlernt werden.

Die aufgezeigten Aspekte – Befähigung von familienpsychologischen Gutachtern, Qualität von Gutachten, Entscheidung über die Notwendigkeit von Gutachten im konkreten Fall und richterliche Kompetenz zur Würdigung eines Gutachtens – sind für eine qualitative Begutachtung und Verwertung des Gutachtens im gerichtlichen Verfahren unerlässlich. Es besteht daher Anlass, sich mit den aufgeworfenen Problemen im Sinne einer kindeswohlgerechten Einbeziehung von psychologischen Sachverständigen in Kindschaftssachen auseinanderzusetzen und zu untersuchen, wo in der Praxis Verbesserungsbedarf besteht.

28 BGBl. I, S. 2222.

D. Brisanz der Thematik

In den vergangenen Jahren hat die Thematik zunehmend an Bedeutung gewonnen.[29] Immer wieder wurden in den Medien Fälle mangelhafter Qualifikation von Sachverständigen oder fehlerhafter Begutachtungen thematisiert[30] oder waren Inhalt wissenschaftlicher Diskussionen[31]. Spätestens seit dem Jahr 2014 sind auch in wissenschaftlichen Untersuchungen ernst zu nehmende Defizite in der familienpsychologischen Begutachtungspraxis benannt worden, die eine gesetzgeberische Reaktion erforderlich erscheinen lassen.

Im Juli 2014 veröffentlichte die Fernuniversität Hagen unter Leitung von *Salewski* und *Stürmer* eine Studie zur Qualität familienpsychologischer Gutachten.[32] Unter Auswertung von 116 Gutachten aus den Jahren 2010 und 2011 im Bezirk des Oberlandesgerichts Hamm haben *Salewski/Stürmer* „erhebliche handwerkliche Fehler“ betreffend des methodischen Vorgehens bei der Begutachtung festgestellt.[33] Wenn auch nur beiläufig befasst sich die Studie auch mit der Qualifikation von familienpsychologischen Sachverständigen und stellt hierbei erhebliche qualitative Unterschiede fest.

Daneben traf das *Bundesverfassungsgericht (BVerfG)* am 19.11.2014 eine Senatsentscheidung, die Aufsehen erregte. In einem Kindeswohlgefährdungsverfahren

---

29 Bereits am *13. Deutschen Familiengerichtstag* 1999 in Brühl fand ein reger Austausch zwischen Familienrichtern, Rechtsanwälten und Vertretern psychosozialer Berufe statt. Die Thematik stieß erstmalig auch in der Literatur auf Aufmerksamkeit, die aber ebenso schnell wieder abebbte.

30 *Fromm/Strompen*, Kampf ums Kind [...], ZDFZoom v. 26.10.2011; *Frank*, Schlampige Gutachten, SZ v. 14.02.2012; *Hummel*, Da ist schlechter Rat teuer, FAZ v. 12.11.2012; *Hunold/Klofta*, Gutachter: Die heimlichem Richter, PANORAMA v. 31.10.2013; *Janisch*, Papa ist ein Krokodil [...], SZ v. 27.09.2014; *Jordan/Gresser*, Gerichtsgutachten: Oft wird die Tendenz vorgegeben, DÄ 2014, 210 veröffentlicht in der SZ v. 07.02.2014; *Geyer*, Warum ohne seine Tochter, FAZ v. 03.12.2014; *Schmitt/Rosenkranz*, Wenn Gerichtsgutachten Familien zerstören, WDR Mut gegen Macht 24.10.2014; *Amann/Neukirch*, Fragwürdige Instrumente, Spiegel 02/2015; ZDF Frontal v. 21 07.09.2015, Fragwürdige Gutachten reißen Familien auseinander / Studie: 75 % aller Familiengutachten mangelhaft;

31 Siehe nur *Boehme-Neßler*, RW 2014, 189; *Salewski/Stürmer*, ZKJ 2015, 5; *ders.*, ZKJ 2015, 132; *Fichtner*, ZKJ 2015, 9; *ders.*, ZKJ 2015, 63; *Raible*, DRiZ 2014, 386; zu Qualifikationsanforderungen *Lüblinghoff*, DRiZ 2014, 358 (359); *ders.*, DRiZ 2015, 52.

32 Unterstützt durch das Justizministerium des Landes Nordrhein-Westfalen, *Hagener Studie*, Qualität, 2014.

33 https://www.fernuni-hagen.de/universitaet/aktuelles/2014/07/01-am-rechtspsychologie.shtml (zuletzt abgerufen am 01.08.2017).

stellte das *BVerfG* eine Verletzung des Elternrechts durch Sorgerechtsentziehung für ein Kleinstkind aufgrund eines mangelhaften Sachverständigengutachtens, und daher ohne Beleg einer Kindeswohlgefährdung, fest. Die Sachverständige habe die verfassungsrechtlich gebotene Frage nach einer nachhaltigen Gefährdung des Kindeswohls weder explizit noch in der Sache gestellt und beantwortet.[34] Zudem ließen die Feststellungen im Gutachten erkennen, dass die Sachverständige dem Beschwerdeführer nicht mit der gebotenen Unvoreingenommenheit begegnet sei und sich von sachfremden Erwägungen habe leiten lassen.[35] Die geäußerte Kritik galt nicht nur der Sachverständigen, sondern vor allem auch den Gerichten, welche ihre Annahme, es bestehe eine die Trennung der Tochter vom Beschwerdeführer legitimierende Kindeswohlgefahr, im Wesentlichen auf das fehlerhafte Gutachten der Sachverständigen gestützt hatten. Die Gerichte hätten sich nicht in gebotener Weise mit der Verwertbarkeit des Gutachtens auseinandergesetzt.[36]

Mit der Reform zum Sachverständigenrecht von 2016 hat die Thematik darüber hinaus auch die politische Ebene erreicht. Das Vorhaben der Parteien CDU, CSU und SPD für die 18. Legislaturperiode, die Qualität von Gutachten im Familienrecht angehen zu wollen,[37] mündete am 09.10.2015 in einen Gesetzesentwurf der Bundesregierung[38]. Am 02.09.2016 hat der Bundestag das Gesetz zur Änderung des Sachverständigenrechts und zur weiteren Änderung des Gesetzes über das Verfahren in Familiensachen und in den Angelegenheiten der freiwilligen Gerichtsbarkeit sowie zur Änderung des Sozialgerichtsgesetzes, der Verwaltungsgerichtsordnung, der Finanzgerichtsordnung und des Gerichtskostengesetzes beschlossen,[39] das der Bundesrat am 23.09.2016 billigte und das schließlich am 15.10.2016 in Kraft trat[40].

E. Ziel und Gang der Untersuchung

Bislang wurde die Thematik rund um psychologische Sachverständigengutachten im Familienrecht hauptsächlich aus der Sicht von Psychologen umfassender untersucht. Die Untersuchungen bezogen zwar auch rechtliche Aspekte, insbesondere die geltende Rechtslage und einschlägige Rechtsprechung mit ein.

---

34 *BVerfG* FamRZ 2015, 112 (113).
35 *BVerfG* FamRZ 2015, 112 (114).
36 *BVerfG* FamRZ 2015, 112 (116).
37 Koalitionsvertrag CDU, CSU und SPD, 2013, S. 107.
38 BT-Drs. 18/6985.
39 BR-Drs. 465/16.
40 BGBl. I, S. 2222.

Die neusten Rechtsentwicklungen durch die Reform des Sachverständigenrechts konnte dabei allerdings noch nicht berücksichtigt werden. Darüber hinaus richten sich die Abhandlungen überwiegend an psychologische Sachverständige, indem bestimmte Vorgehensweisen in verschiedenen kindschaftsrechtlichen Konstellationen empfohlen werden.[41]

Diese Arbeit versucht hingegen, die Thematik aus juristischer Sicht für Juristen aufzuarbeiten. Angesprochen werden vor allem Neueinsteiger am Familiengericht, denen der Umgang mit familienpsychologischen Gutachten in kindschaftsrechtlichen Verfahren erleichtert werden soll. Hierbei werden die typischerweise auftretenden Fragestellungen aufgegriffen. Ausgehend von der Frage der Notwendigkeit eines Gutachtens in den verschiedenen kindschaftsrechtlichen Verfahren werden die relevanten Aspekte bei der Auswahl eines Sachverständigen bis hin zur Frage der Auseinandersetzung mit und der Verwertbarkeit von psychologischen Gutachten im Einzelfall untersucht. Hierbei werden auch Vorschläge zur Verbesserung der Zusammenarbeit von Familiengerichten und psychologischen Sachverständigen entwickelt.

Die Arbeit beginnt mit einem Rückblick auf den Ursprung der Verbindung zwischen Familienrecht und Psychologie und ihren konkreten Schnittstellen im Kindschaftsrecht. Anschließend werden die einfachrechtlichen, verfassungsrechtlichen und verfassungsgerichtlichen Rahmenbedingungen an die Einbeziehung von familienpsychologischen Gutachten in Kindschaftssachen dargestellt. Daran anknüpfend werden die oben aufgezeigten Probleme näher analysiert – unter der Fragestellung, wie die Einholung eines psychologischen Sachverständigengutachtens zum Wohle des Kindes effizienter gestaltet werden kann. Darüber hinaus wird ein konkreter Reformvorschlag auf der Grundlage des bestehenden Verfahrensrechts formuliert. Hierbei wird auch untersucht, inwieweit das am 15.10.2016 in Kraft getretene Reformgesetz tatsächlich geeignet ist, die Missstände zu beheben und die Gutachtenpraxis in kindschaftsrechtlichen Verfahren zum Wohle des Kindes zu verbessern.

41 Siehe nur *Salzgeber*, Gutachten, 2015; *Castellanos/Hertkorn*, Gutachten, 2016.

1. Kapitel: Die Relevanz psychologischer Erkenntnisse im Kindschaftsrecht

A. Ursprung der Verbindung zwischen Familienrecht und Psychologie

Familienpsychologische Sachverständigengutachten in kindschaftsrechtlichen Verfahren repräsentieren die Schnittstelle zwischen Psychologie und Recht. Bevor auf die rechtlichen Grundlagen eingegangen wird, soll zunächst auf den Ursprung der Verbindung zurückgeblickt werden.

I. Gesellschaftlich bedingte Entwicklungen im Kindschaftsrecht

1. Der Familienbegriff

Im Fokus des Kindschaftsrechts steht die engste soziale Erscheinung: die Familie. Ihre Verbindung ist im Normalfall genetischer und rechtlicher Natur[1] und begründet über das Sorgerecht (§§ 1626, 1629 BGB) ein grundsätzlich unaufkündbares Abhängigkeitsverhältnis zwischen Eltern und Kind. Eine Familie ist somit ein „Beziehungssystem" mit rechtlichem Gewand.[2] Das Familienrecht und damit auch das Kindschaftsrecht unterliegt wie kein anderes Rechtsgebiet den politischen und gesellschaftlichen Entwicklungen, die ihrerseits geprägt sind durch neue Ansichten und Denkweisen.

2. Die Stellung des Kindes

Ursprung aller bedeutenden Reformen im Kindschaftsrecht ist die veränderte Sichtweise in Bezug auf die Rechtsstellung von Kindern. Bis sie als eigenständige Persönlichkeiten mit Rechten anerkannt wurden, vergingen einige Jahrhunderte.

a) Kind als Eigentum und Besitz des Hausvaters

Im römischen Recht wurde der private Bereich der Familie strikt vom öffentlichen Bereich getrennt. Das System Familie war den Eingriffen des Staates weithin entzogen. So unterstand das Kind ebenso wie die *munt*-unterworfene Ehefrau in allen Bereichen lebenslang der unbeschränkten väterlichen Gewalt

---

1 Im Zeitalter der medizinischen Reproduktionstechniken ist ein Auseinanderfallen von rechtlicher und genetischer Vaterschaft möglich.

2 Vgl. *Dettenborn/Walter*, S. 21.

(*patria potestas*).[3] Der Hausvater (sog. *pater familias*) konnte nach Belieben über das Kind verfügen; er übte seine Gewalt allein nach seinen eigenen Interessen aus, ohne rechtlichen Beschränkungen zu unterliegen.[4] Nach allgemeinem Sitten- und Moralverständnis war die Erziehung mittels gewaltsamer Maßnahmen anerkannt (Züchtigungen).[5] Eigene Rechte des Kindes bestanden nicht. Mit der Heirat der Tochter wurde die Gewalt über sie an den Ehemann bzw. dessen *pater familias* übertragen. Söhne wurden aus der väterlichen Gewalt entlassen, sobald sie eine eigene Wirtschaft aufnahmen (*seperatio oeconomica*); gewaltfrei wurden die Kinder nur mit dem Tod des Hausvaters oder Ehemannes.[6]

Erste Tendenzen zur Anerkennung von Kindern als „vollwertige Menschen" sind auf die Entstehung des Christentums zurückzuführen. Unter Kaiser *Konstantin dem Großen* wurden elementare Strafnormen erlassen, die u. a. der Kindstötung und der Kindersklaverei entgegen wirkten.[7] Darüber hinaus blieb das Wesen der väterlichen Gewalt als reines Herrschaftsrecht über das Wohlergehen des Kindes aber weiterhin unbeschränkt.[8] Im Hoch- und Spätmittelalter (13. bis 15. Jahrhundert) wurde die missbräuchliche Ausübung der väterlichen Gewalt schleichend unter Strafe gestellt (z. B. Art. 122 der Peinlichen Gerichtsordnung Karls V.: Eigennütziges Verkuppeln der Ehefrau oder der Kinder).[9] Da die Familie aber weiterhin vor Eingriffen des Staates gefeit war, gab es keine Instanz, die die väterliche Gewalt kontrollierte, so dass die Rechtstellung des Kindes de facto keine wesentliche Verbesserung erfuhr.[10]

b) Aufhebung der strikten Trennung von Familie und Staat

Erst in der Neuzeit (16. und 17. Jahrhundert) wurde unter dem Einfluss der absolutistischen Staatsräson der freie Herrschaftsbereich der Familie schließlich durchbrochen und der öffentlichen Gewalt zugänglich gemacht. Während der Zeit der Aufklärung (18. Jahrhundert) erkannte man Kinder erstmalig als Einzelpersonen an, denen Schutz und Entfaltung gebührt.[11] Allmählich wurde

---

3 *Planitz*, § 88 I, S. 212.

4 Behler/*Schwab*, S. 379 (380); *Lehmann*, S. 683.

5 *Zenz*, S. 35; *Lack*, S. 13; *Planitz*, § 88 I, S. 213.

6 Staudinger/*Peschel-Gutzeit*, Vorb. §§ 1626 ff. Rn. 2; *Planitz*, § 88 I, S. 213.

7 *Kaser*, 1926, S. 276; *Maywald*, FPR 2003, 299 (299); Vgl. *Zenz*, S. 26 f.; *Lack*, S. 12.

8 *Planitz*, § 88 I, S. 213.

9 Z. B. Art. 122 der Peinlichen Gerichtsordnung Karls V: Eigennütziges Verkuppeln der Ehefrau oder der Kinder, Behler/*Schwab*, S. 379 (381).

10 Behler/*Schwab*, S. 379 (381).

11 Behler/*Schwab*, S. 379 (383).

die väterliche Gewalt an die Verpflichtung für das Wohlergehen des Kindes zu sorgen angenähert (Schutzpflicht).[12] Dem französischen Philosophen *René Descartes* gilt das Kindsein als ein Gegenstand des Erschreckens, weil es ein Unglück sei, dass Kindern noch die Vernunft fehlt.[13] Trotz dieser negativen Sichtweise auf Kinder wurde aus dem Mangel an Vernunft positiv geschlossen, dass Kinder besonderen Schutzes bedürfen. Um das natürliche Recht der Kinder zu legitimieren, wurde gefordert, das Recht der Eltern/ des Vaters in das Recht des Kindes umzuwandeln.

Zwar wurde der Begriff der väterlichen Gewalt zunächst beibehalten, die Mutter erlangte die Gewalt hinsichtlich der Sorge für die Person des Kindes erst, wenn die Gewalt des Vaters untergegangen ist (ABGB. 141, 144, 198; BGB. 1627, 1643, 1684), inhaltlich wich die herrschaftliche Erziehungsstruktur des römischen Rechts aber einem das Kind schützenden Verständnis.[14] Das väterliche Züchtigungsrecht wurde nur noch begrenzt aufrechterhalten (ABGB. 145).[15] Daneben wurden die Vormundschaftsgerichte geschaffen, auch wenn diese nur in engen Grenzen in die Ausübung der väterlichen Gewalt eingriffen (z. B. bei groben Pflichtverletzungen).[16]

3. *Reglementierungen in der ersten Hälfte des 20. Jahrhunderts*

Trotz der neuen Sichtweise auf die Eltern-Kind-Beziehung und der sichtlichen Bemühungen die Stellung des Kindes zu verbessern, löste sich der Gesetzgeber nur sehr zögerlich von den Anschauungen des 19. Jahrhunderts, die den rechtsfreien Raum der Familie grundsätzlich erhalten und nur ein Minimum an staatlichen Eingriffen in die väterliche Gewalt gestatten wollten.[17] Nach dem Wortlaut in § 1626 BGB a. F. „elterliche Gewalt" stand die gemeinsame Sorge zwar grundsätzlich beiden Eltern gemeinsam zu. § 1627 BGB a. F. wies den Vater aber deutlich als Hauptsorgeinhaber aus. Ihm allein war die Vermögensverwaltung des Kindes ebenso wie dessen gesetzliche Vertretung (§ 1634 Abs. 1 Hs. 2 BGB a. F.) vorbehalten, selbst wenn das Kind nach Scheidung bei der Mutter lebte (§ 1635

12 *Lehmann*, 1926, S. 200.
13 *Kreß/Gerhardt*, ZRP 2014, 215 (216).
14 *Planitz*, § 88 I, S. 215.
15 *Planitz*, § 88 I, S. 215.
16 *Planitz*, § 88 I, S. 215.
17 *Huffmann*, S. 129.

Abs. 2 BGB a. F.).[18] Bei Meinungsverschiedenheiten im Bereich der Personensorge ging die Meinung des Vaters immer vor (§ 1634 Abs. 2 BGB a. F.).[19]

In der Absicht, das natürliche Verhältnis von Eltern und Kind wahren zu wollen, insbesondere Rechtsstreitigkeiten zwischen ihnen zu vermeiden, wurden eigene Rechte des Kindes nur sporadisch normiert. Im Reichsjugendwohlfahrtsgesetz von 1924[20] wurden erstmals eigenständige Rechte von Kindern und Jugendlichen festgeschrieben. Das Gesetz legte die Grundbausteine für das staatliche Wächteramt,[21] auch wenn dessen Umsetzung wegen der angespannten politischen Lage am Ende der Weimarer Republik nur zögerlich erfolgte und schließlich unterbrochen wurde.[22]

Gleiches galt für den Schutz des Minderjährigen. Bereits das BGB von 1900 ließ staatliche Eingriffe bei Gefährdung des körperlichen oder geistigen „Kindeswohls" zu (§ 1666 BGB a. F.). Allerdings griff das Vormundschaftsgericht beim Vorliegen einer objektiven Gefährdung nur ein, wenn zugleich ein subjektives Verschulden der Eltern vorlag.[23] Die elterliche Sorge wurde zudem weniger zum Schutz des Kindes entzogen als zur Legitimierung „politischer Interessen und rigider Moralvorstellungen"[24]. Privat initiierte Schutzmaßnahmen gegen Kindesmisshandlungen, anfangs vornehmlich gerichtet auf das Problem der Kinderarbeit[25], wie der 1910 gegründete Deutsche Kinderschutzbund, wurden unter dem Nationalsozialismus untersagt.[26] Erst 1953 nahm der Deutsche Kinderschutzbund seine Tätigkeit wieder auf und besteht seitdem als Dachorganisation.[27]

4. Umbruch in der zweiten Hälfte des 20. Jahrhunderts

Mit dem Ende des Nationalsozialismus wuchs auch in der Bundesrepublik die Forderung, eigenständige Rechte von Kindern und Jugendlichen zu normieren und auszubauen, die den Schutz von und die Fürsorge für Kinder in der Vordergrund

---

18 Staudinger/*Peschel-Gutzeit*, Vorb. §§ 1626 ff. Rn. 4.

19 Zur untergeordneten Rolle der Mutter im Sorgerecht, *Zenz/Salgo*, S. 15 f.; Simon/*Flügge*, S. 39 ff.; *Flügge*, Streit 1991, 4 (12). Der Stichentscheid des Vaters wurde erst 1959 für verfassungswidrig erklärt: BR-Drs. 180/96, S. 49.

20 RGBl. I, S. 633.

21 Steindorff/*Plewig*, S. 7 (14).

22 *Kostka*, FPR 2005, 89 (89).

23 *Huffmann*, S. 129; Simitis/Zenz/*Simitis*, S. 15 (35).

24 HB-VB/*Zitelmann*, S. 204.

25 Jacobi/*Kröner*, S. 12.

26 Brinkmann/*Wilken*, S. 97 (100); Jacobi/*Kröner*, S. 41.

27 *Lack*, S. 15; Brinkmann/*Wilken*, S. 97 (98).

rücken sollen.[28] Wegweisend war das Inkrafttreten des Grundgesetzes am 24.05.1949[29], das in Art. 6 die Familie unter besonderen staatlichen Schutz stellt.

a) *Gleichberechtigung von Vater und Mutter*

Mit dem Gesetz über die Gleichberechtigung von Mann und Frau auf dem Gebiet des bürgerlichen Rechts (GleichberG) vom 18.06.1957[30] wurden die konservativen Vorstellungen von Familie durchbrochen[31] Die negative Betrachtungsweise der Kinder als unfertige, minderwertige Erwachsene[32] wich der Anerkennung der Kindheit als besondere Lebensphase, in der Kinder hilfs- und schutzbedürftig sind. Das Kind wurde nicht mehr als Objekt, sondern als Subjekt und Träger von Rechten und Pflichten angesehen.[33] Von nun an galt die Mutter als gleichberechtigte „Gewaltinhaberin" betreffend die Person und des Vermögens des Kindes (§ 1626 BGB a. F.) und wurde zusammen mit dem Vater zu einer verantwortungsvollen Wahrnehmung der Gewalt verpflichtet (§ 1627 Abs. 2 BGB a. F.).

Gleichzeitig wurde das Kindeswohl als Maßstab der Ausübung der elterlichen Gewalt festgelegt (§ 1627 Abs. 1 BGB a. F.). Konsequenter Weise galt dieser Maßstab nun auch für Sorgerechtsentscheidungen anlässlich Scheidung der Eltern in § 1671 BGB a. F., welcher insgesamt neu ausgerichtet wurde. In Anbetracht dessen, dass beide Elternteile seitdem als gleichberechtigte Gewaltinhaber angesehen werden, wurde eine Regelung über die Verteilung der elterlichen Gewalt bei Scheidung unumgänglich (§ 1671 Abs. 1 BGB a. F.). Trotz Fixierung des Kindeswohls hatte sich das (Vormundschafts-)Gericht dabei von der Schuldfrage leiten zu lassen (§ 1671 Abs. 3 S. 2 BGB a. F.).

Die Umschreibung der elterlichen Personensorge als Recht und *Pflicht* gem. § 1631 Abs. 1 BGB a. F. vermisste im Hinblick auf den Schutz des Kindes weitergehende Regelungen oder Sanktionen. Der Erziehungsauftrag der Eltern in § 1631 Abs. 1 S. 1 BGB a. F unterlag keinerlei rechtlichen Einschränkungen. Sie hatten immer noch freie Hand bei der Erziehung ihrer Kinder.[34] Mit dem Gesetz zur Neuregelung des Volljährigkeitsalters vom 31.07.1974[35] wurde die elterliche

---

28 *Lempp* forderte bereits 1963 die Anhörung des Kindes und Beachtung des kindlichen Willens in juristischer Theorie und Praxis, NJW 1963, 1650 (1660).

29 BGBl. I, S. 1.

30 BGBl. I, S. 609.

31 *Kostka*, FPR 2005, 89 (89).

32 Vgl. *Kreß/Gerhardt*, ZRP 2014, 215 (216).

33 *Dörner*, S. 90 ff.

34 *Huffmann*, S. 129.

35 BGBl. I, S. 1713.

Gewalt lediglich in zeitlicher Hinsicht reglementiert. Mit der Heirat einer minderjährigen Tochter beschränkte sich die Sorge für ihre Person auf die Vertretung in den die Person betreffenden Angelegenheiten (§ 1633 BGB a. F.).

b) Hervorhebung des Kindeswohls als Sorgerechtsmaßstab

Erst im letzten Viertel des 20. Jahrhunderts wurde die Rechtsstellung von Kindern und Jugendlichen durch normative Regelungen und öffentliche Kontrollbefugnisse betreffend das Eltern-Kind-Verhältnis erheblich verbessert. Ausgelöst durch die Reformen der 1970er erlangte der Begriff „Kindeswohl" an nennenswerter Bedeutung.[36] Seither prägt das Gesetz die Vorgabe, kindschaftsrechtliche Entscheidungen an den Vorstellungen des Kindes auszurichten und das Kind in den Entscheidungsprozess direkt mit einzubeziehen.

Das Scheidungskriterium des „Verschuldens" wurde eliminiert, so dass die „Schuld" am Scheitern der Ehe nicht mehr als Kriterium für die Zuordnung der elterlichen Sorge nach Scheidung herreichen konnte (vgl. noch § 1671 Abs. 3 S. 2 BGB a. F.). Nach allgemeiner Auffassung sind Schuldfragen nicht geeignet die Eltern-Kind-Beziehung festzulegen. Der gerichtlichen Entscheidung muss einzig und allein das individuelle Wohl des Kindes zugrunde gelegt werden.[37] Während das Kriterium des Kindeswohls zuvor eher ein „Schattendasein"[38] führte, da es allenfalls als Korrekturkriterium[39] zum Tragen kam, wenn das Verschuldensprinzip nicht ausreichte, ist es seitdem alleiniger Entscheidungsmaßstab.[40]

Darüber hinaus wurde das Sorgerecht im Rahmen des Gesetzes zur Neuregelung des Rechts der elterlichen Sorge vom 18.07.1979 (SorgeG) weitreichenden Veränderungen unterzogen. Die elterliche Gewalt wurde in elterliche *Sorge* (Legaldefinition in § 1626 Abs. 1 BGB a. F.) umbenannt und betonte dadurch den gesetzgeberischen Richtungswechsel. Das Sorgerecht soll nicht als Mittel dienen, die eigenen (elterlichen) Interessen durchzusetzen, sondern die Eltern in die Pflicht nehmen, für ihre Kinder zu sorgen, d. h. sie zu pflegen und zu erziehen (vgl. § 1626 Abs. 2 S. 1 BGB a. F.). Gleichzeitig wurden entwürdigende Maßnahmen für unzulässig erklärt (§ 1631 Abs. 2 BGB a. F.).

---

36 Erstes Gesetz zur Reform des Ehe- und Familienrechts (1. EheRG) v. 14.06.1976, BGBl. I, S. 1421; Gesetz zur Neuregelung des Rechts der elterlichen Sorge v. 18.07.1979, BGBl. I, S. 1061.

37 *Lüderitz*, FamRZ 1975, 605.

38 *Rassek*, S. 15.

39 *Rassek*, S. 9.

40 *Jopt*, Betrifft Justiz 1988, 288 (288); *Rassek*, S. 9, 26.

Der Kinderschutz wurde neu ausgestaltet. Bis 1979 war es dem Staat nur bei „schuldhaftem Versagen" der Eltern gestattet bei Gefährdung des Kindeswohls einzugreifen gem. § 1666 BGB a. F. Seitdem genügt es bereits, wenn die Eltern nicht gewillt oder in der Lage sind, die Kindeswohlgefährdung abzuwenden. Mit dem Kinder- und Jugendhilfegesetz vom 26.06.1990 (KJHG)[41] wurde das längst nicht mehr zeitgemäße Jugendwohlfahrtsgesetz vom 06.08.1970 abgelöst. Der Eingriffs- und Ordnungscharakter wich einem präventiv orientiertem Leistungsgesetz. Staatliche Hilfen für Familien wurden gestärkt. Der Kinderschutz erlangte insgesamt an Bedeutung und wurde mit der Kindschaftsrechtsreform 1998 fortgeführt. Damit war der Weg geebnet, sich mit den kindlichen Bedürfnissen und Interessen sowie Entwicklungsbedingungen genauer auseinanderzusetzen.

II. Auseinandersetzung mit dem Begriff des Kindeswohls

1. Ausgangsproblem

Aus der Sicht der Familienrichter war der durch das SorgeRG vollzogene Umbruch nicht in jeder Hinsicht hilfreich. Denn ihnen wurde ihr algorithmisches, einfach anzuwendendes Entscheidungskriterium „Schuld" genommen und durch die unbestimmte Leitmaxime „Kindeswohl" ersetzt. Während es den Gerichten früher in den überwiegenden Fällen möglich war, ohne größere Probleme den Sachverhalt unter die Rechtsnorm zu subsumieren und dem „schuldlosen" Elternteil die elterliche Sorge bei Scheidung zu übertragen, liegt es nunmehr in der Verantwortung der Familiengerichte, die elterliche Sorge im individuellen Fall am Kindeswohlprinzip auszurichten. Dafür mussten den pädagogisch und psychologisch nicht vorgebildeten Familienrichtern brauchbare Kriterien an die Hand gegeben werden. Da die Jurisprudenz mit ihren Methoden und Techniken dazu nicht alleine im Stande ist, waren und sind vor allem die Sozialwissenschaften zur ständigen Konkretisierung und Fortentwicklung aufgefordert.

2. Auslegungsbedürftigkeit des unbestimmten Begriffs „Kindeswohl"

a) Spezifizierbarkeit des Kindeswohls

Der Begriff des Kindeswohls ist eine rechtliche Konstruktion, die als unbestimmter Rechtsbegriff, d. h. als auslegungsbedürftige Generalklausel, in Erscheinung tritt.[42] Die Suche nach „kurzen, griffigen Formeln, die gleichzeitig den Staat weitgehend aus der Familie heraushalten, das Kindesinteresse verwirklichen und

41 BGBl. I, S. 1163.

42 *Simitis* beschreibt dies als „Krise des Familienrechts": *Simitis/Zenz*, S. 434 ff.

auch gegen die Eltern nicht ungerecht sein sollen“[43], ist, wie *Coester* betont, nicht erstrebenswert und verkennt das Wesen und das Potential des Kindeswohlprinzips. Derartige Erwartungshaltungen können den in einer pluralistischen Gesellschaft existierenden Lebensformen und Lebensvorstellungen nicht gerecht werden. Es bedarf eines gewissen Spielraums, um der Individualität des Kindes und dessen individuellen Bedürfnisse gerecht werden zu können. Generalisierungen und Typisierungen sind - wenn überhaupt - nur in geringem Maße und unter Vorbehalt möglich.[44] Die dem Kindeswohlbegriff immanente Grundwertung, Vorrang von Individualgerechtigkeit vor allgemeinen Regeln, muss gewahrt werden.[45]

b) Die am wenigsten schädliche Alternative

Nach *Goldstein, Freud* und *Solnit* geht es nicht darum die „beste“ Sorgerechtslösung zu finden, sondern die *„am wenigsten schädliche Alternative“*.[46] Dies ermöglicht eine - wenn auch auf eingeschränkter Grundlage - kurzfristige Prognose zur Entlastung des Kindes.[47] Die Anknüpfung an die am wenigsten schädliche Alternative gewährt vor allem dann eine schnelle Entscheidung zugunsten eines Elternteils, wenn beide gleichermaßen bereit und fähig sind, auf die vorhersehbaren Entwicklungsbedürfnisse des Kindes einzugehen.[48] Die Definition möchte verdeutlichen, dass das „Wohl“ des Kindes durch die fehlende Einigungsfähigkeit der Eltern bereits verletzt wurde und dass die dadurch hervorgerufenen „Schäden“ nicht vollends rückgängig gemacht werden können. Auch neige nach Ansicht von *Goldstein/Freud/Solnit* der Begriff „Kindeswohl“ dazu, eine gerichtliche Entscheidung zu beschönigen.[49] Durch den Begriff „schädlich“ werde verdeutlicht, dass jede Entscheidung auch mit Nachteilen für das Kind verbunden ist.

c) Kindswohl aus psychologischer Sicht

Aus psychologischer Sicht beschreibt *Dettenborn* den Kindeswohlbegriff als die für die Persönlichkeitsentwicklung *günstige Relation zwischen der kindlichen Bedürfnislage und seinen Lebensbedingungen.*[50] Von einer günstigen Relation wird

43 *Coester*, S. 143.
44 Vgl. *Coester*, S. 144.
45 Staudinger/*Coester*, § 1666 Rn. 66.
46 *Goldstein/Freud/Solnit*, 1979, S. 53, 63.
47 *Goldstein/Freud/Solnit*, 1974, S. 49.
48 *Goldstein/Freud/Solnit*, 1974, S. 56.
49 *Goldstein/Freud/Solnit*, 1974, S. 56.
50 *Dettenborn/Walter*, S. 70; *Dettenborn*, S. 51.

dann gesprochen, wenn die Lebensbedingungen die Bedürfnisse derart zu befriedigen vermögen, dass das Kind sich seinem Alter entsprechend körperlich, seelisch und geistig normal entwickeln kann.[51] Hierdurch verlagert *Dettenborn* die Unbestimmtheit des Rechtsbegriffs Kindeswohl auf den Begriff „günstig". Gleichwohl ist durch Einstellung der Bedürfnislage des Kindes, seiner Lebensbedingungen und der Fähigkeiten der Eltern zur Versorgung und Erziehung eine Annäherung an das Wohlbefinden des Kindes im Einzelfall möglich.

Es bleibt festzuhalten, dass der Kindeswohlbegriff weder rechtlich noch psychologisch[52] eindeutig definiert werden kann. Beide Fachdisziplinen sind aufgefordert, sich fortwährend durch interdisziplinären Austausch dem Begriff anzunähern.[53] Einigkeit besteht dahingehend, dass allenfalls eine negative Annäherung an den Begriff möglich ist. Unter Auslotung aller vorhandenen Alternativen ist die „am wenigsten schädliche Alternative zum Schutz von Wachstum und Entwicklung" bei Beachtung der emotionalen Bindungen und der Förderung des Kindes sowie der Kontinuität und Stabilität seiner Lebensbedingungenaus zu wählen.[54] Es sind also all diejenigen Situationen und Bedingungen auszuschließen, die dem Kindeswohl nicht gerecht werden.[55]

III. Zwischenergebnis: Einfluss der Sozialwissenschaften

Die Errungenschaft des 20. Jahrhunderts, Kinder als schützenswerte Wesen mit eigenen Rechten anzuerkennen, war den gesellschaftlichen Veränderungen und Entwicklungen insgesamt zu verdanken; das Recht sorgte für die notwendige Einkleidung. Abschließend mit der Kindschaftsrechtsreform von 1998[56] kann das 20. Jahrhunderts zu Recht als das „Jahrhundert des Kindes"[57] bezeichnet werden, das den Begriff des Kindeswohls als Leitmaxime des materiellen Rechts und Verfahrensrechts hervorbrachte. Gerade die so oft gerügte „Offenheit" des Begriffs als „mystifizierende Leerformel"[58] ermöglicht dessen Fortentwicklung und Anpassung an die sich ändernden gesellschaftlichen Verhältnisse und die kindlichen Bedürfnisse im Einzelfall. Der Kindeswohlbegriff ist per definitionem ein

---

51 *Dettenborn*, S. 51.
52 *Salzgeber*, FF 2013, 194 (198).
53 *Kaltenborn*, FamRZ 1987, 990 (991).
54 Goldstein/*Simitis*, S. 95 ff.
55 *Kaltenborn*, FamRZ 1987, 990 (991).
56 Siehe hierzu weiter unten im Kapitel C.I.
57 Dieser Begriff geht auf *Ellen Key* zurück. Bezugnehmend auch *Kostka*, FPR 2005, 89 (94).
58 *Braches-Chyrek/Macke/Wölfel*, S. 59.

Rechtsbegriff interdisziplinären Einschlags in die Bereiche der Psychologie und Pädagogik, die sich gegenseitig bedingen und dadurch den Begriff erst zu einem geeigneten und handhabbaren Erkenntnisinstrument werden lassen.[59] Nur wenn neue fachliche Erkenntnisse einfließen können und der gesellschaftliche Kontext der Zeit berücksichtigt wird, erweist sich der Begriff als funktional.[60] Denn als Instrument zur Regelung individuellen Verhaltens und sozialer Beziehungen können Rechtsnormen nur funktionieren, „wenn bei der Setzung und bei der Durchsetzung ihre psychischen Triebfedern berücksichtigt werden".[61]

Vor allem die interdisziplinäre Abhandlung zum Kindeswohl des Autoren-Trios *Goldstein, Freud und Solnit*, die anknüpfend an die Bindungstheorie von *Bowlby*[62] die Bindungen des Kindes als besonders wichtigen Aspekt für seine gesunde Entwicklung hervorhob, nahm Einfluss auf die Rechtspolitik und prägte die rechtliche Ausgestaltung der familiären Beziehungen. Im Zuge des SorgeRG wurde das Kriterium der Bindungen im Gesetzestext besonders hervorgehoben (§ 1671 Abs. 2 Hs. 2 BGB a. F.), wodurch den Familiengerichten ein neuer „Algorithmus" an die Hand gegeben wurde. Dies war zweifelsohne die Geburtsstunde der Symbiose von psychologischer Wissenschaft und Familienrecht.

B. Die Forschungsbereiche der Familienrechtspsychologie

Innerhalb der sozialen Fachwissenschaften hat sich vor allem die Psychologie als im Familienrecht einflussreich erwiesen. Im Laufe der Jahre entstand eine neue Sparte: die (Familien)Rechtspsychologie.

I. Die Etablierung der Rechtspsychologie

Die Wissenschaft der Psychologie ist die Grundlagenwissenschaft für das Verhalten und Erleben des Menschen.[63] Die Rechtspsychologie ist kein eigener Bereich der psychologischen Wissenschaft, sondern begreift sich als Vereinigung all jener Abteilungen und Bereiche der Psychologie, die relevante Aspekte für die Schnittstelle Recht und Psychologie liefern. Bedeutung kommt vor allem der empirischen Rechtspsychologie zu.[64]

---

59 Zur Diskussion *Coester*, S. 419 ff. m.w.Nachw.; Staudinger/*Coester*, § 1666 Rn. 72.

60 *Dettenborn*, S. 10; siehe auch *Rosenboom*, S. 14.

61 *Dettenborn*, S. 25.

62 Hierzu in diesem Kapitel weiter unten ausführlicher B.IV.1.

63 Simon/*Hermanns*, S. 79 (81).

64 *Balloff*, FF, Sonderheft April 2003, 83 (84); *ders.*, FPR 1995, 176 (177): unterteilt grob in empirische und juristische Rechtspsychologie sowie in Rechtspsychologie und Rechtsentwicklung.

Als einer der ältesten Bereiche der angewandten (empirischen) Psychologie[65] und Arbeitsfeld der Gutachter gilt die forensische Psychologie (Anwendung der Psychologie im Rahmen von Gerichtsverfahren). Diese etablierte sich zusammen mit der Kriminalpsychologie als Hilfswissenschaften bei der Ausarbeitung des Strafgesetzbuches von 1968,[66] welche kriminelles Verhalten zu erklären, zu verhindern und zu behandeln versuchen.[67] Nach und nach erkannte man das Potential und den Nutzen der Psychologie über den traditionellen Bereich der forensischen Tätigkeit hinaus. Aufgabe des Richters ist es, Tatsachen festzustellen und an Normen des Gesetzes zu messen, um eine Entscheidung im Sinne der staatlichen Ordnung zu treffen.[68] Menschen können aber nicht einfach unter Normen subsumiert werden. Bei Familien im Scheidungskonflikt geht es um die detaillierte Erfassung der psychischen Situation von Eltern und Kindern, eine den Richtern fremde Aufgabe.[69]

So entstand Ende des 20. Jahrhunderts der rechtspsychologische Forschungsbereich „Rechtspsychologie und Rechtsentwicklung", der sich vertieft mit der Frage befasst, welchen Beitrag die Rechtspsychologie zur Fortentwicklung des Rechts leisten kann und soll.[70] Die Rechtspsychologie beruht auf einer Wechselseitigkeit zwischen Recht und Psychologie unter Einbeziehung der Erkenntnisse der Rechts-, Human- und Sozialwissenschaften.[71] Beide Wissenschaften bedingen sich gegenseitig und entwickeln sich stetig fort. Dabei agiert der psychologische Sachverständige als Bindeglied zwischen den Wissenschaften.[72]

II. Begriff der Familienrechtspsychologie

Die Familienrechtspsychologie hat sich Mitte des 20. Jahrhunderts als Teil der Rechtspsychologie etabliert. Ihr psychologisches Tätigkeitsfeld sind die Familienpsychologie, aber auch andere Zweige der Psychologie wie die Entwicklungs- und Sozialpsychologie sowie die forensische Psychologie. Den Rahmen stellt das geltende Familien-, Verfahrens- und Jugendhilferecht. Nach der Definition von *Dettenborn* und *Walter* sind „Gegenstand der Familienrechtspsychologie […]

65 Ausführlich zur Entwicklung der forensischen Psychologie als ältester Zweig der angewandten Psychologie *Dettenborn/Fröhlich/Szewczyk.*

66 *Dettenborn/Fröhlich/Szewczyk*, S. 33.

67 *OLG Jena*, Beschl. v. 21.02.2011 – 1 UF 273/10 –, juris Rn. 43 = FamRZ 2011, 1070.

68 Simon/*Hermanns*, S. 79 (82).

69 Simon/*Hermanns*, S. 79 (82).

70 *Balloff*, FPR 1995, 176 (177); *Dettenborn/Walter*, S. 16.

71 *Balloff*, FPR 1995, 176 (177).

72 *Salzgeber*, FPR 1995, 317 (318).

Erleben und Verhalten beim Auf- und Abbau familiärer Beziehungen, soweit dabei Konflikte der rechtlichen Einflussnahme bedürfen."[73]

III. Entwicklungspsychologie des Kindes

1. Geburtsstunde der differentiellen Entwicklungspsychologie

Dass der Mensch nicht vollkommen und „fertig" auf die Welt kommt, sondern sich fortwährend verändert, wurde bereits in der Antike unter den Philosophen *Platon* und *Aristoteles* reflektiert. Die Geburt des heutigen Verständnisses von wissenschaftlicher Entwicklungspsychologie, d. h. die Beschreibung, Erklärung, Prognose und Beeinflussung intraindividuellen Verhaltens und Erlebens des Menschen (mit Fokus auf Kinder und Jugendliche) und deren interindividuelle Unterschiede, ist aber erst auf die zweite Hälfte des 19. Jahrhunderts zu datieren.[74] Als Ergebnis zahlreicher Aufzeichnungen und Beobachtungen an Kleinkindern im amerikanischen Raum und der Verbesserung psychologischer Untersuchungsmethoden etablierte sich in der zweiten Hälfte des 20. Jahrhunderts auch in Deutschland die Entwicklungspsychologie und fand Eingang in viele Universitäten. Man wandte den Blick hin zu einer *differentiellen Entwicklungspsychologie*, welche die wechselseitigen Zusammenhänge zu erklären versucht und damit auch die Weichen für die angewandte Entwicklungspsychologie öffnet.[75]

Der biogenetischen Entwicklungstheorie folgend, wurde Entwicklung anfangs noch als Entfaltung in verschiedenen Entwicklungsstufen bzw. Phasen beschrieben, die das Kind gemäß seinem Alter vor neue Entwicklungsaufgaben stellt.[76] In neueren Studien erwies sich das traditionelle Phasen- oder Stufenmodell als zu starr. Zwar durchlebt ein Kind typische Entwicklungen wie Greifen, Laufen, Sprechen usw. Jede Entwicklung hat aber individuelle Verläufe, die durch Variablen wie kulturelle Anforderungen, Anlagen und Erfahrungen beeinflusst werden.[77] Ausgangspunkt der *modernen differentiellen Entwicklungspsychologie* ist, dass das Individuum durch seine Umwelt beeinflusst wird, seinerseits aber

73 *Dettenborn/Walter*, S. 16.

74 Das Werk von *Preyer* gilt hier als bedeutender Anstoß für die vielfältigen theoretischen Aufzeichnungen und Beobachtungen an Kleinkindern.

75 Vgl. *Trautner*, S. 24.

76 Populär wurde das Phasenkonzept v. a. durch *Busemann*. Durchgesetzt hat sich das Phasenmodell *Eriksons*, 1959.

77 *Oerter/Montada*, S. 4 f.

auch die Umwelt beeinflusst. Entwicklung kann somit als Folge *internaler* und *externaler* Faktoren und deren Zusammenspiel beschrieben werden.[78]

Als Grundlagenwissenschaft wirkt die Entwicklungspsychologie nicht unmittelbar anwendungsbezogen,[79] sondern wird zu einer solchen, wenn Kenntnisse der Entwicklungspsychologie für die Lösung praktischer Probleme genutzt werden – in familiengerichtlichen Verfahren durch die Einholung eines familienpsychologischen Sachverständigengutachtens.

2. Balance von Schutz- und Risikofaktoren

Neben den typischen Hürden des Heranwachsens können Kinder und Jugendliche auch durch unvorhersehbare kritische Lebensereignisse wie die Trennung der Eltern getroffen werden. Entwicklungsaufgaben und Ereignisse müssen bewältigt werden und können in Krisen münden. Eine Krise drückt sich darin aus, dass eine Person durch ein Problem oder einen Verlust belastet wird, dieser Belastung aber nicht aus eigener Kraft standhalten kann, sei es durch Entwicklung einer Lösung oder Anpassung an die neue Situation.[80] Wie mit der Belastung umgegangen wird, hängt primär von dem Kräfteverhältnis zwischen Risiko- und Schutzfaktoren und den Bemühungen (*Coping*)[81] ab, die belastenden bzw. überlastenden Anforderungen in einer Lebenssituation zu bewältigen[82].

Kinder entwickeln während ihres Heranwachsens Schutzfaktoren, die abhängig von Alter, Geschlecht und Entwicklungsstand unterschiedlich stark ausgeprägt sind. Man unterscheidet zwischen *personalen* und *sozialen Schutzfaktoren*. Ein jüngeres Kind ist noch ängstlicher und verletzlicher, da seine eigene Widerstandsfähigkeit und Bewältigungsstrategien noch nicht ausgereift sind (*Vulnerabilität*).[83] Es ist noch in stärkerem Maße auf den Schutz seiner Bezugspersonen angewiesen (*soziale Schutzfaktoren*). Da Kleinkinder Bindungen noch über persönliche Nähe definieren, wirkt ein stabiles Fürsorgeverhalten der Eltern belastungsmindernd. Aber auch Beziehungen zu anderen Personen, z. B. zu Geschwistern oder Freunden, können unterstützend wirken.[84] Bei älteren

78 *Oerter/Montada*, S. 6.
79 Vgl. *Trautner*, S. 148.
80 Vgl. *Oerter/Montada*, S. 36.
81 *Schneewind/Ruppert*, S. 113.
82 *Dettenborn/Walter*, S. 55 f.
83 Vgl. *Dettenborn/Walter*, S. 196.
84 *Dettenborn/Walter*, S. 57.

Kindern tragen auch ihre Autonomie und positives Selbstwertgefühl dazu bei, mit Stresssituationen umgehen zu können und diese angemessen zu verarbeiten.

Folglich hängen Stressfolgen von der Balance personaler und sozialer Schutz- und Risikofaktoren ab, die emotionale und körperliche Reaktionen des Kindes mehr oder weniger wahrscheinlich machen.[85] Erhöhte Anforderungen in Kombination mit geringen Bewältigungskompetenzen erhöhen Stressfolgen. Es werden im Wesentlichen zwei Risikofaktoren bei Kindern unterschieden: einerseits der in der Person des Kindes liegende Risikofaktor der Vulnerabilität[86] und andererseits Umweltmerkmale (Stressoren) wie die Trennung der Eltern.[87]

IV. Bindungsforschung

Als wohl größter Schutzfaktor im Kindesalter gelten seine Bindungen zu ihm nahestehenden Personen. Es ist das evolutionsbedingte, angeborene Bedürfnis eines jeden Menschen Bindung zu suchen und zu entwickeln. Indem Bindungen Schutz und Fürsorge gewähren, sichern sie das Überleben des jungen hilflosen Menschen.[88] Bindungen bilden demnach die Grundlage für eine ungestörte Entwicklung der Persönlichkeit.[89]

1. Begriff der Bindung

Unter Bindung im psychologischen Sinne wird die asymmetrische Beziehung eines Kindes zu seinen engsten Bezugspersonen verstanden, die das Kind vor Gefahren schützen und ihm emotionale Sicherheit geben.[90] Die Theorie von den Bindungen geht zurück auf *John Bowlby*[91] in den 40er und 50er Jahren, die schließlich in der ethologischen (verhaltensbiologischen) Denkweise der 1960er zum Ausdruck kam. Evolutionsbiologische Erkenntnisse wurden mit

---

85 *Fichtner*, ZKJ 2012, 46. Ein Schaubild über die wesentlichen Schutz- und Risikofaktoren im Familienkonflikt der Trennung findet sich bei *Dettenborn/Walter*, S. 57.

86 Sind dagegen die persönlichen Risikofaktoren gering und die internen Schutzfaktoren ausgeprägt, spricht man von *Resilienz*, die Kehrseite der Vulnerabilität: *Dettenborn/Walter*, S. 59.

87 *Dettenborn/Walter*, S. 56.

88 *Grossmann/Grossmann*, S. 31.

89 *Lempp*, FamRZ 1984, 741 (742, 744) spricht vom „Grundrecht auf Bindung"; vgl. auch *Ell*, ZfJ 1986, 289 (294): Bindungen als Hauptkriterium bei der Sorgerechtsregelung.

90 *Bowlby*, 1969/1982; *Bowlby/Ainsworth*, 1985. S. auch Spangler/Zimmermann/*Bowlby*, S. 17 ff.

91 *John Bowlby* ist ein englischer Psychiater und Psychoanalytiker.

klinisch-psychoanalytischem Wissen in Verbindung gebracht[92] und eröffneten neue Möglichkeiten der Persönlichkeitsforschung. Mit seiner klinischen Bindungstheorie versuchte *Bowlby* Störungen emotionaler und persönlicher Natur in Bindungsbeziehungen, insbesondere durch Trennung und Verlust, zu erklären.[93]

Es folgten unterschiedliche empirische Forschungen zu den Verhaltensweisen einzelner Altersstufen und deren Unterschiede, die Rückschlüsse auf die psychische Entwicklung von Kindern zuließen.[94] Zunächst beschränkten sich die Untersuchungen auf das Säugling- und Kleinkindalter[95] mit Fokus auf die mütterliche Bindung.[96] Erst später erkannte man auch den Vater und andere dem Kind nahe stehenden Personen als potentielle und für die Entwicklung des Kindes wichtige Bindungspersonen.[97] Mittlerweile gibt es zahlreiche Langzeitstudien zum Bindungsverhalten bis in das Erwachsenenalter hinein.[98]

2. *Aufbau und Erhalt von Bindung*

Bereits nach einem halben Lebensjahr sind bei Säuglingen die Voraussetzungen für den Aufbau stabiler Bindungen geschaffen.[99] Ihre motorischen Fähigkeiten (freies Sitzen, Greifen) entwickeln sich unterstützt durch das dreidimensionale Sehen. Auch das Gedächtnis beginnt sich zu entwickeln und damit die Fähigkeit, Erfahrungen abzuspeichern, so dass Personen wiedererkannt werden und Bindungen gedeihen können.

Im Gegensatz zur Bindungsnotwendigkeit, die genetisch bedingt und damit umweltstabil ist, ist die jeweilige Ausgestaltung der Bindungen erfahrungsabhängig.[100] Eine Bindung entsteht, indem auf die positiven und vor allem negativen

92 *Grossmann/Grossmann*, S. 31.

93 Die Erkenntnisse Bowlbys sind abgefasst in seiner Trilogie Attachment; Separation; Loss; einen Überblick bietet *Grossmann/Grossmann*, 2015, S. 70 ff.

94 *Grossmann/Grossmann*, S. 32.

95 In den 1950er Jahren machte sich vor allem *Ainsworth* mit ihren Felduntersuchungen in Uganda einen Namen, 1967.

96 *Bowlby*, 1980; auch Behler/*Hassenstein*, S. 31 (35) sieht in der körperlichen Funktion der Mutter als Nahrungsgeberin gleichzeitig die Bindung an das Muttertier.

97 *Fthenakis*, 5. DFG, Brühler Schriften, 1984, S. 33 (51) mit Hinweisen auf die entsprechenden Studien; *ders.*, 1985, S. 56. *Ell* geht sogar soweit, dass das Kind personale Bindungspartner braucht, keine „Hauptbezugsperson": ZfJ 1982, 76 (82).

98 Siehe nur *Cassidy/Shaver* 2010, wobei der Schutz durch stärkere Personen im Alter in der Regel in Jüngeren gesucht wird.

99 Vgl. *Bowlby*, 1980, S. 190 ff., 248 f.; *Bovenschen/Spangler*, NZFam 2014, 900 (901); *Grossmann/Grossmann*, S. 72.

100 *Bowlby*, 1980; *Grossmann/Grossmann*, S. 52.

Gefühle und Verhaltensweisen des Kindes eingegangen wird und dessen Bedürfnisse befriedigt werden. Bindung ist also das Ergebnis langfristiger Bedürfnisbefriedigung,[101] angefangen von der Körperpflege bis hin zu Zärtlichkeit, Zuneigung und Nähe.[102] Grundlage sind kontinuierliche, immer wiederkehrenden Interaktionserfahrungen mit einer Person,[103] die mittels genetisch bedingten Verhaltensweisen des Kindes wie Rufen, Kuscheln, Klammern, Weinen ausgelöst werden und dadurch Nähe und Sicherheit zur Bezugsperson herstellen (sog. *Bindungsverhalten*).[104] Durch kontinuierliche Verfügbarkeit von Personen verdichtet sich Bindung zu einem „internen Arbeitsmodell" des Kindes, das Planbarkeit und Abrufbarkeit von Bindung gewährleistet.[105] Von anderweitigen Beziehungen unterscheiden sich Bindungen in diesem Sinne demnach in der Intensität und Emotionalität; sie sind der Kern intensiver emotionaler Beziehungen.[106]

Erst im späteren Kindes- bzw. frühen Jugendalter stabilisiert sich das „interne System" durch Selbstwertgefühl und Autonomiebestrebungen.[107] Persönliche Nähe ist nicht mehr in dem Maße erforderlich. Das Kind wendet sich seiner Umwelt stärker zu, indem es Freundschaften knüpft und sich anderweitig Bestätigung sucht. In der Pubertät verflüchtigt sich schließlich körperliche in psychische Nähe und Kommunikation und das Autonomiebestreben wächst.[108]

3. *Bindungsqualität*

Bindungen sind weder genetisch bedingt noch ist die Zahl der Bindungspersonen beschränkt.[109] Ein Kind kann mehrere Bindungspersonen gleichzeitig haben. Das trifft in der Regel auf beide Elternteile zu. Unter *Bowlby*[110] wurde noch die Mutter als einzige Bezugsperson angenommen, was mit dem heutigen

---

101 Vgl. *Dettenborn/Walter*, S. 38.

102 Vgl. *Goldstein/Freud/Solnit*, S. 23.

103 Vgl. *Bovenschen/Spangler*, NZFam 2014, 900 (901).

104 Vgl. *Grossmann/Grossmann*, S. 72 f.; *Dettenborn/Walter*, S. 38.

105 Vgl. *Dettenborn/Walter*, S. 130.

106 Vgl. *Dettenborn/Walter*, S. 37.

107 Vgl. *Dettenborn/Walter*, S. 37.

108 Vgl. *Dettenborn/Walter*, S. 127.

109 *Grossmann/Grossmann*, S. 71: aber nicht viele; *Goldstein/Freud/Solnit*, S. 24; a. A. noch *Bowlby*, nach dem ein Kleinkind Bindungen nur zu einer Betreuungsperson aufbauen könne.

110 *Bowlby*, 1980; auch Behler/*Hassenstein*, S. 31 (35) sieht in der körperlichen Funktion der Mutter als Nahrungsgeberin gleichzeitig die Bindung an das Muttertier.

Wissensstand nicht mehr aufrechterhalten werden kann.[111] Unter biologischen Gesichtspunkten wird die Mutter dem Kind zwar die nächste, in der Schwangerschaft sogar die einzige Person sein. Bindung entwickelt sich jedoch geschlechterneutral anhand der Qualität der Interaktion, sprich der kontinuierlichen Bedürfnisbefriedigung.

Die Dauer des Zusammenlebens und die Betreuungszeit ist sicherlich ein wesentlicher Aspekt für die Entstehung von Bindung. Demgegenüber ergaben einige Studien, dass eine starke Bindung auch zu einem Elternteil bestehen kann, den das Kind überwiegend nur am Wochenende oder sogar nur einige Monate im Jahr sieht. Das lässt den Schluss zu, dass auch gemeinsame Charakterzüge oder Eigenarten oder andere Faktoren im Einzelfall bedeutend sein können.[112]

In Abhängigkeit zur Betreuungszeit neigen Kindes dazu, eine Bindungshierarchie zu entwickeln, die bei der Anwesenheit mehrerer Bindungspersonen dadurch zum Ausdruck kommt, dass das Kind eine bestimmte Bindungsperson als „primäre" Bezugsperson (Hauptbezugsperson) ansteuert.[113] Die Feststellung der Hauptbezugsperson sagt aber noch nichts über die Bindungsqualität aus.[114] Zwischen mehreren Bindungspersonen wird nicht anhand des quantitativen Aspekts der *Bindungsstärke* als Ausdruck des Bindungsverhaltens unterschieden,[115] sondern nach der Sicherheit der Bindungen (*Bindungsqualität*).[116] Unterschieden wird die sichere, unsicher-vermeidende, unsicher-ambivalente und desorganisierte Bindung.[117]

Sichere Bindung zeichnet sich dadurch aus, dass die Bindungsbedürfnisse feinfühlig erwidert werden. Ausgehend von der „sicheren Basis"[118] kann das Kind seinem natürlichen *Erkundungsverhalten* nachgehen, wobei ihm das jederzeitige

---

111 Erste Untersuchungen zur Vater-Kind-Beziehung gehen auf *Schaffer/Emerson*, 1964 zurück und in den 70ern durch zahlreiche Studien fortgeführt, siehe u. a. *Cohen/Campos*, 1974; *Kotelchuck*, 1972, 1973, 1976; *Lamb*, 1976a; *Ross/Kagan/Zelazo et al.*, 1975).

112 *Arntzen*, 1994, S. 12.

113 *Bovenschen/Spangler*, NZFam 2014, 900 (901); hingegen differenziert die juristische Literatur überwiegend nach „stärkeren" oder „engeren" Bindungen: MüKoBGB/*Hennemann*, § 1671 Rn. 51 ff.; *Salzgeber*, Gutachten, S. 479.

114 *Salzgeber*, Gutachten, S. 479.

115 Insgesamt kritisch gegenüber den kindlichen Bindungen als sicheres Sorgerechtskriterium *Jopt*, Betrifft Justiz 1988, 288 (289).

116 *Kluck* FPR 1996, 155 (156); zu den Forschungsergebnissen siehe umfassend *Spangler/Zimmermann*.

117 *Salzgeber*, Gutachten, S. 486 f.; siehe dazu das Schaubild bei *Dettenborn/Walter*, S. 44 f.

118 *Bowlby*, 1980, S. 199; *Bovenschen/Spangler*, NZFam 2014, 900 (901).

zurückkehren in den „sicheren Hafen“[119] möglich ist. Die Balance von Bindungs- und Explorationsverhalten zeugt von hoher Bindungsqualität als Basis für die weitere gesunde Entwicklung des Kindes.[120] Defizite auf der einen oder anderen Seite sind als Indikatoren einer *unsicheren Bindung* zu werten. Ein intensives Bindungsverhalten ist ein Indiz für *unsicher-ambivalente Bindung*, gar kein Bindungsverhalten für eine *unsicher-vermeidende Bindung. Desorganisierte* Kinder zeichnen sich mitunter durch widersprüchliche Verhaltensweisen aus (Annäherung mit gleichzeitiger Vermeidung).[121]

Bindung besteht kontinuierlich über Raum und Zeit fort, auch wenn kein Bindungsverhalten beobachtet werden kann. Solange keine Gefahr für den Erhalt der Bindung droht (Trennung oder sonstiger Angriff), besteht für das Kind keine Notwendigkeit, Bindungsverhalten zu aktivieren.[122] Einfach ausgedrückt: Wenn das Kind sich wohlfühlt, geht es auf Entdeckungstour, wenn es sich unsicher fühlt, sucht es mittels Bindungsverhalten Nähe zur Bindungsperson.

V. Scheidungs- und Trennungsforschung

1. Forschungsfeld

Im Vordergrund der Scheidungs- und Scheidungsfolgenforschung steht die Beobachtung des Erlebens und Verhaltens der Familienmitglieder in der Konfliktphase der Trennung der Eltern[123] sowie die Erforschung ihrer Beziehungsgeschichte als Erfahrungshintergrund.[124]

Die Scheidung oder Trennung[125] der Eltern, d. h. die Beendigung der (nicht) ehelichen Lebensgemeinschaft, ist kein punktuelles Ereignis, sondern ein hoch komplexer Prozess, der sich über einen langen Zeitraum erstreckt.[126] Von der Entscheidung, sich trennen zu wollen bis zur endgültigen Trennung, die nicht

---

119 *Bovenschen/Spangler*, NZFam 2014, 900 (901).

120 Vgl. *Spangler/Grossmann/Grossmann/Fremmer-Bombik*, Psych.Erz.u.Unter. 2000, 203.

121 *Salzgeber*, Gutachten, S. 486 f.

122 Vgl. *Grossmann/Grossmann*, S. 73.

123 Der Einfachheit halber wird im Folgenden nur noch von Scheidungsfolgen gesprochen, da sich dieser Begriff etabliert hat. Gemeint sind aber sämtliche Folgen, die ein Kind durch den Verlust eines Elternteils erfährt.

124 *Dettenborn/Walter*, S. 21.

125 Im Folgenden werden unter dem Begriff Trennung sowohl die Trennung nicht miteinander verheirateter Eltern als auch die miteinander verheirateten Elternteile zusammengefasst. Das entspricht auch dem gesetzgeberischen Verständnis von Trennung (vgl. § 1671 BGB).

126 *Strobach*, FPR 2008, 148 (148); *Spindler*, ZKJ 2012, 426.

nur eine rechtskräftige Scheidung, sondern auch eine emotionale bzw. psychische Trennung erfordert, vergehen meist Jahre.[127] Von einer endgültig überwundenen Trennung kann erst dann gesprochen werden, wenn sich die ehemaligen Partner wieder neutral, ohne innere Erregung gegenübertreten können.[128]

Die Trennung der Eltern stellt einen gewichtigen Risikofaktor (Stressor) für die gesunde Entwicklung des Kindes dar, da die bestehenden Bindungen gefährdet werden. Die Scheidung der Eltern ist ein *kritisches Lebensereignis*[129], das die betroffenen Eltern und Kinder vor eine Reihe individueller, sozialer und materieller Veränderungen stellt, die in einem intensiven und mitunter langwierigen Anpassungsprozess[130] bewältigt werden müssen. Bei den Betroffenen werden verschiedenste *Affekte, Ängste und Gefühle* ausgelöst, die in mannigfaltig sichtbaren Symptomen in Erscheinung treten.[131] Diese Symptome oder Verhaltensweisen sind Reaktionen auf die Krise (sog. *Erlebnisreaktion*) im Sinne von „reaktiven Anpassungen an veränderte Umweltsituationen".[132]

Es ist eine Wechselwirkung zwischen den Befindlichkeiten und Verhaltensweisen der Eltern und des Kindes festzustellen.[133] Die trennungsbedingten Veränderungen verlangen auch den Eltern eine erhöhte Anpassungsfähigkeit ab, die oft durch eigene persönliche Defizite[134] eingeschränkt ist, so dass die Eltern für das Kind selbst zum Risikofaktor werden. Neben einer stabilen Persönlichkeit spielen auch geschlechtsspezifische Faktoren hinein.[135] Wurde die Trennung durch die Eltern nur unzureichend verarbeitet und bewältigt, wirkt sich dies zwangsläufig auf das Wohlbefinden der Kinder und deren Verhältnis zu beiden Elternteilen aus. Bei den Eltern sind dann möglicherweise keine ausreichenden psychischen Valenzen frei, um die Bedürfnisse des Kindes zu erkennen und angemessen darauf zu reagieren.[136]

---

127 Vorscheidungs-, Scheidungs- und Nachscheidungsphase: *Strobach*, FPR 2008, 148 (148).

128 *Lempp*, S. 14 f.

129 *Proksch*, S. 3; *Schneewind/Ruppert*, S. 93 ff.; vgl. Fegert/Ziegenhain/*Walper*, S. 148 ff.

130 *Dietrich et al.*, S. 19.

131 *Figdor*, S. 21, 24.

132 *Figdor*, S. 24.

133 Vgl. *Dettenborn/Walter*, S. 45, 56, 185.

134 Z. B. schlechte Beziehungserfahrungen, Alkoholismus, psychische Erkrankungen, Überforderungen u. a., siehe dazu auch *Dettenborn/Walter*, S. 58.

135 Männer reagieren zwar deutlich aggressiver auf eine Trennung, können sich aber auch schneller wieder stabilisieren, *Dettenborn/Walter*, S. 197.

136 Menne/Schilling/Weber/*Bauers*, S. 39 (49 f.).

2. *Unmittelbare Scheidungsfolgen*

Es wurden deutliche Auffälligkeiten bei Trennungs- und Scheidungskindern im Vergleich zu solchen aus intakten Familien festgestellt, die belegen, dass erstere vielfältigen Belastungen ausgesetzt sind, die ihre Entwicklungsbedingungen negativ beeinflussen können.[137] Teilweise wird kritisiert, dass sich die Kausalität der Scheidung für die eingetretenen Folgen schwerlich beweisen lässt.[138] Auf Grund der bemerkenswerten Ergebnisübereinstimmungen der Studien kann der Scheidung aber eine Mitursächlichkeit nicht abgesprochen werden.

Auch wenn es sich teilweise um „normale" Reaktionen auf den Verlust eines geliebten Menschen handelt[139], sollte keine der kindlichen Reaktionen verharmlost werden. Jedes Kind reagiert auf eine Trennung unterschiedlich. Dass reagiert wird, ist aber Fakt. *Figdor* überspitzt die These dahin, dass ein gesundes, einigermaßen normales Kind auf eine solche Krise reagieren *muss*.[140] Es wäre daher fatal zu glauben, dass ein Kind die Scheidung gut verarbeitet (hat), nur weil nach außen hin keine anormale Reaktion erkennbar ist. Jedes Kind verfügt über unterschiedliche Bewältigungsmethoden, die im Zusammenhang mit individuellen Faktoren wie Alter, Entwicklungsstand, Konstitution, kognitiver und sozialer Kompetenz stehen. Die kindlichen Reaktionen und Verhaltensmuster lassen sich bereits auf das elterliche Verhalten im Vorfeld der Trennung zurückführen.[141] Gleichwohl ist es die Nachscheidungsphase, welche die weitere Entwicklung des Kindes entscheidend bestimmt.[142]

Als typische emotionale Reaktionen, die auf ein Ungleichgewicht an Schutz- und Abwehrmechanismen schließen lassen, wurden in der Scheidungsliteratur neurotische Prozesse im klassischen Sinne, wie Angst vorm Verlassenwerden, Depressionen, Wut, Trauer, Schuldgefühle, Selbstwertprobleme, Zwänge, Loyalitätskonflikte, Beziehungsführungsunfähigkeit, sexuelle Störungen, festgestellt.[143] Diese Verhaltensauffälligkeiten können sich ihrerseits negativ auf die Eltern übertragen, die zu Überforderung führen können.[144]

---

137 Eine große Anzahl der Studien wurde in den USA durchgeführt: *Amato*, 1993, 2001; *Hetherington/Kelly*, 2003. Ein Überblick findet sich bei *Fthenakis/Niesel/Kunze*, S. 86 f.

138 *Figdor*, S. 70 f.; *Fthenakis/Niesel/Kunze*, S. 88; *Dettenborn*, S. 59.

139 Menne/Schilling/Weber/*Bauers*, S. 40.

140 *Figdor*, S. 24.

141 *Kostka*, S. 134.

142 *Walper/Langmeyer*, ZKJ 2008, 94; *Walper*, 2002.

143 *Figdor*, S. 29, 51; Menne/Schilling/Weber/*Bauers*, S. 39 (40).

144 *Salzgeber*, Gutachten, S. 271.

Ein jüngeres Kind (Vorschulalter) leidet insgesamt stärker unter der Trennung,[145] weil es wegen seines jungen Alters die Gründe für die Trennung nur schwer erfassen kann und Angst hat, auch den anderen Elternteil zu verlieren.[146] Demgegenüber reicht mit voranschreitendem Alter das Wissen über die grundsätzliche Verfügbarkeit der Bindungsperson für die emotionale Sicherheit aus.[147] Ältere Kinder reagieren häufiger mit Wut und Vorwürfen gegenüber den Eltern, dass sie sich aus ihrem Verantwortungsbereich entziehen und sie im Stich lassen.[148] Sie überwinden die Trennung insgesamt wesentlich schneller und besser; gleiches gilt für Kleinstkinder, die den Verlust eines Elternteils noch nicht wahrnehmen können.[149]

Die Angst vorm Verlassenwerden kann in der Ablehnung des nicht betreuenden Elternteils bzw. Umgangselternteils zum Ausdruck kommen.[150] In vielen Fällen will das Kind nicht den Elternteil per se ablehnen, sondern eine Veränderung der belastenden Situation herbeiführen.[151] Das kann auch bedeuten, dass der betreuende Elternteil auf die Bedürfnisse des Kindes nicht angemessen reagiert, oft weil dieser selbst durch die Trennung in seiner Wahrnehmung eingeschränkt ist.[152]

Mindestens die Hälfte aller Kinder gibt sich selbst die Schuld an der Trennung der Eltern.[153] Fast jeder Trennung gehen Streitigkeiten über einen längeren Zeitraum voraus. Das bleibt auch vor dem Kind nicht unbemerkt und lässt es hilflos fühlen. Wenn die Eltern über Fragen rund um das Kind streiten, dann suggeriert das beim Kind, dass es der Grund für die Streitigkeiten ist.[154] Die Schuldzuweisung erhöht sich, wenn das Kind als Vermittler auftritt und sein Versuch, die Eltern wieder zusammen zu bringen, scheitert. Schuldgefühle gehören zu der Art von Gefühlen, die wir besonders schlecht aushalten können, das gilt vor allem für Kinder.[155]

---

145 *Wallerstein/Lewis/Blakeslee*, S. 117; Simon/*Hermanns*, S. 79 (79); Lehmkuhl/Lehmkuhl/ *Huss/Lehmkuhl*, S. 13 (14); *Walper*, 2002, S. 818 (820).

146 *Bovenschen/Spangler*, NZFam 2014, 900 (903); *Bowlby*, 1969/1982; *Wallerstein/Lewis/ Blakeslee*, S. 117; Menne/Schilling/Weber/*Bauers*, S. 39 (40); *Hethering/Kelly*, S. 210; *Wallerstein/Blakeslee*, S. 35; *Jopt/Behrend*, ZfJ 2000, 223 (231); *Karle/Klosinski*, ZfJ 2000, 343 (344); *Jopt*, ZfJ 1998, 286 (289).

147 *Bovenschen/Spangler*, NZFam 2014, 900 (904).

148 *Walper/Langmeyer*, ZKJ 2008, 94 (95).

149 *Lempp*, S. 15: für Vorschul-/Schulkinder sei es am schwierigsten mit der Situation fertig zu werden, da sie regelmäßig beide Elternteile gleichermaßen brauchen.

150 *Salzgeber*, Gutachten, S. 250 f.

151 *Peschel-Gutzeit*, NZFam 2014, 433.

152 *Salzgeber*, Gutachten, S. 251.

153 *Figdor*, S. 23; *Wallerstein/Kelly*, S. 36 f.

154 *Figdor*, S. 23.

155 *Figdor*, S. 23.

Ab dem schulfähigen Alter geraten Kinder häufig in *Loyalitätskonflikte*. Sie entwickeln zunehmend Fähigkeiten, sich in andere Personen einzufühlen und (auch wechselseitig) Partei zu ergreifen sowie das eigene und fremde Verhalten zu bewerten. Sie erkennen die gegensätzlichen Standpunkte der Eltern und geraten dadurch in Loyalitätskonflikte, aus denen Belastungen für die Beziehungen zu beiden Elternteilen entstehen können. Sie haben Angst durch Zuneigung oder Aufenthalt bei einem Elternteil den jeweils anderen zu verletzen.[156] Die Kinder ziehen sich zurück, wodurch der Kontakt und die Beziehung zum nicht betreuenden Elternteil belastet wird.[157] Oft leidet auch die Beziehung zum betreuenden Elternteil unter verringerter Erziehungsqualität.[158] Verstärkt werden Loyalitätskonflikte, wenn ihnen eine Stellungnahme und Entscheidung für den einen oder anderen Elternteil abverlangt wird.[159] Bei anhaltenden Konflikten neigen Kinder im Alter von 9–12 Jahren dazu, den Standpunkt eines Elternteils unkritisch dauerhaft zu übernehmen, in der Regel den des betreuenden Elternteils.[160] Erst ab der Pubertät beziehen Jugendliche reflektiert Stellung. Das zeigt sich entweder in der Fortsetzung bzw. Intensivierung der eingenommenen Position, kann aber auch die Umkehrung seiner Verbündung mit einem Elternteil zur Folge haben.[161]

Auffallend sind daneben *Störungen des Selbstwertgefühls*[162] und *Identitätskonflikte*. Das Zusammenleben von Eltern und Kind ist für die Identifikation des Kindes wichtig. Durch das Erleben der elterlichen Beziehung und über die eigenen Bindungen zu Vater und Mutter wird erlernt, Beziehungen zu mehreren Menschen gleichzeitig aufzubauen und zu erhalten. Trennen sich die Eltern noch in jungen Jahren des Kindes fehlt ihm das Leitbild einer intakten Familie, was sich in seinem Sozialverhalten insgesamt bemerkbar machen kann.[163] Während die einen es bevorzugen, sich zurückziehen und soziale Aktivität zu meiden, kann sich der soziale Mangel auch in häufigen Konfliktsituationen mit Gleichaltrigen

156 *Salzgeber*, Gutachten, S. 251.

157 Vgl. *Fichtner*, ZKJ 2012, 46.

158 Mit den indirekten Folgen elterlicher Konflikte beschäftigte sich Amato in seiner Scheidungs-Stress-Bewältigungsperspektive umfassend, *Amato*, 2001.

159 *Salzgeber*, Gutachten, S. 252.

160 *Salzgeber*, Gutachten, S. 252.

161 *Salzgeber*, Gutachten, S. 253.

162 Menne/Schilling/Weber/*Bauers*, S. 39 (40); *Figdor*, S. 77 f., 111; *Walper*, 2002, S. 818 (822); *Menne/Weber*, ZfJ 1998, 85 (86).

163 *Lempp*, S. 11 f.; *Altrogge*, S. 160.

und aggressivem Verhalten zeigen.[164] Weiter beansprucht die Bewältigung der Trennung die kindlichen Fähigkeiten regelmäßig derart, dass ihre Konzentrationsfähigkeit darunter leiden kann, mit Auswirkungen auf die schulischen Leistungen.[165]

3. *Langfristige Trennungsfolgen*

Uneinig ist man sich bis heute, ob sich die Trennung der Eltern langfristig auf die Kindesentwicklung auswirken kann.[166] Es existieren weder gesicherte Erfahrungssätze,[167] ob die Trennung von einer Bezugsperson mit negativen Langzeitfolgen für die Entwicklung des Kindes verbunden ist[168] noch für die gegenteilige Ansicht, dass nachhaltige Beeinträchtigungen bei einem „normal entwickelten" Kind durch liebevolle Betreuung in der neuen Umgebung nicht zu erwarten sind[169] Die populärste Langzeitstudie geht hierbei auf *Wallerstein/Lewis/Blakeslee* zurück.[170]

Unter langfristigen Schädigungen fällt insbesondere ein erhöhtes Risiko für körperliche und psychische Erkrankungen in Form von psychosomatischen Störungen und Depressionen.[171] Auch Verhaltensstörungen im sozialen Umfeld wie erhöhte Aggressivität und Delinquenz wurden häufig festgestellt. Scheidungskinder verfügen häufig über verminderte Beziehungsfertigkeiten, was sich beispielsweise in der Auswahl der Sexualpartner oder in der Einstellung zu Beziehungen allgemein bzw. Ehe und Scheidung im Speziellen niederschlagen kann.[172]

164 *Walper/Langmeyer*, ZKJ 2008, 94; *Amato*, 2001; Schneewind/*Schmidt-Denter*, 2000, S. 203.

165 *Walper/Langmeyer*, ZKJ 2008, 94; *Figdor*, S. 89; *Kreppner*, S. 174 (184); *Menne/Weber*, ZfJ 1998, 85 (86).

166 Befürworter: *Figdor*, S. 74 ff. neurotische Symptome wie Ängste Depressionen etc.; Bergmann/Jopt/Rexilius/*Cuvenhaus*, S. 225 (234).

167 Eine Übersicht über den aktuellen Wissensstand bei Johannsen/Henrich/*Jaeger*, § 1671 Rn. 71.

168 *Wallerstein/Lewis/Blakeslee*, S. 120 f.

169 Schneewind/*Schmidt-Denter*, 2000, S. 203; *Hethering*, 1993.

170 *Wallerstein/Lewis/Blakeslee*, zusammengefasst in Menne/Schilling/Weber/*Bauers*, S. 39 (41).

171 *Ell*, S. 25; *Walper*, S. 818 (820); *Figdor*, FPR 1997, 60; *Oberndorfer*, FPR 1999, 97 (101): hinsichtlich der ehemaligen Eheleute.

172 *Walper/Langmeyer*, ZKJ 2008, 94 (95).

In Anbetracht der beobachteten Folgen ist die äußere Restabilisierung der Familie für die weitere Entwicklung des Kindes enorm wichtig. Sie ist aber kein Garant, dass auch das innere Gleichgewicht in allen Belangen gefunden wird.

4. Bedeutung des elterlichen Konfliktes

Die Scheidungsforschung zeigt auf, dass der elterliche Vor- und Nachtrennungskonflikt mit seinen Konsequenzen das Kind am meisten belastet.[173] Bei einer friedlichen Trennung stabilisieren sich die äußeren und damit inneren Verhältnisse schneller. Das gerichtliche Verfahren bedeutet für alle Verfahrensbeteiligten eine enorme psychische Belastung, vor allem für das Kind.[174] Im Konfliktwahn verlieren Eltern die Bedürfnisse ihrer Kinder aus den Augen und gefährden dadurch seine Entwicklung, ohne sich dessen bewusst zu sein. Sie sind nicht mehr in der Lage das Befinden ihres Kindes objektiv einzuschätzen und bewerten die Verhaltensweisen ihres Kindes falsch. Sie neigen zu Über- oder Untertreibung der Verhaltensweisen des Kindes zu ihren Gunsten.[175] Deshalb ist es wichtig, dass Dritte die (zeitweise) Unfähigkeit der Eltern ausgleichen, in dem ihnen die aktuelle Situation vor Augen geführt wird und die damit verbundenen Risiken für ihr Kind aufgezeigt werden.

5. Hochkonfliktfamilien

Da dem Trennungsprozess eine gewisse Eigendynamik innewohnt[176], ist der Konflikt nur begrenzt beherrschbar und Eskalationsgefahren ausgesetzt, so dass er sich äußerst schnell verschärfen kann. In einigen Verfahren erreicht das Konfliktniveau der Eltern einen Grad, der in der Fachliteratur zur Scheidungsforschung den Begriff der „Hochkonfliktfamilie" trägt. Die Hochkonfliktfamilie ist kein neu aufgetretenes Phänomen des 21. Jahrhunderts.[177] Durch die Entwicklungen im deutschen Familienrecht hat sich jedoch das Bewusstsein für hochkonflikthafte Familien im letzten Jahrzehnt verschärft und war Anlass nationaler

---

173 *Furstenberg/Cherlin*, S. 112 f, 167 f., 182; *Wallerstein/Lewis/Blakeslee*, S. 120; *Kindler et al.*, FamRZ 2004, 1241 (1245); Fichter spricht von einer „Schlüsselfunktion", ZKJ 2012, 46.

174 MüKoFamFG/*Heilmann*, § 155 Rn. 1 ff.; so auch *Kölsch/Fegert*, FamRZ 2008, 1573 (1579).

175 *Dietrich et al.*, S. 21.

176 *Walper/Langmeyer*, ZKJ 2008, 94 (95).

177 *Spindler*, ZKJ 2008, 98 (105) spricht von der Entdeckung der Hochkonfliktfamilien als Markt.

und internationaler Studien, die aber insgesamt noch wenig tragfähiges empirisches Wissen vorweisen können.[178]

Es handelt sich in Anlehnung an das Eskalationsstufenmodel von *Glasl*[179] um einen Konflikt in einem hohen Eskalationsstadium.[180] Es mangelt aber an einer klaren und eindeutigen Definition, wann eine Trennungsfamilie als hochkonflikthaft bzw. hochstrittig eingeordnet werden kann.[181] Die Vielzahl an Definitionen, die allesamt mit ungenauen Zuordnungsmerkmalen arbeiten und eher als Beschreibungen des Phänomens Hochkonfliktfamilie eingestuft werden müssen, kommen jedenfalls darin überein, dass Hochkonfliktfamilien über eine längere Zeit hinweg Streit um das Kind führen und Interventionsbemühungen bislang keine anhaltende Wirkung entfalten konnten, so dass selbst kleinste Probleme nicht mehr gelöst werden können.[182]

Schätzungen zufolge tritt Hochkonflikthaftigkeit in etwa 5 %[183] aller jährlichen Trennungen auf. Nach den Hochrechnungen des *Deutschen Jugendinstituts* im Jahre 2010 im Rahmen des Projektes „Kinderschutz bei hochstrittiger Elternschaft" sind rund 30.000 der von der Scheidung oder Trennung ihrer Eltern betroffenen Kinder und Jugendlichen dauerhaft einem stark eskalierten elterlichen Konflikt ausgesetzt.[184]

Die derzeitige Ausbeute wissenschaftlicher Untersuchungen zu den konkreten Bedingungsfaktoren ist noch dürftig.[185] In den Projekten von *Paul/Dietrich*[186] und *Fichtner*[187] wurden bestehende Studien zusammengetragen und verglichen. Es lassen sich nur wenige Merkmale festmachen, die typischerweise und nur bei hochstrittigen Eltern vorliegen.[188] Übereinstimmung besteht darin,

---

178 Zusammenfassung des Forschungsstandes bei *Paul/Dietrich*, 2007.

179 *Glasl* unterteilt den Konfliktprozess in neun Stufen, mit unterschiedlich sinnvollen Interventionen. Ab der 3. Stufe ist ein Weg zurück ohne professionelle Unterstützung kaum mehr möglich.

180 *Spindler*, ZKJ 2012, 426 (427). Einige ordnen die Hochkonfliktfamilie der 3. Stufe, andere bei besonderen Ausprägungen bereits der 2. Stufe zu: z. B. *Fichtner*, ZKJ 2012, 46 (47).

181 *Spindler*, ZKJ 2008, 98; *Walter*, FPR 2009, 23 (24).

182 *Kindler/Fichtner*, FPR 2008, 139 (140). S. den Definitionsversuch bei *Dietrich et al.*, S. 10.

183 *Balloff*, S. 146; *Bergau*, S. 38; *Spindler*, ZKJ 2012, 426 (427).

184 *Dietrich et al.*, S. 7.

185 *Paul/Dietrich*, 2007.

186 *Paul/Dietrich*, 2007.

187 *Dietrich et al.*, 2010.

188 *Spindler*, ZKJ 2008, 98 (99).

dass zwischen *subjektiven (internalen)* Faktoren der Beteiligten und *objektiven (externalen)* Faktoren differenziert werden müsse.[189] Zu den internalen Faktoren zählen persönliche Eigenschaften und Haltungen. Soziale Faktoren (Geschlecht, Bildungsniveau, Beruf, Familienstand etc.) spielen nicht mit rein. Aus einem Vergleich dreier Elterngruppen schloss *Fichtner*, dass sich das Konfliktniveau durch externale Faktoren (z. B. die Einleitung eines Gerichtsverfahrens) potenziert.[190]

Als Persönlichkeitsstörungen oder zumindest auffällige Persönlichkeitsausprägungen bei mindestens einem Elternteil beobachtete *Fichtner* eine geringe Verträglichkeit (wenig Altruismus, Vertrauen, Kooperation und Nachgiebigkeit) und fehlende Offenheit für Erfahrung (feste Ansichten, Traditionalismus und Konservativismus).[191] *Salzgeber* stellte zwei im Beziehungsverhältnis bzw. der elterlichen Interaktion liegende Auffälligkeiten fest: einerseits eine destruktive, von Konflikten geprägte Beziehung während der Ehe, andererseits eine traumatische Trennung (unerwartet, während einer kritischen Lebenskrise).[192]

VI. Kulturpsychologie

Angesichts der zunehmenden Immigration nach Europa wurde die gesellschaftspolitische Debatte über Migration und Integration und den damit einhergehenden spezifischen Problemlagen neu belebt. Hierbei kommt der Kulturpsychologie[193] eine gewichtige Bedeutung zu, die nunmehr auch im Rahmen der familienpsychologischen Praxis diskutiert wird. Erkenntnisse der Kulturpsychologie (Kulturwissen) können beispielsweise Aufschluss darüber geben, wie Verhaltensweisen[194] und Erziehungsstile[195] kulturbezogen zu verstehen und zu

---

189 *Spindler*, ZKJ 2008, 98 (99).

190 Solcher, die nie ein Sorge- oder Umgangsverfahren durchgeführt haben, solcher, deren Verfahren abgeschlossen ist und solcher in einem laufenden Verfahren: *Fichtner*, ZKJ 2012, 46 (48).

191 *Fichtner*, ZKJ 2012, 46 (49).

192 *Salzgeber*, Gutachten, S. 469.

193 Begründer der vergleichenden interkulturellen Forschung ist *Geert Hofstede*. Er bestimmt Kulturen anhand von sechs Dimsensionen, wobei die Dimension des Individualismus und Kollektivismus die am meisten erforschte Dimension der Kulturpsychologie ist, *Hofstede/Hofstede/Minkov*, 2010.

194 Z. B. wird in arabischen Ländern Augenkontakt als Zeichen von Respekt vermieden; Asiaten lächeln oft um Unsicherheiten zu verbergen, Pfundmair, NZFam 2017, 511 (511).

195 Z. B. werden Kinder in asiatischen Familien meist durch die Großeltern betreut; in vielen arabischen oder zentralasiatischen Kulturen wird die Betreuung größtenteils durch die Großeltern väterlicherseits sichergestellt, *Salzgeber*, NZFam 2017, 481 (483).

interpretieren sind.[196] Denn jede Familie ist individuell zu bewerten. Eine standardisierte Beurteilung und Bewertung anhand der westlich geprägten Lebensweisen wäre mit den Worten *Kellers* „nicht nur unwissenschaftlich, sondern auch unethisch".[197]

Bislang kann allerdings nicht auf belastbares Fachwissen zurückgegriffen werden, da die meisten psychologische Erkenntnisse auf sog. „WEIRDs", d. h. westlichen, gebildeten (englisch educated), industrialisierten, reichen und demokratischen Menschen basieren.[198] Erste Vorschläge im Umgang mit kulturellen Aspekten wurden nunmehr in der psychologischen Fachschaft veröffentlicht.[199] Mit Blick auf den Sachverständigen schlägt *Salzgeber* vor, dass dieser die Kindeswohlkriterien bzw. Kindeswohlgefährdung sowohl unabhängig als auch unter Berücksichtigung des kulturspezifischen Hintergrunds darlegen und begründen sollte.[200]

Hierbei sollte allerdings zwischen der Herangehensweise und den Feststellungen auf der Ebene der Sachverhaltsermittlung einerseits und der Rechtsfolgenseite andererseits differenziert werden. Keinesfalls darf Kulturwissen als Rechtfertigung für elterliches Fehlverhalten dienen.[201] Auch ausländische Kulturen sind anhand der deutschen Normen und Wertvorstellungen zu behandeln. Auch wenn Körperstrafen in einigen Kulturen erlaubt und üblich sind, ist die körperliche Bestrafung von Kindern nach § 1631 Abs. 2 BGB zu missbilligen. Letztlich ist im Einzelfall hinsichtlich aller Aspekte immer die konkrete Beeinträchtigung des Wohls des betroffenen Kindes in den Blick zu nehmen. Beispielhaft kann hierbei die Entscheidung des *OLG Hamm* vom 12.05.2017 angeführt werden. Selbst wenn man, was bereits kritisch zu sehen ist, die streng islamische Erziehung für das Kind als grundsätzlich eher ungünstig und mit sozialen Einschränkungen bewertet, da dadurch der Erfahrungsraum und die Entwicklungsmöglichkeiten des Kindes langfristig beschränkt werden können, war das

196 *Nguyen-Meyer*, NZFam 2017, 507 (507).

197 *Keller*, NZFam 2017, 494 (497).

198 *Pfundmair*, NZFam 2017, 511 (511): wobei die „WEIRDs" nur 30 % der Menschheit einnehmen; *Keller*, NZFam 2017, 494 (494): spricht von der Mittelschichtfamilie.

199 Siehe nur *Salzgeber*, NZFam 2017, 481; *Keller*, NZFam 2017, 494; *Pfundmair*, NZFam 2017, 511; *Uslucan*, NZFam 2017, 513.

200 *Salzgeber*, NZFam 2017, 481 (486).

201 So auch *Nguyen-Meyer*, NZFam 2017, 507 (507).

betroffene Kind nach der Einschätzung der Fachgerichte und des beauftragten Sachverständigen aktuell normal entwickelt.[202]

Die Schwierigkeit besteht darin, ausländische Kulturen einerseits als Teil einer pluralistischen Gesellschaft zu verstehen und zu tolerieren und andererseits spezifische Problemlagen an den gesetzlichen Wertungen zu messen. Das verlangt von den Richtern und den anderen am Verfahren beteiligten Professionen, nicht zuletzt auch von den Gutachtern, eine kultursensible Kommunikation und Konfliktbewältigung.[203]

VII. Zwischenergebnis

Im Ergebnis ist festzuhalten, dass der Aufbau und die Aufrechterhaltung von sicheren Bindungen bis in das Jugendalter für die gesunde Entwicklung essentiell sind. Die Erlebnisse und Erfahrungen mit den Bindungspersonen stehen in Wechselwirkung zu den innerpsychischen Vorgängen. Störungen innerhalb des Beziehungssystems, beispielsweise durch mangelnden Schutz und Fürsorge oder den Verlust einer Bindungsperson, schlagen sich in emotionale Schmerzen nieder, die ihrerseits Fehlentwicklungen zur Folge haben können.[204] Die Trennung der Eltern stellt einen erheblichen Risikofaktor für die kindliche Entwicklung dar; vor allem wenn bereits Bindungen bestehen. Verstärkt wird die Belastung durch offene Austragung elterlicher Konflikte. Ohne rechtzeitige professionelle Intervention können die Konflikte das Stadium der Hochstrittigkeit erreichen, die einen massiven Belastungsfaktor für Kinder bedeuten. Um die Belastungen für das Kind zu mindern, müssen die Kontakte zwischen den Eltern (vorerst) weitestgehend minimiert werden.[205] Inwieweit (weitere) Interventionsmaßnahmen erfolgversprechend scheinen, muss im Einzelfall prognostiziert werden. Hochkonflikthaftigkeit erfordert einen sensiblen Umgang seitens der agierenden Professionen.[206]

Vor diesem Hintergrund ist eine gerichtliche Regelung dann am Kindeswohl orientiert, wenn sichere Bindungen aufrechterhalten und trennungsbedingte Belastungen so gering wie möglich gehalten werden. Dafür müssen die familiären Beziehungsstrukturen ebenso wie das Konfliktniveau beurteilt werden. Die

202 *OLG Hamm*, Beschl. v. 12.05.2017 – II-4 UF 94/16 –, juris Rn. 18 = NZFam 2017, 645.

203 Empfehlungen zur Herangehensweise finden sich bei *Kraus*, NZFam 2017, 498. Aus Sicht des Jugendamtes *Miller*, NZFam 2017, 502.

204 *Grossmann/Grossmann*, S. 67.

205 Beispiele für die Grenzsetzung beim Umgang: Weber/Schilling/*Alberstötter*, S. 29 (45 ff.).

206 Siehe auch *Kindler/Fichtner*, FPR 2008, 139 (141).

Situation der Erwachsenen und ihre Entwicklungs-, Sinn- oder Lebenskrise muss in den Blick genommen werden, um das, was Kinder brauchen oder nicht vertragen können, erfolgreich feststellen zu können.[207] Erst wenn die Einstellungen und Verhaltensweisen der Eltern, die den Konflikt bislang genährt und aufrechterhalten haben, zugunsten einer verantwortungsbewussten Wahrnehmung ihrer Elternverantwortung verändert werden konnten, ist es überhaupt möglich Sorgerechts- oder Umgangsmodelle durchzuspielen bzw. zu erproben und der Familie eine ihrer spezifischen Situation angepasste Hilfe zuteilwerden zu lassen.[208]

C. Gesetzliche Meilensteine im Kindschaftsrecht

I. Kindschaftsrechtsreform von 1998

Vor allem die kontroversen Diskussionen unter Psychologen beeinflussten die Reformbestrebungen der Kindschaftsrechtsreform.[209] Die noch stark bindungsfokussierte Sichtweise der 1960er und 1970er wich dem systemisch orientierten Ansatz der 1980er Jahre.[210] Es wurde neben der Mutter die Wichtigkeit anderer Familienmitglieder, insbesondere des Vaters, für die kindliche Entwicklung erkannt. Das System der Familie zerbricht nicht durch die Scheidung, sondern bedarf einer grundlegenden Reorganisation, in der dem Kind möglichst alle Beziehungen und Bindungen zu Familienmitgliedern erhalten bleiben sollen.[211] Der Paradigmenwechsel in der Bindungstheorie hin zum Erhalt des Familiensystems kam ihn der Neuausrichtung des Sorgerechts nach Trennung der Eltern nach § 1671 BGB und der Schaffung eines pflichtgebundenen Umgangsrechts des nicht betreuenden Elternteils nach § 1684 BGB zum Ausdruck.

Durch das Kindschaftsrechtsreformgesetz (KindRG) von 19.12.1998[212] wurde das materielle Recht grundlegend reformiert. Die Rechte der Kinder wurden deutlich verbessert und das Kindeswohl unter das Motto der bestmöglichen Förderung gestellt. Gleichzeitig wurden die Rechte der Eltern unter Angleichung der Rechte verheirateter und nicht miteinander verheirateter gestärkt und vor unnötigen staatlichen Eingriffen geschützt.[213] Durch die Neugestaltung

---

207 *Spindler*, ZKJ 2008, 98 (104).

208 *Salzgeber*, FamRZ 2008, 656 (659).

209 *Balloff*, FPR 1995, 176 (177); zum Einfluss de lege ferenda s. auch *Dettenborn/Walter*, S 16.

210 *Kostka* spricht vom sozialwissenschaftlichen „Paradigmawechsel", FPR 2005, 89 (91).

211 *Fthenakis*, 5. DFG, Brühler Schriften, 1984, S. 51; *ders.*, S. 56; *Wallerstein/Kelly*, 1980.

212 BGBl. I, S. 2942.

213 BR-Drs. 180/96, S. 1.

des § 1671 BGB entscheidet das Gericht bei Scheidung oder Trennung der Eltern nicht mehr von Amts wegen über die Zuteilung der elterlichen Sorge an einen Elternteil. Es bleibt über die Scheidung hinaus bei der gemeinsamen Sorgeausübung, sofern nicht die Übertragung der (teilweisen) Alleinsorge beantragt wird.[214] Bereits in seiner Entscheidung vom 03.11.1989[215] erblickte das *BVerfG* in der zwingenden Zuteilung der Sorge auf einen Elternteil ein Verbot des gemeinsamen Sorgerechts nach Scheidung, welches mit dem verfassungsrechtlich gewährten Elternrecht aus Art. 6 Abs. 2 S. 1 GG unvereinbar sei.[216]

Die endgültige rechtliche Aufspaltung von Scheidungs- und Sorgerechtsverfahren sowie die Stärkung der Umgangsrechte des nicht betreuenden Elternteils waren längst überfällig. Die Regelungen können dennoch nicht verhindern, dass im Einzelfall die Trennung der Eltern - wie aufgezeigt[217] - weiterhin wie ein Damoklesschwert über der Ausübung des Sorgerechts zulasten des betroffenen Kindes schwebt.[218]

II. FGG-Reform von 2009

Im Zuge des Reformgesetzes über das Verfahren in Familiensachen und in den Angelegenheiten der freiwilligen Gerichtsbarkeit (FamFG) vom 17.12.2008[219], kurz FGG-Reform, wurde schließlich auch das familiengerichtliche Verfahren aufgrund der sozialwissenschaftlichen Kenntnisse und Entwicklungen in der familiengerichtlichen Praxis einer umfassenden Neuerung unterzogen. Die unsystematische Unterscheidung des alten Rechts zwischen ZPO-Familiensachen und FGG-Familiensachen mit entsprechenden Verweisungen in verschiedene Gesetze wurde aufgehoben. Das Verfahrensrecht ist nunmehr im FamFG geregelt. ZPO-Vorschriften werden nur herangezogen, soweit das FamFG hierauf

---

214 Bereits dem Gesetz zur Neuregelung der elterlichen Sorge vom 18.07.1979 gingen lange und intensive Diskussionen über die gemeinsame Sorge nach Scheidung vorweg. Die angehörten Sachverständigen befürworteten dies überwiegend, BT-Drs. 8/2958, S. 2998. Bereits damals wurde kritisiert, dass bei einvernehmlicher Aufrechterhaltung der elterlichen Sorge nach Trennung eine Anhörung des Kindes nicht durchgeführt wird. Das völlige Übergehen des Kindes wird völkerrechtlich (vor allem Art. 12 UN-Übereinkommen) und verfassungsrechtlich (Art. 1 Abs. 1, Art. 2 Abs. 1 GG) als höchst fragwürdig angesehen: so *Salgo*, Kind-Prax 1999, 2 (179).

215 BVerfGE 61, 358 = FamRZ 1982, 1179 = NJW 1983, 101.

216 BVerfGE 31, 194 (144) = NJW 1968, 2233; BVerfGE 61, 358 = FamRZ 1982, 1179.

217 Siehe hierzu bereits weiter oben unter B.V.

218 Hierzu ausführlicher im 3. Kapitel.

219 BGBl. I, S. 2586 (2587).

ausdrücklich verweist, wobei die Besonderheiten des familiengerichtlichen Verfahrens zu berücksichtigen sind.

Kindschaftsrechtliche Verfahren werden seitdem durch den Beschleunigungsgrundsatz und den Grundsatz des Hinwirkens auf ein Einvernehmen der Eltern geprägt.[220] Die aufkommenden Erkenntnisse zum kindlichen Zeitempfinden[221] zwangen den Gesetzgeber, Regelungen zur Beschleunigung der Verfahren zu schaffen. Kindschaftssachen müssen spätestens nach einem Monat terminiert und vorrangig vor anderen Verfahren behandelt werden (§ 155 Abs. 1 FamFG). Die Gerichte haben zu jedem Zeitpunkt des Verfahrens auf ein Einvernehmen der Beteiligten hinzuwirken (§ 156 Abs. 1 FamFG) und können diese Aufgabe auch auf andere Professionen übertragen (§ 158 Abs. 4 S. 3, § 163 Abs. 2 FamFG).

Die Einvernehmensbestrebungen folgten den sozialwissenschaftlichen Erkenntnissen, dass weniger das Sorgerechtsmodell und die Umgangshäufigkeit das Wohlergehen des Kindes beeinflussen, als vielmehr eine konfliktfreie Atmosphäre.[222] Es zeichneten sich neue Herangehensweisen im Umgang mit kindschaftsrechtlichen Problematiken ab (*Cochemer Modell*[223] und in Berlin das „*Beschleunigte Verfahren*"[224]), die darauf abzielten, die Verfahren durch Beschleunigung, interdisziplinäre Zusammenarbeit der agierenden Professionen und Stärkung der Elternverantwortung zum Wohle der betroffenen Eltern und Kinder zu verbessern.[225] Schnelles gerichtliches Handeln gepaart mit professionellen Beratungs- und Hilfsangeboten soll verhindern, dass sich der Familienkonflikt unkontrolliert verschärft. Auf diese Weise sollen die trennungsbedingten Belastungen für das Kind insgesamt besser abgefangen werden.

Zweifelsohne ist die Lösung des elterlichen Konflikts der Schlüssel für eine kindgerechte Regelung. Eine Einigung um jeden Preis ist aber nicht erstrebenswert. Die Einigung sollte aus freier Überzeugung erfolgen, nicht einer Zwangssituation oder Ausweglosigkeit geschuldet sein.[226] Zwangseinigungen werden aktuellen Studien zufolge[227] früher oder später nicht mehr eingehalten und schüren die Unzufriedenheit eines Elternteils, was sich wiederum auf das Kind überträgt.

---

220 BT-Drs. 16/6308, S. 2.
221 Siehe hierzu nur *Heilmann*, 1998.
222 Siehe nur *Wallerstein/Lewis/Blakeslee*, S. 118, 120.
223 Initiiert vom Familienrichter Rudolph Amtsgericht Cochem: *Rudolph*, 2007.
224 *Müller-Magdeburg*, ZKJ 2009, 184.
225 Dazu Menne/Weber/*Grabow*, S. 25 (26 f.).
226 *Salzgeber*, FamRZ 2008, 656 (659 f.).
227 *Salzgeber*, FamRZ 2008, 656 (660) verweist auf eine Studie aus England.

Die systemisch orientierte Sichtweise des Erhalts der Familie und die Konfliktreduzierung durch aktive Förderung einer einvernehmlichen Regelung sind die richtigen Ansätze für kindschaftsrechtliche Verfahren, ohne dass es aber ein Patentrezept für Sorgerecht und Umgangsregelungen gibt.[228] Zutreffend formuliert *Salgo*, dass das überlegene Sorgerechtsmodell für die Nachscheidungssituation jenes ist, welches die Eltern unter Einbeziehung des Kindes entwickeln und leben können, egal, welchen Namen dieses Modell trägt.[229] Tatsächlich ist auch bei fortbestehender gemeinsamer Sorge und regelmäßigen Umgangskontakten eine konfliktfreie Kooperation die Ausnahme.[230]

Im Einzelfall müssen die Belastungen des Kindes festgestellt werden, um in einem nächsten Schritt diejenige sorge- und umgangsrechtliche Regelung zu treffen, die diese Belastungen bestmöglich mindert. Wie schon *Goldstein/Freud/Solnit* betonten, geht es nicht darum, die „beste“ Lösung zu finden, sondern die „am wenigsten schädliche Alternative“.[231] Hierbei bietet der Ansatz der Bindungstheorie die Ausgangsbasis, die emotionale Situation des Kindes sowie die Belastungen innerhalb der familiären Beziehungsstrukturen professionell festzustellen.[232] Nach einer Befragung von *Neugebauer* wird die Scheidung und die konkrete Umgangsregelung dann am positivsten bewertet, wenn Kinder in die Gestaltung der Umgangskontakte einbezogen werden und ihre Wünsche Berücksichtigung finden,[233] jedoch ohne ihnen die Verantwortung für die Entscheidung aufzubürden[234].

III. Gesteigertes Anforderungsprofil an Familienrichter

Das Aufgabenfeld der Familiengerichte hat sich seit den Reformen der 1970er Jahre deutlich verändert. Die Entscheidungszuständigkeit wurde Stück für Stück ausgeweitet. Den Höhepunkt erreichte die Zuständigkeitsverteilung durch die FGG-Reform, in dessen Zuge den Familiengerichten der Zuständigkeitsbereich der ehemaligen Vormundschaftsgerichte übertragen wurde.[235]

---

228 *Kostka*, FPR 2005, 89 (94 f.).

229 Lempp/Schütze/Köhnken/*Salgo*, S. 23 (44).

230 S. nur *Hetherington/Kelly*, 2003, S. 188; *Napp-Peters*, S. 24 ff.; Walper/Schwarz/*Schmidt-Denter/Schmitz*, S. 73 (78 ff.): Untersuchung der familiären Beziehungen 6 Jahre nach der Trennung.

231 Goldstein/Freud/Solnit, S. 53, 63.

232 *Kostka*, FPR 2005, 89 (95); *Kaltenborn*, ZfJ 1996, 255 (256).

233 Vgl. *Kaltenborn*, ZfJ 1996, 354 (360).

234 *Kostka*, FPR 2005, 89 (94).

235 BT-Drs. 16/6308, S. 2.

Inhaltlich hat die fortschreitende Verwissenschaftlichung die Anforderungen an kindschaftsrechtliche Verfahren merklich erhöht: angefangen mit der Eliminierung des Schuldprinzips, über die Konkretisierung des Kindeswohlprinzips und seine verschiedenen Verwendungen im materiellen Recht („*am besten entspricht*", „*dienlich ist*", „*Gefährdung des Kindeswohls*") bis hin zu den verfahrensrechtlichen Vorgaben der Beschleunigung und Einvernehmensorientierung und immer komplexer werdenden familiären Verhältnissen und Konflikten.

Die Durchsetzung des Kindeswohls ist nicht bereits durch normative Regelungen wie die Ausformung der Anhörungsvorschriften (§§ 159 ff. FamFG) und die Bestellung eines Verfahrensbeistandes (§ 158 FamFG) gesichert. Entscheidend ist die möglichst kindgerechte Verfahrensgestaltung, die Familienrichtern pädagogisches und psychologisches Geschick abverlangt.[236] Ihre vorrangige Aufgabe ist nicht mehr nur zu entscheiden.[237] Sie sollen Beziehungen analysieren, Belastungen des Kindes feststellen, Erziehungs- und Handlungskompetenzen der Eltern prognostizieren, Hilfsmaßnahmen nach dem SGB VIII abschätzen und gleichzeitig vermitteln – und das alles in möglichst kurzer Zeit. Das wirft die noch zu klärende Frage auf, ob die Familiengerichte den an sie gestellten erhöhten Anforderungen gerecht werden (können). Die mögliche und notwendige fachliche Unterstützung durch Psychologen, ebenso wie von Pädagogen und Medizinern[238] muss erkannt und sinnvoll eingesetzt werden. Dafür bedarf es weitergehender Kenntnisse, insbesondere im Hinblick auf die inhaltliche Auseinandersetzung mit den fachlichen Stellungnahmen und Gutachten.[239]

D. Fazit zum 1. Kapitel

Zusammenfassend lässt sich festhalten, dass sich die Bedeutung der Sozialwissenschaften im Allgemeinen und der Psychologie im Speziellen im Kindschaftsrecht am Prinzip des Kindeswohls offenbart.[240] Die Grenzen der juristischen Methodik wurden eingestanden und außerhalb des Rechts zu kompensieren versucht. *Willutzki* muss zugestimmt werden, dass trotz aller Widersprüche[241] zwischen

---

236 Siehe bereits *BVerfG* NJW 1981, 217 (218).

237 *Müller*, FuR 2001, 299 (299): Probleme sachlich und emotionsfrei lösen.

238 Siehe auch *Oberloskamp/Borg-Laufs/Mutke*, S. 14 f.

239 Hierzu ausführlich im 6. Kapitel.

240 Zur Beziehung zwischen Familienrecht und Human-/Sozialwissenschaften siehe auch *Salgo*, zff 2016, 191.

241 Beide Fachbereiche befassen sich mit der Regulierung von Verhaltensweisen des Menschen, jedoch aus unterschiedlichen, teils gegensätzlichen Perspektiven und mit

Recht und Psychologie das Familienrecht ohne Psychologie der weitaus größere Widerspruch wäre.[242] Die (Familienrechts)Psychologie hat wesentlich dazu beigetragen, Kindeswohlkriterien im Allgemeinen auszuarbeiten und dadurch die Zusammenarbeit zwischen Jurisprudenz und Psychologie befördert.[243] Hierbei beschränkt sich die psychologische Einflussnahme nicht nur auf die Auslegung und kritische Würdigung kindschaftsrechtlicher Vorschriften, sondern trägt auch wesentlich zur Fortentwicklung des Familienrechts bei. Durch das Medium des psychologischen Sachverständigen wird sozialwissenschaftliches Fachwissen auf den konkreten Fall angewandt, wodurch die Entscheidungsfindung der Gerichte unterstützt wird.[244]

anderer Erwartungshaltung. Das Rechtswesen strebt nach formalisierter Wahrheit. Hingegen arbeitet die Psychologie mit Wahrscheinlichkeiten abgeleitet aus empirisch gut abgesicherten Aussagen: *Dettenborn*, S. 26.

242 *Willutzki*, KindPrax 1999, 3 (3).

243 *Kaltenborn*, FamRZ 1987, 990 (990); zum zunehmenden Einzug wissenschaftlicher Erkenntnisse in die Rechtspraxis Goldstein/Freud/Solnit/*Simitis*, Anhang S. 194 f.

244 *Salzgeber*, FPR 1995, 317 (318).

2. Kapitel: Rechtsgrundlagen für die Einbeziehung von Sachverständigengutachten in Kindschaftssachen

A. Amtsermittlungsgrundsatz nach § 26 FamFG

I. Normüberblick

Der bereits unter § 12 FGG geltende Amtsermittlungsgrundsatz wird seit 2009 in § 26 FamFG fortgeführt, lediglich sprachlich etwas umgestaltet. Noch unter Geltung des FGG hieß es in § 12 FGG a. F., dass das Gericht auch die geeignet erscheinenden Beweise aufzunehmen hat.[1] Nach § 26 FamFG hat das Gericht von Amts wegen die zur Feststellung der entscheidungserheblichen Tatsachen erforderlichen Ermittlungen durchzuführen. Die Beweiserhebung wurde normativ in den §§ 29 f. FamFG ausgelagert. Dennoch sind die Normen der §§ 26, 29 f. FamFG als Einheit zu lesen. Insoweit konkretisieren die §§ 29 ff. FamFG den Amtsermittlungsgrundsatz.

II. Verantwortlichkeit der Familiengerichte für die Sachverhaltsermittlung

Anders als in den klassischen ZPO-Zivilverfahren unter Geltung des Beibringungsgrundsatzes haben in kindschaftsrechtlichen Verfahren demnach die Familiengerichte vollumfänglich die Pflicht und Verantwortung für die vollständige Ermittlung der entscheidungserheblichen Tatsachen sowie über die zu erhebenden Beweise (§ 26 FamFG). Das gilt gleichermaßen für die von Amts wegen eingeleiteten Verfahren wie für die Antragsverfahren (vgl. auch § 28 FamFG).[2] Hier zeigt sich besonders deutlich die verfassungsrechtliche Dimension von Art. 6 Abs. 2 S. 2, Abs. 3 GG. Um dem staatlichen Schutzauftrages gerecht werden zu können, muss der Staat, respektive die Gerichte, ein fundamentales Interesse am Verfahrensausgang haben und die Verantwortung voll bei ihnen liegen.[3]

Die Gerichte haben den Sachverhalt in Form der entscheidungserheblichen Tatsachen zusammenzutragen und sich von deren (Nicht)Vorliegen zu

1 Bork/Jacoby/Schwab/*Jacoby*, § 29 Rn. 1.
2 Vgl. Keidel/*Sternal*, § 26 Rn. 2; Schulte-Bunert/Weinreich/*Brinkmann*, § 26 Rn. 26; Musielak/Borth/Grandel/*Borth/Grandel*, § 26 Rn. 5.
3 *Gomille*, NZFam 2014, 100 (101); MüKoBGB/*Olzen*, § 1666 Rn. 217.

überzeugen, damit eine Tatsache als festgestellt gilt.[4] Dogmatisch spaltet sich die Tätigkeit der Familiengerichte damit in die Materialsammlung und die Beweisaufnahme auf.[5] Faktisch ist aber eine exakte Trennung deshalb nicht möglich, weil das Verfahren der freiwilligen Gerichtsbarkeit formlose Ermittlungen zulässt (sog. Freibeweis).[6] Verhandlung und Beweiserhebung gehen in kindschaftsrechtlichen Verfahren regelmäßig ohne eindeutige Abgrenzung ineinander über.[7]

III. Verfahrensordnungsgemäß gewonnene Wahrheit

Erklärtes Ziel kindschaftsrechtlicher Verfahren ist die materielle Richtigkeit der Entscheidung.[8] Zwar soll selbstverständlich immer nach der objektiven (absoluten) Wahrheit der Tatsachen gestrebt werden,[9] sofern es eine solche in Kindschaftssachen überhaupt geben kann. Die gerichtlichen Ermittlungen unterliegen jedoch rechtlichen[10] und tatsächlichen Beschränkungen (Mitwirkung der Beteiligten, Ermittlung seelischer und geistiger Aspekte des Kindeswohls), weshalb die objektive Wahrheit erstrebenswert, aber nur schwer zu erreichen sein wird.[11] Ziel ist es, eine größtmögliche Annäherung an das Wohl des einzelnen Kindes zu erreichen. Treffender ist demnach in Kindschaftssachen der Begriff der „verfahrensordnungsgemäß gewonnenen Wahrheit“[12], welche zwar oft hinter der objektiven Wahrheit, zurückbleiben wird, aufgrund der geltenden Amtsermittlungspflicht aber über die nur formelle Wahrheit (Beibringungsgrundsatz in „normalen“ ZPO-Verfahren) hinausgeht.

---

4 MüKoFamFG/*Ulrici*, § 37 Rn. 9, 14; Prütting/Helms/*Prütting*, § 26 Rn. 22; BT-Drs. 16/6308, S. 194.

5 MüKoFamFG/*Ulrici*, § 29 Rn. 1; Bork/Jacoby/Schwab/*Jacoby*, § 26 Rn. 2; Haußleiter/*Gomille*, § 29 Rn. 3; *Wütz*, S. 64 ff.; *Brehm*, § 15 I S. 131; a. A. Prütting/Helms/*Prütting*, § 26 Rn. 2.

6 MüKoFamFG/*Ulrici*, § 37 Rn. 3. Siehe hierzu weiter unten ausführlich B.II.

7 Haußleiter/*Gomille*, § 29 Rn. 3; *Gomille*, NZFam 2014, 100 (103); *Lent/Habscheid*, § 21 S. 125.

8 MüKoFamFG/*Ulrici*, § 26 Rn. 5; Keidel/*Sternal*, § 26 Rn. 12.

9 Vgl. MüKoZPO/*Prütting*, § 284 Rn. 8; BT-Drs. 16/6308, S. 188.

10 Namentlich die Beweisverwertungsverbote.

11 MüKoFamFG/*Ulrici*, § 29 Rn. 4.

12 Vgl. MüKoZPO/*Prütting*, § 284 Rn. 8.

IV. Umfang der Ermittlungspflicht

Die Gerichte müssen alle zur Aufklärung des Sachverhalts dienlichen Ermittlungen anstellen.[13] Aus § 26 FamFG folgt insoweit die Pflicht, die zur Sachverhaltsfeststellung und -klärung geeigneten Erkenntnisquellen (Beweismittel) heranzuziehen.[14] Hierbei dürfen die Gerichte keine Mühen und Mittel scheuen. Gleichwohl besteht die Pflicht zur umfassenden Sachverhaltsermittlung nur im Rahmen der rechtlichen und tatsächlichen Möglichkeiten.[15] Unter den Verfahrensprinzipien ist insbesondere das Beschleunigungsgebot zu beachten, welches der Amtsermittlungspflicht eine eigene Dynamik verleiht.[16]

Hinsichtlich des Ermittlungsumfangs können keine allgemeinen Aussagen getroffen werden, vielmehr hängt dieser vom konkreten Einzelfall ab.[17] Grundsätzlich erstreckt sich die Ermittlungspflicht auf alle Aspekte und Umstände, die im Zusammenhang mit der materiellen Norm (§§ 1671, 1684, 1666 BGB) stehen, vor allem solche mit Bezug zu den Kindeswohlkriterien.[18] Dabei muss nicht jeder nur denkbaren Möglichkeit nachgegangen werden. Ermittlungen „ins Blaue hinein“ werden dem Gericht nicht abverlangt.[19] Die Ermittlungen sind nur insoweit auszudehnen, als das Vorbringen der Beteiligten und der erkennbare Sachverhalt bei sorgfältiger Überprüfung dazu Anlass geben.[20] Eine generelle Bindung an Vorträge oder Beweisanträge der Beteiligten besteht nicht (§ 29 Abs. 1 S. 2 FamFG).[21] Erst wenn von weiteren Maßnahmen ein sachdienliches, die Entscheidung beeinflussendes Ergebnis nicht mehr zu erwarten ist, sich das Gericht bereits eine hinreichende Überzeugung bilden konnte, sind die Ermittlungen abzuschließen.[22]

---

13 Prütting/Helms/*Prütting*, § 26 Rn. 27: alle gebotenen Ermittlungssätze sich auszuschöpfen.

14 MüKoFamFG/*Ulrici*, § 26 Rn. 8.

15 MüKoFamFG/*Ulrici*, § 26 Rn. 17 f.

16 *Ernst*, FamRZ 2009, 1428 (1431); zum Zusammenspiel von § 155 Abs. 1 und § 163 Abs. 1 FamFG siehe auch *Müller-Magdeburg*, ZKJ 2009, 184 (187 f.).

17 So *Ehinger*, FPR 2012, 17 zum Betreuungsrecht.

18 Vgl. Prütting/Helms/*Prütting*, § 26 Rn. 12; Musielak/Borth/Grandel/*Borth/Grandel*, § 26 Rn. 1; MüKoFamFG/*Ulrici*, § 26 Rn. 14; BeckOKFamFG/*Burschel*, § 26 Rn. 8; vgl. auch *OLG Stuttgart* FamRZ 2011, 1086 (1087); *OLG Köln* OLGZ 1989, 144 (147);

19 *BGH* NJW 2011, 2137 (2138); Keidel/Sternal, § 26 Rn. 17.

20 Vgl. *BGH* NJW 2011, 1289 (1290); BGHZ 40, 54 (75); BeckOKFamFG/*Burschel*, § 26 Rn. 8.

21 Vgl. *BGH* FamRZ 1984, 1084, Rn. 14.

22 BGHZ 40, 54 (57); BGH FGPRax 2010, 128 (130); *OLG Köln* FamRZ 2004, 1382 (1383); *BayObLG* FamRZ 1997, 123; Schulte-Bunert/Weinreich/*Brinkmann*, § 26 Rn. 27; Keidel/*Sternal*, § 26 Rn. 17; BeckOKFamFG/*Burschel*, § 26 Rn. 15.

V. Möglichst zuverlässige Entscheidungsgrundlage (BVerfG)

Zum Umfang der Ermittlungen führt das *BVerfG* in ständiger Rechtsprechung aus, dass die Gestaltung des Verfahrens, die Feststellung und Würdigung des Tatbestandes sowie die Auslegung und Anwendung verfassungsrechtlich unbedenklicher Vorschriften grundsätzlich den zuständigen Fachgerichten obliegt.[23] In Verfahren mit Amtsermittlungsgrundsatz muss es deshalb grundsätzlich dem erkennenden Gericht überlassen bleiben, „welchen Weg es ihm Rahmen der gesetzlichen Vorschriften für geeignet hält, um zu den für seine Entscheidung notwendigen Erkenntnissen zu gelangen",[24] solange der im materiellen Recht verankerte Grundrechtsschutz sichergestellt werden kann.[25]

Wegen der besonderen verfassungsrechtlichen Reichweite von Art. 6 Abs. 2 und Abs. 3 GG und den Besonderheiten kindschaftsrechtlicher Verfahren[26] gelten gesteigerte Anforderungen an die familiengerichtliche Sachaufklärung.[27] Denn staatlicher Schutz soll dem Kind helfen, nicht schaden (z. B. durch Mehrfachbefragungen, zu lange Verfahrensdauer).[28] Das *BVerfG* hebt, bestätigt durch den *BGH*[29], in ständiger Rechtsprechung hervor, dass die Familiengerichte das Verfahren derart zu gestalten haben, dass sie *möglichst zuverlässig die Grundlage einer am Kindeswohl orientierten Entscheidung* erkennen können.[30] Dafür seien alle vorhandenen und möglichen Aufklärungs- und Prüfungsmöglichkeiten auszuschöpfen.[31]

So dürfe beispielsweise ein erhöhter Ermittlungsaufwand oder Erschwernisse während des Verfahrens nicht dazu führen, dass die Grundsätze der Feststellungslast (vgl. §§ 26, 27, 29 f. FamFG) zu Lasten des Kindes gehen.[32] Weigert sich ein Elternteil, an der Begutachtung mitzuwirken, dürfen die Gerichte dies nicht

---

23 *BVerfG* NJW 1981, 217 (218); FamRZ 2009, 1897 (1898).

24 *BVerfG* NJW 1981, 217 (219); FamRZ 2009, 1897 (1898).

25 BVerfGE 84, 34 (49); *BVerfG* FamRZ 2007, 1797 (1798).

26 Siehe hierzu bereits ausführlich in der Einleitung unter Punkt A.

27 *BGH* FamRZ 2010, 720 (722); NJW 2012, 151 speziell für den Sorgerechtsentzug; Keidel/*Sternal*, § 26 Rn. 16; *Wellenhofer*, JuS 2010, 819 (820). Allgemein zum verfahrensrechtlichen Grundrechtsschutz bei kindlicher Beteiligung *Niemeyer*, FuR 1991, 330; *Salgo*, S. 407 ff.

28 *Dettenborn* spricht von „sekundärer Kindeswohlgefährdung", FPR 2003, 293 (295 ff.).

29 *BGH* FamRZ 2010, 720 (722).

30 BVerfGE 55, 171 (182) = NJW 1981, 217 (218): im Kontext einer verfassungsmäßigen Kindesanhörung in Sorgerechtsangelegenheiten; *BVerfG* FamRZ 2002, 1021; 2007, 105 (106); 2009, 399 (400); 2009, 1897 (1898): spricht von „hinreichender Gewähr".

31 *BVerfG* FamRZ 2009, 399 (400); 2002, 1021 (1023); *BGH* FamRZ 2010, 720 (722).

32 *BGH* FamRZ 2010, 720 (722).

einfach hinnehmen, wenn es die weitere Sachverhaltsaufklärung durch einen Sachverständigen für erforderlich hält. Sie haben zwecks Überwindung der nicht erzwingbaren Begutachtung von der Möglichkeit Gebrauch zu machen, das Erscheinen des Elternteils zum Termin anzuordnen (§ 33 FamFG), um diesen in Anwesenheit eines psychologischen Sachverständigen anzuhören.[33]

Die Anforderungen an die Sachverhaltsaufklärung sind umso höher, je stärker in das Elternrecht eingegriffen wird oder je schwerer die Folgen der Entscheidung für das Kind wiegen.[34] Der Wechsel des Sorgerechtsinhabers oder die Aufhebung der gemeinsamen Sorge unter gleichzeitiger Bestimmung des neuen Alleinsorgeinhabers bedeutet den Entzug der Rechte auf Seiten des anderen Elternteils. Ein Umgangsausschluss nach § 1684 Abs. 4 BGB hat zur Folge, dass Kind und Elternteil die Beziehung zueinander verlieren und sich voneinander entfremden. Dem Elternteil wird damit die letzte Möglichkeit zur Wahrnehmung seiner Elternverantwortung genommen. Im Falle der Feststellung einer Kindeswohlgefährdung i.S.d. § 1666 BGB das Gericht den Eltern die Sorge entziehen, was den stärksten Eingriff in das Elternrecht aus Art. 6 Abs. 2 S. 1 GG darstellt.[35]. Deshalb müssen die Gerichte die Voraussetzungen für die jeweilige gerichtliche Maßnahme umfassend prüfen.

B. Freibeweis versus Strengbeweis in Kindschaftssachen

I. „Wahlpflicht" zwischen Frei- und Strengbeweis

Das Gericht kann den Sachverhalt entweder im Wege formloser Ermittlungen (sog. Freibeweis, vgl. § 29 Abs. 1 S. 1 FamFG) klären oder durch ein förmliches Beweisverfahren (sog. Strengbeweis) unter entsprechender Anwendung der Vorschriften der ZPO i.V.m. § 30 Abs. 1 FamFG feststellen, unabhängig davon, ob das Verfahren auf Antrag oder von Amts wegen eingeleitet wurde.[36] Das gilt sowohl für die Reihenfolge der Ermittlungen, als auch für die Auswahl der Erkenntnisquellen.[37]

---

33 *BGH* FamRZ 2010, 720 (722) m. krit. Anm. *Stösser*; zust. aber *Peschel-Gutzeit*, NJW 2010, 1356.

34 Dazu auch Prütting/Helms/*Helms*, § 163 Rn. 4.

35 S. nur *BVerfG* FamRZ 2012, 938 (938); *OLG Saarbrücken* NZFam 2014, 74; ZKJ 2014, 114.

36 *Köhler*, NZFam 2014, 97 (98).

37 BeckOKFamFG/*Burschel*, § 26 Rn. 12.

Dass die Gerichte dabei nicht völlig frei sein können,[38] ergibt sich daraus, dass das Ermessen *pflichtgebunden* ist.[39] Die Wahl des Richters zwischen Frei- und Strengbeweis orientiert sich am konkreten Einzelfall in Annäherung an die materielle Wahrheit.[40] Geleitet wird das Ermessen durch das Kindeswohlprinzip und den Anspruch einer möglichst zuverlässigen Ermittlung.[41] Entscheidend ist, dass die gewählte Erkenntnisquelle von ihrer Zielrichtung und Methodik geeignet ist, die entscheidungserheblichen Tatsachen zu klären. Es ist grundsätzlich das Beweismittel heranzuziehen, welches die höchste Gewähr zur Erzielung materieller Wahrheit bietet.[42] Das muss nicht zwangsläufig der sachnächste (unmittelbarste) Beweis sein, auch Auskünfte durch Dritte (Ärzte, Lehrer, Erzieher) kommen in Betracht.[43] Den Aussagen der Beteiligten als Sachnächste kommt jedenfalls ein gewisser Erkenntniswert zu.[44] Mit Behauptungen ist aber vorsichtig umzugehen, da sie oft dem elterlichen Konflikt entspringen.

Formlose Ermittlungen bieten zwar regelmäßig eine geringere Richtigkeitsgewähr gegenüber dem Strengbeweis und dessen Verfahrensgarantien der Unmittelbarkeit und Parteiöffentlichkeit.[45] Jedenfalls dürfen die Zuverlässigkeit des Beweisergebnisses und das Recht der Beteiligten, an der Wahrheitsfindung mitzuwirken, durch formlose Ermittlungen nicht beeinträchtigt werden.[46] Gleichwohl kommt dem Freibeweis in Kindschaftssachen eine besondere Bedeutung zu.[47]

II. Grundsatz des Freibeweises in Kindschaftssachen

1. Gesetzliche Legitimierung durch das FamFG

Ohne den Begriff direkt zu verwenden, hat der Freibeweis mit der FGG-Reform Eingang in das FamFG gefunden (vgl. § 29 Abs. 1 FamFG). Zuvor enthielt die einzige Beweisregel des FGG lediglich Vorgaben für den Strengbeweis (vgl. § 15 Abs. 1 FGG a. F.). Anders als in den Zivil- und Strafprozessen wurde in

---

38 So aber *Baur*, FS Schima, S. 59 (64 f.).

39 BT-Drs. 16/6308, S. 188.

40 So auch *Baur*, FS Schima, S. 59 (67).

41 MüKoFamFG/*Ulrici*, § 26 Rn. 6, 11; *BGH* FamRZ 2011, 285.

42 MüKoFamFG/*Ulrici*, § 29 Rn. 8.

43 Keidel/*Sternal*, § 29 Rn. 18 ff.; *Bärmann*, § 16 I 6 S. 112.

44 MüKoFamFG/*Ulrici*, § 29 Rn. 8 spricht von sachnächster, d. h. unmittelbarster Auskunft.

45 *Jansen*, FGG, Vorbem. § 8 Rn. 33, S. 169, § 12 Rn. 39, S. 231.

46 *Jansen*, Wandlungen, S. 32.

47 Siehe dazu in diesem Kapitel B.II.2.

der Literatur und Rechtsprechung bereits zu Beginn des FGG der Freibeweis befürwortet und gestützt auf § 12 FGG a. F. auch praktiziert.[48] Die gesetzliche Herleitung aus § 12 FGG a. F. war allerdings nicht unproblematisch.[49] Mit Blick auf andere Verfahrensordnungen kann allein aus dem Untersuchungsgrundsatz noch nicht auf die Zulässigkeit des Freibeweises geschlossen werden (z. B. im Strafprozess).[50] Auch die Kritiker erkannten aber die Notwendigkeit freier Ermittlungen in FGG-Verfahren, vor allem in Amtsverfahren nach § 1666 BGB.[51]

Überwiegend wurde der Freibeweis unter Geltung des FGG sogar zur (ungeschriebenen) Regel erhoben, sowohl betreffend prozessualer als auch materiellrechtlicher Tatsachen.[52] Es wurden schriftliche und mündliche Auskünfte von Behörden, Zeugen und Sachverständigen zugelassen, die ohne Einhaltung der Formvorschriften eingeholt wurden.[53] Faktisch hatten die Richter somit bereits nach altem Recht eine Wahlmöglichkeit zwischen Frei- und Strengbeweis.[54]

2. *Flexibles Erkenntnisinstrument*

Das Freibeweisverfahren eröffnet gegenüber dem formalisierten Beweisverfahren als flexibles Erkenntnisinstrument zusätzliche Erkenntnismöglichkeiten. Gerade in der freiwilligen Gerichtsbarkeit ist die flexible Gestaltung des Beweisrechts notwendig, um den weiten Spielraum des Amtsermittlungsgrundsatzes als Grundmaxime zu wahren. Die Verfahren des FamFG unterfallen der staatlichen Rechtsfürsorge, die sich nicht in gleichermaßen starre Vorgehensweisen pressen lässt wie andere Rechtsbereiche.[55] Zum Zwecke einer hinreichenden am Kindeswohl orientierten Entscheidungsgrundlage muss es den Gerichten möglich sein,

---

48 Vgl. *Josef*, Lehrbuch des Verfahrens der freiwilligen Gerichtsbarkeit, 1902, Kap. 15 I, S. 113; *Jansen*, 1969, § 12 Rn. 39, S. 231; Prütting/Helms/*Prütting*, § 29 Rn. 7.

49 *Jansen*, Wandlungen, S. 31. Bedenken äußerte bereits *Unger*, ZZP 1909, 88.

50 *Jansen*, Wandlungen, S. 31; *Brehm*, § 15 II 2 b) S. 133; *Baur*, FS Schima, S. 59 (64).

51 *Jansen*, Wandlungen, S. 31; *Peters*, S. 74.

52 *Lent/Habscheid*, § 21 II S. 128; Prütting/Helms/*Prütting*, § 29 Rn. 7; Bärmann, § 16 II S. 114; a. A. *Wütz*, S. 123: beschränkt die Zulässigkeit des Freibeweises auf prozessuale Tatsachen.

53 *Baur*, § 16 V, S. 167; *OLG München* DNotZ 1952, 34.

54 *Bärmann*, § 16 II S. 114; *Lent/Habscheid*, § 21 II 1 S. 128; *Jansen*, 1969, § 12 Rn. 39, S. 231; Keidel/Kuntze/Winkler/*Schmidt*, § 15 Rn. 3; *Bumiller/Winkler*, § 15 Rn. 1 ff.

55 Durchsetzung privater Ansprüche im Zivilprozess, Verfolgung des staatlichen Strafanspruchs im Strafprozess: *Baur*, FS Schima, S. 59 (64 f.).

auf die Besonderheiten des jeweiligen Falles reagieren zu können.[56] Es verwundert demnach nicht, dass der Alltag der Familiengerichte in Kindschaftssachen tatsächlich durch formlose Ermittlungen bestimmt wird.

Deutlich wird dies am Beispiel der Amtsverfahren nach § 1666 BGB. Hier müssen die Gerichte vorab prüfen, ob Anlass zum Einschreiten besteht.[57] Was in Strafprozessen am Ende des Ermittlungsverfahrens die Staatsanwälte leisten, vereint sich in kindschaftsrechtlichen Verfahren in der Person des Richters.[58] Bereits in diesem frühen Stadium formale Beweiserhebungen zu verlangen, wäre unökonomisch.[59] Gleiches gilt für einstweilige Anordnungsverfahren, in denen schnelle Entscheidungen möglich sein müssen.[60] Abgesehen davon, würde eine zu starke Formalisierung dem Grundsatz der Beschleunigung zuwiderlaufen[61] und damit zu Lasten des Kindes gehen.

Es existiert weder ein Katalog möglicher Beweismittel im Freibeweisverfahren[62] noch müssen formelle Verfahrensgrundsätze eingehalten werden (Beweisbeschluss, Unmittelbarkeit, Parteiöffentlichkeit).[63] Der Freibeweis kann daher ohne Bindung an Ort, Zeit oder eine bestimmte Gelegenheit erhoben werden.[64] Das Gericht kann sich grundsätzlich aller erdenklichen Mittel bedienen, wobei die Beweismittel der ZPO das Spektrum an möglichen Beweismitteln größtenteils abdecken.[65] Beispielhaft ist die Inaugenscheinnahme von Ton-, Bild- oder Datenaufzeichnungen[66], die Beiziehung von Akten[67] oder die Einholung von Auskünften Dritter zu nennen.[68]

---

56 Nach der Gesetzesbegründung wird durch den Grundsatz des Freibeweises „ein zügiges, effizientes und ergebnisorientiertes Arbeiten" ermöglicht, BT-Drs. 16/6308, S. 188.

57 *Jansen*, Wandlungen, S. 31 f.; *Baur*, FS Schima, S. 59 (65 f.). Kritisch *Brehm*, § 15 II 2. b) S. 134: diese Vorprüfung sei dem Stadium der Stoffsammlung zuzuordnen.

58 *Jansen*, Wandlungen, S. 31.

59 *Baur*, FS Schima, S. 59 (66).

60 *Baur*, FS Schima, S. 59 (65).

61 Vgl. Amtl. Begr. zum FamFG, BT-Drs. 16/9733, S. 188.

62 MüKoFamFG/*Ulrici*, § 29 Rn. 12; BT-Drs. 16/6308, S. 188; Keidel/*Sternal*, § 29 Rn. 18.

63 BT-Drs. 16/6308, S. 188; MüKoFamFG/*Ulrici*, § 29 Rn. 12; *Pohlmann*, ZZP 1993, 181 (185 ff.).

64 Vgl. MüKoFamFG/*Ulrici*, § 29 Rn. 13.

65 Der Rückgriff auf die ZPO war früher umstritten, da § 15 a. F. FGG nur den Zeugen-, Sachverständigenbeweis sowie die Inaugenscheinnahme ausdrücklich benannte, z. B. *Brehm*, § 15 II 1. S. 132.

66 Keidel/*Sternal*, § 29 Rn. 19a; *Lent/Habscheid*, § 21 II 1 S. 128.

67 BT-Drs. 16/6308, S. 188.

68 MüKoFamFG/*Ulrici*, § 29 Rn. 14.

III. Ermessensreduzierungen nach § 30 Abs. 2, 3 FamFG

Gegenüber der vorherigen Fassung des FGG finden sich im FamFG vielfältige Spezialregelungen, die den Verfahrensgrundsatz einerseits konkretisieren und andererseits auch begrenzen[69] und in bestimmten Fallkonstellationen das Ermessen auf das förmliche Beweisverfahren beschränken (§ 30 Abs. 2, 3 FamFG).[70] Hierbei wurden die in der Rechtsprechung und Literatur entwickelten Grundsätze zur Heranziehung des Strengbeweises (ausreichende Sachaufklärung[71], bedeutende Angelegenheit[72] oder Schwere des beabsichtigten Eingriffs[73]) zugrundegelegt, die auch weiterhin anwendbar bleiben.[74] Bei Entscheidungen über das Sorgerecht der Eltern oder die Ausgestaltung des Umgangs handelt es sich zweifellos um bedeutende Angelegenheiten mit existenziellen Folgen für die Familienmitglieder. Es greift aber zu kurz und würde die geltenden Verfahrensgrundsätze (Beschleunigung, Ökonomie) vereiteln, allein daraus die Vorrangigkeit des Strengbeweisverfahrens begründen zu wollen.[75]

Nach § 30 Abs. 2 FamFG ist der Strengbeweis neben § 30 Abs. 3 FamFG aber dann vorrangig anzuwenden, wenn entsprechende sondergesetzliche Anordnungen im FamFG dies vorsehen (vgl. §§ 177 Abs. 2, 280 Abs. 1, 321 Abs. 1 FamFG). In Kindschaftssachen schreibt das Gesetz nur in zwei Verfahren betreffend die Unterbringung eines Minderjährigen eine Begutachtung im Wege der förmlichen Beweisaufnahme vor (§ 151 Nr. 6 und Nr. 7 FamFG jeweils i.V.m. § 167 Abs. 1 FamFG i.V.m. § 321 Abs. 1 FamFG). Eine vergleichbare Regelung für Sorge-, Umgangs- und Kinderschutzverfahren hat der Gesetzgeber bisher nicht

---

69 Bork/Jacoby/Schwab/*Jacoby*, § 26 Rn. 2.

70 MüKoFamFG/*Ulrici*, § 26 Rn. 11; BT-Drs. 16/6308, S. 186; Schulte-Bunert/Weinreich/*Brinkmann*, § 26 Rn. 18; BeckOKFamFG/*Burschel*, § 29 Rn. 3 (Ermessensleitung).

71 *BayObLG* FamRZ 1986, 1043 (1045): u. a. wenn es um die Beweisbarkeit einer für die Entscheidung ausschlaggebenden Einzeltatsache geht; so auch *OLG Stuttgart* MDR 1989, 1030 (1031); *KG* NJW 1961, 2066; Keidel/Kuntze/Winkler/*Schmidt*, § 15 Rn. 4; Bärmann, § 16 III S. 115; *Baur*, S. 167; *Bassenge/Roth*, § 12 Rn. 5. Weitere Beispielsfälle bei *Pohlmann*, ZZP 1993, 181 (210 ff.).

72 Insbesondere bei schweren Grundrechtseingriffen: *OLG Zweibrücken* NJW-RR 1988, 1211 (1211); *Bumiller/Winkler*, § 15 Rn. 3.

73 Keidel/Kuntze/Winkler/*Schmidt*, § 15 Rn. 6; so in den Verfahren nach §§ 1671, 1684 und §§ 1666 f. BGB *Heumann*, FuR 2001, 16 (16); bereits *Baur*, § 16 V S. 167.

74 *KG* NJW 1961, 2066; *OLG Zweibrücken* NJW-RR 1988, 1211; Keidel/Kuntze/Winkler/*Schmidt*, § 15 Rn. 3; *Jansen*, 1969, § 15 Rn. 1, S. 330, § 12 Rn. 39, S. 231.

75 So u. a. *Heumann*, FuR 2001, 16 (16).

geschaffen. Er hat sich bewusst gegen eine pauschale Durchführung des Strengbeweisverfahrens bei Grundrechtseingriffen entschieden.[76]

Eine weitere Ermessenseinengung enthält § 30 Abs. 3 FamFG, die aber in Kindschaftssachen praktisch keine Bedeutung erlangt. Die Norm erfasst eine generalklauselartige Verfahrenskonstellation, bei deren Vorliegen das Gericht eine förmliche Beweisaufnahme vornehmen *soll*, wenn es seine Entscheidung maßgeblich auf eine im Wege der formlosen Ermittlungen festgestellte Tatsache stützen will und die Richtigkeit von einem Beteiligten ausdrücklich bestritten[77] wird.[78] Dann soll das Gericht seine Überzeugung nochmal im Strengbeweisverfahren überprüfen.[79] In Kindschaftssachen sind die Gerichte bereits über den Amtsermittlungsgrundsatz verpflichtet, allen für die Entscheidung bedeutsamen Anhaltspunkten nachzugehen und diese hinreichend aufzuklären, unabhängig davon, auf welche Weise sie dem Gericht bekannt und ob sie von einem Elternteil bestritten wurden. Ob das Gericht zur Aufklärung ein schriftliches Sachverständigengutachten einholt, hängt von der Entscheidungsrelevanz der Tatsache sowie der fachlichen Kompetenzen des Gerichts ab.

IV. Zwischenergebnis

Festzuhalten ist, dass der Gesetzgeber ausdrücklich den Freibeweis in § 29 Abs. 1 FamFG für zulässig erklärt und dessen Flexibilität hervorgehoben hat.[80] Dadurch sollte aber nicht der Freibeweis als grundsätzlich vorrangig gegenüber dem Strengbeweis zum Ausdruck kommen, sondern vielmehr für die seit Beginn des FGG bestehende gerichtliche Praxis eine normative Grundlage geschaffen werden. Gleichwohl ist nicht nur durch die Ermessensreduzierungen der § 30 Abs. 2, 3 FamFG, sondern auch in der Rechtsprechung eine Tendenz zur Betonung der Notwendigkeit des Strengbeweises (v. a. Sachverständigengutachten), insbesondere in Kinderschutzverfahren nach § 1666 BGB erkennbar.[81]

---

76 Ein allgemeiner Strengbeweisvorbehalt bei Grundrechtseingriffe ist ineffektiv, Amtl. Begr. FamFG, BT-Drs. 16/6308, S. 189.

77 Ausnahmsweise reicht ein einfaches Bestreiten ohne Angabe von Gründen für die Unwahrheit aus, wenn ein substantiiertes Bestreiten unmöglich oder unzumutbar ist; konkludentes oder pauschales Bestreiten ist aber nicht ausreichend, Amtl. Begr. FamFG, BT-Drs. 16/6308, S. 190.

78 So schon *KG* NJW 1961, 2066.

79 Vgl. Amtl. Begr. FamFG, BT-Drs. 16/6308, S. 190.

80 Amtl. Begr. FamFG, BT-Drs. 16/6308, S. 188.

81 Prütting/Helms/*Prütting*, § 29 Rn. 7:spricht von einer Verschiebung des Strengbeweis zur Regel. Zur Notwendigkeit von Gutachten in den verschiedenen Verfahren siehe 4. Kapitel.

C. Die Erkenntnismittel in Kindschaftssachen

Es ist bereits angeklungen, dass eine exakte Trennung zwischen Stoffsammlung (Zusammentragung des Sachverhaltes) und freier Beweisaufnahme (Verifizierung der Tatsachen) gerade aufgrund der Formlosigkeit von Stoffsammlung und Freibeweis nicht möglich ist.[82] In kindschaftsrechtlichen Verfahren kommt dies durch ein gestaffeltes Beweisverfahrenssystem zum Ausdruck. Zu Beginn prägen das Verfahren formlose Ermittlungen, die in das Strengbeweisverfahren (z. B. Sachverständigengutachten) übergehen können.[83]

I. Früher erster Termin

1. In Sorge- und Umgangsverfahren nach § 155 Abs. 2 FamFG

Ist ein Sorgerechts- oder Umgangsverfahren anhängig, hat das Gericht bereits nach einem Monat einen Termin anzuberaumen (§ 155 Abs. 2 FamFG). In der Vorschrift des § 155 Abs. 2 FamFG vereinen sich die wesentlichen Ziele der FGG-Reform: die (weitere) Eskalation des Konfliktes soll zugunsten einer einvernehmlichen Lösung vermieden und die Sache beschleunigt verhandelt werden.[84]

Die Verfahrensbeteiligten erhalten erstmalig die Gelegenheit, sich zur Sache, den Verfahrenszielen, Ansichten und Tatsachen zu äußern, unbeschadet ihrer „formalen" Anhörung i.S.d. §§ 159 ff. FamFG.[85] Die Eltern können wichtige Anhaltspunkte und Anregungen für die anzustellenden Ermittlungen mitteilen,[86] da sie dem einschlägigen Sachverhalt näher stehen, als das Gericht oder ein Dritter.[87] Das Gericht ist demnach in hohem Maße auf die Mitwirkung der Beteiligten angewiesen (vgl. § 27 FamFG).

Davon zu unterscheiden sind die Anhörungsregeln der §§ 159 ff. FamFG. Es steht den Gerichten frei, wann sie die Beteiligten anhören.[88] Regelmäßig wird es sich anbieten, die Eltern bereits im frühen Termin anzuhören, bezweckt ihre Anhörung

82 MüKoFamFG/*Ulrici*, § 37 Rn. 3; Haußleiter/*Gomille*, § 29 Rn. 3; *Gomille*, NZFam 2014, 100 (103); *Lent/Habscheid*, § 21 S. 125.

83 MüKoFamFG/*Heilmann*, § 155 Rn. 63. S. auch das Schaubild bei Heilmann/*Heilmann*, S. 402; *ders.*, ZKJ 2011, 426.

84 BT-Drs. 16/6308, S. 236.

85 MüKoFamFG/*Heilmann*, § 155 Rn. 63, Rn. 49 f. speziell zur Abgrenzung zu den §§ 159 f.

86 *OLG Köln* NJWE-FER 1998, 20 (20); Musielak/Borth/*Borth/Grandel*, § 26 Rn. 8; *Lent/Habscheid*, § 21 I 1.

87 MüKoFamFG/*Ulrici*, § 26 Rn. 12, § 27 Rn. 3; Musielak/Borth/*Borth/Grandel*, § 26 Rn. 8.

88 Vgl. MüKoFamFG/*Heilmann*, § 155 Rn. 49.

doch gerade die Sachverhaltsaufklärung[89] unter gleichzeitiger Gewährung rechtlichen Gehörs.[90] Das Kind wird dagegen in einem separaten Termin angehört.[91] In Verfahren betreffend die Person des Kindes *sollen* die Eltern angehört werden (§ 160 Abs. 1 S. 1 FamFG). Es darf nur bei Vorliegen schwerwiegender Gründe davon abgesehen werden (Abs. 3). Insbesondere wird das Gericht nicht von seiner Pflicht zur Anhörung entbunden, wenn sich der Antragsgegner nicht zum Antrag äußert.[92] Auch das (unentschuldigte) Nichterscheinen zu einem Termin auf Ladung hin stellt für sich allein keinen schwerwiegenden Grund i. S. d. § 160 Abs. 3 FamFG dar.[93] Selbst dann nicht, wenn der Betreffende in der Ladung darauf hingewiesen wurde, dass im Falle des unentschuldigten Ausbleibens im Termin das Verfahren auch ohne die Anhörung beendet werden könne (§ 34 Abs. 3 FamFG).

Die Anhörung der Beteiligten dient auch dazu, dass das Gericht sich im Rahmen des Gespräches einen unmittelbaren persönlichen Eindruck von ihnen verschaffen kann.[94] Im Fokus der persönlichen Anhörungen steht die Erforschung psychologisch bedeutsamer Umstände, d. h. das innere Gefühlsleben und der Charakter der Beteiligten.[95] Bei den Anhörungen der Beteiligten handelt es sich somit nicht um eine Beweisaufnahme im klassischen Sinne.[96] Etwas anderes gilt nach dem *OLG Bamberg*, wenn der Richter erkennbar von der von Amts wegen vorzunehmenden Stoffsammlung zur Beweisaufnahme übergeht.[97] Im Falle einer inhaltlich unzureichenden persönlichen Anhörung des Betroffenen wurden die Ermittlungen nicht in dem gebotenen Umfang ausgeschöpft.[98] Dies begründet einen Verfahrensfehler,[99] der zur Aufhebung der Entscheidung führen kann (§ 69 Abs. 1 S. 2 und 3 FamFG).

---

89 *OLG Bremen* BeckRS 2015, 03507 Rn. 13 = MDR 2015, 338; Keidel/*Engelhardt*, § 160 Rn. 2; s. schon *BGH* FamRZ 1985, 169, Rn. 29; *BayObLG* FamRZ 1980, 1150 (1151); BT-Drs. 8/2788, S. 72.

90 BT-Drs. 16/6308, S. 237; Das *EGMR* wies darauf hin, dass sich die Anhörungspflicht auch aus Art. 8 EMRK „Achtung des Familienlebens" herleiten lässt, FamRZ 2005, 585 (588), Nr. 99.

91 Dazu weiter unten ausführlich C.III.

92 Siehe dazu *OLG Bremen*, BeckRS 2015, 03507, Rn. 13 = MDR 2015, 338.

93 *OLG Bremen* BeckRS 2015, 03507, Ls = MDR 2015, 338.

94 *BGH* NJW 1985, 1702 (1705); NJW-RR 2014, 773 (774); vgl. auch BT-Drs. 11/4528, S. 172.

95 *OLG Hamm* FamRZ 1999, 36 (36); Keidel/*Engelhardt*, 160 Rn. 2.

96 *BGH* FGPrax 2012, 17 (18) Rn. 27; a. A. wohl *Bohnert*, NZFam 2014, 107 (109).

97 *OLG Bamberg* FamRZ 1988, 1080, Ls. 2.

98 *BGH* FGPrax 2010, 261; BeckOKFamFG/*Burschel*, § 26 Rn. 13.

99 MüKoFamFG/*Ulrici*, § 26 Rn. 23.

In Sorge- und Umgangsangelegenheiten sind die Gerichte außerdem verpflichtet, das örtlich zuständige Jugendamt (§ 87b Abs. 1 i.V.m. § 86 Abs. 1 bis 4 SGB VIII) im Rahmen des frühen Termins nach § 155 Abs. 2 S. 3 FamFG zu hören.[100] Dem entspricht die Regelung des § 50 SGB VIII, welcher die Mitwirkung des Jugendamtes in diesen Verfahren zum Gegenstand hat. Damit genügt das Gericht gleichzeitig seiner Pflicht zur Anhörung des Jugendamtes § 162 Abs. 1 S. 1 FamFG in allen Verfahren, welche die Person des Kindes betreffen.[101] Die Anhörung des Jugendamtes ist eine bedeutende Ermittlungs- und Entscheidungshilfe für das Gericht.[102] Als sozialpädagogische Fachbehörde trägt dessen Anhörung bzw. die eines Mitarbeiters in besonderem Maße zur Aufklärung des Sachverhaltes bei. Es werden erzieherische und soziale Aspekte zur Entwicklung des Kindes eingebracht, die das Gericht unterstützen, eine sachgerechte Entscheidung zu treffen.[103] Dem Gericht wird insgesamt sozialpädagogische Fachkunde übermittelt.[104] Zudem ist das Jugendamt häufig bereits mit der Familie und den Problemen betraut und kann durch den Wissensvorsprung nicht nur zur Beschleunigung des Verfahrens beitragen, sondern auch frühzeitige Hilfsmaßnahme anregen.

2. *In Kindeswohlgefährdungsverfahren nach § 157 FamFG*

Der Erörterungstermin nach § 157 FamFG beschränkt sich auf die Kindeswohlgefährdungsverfahren i.S.d. §§ 1666 f. BGB und regelt insoweit besondere Anforderungen hinsichtlich des Inhaltes der Erörterung. Dem Termin kommt neben dem frühen Termin nach § 155 Abs. 2 FamFG eine eigenständige Bedeutung zu, ersetzt diesen nicht.[105] Nach pflichtgemäßem Ermessen können beide Erörterungstermine formal miteinander verbunden werden.[106]

---

100 Zu den Anhörungsformalitäten *Lack*, ZKJ 2010, 189; MüKoFamFG/*Schumann*, § 162 Rn. 10.

101 Die Unterteilung in § 49a FGG a. F. in Ist-, Soll- und Kann-Anhörung wurde aufgegeben.

102 Keidel/*Engelhardt*, § 162 Rn. 2; *Bohnert*, NZFam 2014, 107 (108); *Katzenstein*, FPR 2011, 20.

103 MüKoFamFG/*Schumann*, § 162 Rn. 6; MüKoSGB VIII/*Tillmanns*, § 50 Rn. 4; *OLG Frankfurt* FamRZ 1992, 206 (207); *OLG Schleswig* FamRZ 1994, 1129 (1129).

104 MüKoFamFG/*Schumann*, § 162 Rn. 9; MüKoFamFG/*Heilmann*, § 155 Rn. 66; Keidel/*Engelhardt*, § 162 Rn. 2.

105 Keidel/*Engelhardt*, § 157 Rn. 4; MüKoFamFG/*Heilmann*, § 155 Rn. 50

106 BT-Drs. 16/6308, S. 237; MüKoFamFG/*Schumann*, § 157 Rn. 10; *Bumiller/Harders/Schwamb*, § 157 Rn. 1; siehe auch das Schaubild bei HB-VB/*Heilmann*, S. 387 (403).

Zu dem Termin sind grundsätzlich beide Elternteile zu laden, auch der nichtsorgeberechtigte Elternteil, da eine Übertragung des Sorgerechts auf ihn in Betracht kommen kann.[107] Das Kind wird dagegen nur in geeigneten Fällen beteiligt. Daneben ist das Jugendamt als „Muss"-Beteiligter nach § 162 Abs. 2 S. 1 FamFG in Verfahren nach §§ 1666 f. FamFG immer zu beteiligen und zum frühen Termin zu laden. Damit konnte die Ladungsvorschrift in § 157 Abs. 1 S. 2 FamFG a. F. wegfallen.[108] Zu diesem Zwecke ist das Jugendamt verpflichtet, einen Vertreter zu schicken, sein persönliches Erscheinen kann aber nicht angeordnet, mithin auch nicht erzwungen werden.[109] Wurde das Verfahren durch das Jugendamt eingeleitet (vgl. § 8a Abs. 3 SGB VIII), ersetzt der schriftliche Bericht nicht eine mündliche Äußerung im Termin.[110] Das Jugendamt soll über den aktuellen Stand (angebotene und erbrachte Leistungen, Entwicklungsbedingungen des Kindes) berichten und sich zum Inhalt des frühen Termins fachlich äußern.

In Verfahren nach den §§ 1666 f. BGB hat das Gericht die Eltern zwingend anzuhören (§ 160 Abs. 1 S. 2 FamFG). Es bietet sich auch hier an, die Eltern bereits im Erörterungstermin anzuhören.[111] Regelmäßig finden in Verfahren nach § 1666 BGB zwei Anhörungstermine statt.[112] Den Eltern soll das Problem der Kindeswohlgefährdung mit ihren schwerwiegenden Folgen für das Kind und die Konsequenzen für die weitere Ausübung ihres Sorgerechts bewusst gemacht werden.[113] Gleichzeitig soll mit ihnen erörtert werden, wie eine Gefährdung des Kindeswohls abgewendet werden kann, nötigenfalls unter Zuhilfenahme staatlicher Unterstützung (vgl. § 27 Abs. 1 SGB VIII),[114] mit dem Ziel ein verantwortungsbewusstes Verhalten der Eltern (wieder)herzustellen.[115] Sie sollen für die Inanspruchnahme öffentlicher Hilfen sensibilisiert werden und bereits zu einem frühen Termin auf neutralem Terrain mit dem Jugendamt kooperieren.[116]

---

107 Keidel/*Engelhardt*, § 157 Rn. 6; zur gesetzlichen Ausnahme siehe § 157 Abs. 2 S. 2.

108 MüKoFamFG/*Schumann*, § 157 Rn. 9; Keidel/*Engelhardt*, § 157 Rn. 11.

109 MüKoFamFG/*Heilmann*, § 155 Rn. 70, 64; MüKoFamFG/*Schumann*, § 162 Rn. 9; *OLG Schleswig* FamRZ 1994, 1129 (1130): Das Gericht kann nur eine Dienstaufsichtsbeschwerde einleiten. Dazu *Oberloskamp*, FamRZ 1992, 1241 (1247); *Hoffmann*, FF 2006, 127; FPR 2011, 304.

110 *DIJuF*, JAmt 2009, 499 (500); Prütting/Helms/*Hammer*, § 155 Rn. 37.

111 BT-Drs. 16/6815, S. 17; MüKoFamFG/*Schumann*, § 157 Rn. 10.

112 Heilmann/*Dürbeck*, § 80 Rn. 18.

113 Musielak/Borth/*Borth/Grandel*, § 157 Rn. 3.

114 Johannsen/Henrich/*Büte*, § 160 Rn. 2; *BayObLG* FamRZ 1980, 1150 Rn. 21; *OLG Köln* FamRZ 1999, 530; *OLG Oldenburg* FamRZ 1999, 35.

115 *BVerfG* FamRZ 2010, 713 (713); *Bumiller/Harders/Schwamb*, § 157 Rn. 1.

116 BT-Drs. 16/6308, S. 237.

Dem Erörterungstermin kommt damit sowohl eine Warnfunktion als auch eine präventive Wirkung zu.[117] Die Norm des § 157 FamFG appelliert zugleich an das Gericht, im Rahmen des Grundsatzes der Verhältnismäßigkeit den Eingriff in das Elternrecht so gering wie möglich zu halten. Staatliche Hilfsmaßnahmen sind als mildere Mittel vor dem Entzug der elterlichen Sorge zu erwägen.[118]

II. Bestellung eines Verfahrensbeistandes nach § 158 FamFG

Zur umfassenden Wahrung der kindlichen Interessen und Subjektstellung im Verfahren ist dem minderjährigen Kind in Verfahren, die seine Person betreffen, nach § 158 FamFG ein geeigneter Verfahrensbeistand zu bestellen. Er ist eigenständiger Interessenvertreter des Kindes, der mit Bestellung Verfahrensbeteiligter wird (§ 158 Abs. 3 S. 2 FamFG).[119] Das entspricht sowohl völkerrechtlichen[120] als auch verfassungsrechtlichen Vorgaben[121]. Das Gericht sollte spätestens im frühen Termin über die Beiziehung eines Verfahrensbeistandes (§ 158 Abs. 3 S. 1 FamFG) befinden,[122] da dieser auch bei der Anhörung des Kindes i.d.R. zugegen sein soll.[123]

Zur Einschätzung der Erforderlichkeit enthält § 158 Abs. 2 FamFG Regelbeispiele. Die nicht abschließende Aufzählung orientiert sich an den Auswirkungen der jeweiligen Entscheidung für das Kind. In Verfahren nach §§ 1666 f. BGB besteht aufgrund der in Betracht kommenden Eingriffsintensität (Sorgerechtsentzug) die Notwendigkeit, einen Verfahrensbeistand hinzuzuziehen (§ 158 Abs. 2 Nr. 2 FamFG). In streitigen Sorgerechtsverfahren nach § 1671 Abs. 1 S. 2 Nr. 2 bedarf es nach Nr. 3 eines Verfahrensbeistandes, wenn ein Obhutswechsel

---

117 BT-Drs. 16/6815, S. 17; so auch *Fellenberg*, FPR 2008, 125 (127).

118 Keidel/*Engelhardt*, § 160 Rn. 2; Johannsen/Henrich/*Büte*, § 160 Rn. 2; *OLG Düsseldorf* FamRZ 1994, 1541; *OLG Zweibrücken* FamRZ 1996, 1037 (1038).

119 Zuvor Verfahrenspflegers vgl. § 50 FGG a. F. Zur Grundlegenden Neugestaltung der Institution des Verfahrensbeistandes: HB-VB/*Bauer*, S. 65 ff. und HB-VB/*Stötzel*, S. 41 ff.; zur Gesetzgebungsgeschichte *Salgo*, ZKJ 2009, 49 (52 ff.); sowie insgesamt *Rösler*, Verfahrensbeistand.

120 Art. 9 Europäisches Kinderrechteübereinkommen; Siehe dazu nur HB-VB/*Salgo*, S. 3 ff.

121 *BVerfG* NJW 1986, 3129; FamRZ 2004, 86 (87); *Rösler*, Verfahrensbeistandschaft.

122 Es wird angemerkt, dass die Feststellung der Notwendigkeit eines Verfahrensbeistandes Vorermittlungen bedürfe, z. B. *OLG Dresden* FamRZ 2000, 1296 (1297); *Büttner*, FamRZ 1998, 585 (590). Kritisch bzgl. einer „vorsorglichen" Bestellung: bereits *Menne*, ZKJ 2009, 68; MüKoFamFG/*Schumann*, § 158 Rn. 17; BeckOKFamFG/*Schlünder*, § 158 Rn. 24.

123 Zur Anhörung des Kindes siehe C.III.

in Frage kommt, was der Fall ist, wenn über die elterliche Sorge insgesamt oder auch nur über das Aufenthaltsbestimmungsrecht des Kindes gestritten wird.[124] Wird in Umgangsverfahren nach § 1684 BGB ein Umgangsausschluss oder eine erhebliche Beschränkung des Umgangs in Erwägung gezogen, ist ein Verfahrensbeistand nach Nr. 5 zu bestellen.

In den vorgenannten Verfahren fungiert der Verfahrensbeistand als Hilfe zur Ermittlung des wahren Kindeswillens (§ 158 Abs. 4 S. 1 FamFG). Im Gespräch mit dem Kind ist es ihm möglich, ambivalente Äußerungen oder Zweifeln an der Authentizität des geäußerten Willens aufzuklären. Darüber hinaus ist der Verfahrensbeistand zur Wahrnehmung der objektiven Interessen des Kindes, dessen Wohl verpflichtet und daher nicht auf die Ermittlung des geäußerten Willens beschränkt.[125] Dies führt jedoch nicht zu einer uferlosen Ausweitung der Befugnisse des Verfahrensbeistandes. Gespräche mit den Eltern oder anderen Personen und Vermittlungsbemühungen zwischen ihnen darf der Verfahrensbeistand nur mit ausdrücklicher Erlaubnis des Gerichts führen (vgl. § 158 Abs. 4 S. 3 FamFG).[126] Dem ist auch zuzustimmen, da das Hinwirken auf Einvernehmen im primären Kompetenz- und Pflichtenbereich des Gerichts steht und auch von diesem gesteuert und wahrgenommen werden muss. Andernfalls könnte die einheitliche Verfahrensleitung gefährdet werden.

III. Anhörung des Kindes nach § 159 FamFG

Die Anhörung des Kindes wurde unter Berufung auf die sozialwissenschaftlichen Publikationen[127] und die öffentliche Anhörung von Sachverständigen (z. B. Kinderpsychologen) im Zuge des SorgeRG vom 18.07.1979 am 12.09.1977, in allen Verfahren betreffend die Person des Kindes verpflichtend (§ 50b FGG, heute § 159 FamFG).[128] Bis dato stand es im Ermessen der Gerichte, mit dem Kind persönlich *Fühlung zu nehmen* (§ 1695 Abs. 2 BGB a. F.). Doch selbst unter Geltung des § 50a FGG kamen die Familiengerichte ihrer Anhörungspflicht nicht immer nach.[129] In

124 Staudinger/*Coester*, § 1671 Rn. 307.

125 HB-VB/*Bauer*, S. 63 (69).

126 Kritisch hierzu v. a. Lipp/Schumann/Veit/*Lipp*, S. 203; *Salgo*, ZKJ 2009, 49 (52 ff.); *Menne*, ZKJ 2009, 68 (71) fordert § 158 Abs. 4 S. 3 FamFG bei kleineren Kindern als Pflicht; *Raack*, ZKJ 2009, 75; *Trenczek*, ZKJ 2009, 97 (100 f.); ZKJ 2009, 196 (198 f.).

127 Kinderpsychiatrische und -psychologische Publikationen forderten bereits in den sechziger Jahren, die Interessen und Wünsche des Kindes für kindeswohlgemäße Sorgerechtsregelungen zu berücksichtigen: u. a. *Lempp*, 1963, 1964; *Remschmidt*, 1987.

128 BT-Drs. 8/2788, S. 30 ff.

129 Das *BVerfG* bemängelte dies, FamRZ 2007, 1078 (1079); FamRZ 2007, 1797 (1798).

§ 159 FamFG wird die zwingende Anhörung des Kindes durch einige Präzisierungen und Umstellungen stärker betont.[130] Da die Entscheidung das Kind in seiner Individualität als Grundrechtsträger berührt, *muss* es die Möglichkeit bekommen, seine Belange zu äußern und seine Beziehung und Bindung zu den Eltern darzulegen, sowohl selbst als auch durch einen Dritten (Verfahrensbeistand, Sachverständigen).[131]

Dem Kindeswillen kommen zwei Funktionen zu, denen in Abhängigkeit zum Alter des Kindes unterschiedliche Gewichtung beizumessen ist. Zum einen ist die Kundgabe des Willens ein Akt der Selbstbestimmung.[132] Zum anderen können die Äußerungen und Verhaltensweisen des Kindes Aufschluss über seine Wünsche, Präferenzen, Neigungen und Bindungen geben (§ 159 Abs. 2 FamFG).[133] Der Aspekt der Selbstbestimmung gewinnt mit fortschreitendem Alter, Reife und Urteilsfähigkeit zunehmend an Bedeutung.[134] Ab Vollendung des 14. Lebensjahres ist der Wille des Kindes als Akt der Selbstbestimmung stets beachtlich und das Kind zwingend anzuhören (vgl. § 159 Abs. 1 S. 1 FamFG).

In der Funktion als Bindungsindiz kann es keine starren Altersgrenzen geben.[135] Ein jüngeres Kind soll angehört werden, wenn Neigungen, Bindungen oder der Wille des Kindes für die Entscheidung von Bedeutung sind[136] oder wenn eine persönliche Anhörung aus sonstigen Gründen angezeigt ist (§ 159 Abs. 2 FamFG). Der *BGH* betonte erst kürzlich wieder, dass die Aspekte der Neigungen, Bindungen und der Kindeswille gewichtige Gesichtspunkte des Kindeswohls sind und daher das unter 14 Jahre alte Kind regelmäßig in allen Verfahren zum Sorgerecht anzuhören ist.[137] Gleiches muss für Verfahren zum Umgangsrecht und in Kinderschutzverfahren i. S. d. § 1666 BGB gelten.

---

130 BT-Drs. 16/6308, S. 240.

131 Vgl. *BGH* NJW 1985, 1702 (1705); *BVerfG* FamRZ 1981, 124 (126).

132 S. nur *BVerfG* FamRZ 2007, 105 (107), ausführlich *Coester*, S. 257 ff.; *Wapler*, S. 263 ff., 329 ff.

133 *BGH* FamRZ 1990, 392 (393); *BayObLG* FamRZ 1997, 223 (224); *OLG Köln* FamRZ 1980, 1153.

134 *BVerfG* FamRZ 1981, 124; FamRZ 2009, 1389; *BGH* FamRZ 2011, 796 (799); Palandt/*Götz*, § 1671 Rn. 41; Erman/*Michalski/Döll*, § 1671 Rn. 22a.

135 Staudinger/*Coester*, § 1671 Rn. 238; *OLG Zweibrücken* FamRZ 2001, 186 (187). So noch *BayObLG* FamRZ 1982, 958; *OLG Köln* FamRZ 1972, 264; *OLG Koblenz* NJW 1989, 2201 (2202).

136 Ein kumulatives Vorliegen beider Alternativen erkennt auch Keidel/*Engelhardt*, § 159 Rn. 10.

137 *BGH* FamRZ 2016, 1439 (1443 f.): auch in Verfahren nach § 1626a BGB, § 155a FamFG; *BGH* FamRZ 2016, 2082 (2086): auch in Verfahren nach § 1686a BGB, § 167a

Sobald sich Kinder artikulieren können, kann und darf ihnen eine Äußerungsfähigkeit und eine Äußerungsmöglichkeit nicht abgesprochen werden. Deshalb wird „nur bei sehr jungen Kindern oder bei aufgrund besonderer Umstände erheblich eingeschränkter Fähigkeit des Kindes, sich zu seinem Willen und seinen Beziehungen zu äußern, auf die Anhörung verzichtet werden können".[138] Solche Einschränkungen werden sich dem Richter aber regelmäßig erst im Rahmen der Anhörung aufzeigen. In der Rechtsprechung hat sich daher eine Altersgrenze von etwa drei Jahren etabliert.[139] Keinesfalls müssen sich Kinder bereits sprachlich und geistig vollständig entwickelt haben, um den Inhalt und die Bedeutung ihrer Aussagen und Verhaltensweisen erfassen zu können.[140] Nach Ansicht des *BGH* sei auch nicht erforderlich, dass dem Kind die abstrakte rechtliche Konstruktion der gemeinsamen elterlichen Sorge vermittelt werden könne.[141] Selbst wenn das Kind seine Wünsche nicht unmittelbar zum Ausdruck bringen oder seine Bindungspräferenz nicht begründen kann, können Rückschlüsse auf Bindungen und Wünsche aus dem Verhalten des Kindes gezogen werden.[142] Da jüngere Kinder in ihrer Persönlichkeit allerdings noch nicht gefestigt sind, sollten die Gerichte für Anhaltspunkte, die auf eine Beeinflussung des Kindeswillens hindeuten, sensibilisiert sein und diesen nachgehen.[143]

Die Gestaltung der Anhörung (Art und Weise) ist dem Gericht überlassen (vgl. Abs. 4 S. 4). Dabei sind das Alter, der Entwicklungsstand und die sonstigen Fähigkeiten des Kindes zu berücksichtigen.[144] Gerade bei noch jungen Kindern kann es sich anbieten, diese in einer ihnen vertrauten Umgebung oder Situation

---

FamFG, hier hätte das Gericht im Rahmen der Befragung zudem das Kind über die wahre Abstammung aufklären müssen.

138 *BGH* FamRZ 2016, 1439 (1444); *BGH* FamRZ 2016, 2082 (2086); *Carl*, FamRZ 2016, 240.

139 *BayObLG* FamRZ 1983, 948; *OLG Brandenburg* ZKJ 2012, 308, 311: „etwa" ab 4 Jahren; *OLG Koblenz NJW* 1989, 2201 (2202); OLG Hamm FamRZ 1986, 715 (716); anders noch *OLG Koblenz* NJW 1989, 2201 (2202); *BGH* DAVorm 1992, 499 (507) m.w.Nachw.

140 *OLG Zweibrücken* FamRZ 2001, 186 (187); a. A. *OLG Brandenburg* FamRZ 2008, 1472 (1474).

141 *BGH* FamRZ 2016, 1439 (1444).

142 *BGH* FamRZ 2016, 1439 (1444); *BGH* DAVorm 1992, 499 (507); BVerfG FamRZ 2008, 1737 (1738); Staudinger/*Coester*, § 1671 Rn. 239.

143 BT-Drs. 7/2060, S. 43.

144 Vgl. dazu *BGH* FamRZ 2016, 1439 (1444); BVerfGE 55, 171, Rn. 24; *Arntzen*, 1980, S. 51 ff.

anzuhören, um sie so wenig wie möglich zu belasten[145] und dem Gericht dadurch einen besseren Zugang zu den Kindern zu ermöglichen. Das kann auch die Anwesenheit weiterer Personen erforderlich machen (Eltern, Geschwister, Sachverständige[146]), sofern dies nicht einer freien und ungezwungenen Atmosphäre entgegen steht. Ist ein Verfahrensbeistand bestellt, soll die Anhörung regelmäßig in seinem Beisein erfolgen (vgl. Abs. 4 S. 3).[147] Sind mehrere Kinder betroffen, hat das Gericht die Kinder einzeln anzuhören, um eine gegenseitige Beeinflussung zu vermeiden.[148]

Der tatsächliche Nutzen der Anhörung für die Sachverhaltsaufklärung hängt entscheidend davon ab, in welchem Maße der Richter die Fähigkeit zur Einfühlung in die besondere psychologische Situation des Kindes hat und ob es ihm gelingt, mit dem Kind ein vertrauensvolles Gespräch aufzubauen.[149] Die generelle Notwendigkeit pädagogischer und psychologischer Kenntnisse des Familienrichters wird im Rahmen der Kindesanhörung deutlich.[150]

IV. Befragung von Auskunftspersonen

Daneben erlangen in kindschaftsrechtlichen Verfahren vor allem Auskünfte von Behörden und Privatpersonen Bedeutung.[151] In § 29 Abs. 2 FamFG wird die Befragung von Auskunftspersonen besonders hervorgehoben. Eine genaue Abgrenzung der Auskunftspersonen von der amtlichen/behördlichen Auskunft (vgl. § 358a S. 2 Nr. 2 ZPO)[152] kann im Einzelfall schwierig sein, da auch die amtliche Auskunft im Freibeweisverfahren erfolgen kann.[153] Der Begriff der Auskunftspersonen ist weiter und umfasst alle Personen, die zur Sachverhaltsaufklärung beitragen können, unabhängig von einer amtlichen Position. Daher wird auch von dem freibeweislichen Gegenstück zum förmlichen Zeugenbeweis gesprochen.[154]

---

145 Eine Belastung ist auf das zumutbare Maß zu redizieren: *BGH* FamRZ 2016, 1439 (1444).

146 BVerfGE 55, 171 (182); *OLG Karlsruhe* FamRZ 1994, 915 (916).

147 BT-Drs. 16/9733, S. 369.

148 *OLG Schleswig* BeckRS 2015, 18536, Rn. 38: rügte die gleichzeitige Anhörung der vier Kinder im Alter von 5 bis 11 Jahren in erster Instanz.

149 BVerfGE 55, 171 (182) = NJW 1981, 217; *OLG Karlsruhe* FamRZ 1994, 915 (916).

150 BT-Drs. 8/2788, S. 42; *BVerfG* NJW 1981, 217 (218); *Arntzen*, S. 51 ff.; *Baer*, FamRZ 1982, 221 (232); *Luthin*, FamRZ 1981, 111 (114); Keidel/*Engelhardt*, § 159 Rn. 20.

151 BT-Drs. 16/6308, S. 188; *Baur*, FS Schima, S. 59 (68).

152 Dazu unten C.V.

153 Musielak/Voit/*Stadler*, § 358a Rn. 9.

154 Bork/Jacoby/Schwab/*Jacoby*, § 29 Rn. 9.

Im Rahmen einer freibeweislichen Befragung einer Auskunftsperson können von Nichtbeteiligten mündlich, telefonisch oder schriftlich jegliche für die Entscheidung notwendigen Angaben eingeholt werden.[155] Bei der Überprüfung einzelner Kindeswohlaspekte können Personen aus dem Umfeld des Kindes, etwa Erzieher, Lehrer, Nachbarn oder nahe Verwandte bzw. Bekannte zur weiteren Klärung des Sachverhalts beitragen.[156] Ihre Befragung kann nach § 26 FamFG sogar geboten sein.[157] In Sorgerechtsverfahren können Lebensgefährten, die mit den Elternteilen in einem gemeinsamen Haushalt leben, wichtige Anhaltspunkte geben.[158] Liegt der Verdacht einer körperlichen Kindesmisshandlung nahe, wird regelmäßig die Auskunft des behandelnden Kinderarztes einzuholen sein.

V. Strengbeweismittel

Über die Verweisnorm des § 30 Abs. 1 FamFG werden die allgemeinen Regelungen der §§ 355–370 ZPO sowie die speziellen Beweiserhebungsvorschriften der §§ 371–494a ZPO entsprechend angewendet. Die Normen sind allerdings nur innerhalb der Grenzen der Besonderheiten des Verfahrens der freiwilligen Gerichtsbarkeit anzuwenden (v. a. Amtsermittlungsgrundsatz).[159]

Neben den fünf Beweismitteln der ZPO, Zeugen, Sachverständige, Urkunden, Augenschein, einschließlich elektronischer Dokumente, und Parteivernehmung (Beteiligtenvernehmung), hat auch die amtliche Auskunft von Behörden und Beamten (behördliche Auskunft, vgl. § 358a S. 2 Nr. 2 ZPO) Eingang in das Gesetz gefunden. Unter einer amtlichen Auskunft werden alle angeforderten Mitteilungen einer Behörde (in Form einer Stellungnahme oder eines Berichts) über amtskundige, d. h. im Amtsbetrieb erlangte, regelmäßig schriftlich festgehaltene, zumindest überprüfbare Tatsachen verstanden.[160] Das Jugendamt fungiert als staatliche Behörde zum Schutze des Kindes, so dass seine Anhörung nach § 162 FamFG teilweise zugleich als amtliche Auskunft angesehen wird.[161]

Die Einordnung der amtlichen Auskunft in das System des Beweisrechts wird allerdings unterschiedlich bewertet. Streit besteht mittlerweile nicht mehr über die grundsätzliche Zulässigkeit, sondern nur noch über ihre Einordnung als

---

155 *Bohnert*, NZFam 2014, 107 (119); Bork/Jacoby/Schwab/*Jacoby*, § 29 Rn. 9.

156 Musielak/Borth/*Borth/Grandel*, § 26 Rn. 10.

157 Musielak/Borth/*Borth/Grandel*, § 26 Rn. 10.

158 *OLG Saarbrücken* ZKJ 2014, 117 (Rückführung aus einer Bereitschaftspflegefamilie).

159 *Bumiller/Harders/Schwamb*, § 30 Rn. 5; Kemper/Schreiber/*Schreiber*, § 30 Rn. 3.

160 Musielak/Voit/*Stadler*, § 358a Rn. 8; MüKoZPO/*Heinrich*, § 358a Rn. 6; zum Ganzen auch *Hohlfeld*, S. 53 ff.

161 Befürwortend Keidel/*Sternal*, § 29 Rn. 19a.

Mittel des Streng- oder Freibeweises.[162] Überwiegend wird die amtliche Auskunft als ein Strengbeweismittel anerkannt,[163] das als Ersatzbeweismittel für Zeugen[164] und Sachverständige herangezogen werden könne.[165]

Soweit die Frage der Relevanz einzelner Streng- und Freibeweismittel einer Pauschalisierung zugänglich ist, ist festzustellen, dass unter den vorhandenen Strengbeweismitteln das schriftliche Sachverständigengutachten das bedeutendste Beweismittel darstellt.[166] Auskünfte werden demgegenüber regelmäßig im Freibeweisverfahren eingeholt. Die Beteiligtenvernehmung ist ebenso wie im Zivilprozess als subsidiäres Beweismittel heranzuziehen und verliert in kindschaftsrechtlichen Verfahren insoweit an Bedeutung, als die Beteiligten nach den §§ 159 f. FamFG anzuhören sind.

D. Das familienpsychologische Sachverständigengutachten

I. Anwendung der Vorschriften der ZPO

Die Vorschriften zum Sachverständigenbeweis in der ZPO nach §§ 402–414 ZPO sind über § 30 Abs. 1 FamFG entsprechend anwendbar. Die Vorschriften über den Zeugenbeweis (§§ 373 ff. ZPO) sind ergänzend heranzuziehen, sofern nicht in den Vorschriften zum Sachverständigenbeweis abweichende Regelungen enthalten sind (§ 402 ZPO). Die Vorschriften definieren die grundlegenden Rechte und Pflichten des Sachverständigen im Rahmen seiner gerichtlichen Tätigkeit.

Der familienpsychologische Sachverständige wird vom Gericht damit beauftragt, bestimmte familiengerichtliche Fragestellungen mit den durch seine Ausbildung angeeigneten psychologischen Fähigkeiten (Theorien, Methoden, Verfahren) festzustellen und zu beurteilen. In diesem Sinne werden dem Sachverständigen Ermittlungstätigkeiten des Richters übertragen,[167] die er im Rahmen seines Auftrages ausführt (vgl. §§ 404, 405 ZPO). Seine Ergebnisse schreibt

---

162 Zum Streit um die Einordnung der amtlichen Auskunft als Streng- oder Freibeweis: *Peters*, S. 116 ff., 123; *Hohlfeld*, S. 64 ff., 69 ff.

163 MüKoFamFG/*Ulrici*, § 30 Rn. 20; MüKoZPO/*Heinrich*, § 358a Rn. 6; *BGH* NJW 1964, 107; *Jansen*, 1969, § 12 Rn. 41, S. 232; Musielak/Voit/*Stadler*, § 358a Rn. 9; a. A. *Rosenberg/Schwab /Gottwald*, § 122 Rn. 4, 6: erkennt diese als Beweismittel an, zählt sie aber nicht zu den förmlichen Beweismitteln der ZPO.

164 Gegenüber einem Zeugen ist die Auskunftsperson einer Behörde in aller Regel austauschbar: Musielak/Voit/*Stadler*, ZPO, 12. Aufl. 2015, § 358a Rn. 9.

165 *Peters*, S. 115 ff.; *BGH* NJW 1984, 438 (439).

166 Garbe/Ullrich/*Grabow*, § 3 Rn. 143.

167 *Westhoff/Terlinden-Arzt/Klüber*, S. 10.

er in einem schriftlichen Gutachten nieder, das dem Gericht die notwendige psychologische Sachkunde vermittelt.

II. Arten der Begutachtung

In der familienrechtspsychologischen Begutachtung werden entscheidungsorientierte von lösungs- bzw. interventionsorientierten Gutachten unterschiedenen.

1. Entscheidungsorientierte Begutachtung

Innerhalb der klassischen entscheidungsorientierten Begutachtung erfasst der Sachverständige mittels psychologischer Diagnostik den Ist-Zustand von Personen und Beziehungen mit prognostischer Ausrichtung (sog. Statusdiagnostik).[168] In streitigen Sorgerechtsverfahren spricht man auch von selektionsorientierter Diagnostik, nach welcher der besser geeignete Elternteil für die zukünftige Sorgerechtsausübung ermittelt werden soll.[169] In Umgangsverfahren ergänzt regelmäßig die Verlaufsdiagnostik (Beschreibung von Veränderungen) die klassische Statusdiagnostik.[170] Im Fokus der Diagnostik stehen die familiären Beziehungen und Bindungen des Kindes zu seinen Eltern, die familiäre Konfliktlage, die elterlichen Kompetenzen sowie die kindlichen Bedürfnisse. Diese sind zuverlässig darzustellen und aus psychologischer Sicht zu bewerten.[171] Die psychologische Diagnostik kann menschliches Verhalten als stabil und änderbar beurteilen und damit die Bedingungen eines Verhaltens bestimmen.[172] Auf diese Weise können Voraussagen darüber getroffen werden, welche Folgen der Ist-Zustand für die zukünftige Entwicklung des Kindes und damit sein Wohl hat.

Bei der psychologischen Diagnostik handelt es sich um eine psychologische Methodenlehre und damit um eine primär anwendungsorientierte Disziplin (empirische Wissenschaft). Sie greift auf die Erkenntnisse der theoretischen Wissenschaften der allgemeinen bzw. experimentellen Psychologie (differentiellen Psychologie, Sozialpsychologie, Entwicklungspsychologie, Methodenlehre und Persönlichkeits- und Konfliktforschung) zurück und verbindet diese.[173] Die Bereiche bedingen sich gegenseitig und verfolgen das gemeinsame Ziel, individuelles Verhalten oder Beziehungen zu beschreiben, zu erklären und

168 Meysen/*Balloff/Stötzel*, S. 92 Rn. 91; *Balloff*, FPR 2006, 415 (415).
169 Meysen/*Balloff/Stötzel*, S. 92 Rn. 91.
170 *Meysen/Balloff/Stötzel*, S. 92 Rn. 91.
171 *Westhoff/Terlinden-Arzt/Klüber*, S. 13.
172 *Westhoff/Terlinden-Arzt/Klüber*, S. 14.
173 *Kubinger*, S. 5.

vorherzusagen.[174] In der familienrechtspsychologischen Begutachtung bedient sich die psychologische Diagnostik überwiegend der diagnostischen Interviews/Gespräche (Exploration), Verhaltens- und Interaktionsbeobachtungen und Testverfahren zur systematischen Datengewinnung.[175]

Letztlich ist ein psychologisches Gutachten das Ergebnis einer empirisch wissenschaftlichen Untersuchung menschlichen Verhaltens oder menschlicher Beziehungen unter einer bestimmten Fragestellung und dadurch in doppelter Hinsicht entscheidungsorientiert. Zum einen wird das psychologische Gutachten als Entscheidungshilfe des Familiengerichts in Auftrag gegeben, zum anderen muss der Sachverständige eine Reihe von Einzelentscheidungen hinsichtlich seiner Vorgehensweise treffen.[176]

2. *Lösungsorientierte Begutachtung*

a) *Gesetzliche Grundlage (§ 163 Abs. 2 FamFG)*

Nach § 163 Abs. 2 FamFG kann das Gericht den Sachverständigen ergänzend damit beauftragen, auf die Herstellung von Einvernehmen zwischen den Eltern hinzuwirken. Damit erhielt die bereits gängige gerichtliche Praxis für den Fall des bisherigen Scheiterns aller (außer)gerichtlichen Versuche ihre gesetzliche Legitimierung[177], die ihrerseits auf die Entwicklungen in den 1990er Jahren in der psychologischen Wissenschaft zur gerichtsgebundenen Begutachtung in Familiensachen zurückzuführen sind[178]. Gemeint sind sog. *interventions- bzw. lösungsorientierte Gutachten.*[179] Die Befassung mit den Konflikten und Belastungen der Trennungsfamilie ließ die Überzeugung aufkommen, dass das gerichtliche Verfahren mehr leisten muss, als bloß eine Entscheidung zu treffen. Erste Tendenzen in diese Richtung waren bereits den Schriften von *Sternbeck* und *Däther*[180]

174 Zum Verhältnis der Fächer *Amelang/Schmidt-Atzert*, S. 16 f.

175 *Krohne/Hock*, S. 27 ff. (Testverfahren), 215 ff. (Interview). Hierzu näher im 4. Kapitel B.III.4.

176 *Westhoff/Kluck*, S. 47.

177 *Salzgeber*, FamRZ 2008, 656 (656); *Ernst*, FPR 2009, 345 (347); *Balloff*, FPR 2006, 415; Kritisch: Stellungnahme zur öffentlichen Anhörung des Rechtsausschusses zum FGG-RG, Teil II von Rakete-Dombek: http://webarchiv.bundestag.de/cgi/show.php?fileToLoad=1373&id=1136 (zuletzt abgerufen am 01.08.2017). BT-Drs. 16/6308, S. 543 f.: lediglich klarstellende Bedeutung.

178 Zu nennen sind v. a. die Arbeiten von Menne/Schilling/Weber/*Fthenakis et al.*, S. 261; *Jopt*, Betrifft Justiz, 1988, 288; *ders.*, ZfJ 1990, 285.

179 So ausdrücklich in der Begründung des Regierungsentwurfs, BT-Drs. 16/6308, S. 374.

180 *Sternbeck/Däther*, FamRZ 1986, 21 (24).

zu entnehmen, die sich mit *„systemisch orientierten Gutachten"* als eine andere Form familienpsychologischer Gutachten beschäftigten. Unter Bezugnahme auf *Stahlmann*[181], der gerichtliche Sorgerechtsverfahren als Kommunikationsprozess begriff, in dessen Rahmen ein Sachverständiger die Vergleichsbereitschaft der Beteiligten fördern könne, setzten sich *Sternbeck* und *Däther* mit den Möglichkeiten und Grenzen einer derartigen Begutachtungsweise auseinander. Dass der Gesetzgeber auf den (engeren)[182] Begriff des Hinwirkens auf Einvernehmen zurückgreift, mag verwirren, deckt sich aber mit der Begrifflichkeit in ist § 156 FamFG.

b) Inhalt und Ziel

Die lösungs- bzw. interventionsorientierte Begutachtung geht über die rein statusorientierte Begutachtung hinaus, wenngleich sie nach dem Wortlaut in § 163 Abs. 2 FamFG (*„auch"*) und nach der überwiegenden Ansicht innerhalb der Fachschaft einen vorangeschalteten diagnostischen Erkenntnisprozess über die Konfliktsituation der Familie und der familiären Verhältnisse beinhaltet.[183]

Vor allem in Kinderschutzfällen gilt es, mögliche Belastungen und Schädigungen des Kindes frühzeitig abzuschätzen und zu vermeiden.[184] Auch wird der Sachverständige erst nach einigen Gesprächen mit den Eltern einschätzen können, ob und auf welche Weise eine Intervention im konkreten Fall überhaupt sinnvoll ist.[185] Deshalb kann nicht der Ansicht gefolgt werden, dass die lösungsorientierte Begutachtung grundsätzlich die der reinen Statusdiagnostik überlegene Begutachtungsform in Familiensachen ist.[186]

---

181 *Pieper/Breunung/Stahlmann*, S. 138.

182 *Ernst*, FPR 2009, 345 (346); *Balloff*, FPR 2006, 415 (415); kritisch hierzu *Salzgeber*, FamRZ 2008, 656 (659), der die Beachtung des Kindeswohls vernachlässigt sieht; dem ist aber entgegenzuhalten, dass § 1697a BGB auf die Gestaltung des Verfahrens ausstrahlt und auch die Begutachtung am Kindeswohl auszurichten ist.

183 *Dettenborn/Walter*, S. 28 ff.; Menne/Weber/*Grabow*, S. 25 (31); *Balloff/Walter*, NZFam 2015, 580 (585); *Salzgeber*, FamRZ 2008, 656 (657); *Salzgeber/Fichtner*, PdR 2009, 245; *ders.*, FPR 2009, 348 (351); *Ernst*, FPR 2009, 345 (347); *Wagner/Balloff*, PdR 2009, 263; *17. DFGT*, Brühler Schriften, 2008, S. 182; *18. DFGT*, Brühler Schriften, 2010, S. 140; *Lübbehüsen/Kolbe*, PdR 2009, 282; Walper/Fichtner/Normann/*Salzgeber/Bergau/Fichtner*, S. 173; *Balloff*, FPR 2006, 415 (415, 417); 2011, 12 (13); *Rohmann*, FPR 2010, 446; Prenzlow/*Früh-Naumann*, S. 219 (229); *Westhoff/Terlinden-Arzt/Klüber*, S. 17.

184 *Balloff/Walter*, NZFam 2015, 580 (585); Lübbehüsen/Kolbe, PdR 2014, 319 (322).

185 *Salzgeber*, FamRZ 2008, 656 (657).

186 *Balloff*, FPR 2006, 415 (415); speziell in Umgangsverfahren, *Balloff*, PdR 2009, 33 (41).

Anknüpfend an den diagnostischen Erkenntnisprozess soll das Gespräch mit den Eltern gesucht werden, um den Konflikt, gegebenenfalls unter Zuhilfenahme beraterischer, therapeutischer oder mediativer Elemente[187] dauerhaft zu beheben. Die Interventionsbegutachtung zielt auf eine Veränderung des Status quo[188] der Einstellungen und Verhaltensweisen der Familienmitglieder (Eltern) zum Wohle des Kindes im Sinne einer verantwortungsbewussten Ausübung der Elternverantwortung ab.[189] Durch Aufklärung der Eltern über die negativen psychologischen Auswirkungen einer Trennung auf alle Familienmitglieder, können diese für die Interessen und Bedürfnisse des Kindes sensibilisiert werden, um die Basis für ein einvernehmliches Konzept zum zukünftigen Lebensmittelpunkt des Kindes bzw. zur Gestaltung des Umgangs erarbeiten zu können.[190]

Vor diesem Hintergrund bietet § 163 Abs. 2 FamFG neben den vorgehenden, gescheiterten gerichtlichen und außergerichtlichen Bemühungen (§ 156 Abs. 1, § 157 Abs. 1, § 158 Abs. 4 S. 3 FamFG) eine zusätzliche und wohl letzte Chance, die Eltern doch noch zu einer Einigung zu bewegen. Hierbei ist die Herangehensweise und Wirkung dieser Begutachtungsart noch weiter zu erforschen.[191] Kann eine einvernehmliche Regelung nicht erzielt werden, bleibt der Sachverständige nach dem Willen des Gesetzgebers grundsätzlich zur Erstellung des klassischen Gutachtens verpflichtet.[192] Aus diesem Grund ist der Sachverständige verpflichtet, seine gesamte Vorgehensweise und diagnostischen Ergebnisse zu dokumentieren.[193]

c) *Konfliktpunkte*

Die Doppelfunktion des Sachverständigen als Erkenntnismittel und Beweismittel einerseits und Konfliktlöser andererseits kann zu vielschichtigen Spannungsfeldern führen.[194] Im Vergleich zu sonstigen Beratungs- und Hilfsangeboten ist die

---

187 *Ernst*, FPR 2009, 345 (346); *Balloff*, FPR 2006, 415 (415).

188 Menne/Weber/*Grabow*, S. 25 (31); *Salzgeber*, FamRZ 2008, 656 (656).

189 Kritisch hierzu Fölsch, Rn. 100.

190 BT-Drs. 16/6308, S. 242.

191 Das im Rahmen einer Dissertation angelegte Forschungsprojekt von Bergau beschäftigt sich vertieft mit dem Inhalt lösungsorientierter Begutachtung als Intervention auch bei hochstrittiger Trennung und Scheidung. Eine Zusammenfassung findet sich in *Bergau*, PdR 2014, 196 (197). Hinsichtlich Interventionen im Rahmen des § 1666 BGB siehe *Lübbehüsen/Kolbe*, PdR 2014, 319.

192 *Ernst*, FPR 2009, 345 (348).

193 *Salzgeber/Fichtner/Bublath*, ZKJ 2011, 338 (342).

194 Kritisch *Flügge*, FPR 2008, 1 (4).

Begutachtung nicht in gleichem Maße freiwillig und die Person des Sachverständigen nur bedingt beeinflussbar. Der Beweisbeschluss des Gerichts ist unanfechtbar.[195] Die Beteiligten bekommen in der Regel einen Sachverständigen vorgesetzt, den sie zwar unter den Voraussetzungen des § 406 ZPO ablehnen, damit aber lediglich den Austausch des Sachverständigen erzwingen können. Zwar steht es den Beteiligten weiter frei, ihre Einwilligung zur Begutachtung zu verweigern.[196] Die Einwilligung kann weder gerichtlich ersetzt noch mit Zwangsmitteln durchgesetzt werden. Dies ist auch wenig sinnvoll. Es verbleibt den Gerichten aber die Möglichkeit, die Beteiligten unter Anwesenheit des Sachverständigen in der mündlichen Verhandlung anzuhören.[197] Selbst wenn sich die Beteiligten mit der Begutachtung bereit erklären, kann die Zwangsverbindung einer Erfolg versprechenden und Harmonie bedürftigen Intervention entgegenstehen.[198]

Als problematisch erweist sich daneben die Grenzziehung zwischen den erhobenen Daten einerseits und den anvertrauten Informationen andererseits.[199] Anders als Mediatoren sind familienrechtspsychologische Sachverständige nicht zur Verschwiegenheit, sondern zu jederzeitiger Offenlegung gegenüber dem Gericht verpflichtet. Dadurch ist das Verhältnis zwischen ihm und den Beteiligten weniger geschützt[200], was dem Aufbau eines Vertrauensverhältnisses entgegensteht.

Kritiker einer vorherigen Interventionsbegutachtung äußern Bedenken hinsichtlich der Befangenheit des Sachverständigen, wenn seine Einigungsbemühungen scheitern.[201] Er könne nicht mehr unvoreingenommen und objektiv das Gutachten erstellen,[202] was nicht zuletzt zur Ablehnung des Sachverständigen führen kann (§ 30 Abs. 1 FamFG i.V.m. § 406 ZPO).[203] Derartige Bedenken sind in jedem Fall ernst zu nehmen und sollten im Einzelfall überprüft werden. Sie können aber nicht grundsätzlich gegen eine Interventionsbegutachtung sprechen. Auch eine gescheiterte Intervention offenbart Erkenntnisse über die Beteiligten und deren Verhältnisse und Sichtweisen und ist mithin von diagnostischem Nutzen.[204]

---

195 *Bumiller/Harders/Schwamb*, § 58 Rn. 19.
196 *Finke*, FPR 2003, 503 (507).
197 Siehe hierzu bereits oben unter Punkt A.V.
198 Beide Punkte bei *Salzgeber*, FamRZ 2008, 656 (658).
199 Zu diesem Spannungsfeld *Salzgeber*, Gutachten, S. 139.
200 Hierzu u. a. *Salzgeber/Fichtner/Bublath*, ZKJ 2011, 338 (343).
201 Dazu *Salzgeber*, FamRZ 2008, 656 (658).
202 *OLG Naumburg* FamRZ 2012, 657; *Leipold*, DS 2008, 218 (221); *Flügge*, FPR 2008, 1 (2).
203 Näher zu dieser Thematik *Leipold*, DS 2008, 218; *Völker*, FPR 2008, 287.
204 *Salzgeber*, FamRZ 2008, 656 (657).

Selbstverständlich sollte das Ziel eines jeden Einvernehmensauftrages immer die Erarbeitung einer kindgerechten Lösung sein.[205] *Salzgeber* warnt zu Recht vor einer zu einigungsfixierten Vorgehensweise, die das Kindeswohl nicht berücksichtige.[206] Auch darf die Einigung nicht durch den Sachverständigen aufgedrängt werden. Die Zustimmung eines Elternteils muss aus freier Überzeugung erfolgen, nicht einer Zwangssituation oder Ausweglosigkeit geschuldet sein.[207] Derartige „einvernehmliche" Regelungen dienen letztlich nicht dem Kindeswohl, da diese nach aktuellen Studien[208] früher oder später nicht mehr eingehalten werden oder eine Unzufriedenheit eines Elternteils zur Folge haben.

3. *Psychologische/Gutachterliche Stellungnahmen und Obergutachten*

Psychologisch-diagnostische (personenbezogene) Sachverständigengutachten sind unbedingt zu unterscheiden von der psychologischen Stellungnahme. Darunter versteht sich eine Stellungnahme zu einer Fragestellung ohne eigene Befunderhebung oder zu einem von einem anderen Sachverständigen erstatteten Gutachten.[209] Gutachterliche Stellungnahmen werden nicht im Rahmen einer förmlichen Beweisaufnahme eingeholt.[210] Eine Stellungnahme zu einem bereits erstatteten Gutachten kommt in Betracht, wenn Zweifel an der Vorgehensweise eines Sachverständigen aufkommen. Im Rahmen einer methodenkritischen Stellungnahme können Gutachten auf Mängel untersucht werden, welche die Verwertbarkeit in Frage stellen können. Auf die psychologische Stellungnahme zu einer Fragestellung ohne eigene Befunderhebung wird insbesondere dann zurückgegriffen, wenn mindestens ein Beteiligter die Mitwirkung an der Begutachtung verweigert. Dann bleibt dem Sachverständigen nur die Möglichkeit auf Grundlage der Akten eine Stellungnahme abzugeben.

Eine gutachterliche Stellungnahme wiederum bezeichnet die psychologische Antwort auf eine eingeschränkte Einzelfrage zu psychologischen Aussagen.[211] Ein Kurzgutachten unterscheidet sich von einem ausführlichen Gutachten

---

205 *17. DFGT*, Brühler Schriften, 2008, S. 153.

206 *Salzgeber*, FamRZ 2008, 656 (659).

207 *Salzgeber*, FamRZ 2008, 656 (659 f.).

208 *Salzgeber*, FamRZ 2008, 656 (660) verweist auf die Studie aus England, vorgestellt auf dem AFCC Kongress in Washington 2007 von Prof. Janet Walker, dazu *Walker/McCarthy/Finch/Coombes/Richards/Bridge*, The Family Advice and Information Service: A Changing Role for Family Lawyers in England and Wales? Final Evaluation Report, 2007.

209 *FDP*, Richtlinien, 1994, S. 8.

210 Keidel/Kuntze/Winkler/*Schmidt*, § 15 Rn. 44.

211 *FDP*, Richtlinien, 1994, S. 8.

hinsichtlich des Zeitraums und Umfangs der Datenerhebungen und damit auch hinsichtlich des Gutachtenumfangs, wobei keine genauen Grenzen festzumachen sind. *Fichter* spricht bei einem Seitenumfang von max. 40–60 Seiten noch von einem Kurzgutachten.[212] Selbstverständlich können Beurteilungen durch Sachverständige grundsätzlich auch telefonisch eingeholt werden.[213] Belastbarere Feststellungen bedürfen aber in den sensiblen Kindschaftssachen einer tiefergehenden, schriftlichen Auseinandersetzung mit der Familie.

Der Begriff des Obergutachtens wird teils unterschiedlich in der Literatur und Rechtsprechung verwendet. Einige verwenden den Begriff des Obergutachtens für ein Gutachten, das sich mit einem bereits erstatteten Gutachten sachlich auseinandersetzt.[214] In der Literatur wird darunter teilweise ein Gutachten verstanden, das bei widersprüchlichen Aussagen zweier Gutachten eingeholt wird.[215] Tatsächlich ist der Begriff unglücklich gewählt, weil er eine Schiedsrichterrolle suggeriert.[216] Den Prozess- und Verfahrensordnungen ist ein solcher Begriff nicht zu entnehmen. In § 412 ZPO ist von der Heranziehung eines „anderen" Gutachtens die Rede, in Strafverfahren von einem „weiteren" Gutachten nach § 244 Abs. 4 S. 2 StPO. Ein „anderes" oder „weiteres" Gutachten wird immer dann zu erwägen sein, wenn der Sachverhalt noch nicht ausreichend oder zuverlässig genug geklärt wurde. Das neue Gutachten soll aber keinesfalls über dem bereits erstatteten Gutachten stehen. Dies wäre mit den Grundsätzen der Beweiswürdigung nicht vereinbar. Gutachten sind grundsätzlich als gleichrangig anzusehen. Es gelten die allgemeinen Regeln für den Beweis mittels Sachverständigengutachten.[217] Der Begriff des Obergutachtens sollte daher allenfalls dann verwendet werden, wenn divergierende Gutachten vorliegen und ein besonders qualifizierter Sachverständiger die Widersprüche klären soll.[218]

4. Mündliche Erläuterung des Gutachtens

Im Anschluss an die Erstattung des Gutachtens kann der Sachverständige vom Gericht aufgefordert werden, dass Gutachten mündlich zu erläutern (§ 30 Abs. 1 FamFG i.V.m. § 411 Abs. 3 ZPO sowie i.V.m. § 402 i.V.m. § 397 ZPO). Davon

212 *Fichtner*, ZKJ 2015, 9 (11). Kritisch gegenüber sog. „Blitzgutachten" u. a. *Kölsch/Fegert*, FamRZ 2008, 1573 (1580).

213 Keidel/*Sternal*, § 29 Rn. 19.

214 Vgl. *BGH* NJW 1952, 1343; VersR 1964, 440.

215 Brinkmann/*Bremer*, S. 130; *Haueisen*, NJW 1959, 1348.

216 Vgl. *Müller*, S. 123.

217 *Müller*, S. 124.

218 Bayerlein/Bleutge/Roeßner/*Mayr*, § 30 Rn. 17.

wird vor allem dann Gebrauch gemacht, wenn dieses nicht nachvollzogen werden konnte oder noch Fragen offen geblieben sind.[219] Ebenso ist der Sachverständige zur mündlichen Erläuterung seines Gutachtens zu laden, wenn das Gericht von einem anderen Sachverhalt ausgehen will als dem des Sachverständigen.[220] Auch die Beteiligten können die Erläuterung des Gutachtens anregen. Zwar ist das Gericht grundsätzlich nicht an das Vorbringen der Beteiligten gebunden. Zwecks Wahrung ihres rechtlichen Gehörs muss den Beteiligten aber Gelegenheit gegeben werden, sich zu dem Gutachten äußern zu können.[221] Das setzt zwingend voraus, dass den Beteiligten das Gutachten weitergeleitet wird und ihnen ausreichend Zeit gegeben wird, sich mit dem Inhalt des Gutachtens auseinander setzen zu können (§ 37 Abs. 2 FamFG).[222] Das Gericht muss sich mit berechtigten Einwänden in der Entscheidung befassen, auch wenn es ihnen nicht folgt. Das *BVerfG* stellte erst wieder klar, dass der Anspruch auf rechtliches Gehör aus Art. 103 Abs. 1 GG auch das Recht der Parteien (Beteiligten) umfasst, einen Sachverständigen mündlich zu befragen.[223] Es bietet sich daher an, den Sachverständigen direkt mit den Einwendungen der Beteiligten zu konfrontieren.[224] Das schafft für alle Beteiligten Klarheit und ermöglicht dem Gericht eine kritische Überzeugungsbildung.

III. Kosten im Zusammenhang mit psychologischen Gutachten

1. Einfluss von Gutachten auf den Verfahrenswert

In Familiensachen erfolgt die Kostenerhebung seit 2009 ausschließlich nach dem FamGKG.[225] Grundsätzlich bleibt der Verfahrenswert, aus dem sich die Gerichts- und Rechtsanwaltsgebühren errechnen, in Kindschaftssachen von der Einholung eines Gutachtens unberührt. Der Verfahrenswert wird seit dem Zweiten Gesetz zur Modernisierung des Kostenrechts (2. KostRMoG) vom 04.07.2013[226] einheitlich nach § 45 Abs. 1 FamGKG mit 3.000 Euro angesetzt, unabhängig von der

---

219 Zur Notwendigkeit von Gutachten in Kindschaftssachen *BVerfG* FamRZ 2001, 1285.

220 Keidel/Kuntze/Winkler/*Schmidt*, § 15 Rn. 45.

221 *BGH* NJW 1997, 802; *BVerfG* FPR 2001, 392; a. A. *Jansen*, 1969, § 15 Rn. 69, S. 350.

222 *BGH* NZFam 2017, 475 (475): eine Bekanntgabe an den Verfahrenspfleger genügt gerade nicht.

223 *BVerfG* FamRZ 2015, 2042 (2043).

224 Vgl. *BVerfG* NJW 1998, 2273 (2274).

225 Das Gesetz trat gleichzeitig mit dem FamFG in Kraft, BGBl. I, S. 2586 (2666).

226 BGBl. I, S. 2586.

Anzahl der betroffenen Kinder[227] (§ 45 Abs. 2 FamGKG) und von der Einholung eines Sachverständigengutachtens.[228] Bei einem Verfahrenswert von 3.000 Euro beträgt die Verfahrensgebühr 108 Euro (§ 28 Abs. 1 FamGKG i.V.m. Anlage 2). Daraus errechnen sich für isolierte Kindschaftssachen im Hauptsacheverfahren in 1. Instanz Gerichtsgebühren in Höhe von 54 Euro (Nr. 1310 KV FamGKG: 0,5 Verfahrensgebühr).[229]

Ausnahmsweise kann vom Regelwert nach unten oder oben abgewichen werden, wenn nach einer Gesamtschau sämtlicher Umstände sich der Regelwert als unbillig erweist (§ 45 Abs. 3 FamGKG).[230] Nach dem Willen des Gesetzgebers kann ein überdurchschnittlicher Verfahrensumfang (z. B. fehlende Deutschkenntnisse auf Seiten der Beteiligten)[231] oder der Schwierigkeitsgrad (schwerwiegende psychische Erkrankung von Elternteilen[232], schwerwiegende Verfehlung der Umgangsberechtigten, z. B. sexueller Missbrauch[233]) eine Anhebung rechtfertigen.[234] Insgesamt machen die Familiengerichte nur sehr zurückhaltend von § 45 Abs. 3 FamGKG Gebrauch. Auch der *BGH* ist sehr restriktiv im Umgang mit § 45 Abs. 3 FamGKG.[235]

Sofern die Gerichte den Regelwert ansetzen, verbleibt den Beteiligten bzw. ihren Verfahrensbevollmächtigten nur die Möglichkeit, gegen die Kostenentscheidung Beschwerde einzulegen. Seit 2009 kann die Kostenentscheidung

227 Die Anzahl der Kinder ist nur dann bedeutsam, wenn der Aufwand und der Umfang der Sache maßgeblich beeinflusst wird *OLG Düsseldorf* BeckRS 2011, 13885.

228 *OLG Frankfurt* BeckRS 2014, 01628. Wird die Kindschaftssache im Scheidungsverbund anhängig gemacht (§ 137 Abs. 3 FamFG), ist der Verfahrenswert nach § 44 Abs. 2 S. 1 FamGKG mit 20 % des Wertes der Ehesache, aber ebenfalls höchstens mit 3.000 Euro, zu bewerten.

229 Im einstweiligen Anordnungsverfahren sind es 21,30 Euro (Nr. 1410 KV FamGKG: 0,3 Verfahrensgebühr bei einem Regelverfahrenswert von 1.500 Euro, im Beschwerdeverfahren sind es 108,00 Euro (Nr. 1314 KV FamGKG: 1,0 Verfahrensgebühr bei 3.000 Euro Regelgebühr). Ausführlich zu den Gebühren in Kindschaftssachen Heilmann/*Dürbeck*, § 80 Rn. 6 ff.

230 Eine Aufzählung erhöhender/mindernder Umstände bei *Thiel/Schneider*, FPR 2010, 323 (325).

231 *Thiel/Schneider*, FPR 2010, 323 (325).

232 *OLG Hamburg* AGS 2010, 248.

233 Heilmann/*Dürbeck*, § 80 Rn. 18.

234 BT-Drs. 16/6308, S. 306.

235 *BGH* BeckRS 2010, 25618: der Beschwerdeführer begehrte ohne Erfolg die Herabsetzung des Regelwertes in einem Sorgerechtsverfahren, in dem das Gericht „nur“ über die Untätigkeitsbeschwerde und nicht in der Sache selbst zu entscheiden hatte.

isoliert angefochten werden.[236] Eine dem § 20a Abs. 2 FGG a. F. vergleichbare Regelung wurde in das FamFG nicht aufgenommen.[237] Da die Auseinandersetzung mit einem Gutachten auch für die Rechtsanwälte einen Mehraufwand bedeutet, mehrten sich in der Vergangenheit Beschwerden durch Rechtsanwälte.[238]

Im Jahr 2011 ergingen gleich vier *OLG-Entscheidungen* in Sorge- und Umgangsrechtsverfahren, in denen die Gerichte im Zusammenhang mit der Einholung eines kinderpsychologischen Gutachtens den Verfahrenswert auf 5.000 Euro[239] bzw. 4.000 Euro[240] anhoben. Die Mehrzahl der Gerichte betonte ausdrücklich, entgegen dem *OLG Celle*,[241] dass der Verfahrenswert nicht allein aufgrund des Umstandes angehoben wurde, dass ein psychologisches Gutachten eingeholt und ein zweiter Anhörungstermin erforderlich wurde.[242] Vielmehr müssen weitere Umstände hinzukommen, die einen erheblichen Mehraufwand bedeuten, d. h. von einer durchschnittlichen Kindschaftssache abweichen[243] (mehrere Verhandlungstermine[244]; Gutachtenumfang von über 100 Seiten, Ausweitung des Verfahrens auf § 1666 sowie Einbeziehung der zwei Geschwister[245]; auch eine überdurchschnittliche Verfahrensdauer oder ein Obergutachten[246]). Auch in den beiden Verfahren vor dem *OLG Celle* war die Anhebung des Verfahrenswertes aufgrund weiterer Umstände aber letztlich begründet (überdurchschnittliche Dauer der Erörterungstermine, u. a. wegen sprachlicher Defizite der

---

236 *BGH*, Beschl. v. 09.12.2010 – V ZB 149/10 –, juris; Keidel/*Meyer-Holz*, § 58 Rn. 95; BeckOKFamFG/*Nickel*, § 81 Rn. 38.

237 BT-Drs. 16/6308, S. 216.

238 Dabei spielt sicherlich auch mit rein, dass durch das Erste Kostenrechtsmodernisierungsgesetzes v. 05.05.2005 (BGBl. I, S. 718) die Beweisgebühr für Rechtsanwälte (§§ 118 Abs. 1 Nr. 3, 31 Abs. 1 Nr. 3 BRAO) durch das Rechtsanwaltsvergütungsgesetz abgeschafft wurde und nur noch in den sehr strengen Grenzen des Nr. 1010 VV-RVG eine zusätzliche Gebühr von 0,3 abgerechnet werden kann. In einem Hauptsacheverfahren erhöhen sich die Anwaltskosten damit aber lediglich um 60 Euro. Zum ganzen *Thiel/Schneider*, AGS 2013, 53 (54); *Schneider*, NZFam 2015, 411 (412).

239 *OLG Celle* FamRZ 2011, 993; FamRZ 2012, 1747; *OLG Hamm* BeckRS 2011, 26425.

240 *OLG Düsseldorf* BeckRS 2011, 13885.

241 *OLG Celle* NJW 2011, 1373 Ls.; FamRZ 2012, 1747 Ls. Kritisch auch *Schneider*, NZFam 2015, 624 (625).

242 *OLG Düsseldorf* FamRZ 2015, 953 Ls; *OLG Hamm* FuR 2011, 702 Ls 2.

243 Siehe nur *OLG Düsseldorf* FamRZ 2015, 953 Ls.

244 *OLG Hamm* FuR 2011, 702 Ls 2.

245 *OLG Düsseldorf* BeckRS 2011, 13885.

246 Heilmann/*Dürbeck*, § 80 Rn. 18.

Antragsgegnerin;[247] ungewöhnlich lange Dauer des zweiten Termins von drei Stunden und Vorwurf des sexuellen Missbrauchs[248]).

Eine Anhebung muss im Einzelfall individuell abgewogen werden. Andernfalls würde die Ausnahme in Kindschaftssachen zur Regel verkehrt. Den vorgenannten Umständen kommt allenfalls eine Indizwirkung zu. Dennoch sind die *OLG-Entscheidungen* in einer Gesamtschau geeignet, die familiengerichtliche Praxis für das Vorliegen von besonderen, den Tatbestand des § 45 Abs. 3 FamGKG erfüllenden Umständen im Zusammenhang mit der Einholung von Sachverständigengutachten zu sensibilisieren, ohne verallgemeinerungsfähig oder abschließend zu sein.

2. *Höhe der Gutachtenkosten*

a) *Durchschnittliche Kosten*

Zu den Gerichtskosten gehören auch gerichtliche Auslagen i.S.d. § 1 Abs. 1 S. 1 FamGKG, wie solche für ein Sachverständigengutachten.[249] Der gerichtliche Sachverständige wird für seine Tätigkeit, nicht für sein Werk vergütet.[250] Neben der aufgewendeten Arbeitszeit (§§ 9–11 Justizvergütungs- und Justizentschädigungsgesetzes, JVEG) sind dem Sachverständigen auch seine Auslagen (z. B. Fahrtkosten, § 5 JVEG) und die verwendeten Arbeitsmittel (z. B. Kopien, Hilfskräfte etc., §§ 7, 12 JVEG) zu ersetzen.[251]

Gemäß dem leistungsbezogenen Vergütungsprinzip des JVEG wird dem Sachverständigen der tatsächlich erbrachte Zeitaufwand (Studium der Akten, Fahrt- und Wartewege, Korrespondenz mit den Beteiligten, Schreiben des Gutachtens sowie Gerichtstermine)[252] vergütet, der gemessen an einem Sachverständigen

---

247 *OLG Celle* NJW 2011, 1373 (1374).

248 *OLG Celle* FamRZ 2012, 1747 (1748) = BeckRS 2012, 23247.

249 BDPZ/*Zimmermann*, § 21 Rn. 2.

250 *Bleutge*, DS 2010, 142 (142 f.).

251 Mit JVEG (BGBl. I, S. 718) besann sich der Gesetzgeber 2004 wieder auf das leistungsbezogene Vergütungsprinzip zurück, welches bereits Grundlage des § 3 der Preußischen Gebührenordnung von 1878 gewesen war, aufgrund der wirtschaftlichen Notlage des Reichs aber zwischenzeitlich durch die Brüning'sche Notverordnung von 1931 auf eine „Entschädigung" herabgesetzt worden war, *Vogel*, DS 2014, 16 (16).

252 Nicht entschädigungsfähig sind Tätigkeiten im Vorfeld der Begutachtung wie die Überprüfung der Zuständigkeit für die Fragestellung, *Salzgeber*, Gutachten, S. 101, oder die Durchsicht von Fachliteratur bzw. das Auffrischen und Vertiefen von Kenntnissen, *Feskorn*, FPR 2003, 525 (525 f.); weitere (nicht)vergütungsfähige Positionen; *Weglage*, S. 99.

mit durchschnittlichen Fähigkeiten und Kenntnissen auch objektiv erforderlich war (vgl. § 9 Abs. 1 S. 4 Hs. 1 JVEG).[253] Das stündlich anzusetzende Honorar von Sachverständigen ergibt sich aus § 9 JVEG i.V.m. Anlage 1. Anlässlich der Ergebnisse der Studie von *Hommerich/Reiß*[254] wurde § 9 JVEG im Zuge des 2. KostRMoG wesentlich erweitert. Es werden 40 Sachgebiete mit Honorarstufen von 65 bis 125 Euro unterschieden.[255] Medizinische und psychologische Sachverständige werden nach den Honorargruppen M 1 (65 Euro) bis M 3 (100 Euro) vergütet, wobei Tätigkeiten in Sorge- und Umgangsverfahren mit 100 Euro/Stunde angesetzt werden. Eine höhere oder niedrigere Vergütung kann im Einzelfall gerechtfertigt sein.[256]

Mangels Überprüfungsmöglichkeiten ist grundsätzlich von der Richtigkeit der Angaben des Sachverständigen über die tatsächlich benötigte Zeit und ihrer Erforderlichkeit auszugehen.[257] Die Beweislast für eine gegenteilige Annahme trägt das Gericht.[258] Nur bei äußerst auffälligem Missverhältnis zwischen Zeitaufwand und erbrachter Leistung[259] sind Nachforschungen anzustellen und bei nicht überzeugender Darlegung durch den Sachverständigen Kürzungen möglich. Bei Begutachtungen von Personen können die Gerichte mangels eigener Fachkunde schon nicht die Erforderlichkeit einzelner Begutachtungsmethoden (Gespräche, Beobachtungen, Testverfahren) abschätzen und demnach auch nicht den für die Durchführung erforderlichen Zeitaufwand.[260]

Angesichts des von Fall zu Fall unterschiedlichen Zeitaufwandes schwanken die Kosten für ein familienpsychologisches Gutachten teilweise beträchtlich. Nach den Erfahrungswerten einiger Sachverständiger lässt sich dennoch die Kostenspanne feststellen, in der sich familienpsychologische Gutachten bewegen. Vor der Euro-Umstellung betrugen die Kosten nach *Koritz*[261] und

---

253 *Weglage*, S. 103; *BGH* NJW-RR 1987, 1471; *Feskorn*, FPR 2003, 525 (526).

254 *Hommerich/Reiß*, JVEG – Evaluation und Marktanalyse, 2009.

255 Kritisch äußern sich zur willkürlichen Einteilung der Honorargruppen und die Zuordnung zu den einzelnen Sachgebieten: *Bleutge*, DS 2013, 256 (258); *Meyer/Höver/Bach/Oberlack*, § 9 Rn. 1; Bayerlein/Bleutge/Roeßner/*Bleutge*, § 41 Rn. 1–5.

256 BDPZ/*Binz*, § 9 Rn. 4; *OLG Nürnberg*, BeckRS 2010, 30508.

257 *Feskorn*, FPR 2003, 525 (526); *Weglage*, S. 105; *Salzgeber*, Gutachten, S. 102; *OLG Brandenburg* DS 2009, 199; *OLG Celle* BauR 1997, 1079; *OLG Zweibrücken* JurBüro 1988, 116; *OLG Düsseldorf* JurBüro 1996, 43; 1986, 1688.

258 *Salzgeber*, Gutachten, S. 103; *BGH* IfS 2004, 4 (18).

259 Der *BGH* verlangt eine gewisse plausible Proportionalität zwischen Begutachtungsaufwand und Fachkunde, Beschl. v. 22.09.2009 – Xa ZR 69/06 –, juris Rn. 7.

260 So auch *Feskorn*, FPR 2003, 525 (527).

261 FPR 1995, 90 (90); *Koritz-Dohrmann*, FPR 1996, 304: aus kritischer anwaltlicher Sicht.

Salzgeber[262] durchschnittlich 3.500 DM. Bei *Leitner*[263] lagen die Gutachten zwischen 5.000 und 10.000 DM, wobei auch *Salzgeber* darauf hinweist, dass im Einzelfall die Kosten wesentlich höher liegen können. Nach aktuelleren Berichten belaufen sich die Kosten mittlerweile auf 3.000 bis 12.000 Euro, abhängig von Schwere und Umfang der zu begutachtenden Beweisfragen.[264] Die Kosten steigen regelmäßig dann weiter an, wenn der Sachverständige zusätzlich mit dem Vermittlungsauftrag i.S.d. § 163 Abs. 2 FamFG beauftragt wird.[265] Damit erhöhen die Gutachtenkosten die anfallenden Gerichtsgebühren von lediglich 54 Euro um ein Vielfaches.

b) Niedrigere Vergütung im Vergleich zur freien Wirtschaft

Noch immer besteht eine Diskrepanz zwischen der Vergütung von gerichtlichen Sachverständigen und der Vergütung von privat beauftragten Sachverständigen in der freien Wirtschaft.[266] Zwar wurden mit dem 2. KostRMoG die Regelvergütungssätze in allen Honorargruppen um 15 Euro pro Stunde angehoben, was aufgrund der veränderten wirtschaftlichen Verhältnisse längst überfällig war.[267] Von einer hinreichenden Anpassung kann jedoch noch längst nicht gesprochen werden.[268] Orientiert an den Ergebnissen der Studie von *Hommerich/Reiß* wird immer noch ein „Justizrabatt“ von 10 % abgezogen.[269] Begründet wird der Rabatt damit, dass nur etwa 50 % der Ausgaben durch Zahlungen der Parteien an die Justizkasse zurückfließt.[270] Dafür erhalten die Sachverständigen im Gegenzug

---

262 FPR 1995, 317 (317).

263 *Leitner*, FuR 2000, 57 (57); *Leitner*, Forschung, S. 14 (14).

264 *Heilmann*, Stellungnahme zum Ref-E v. 11.03.2016, S. 2; *Stößer* nennt Beträge von 5.500 Euro aufwärts allein für das schriftliche Gutachten, FamRZ 2016, 1902 (1903).

265 Prenzlow/*Früh-Naumann*, S. 219 (233).

266 Bayerlein/Bleutge/Roeßner/*Bayerlein/Grossam*, § 23 Rn. 2.

267 Gemäß der bundesweite Befragung der öffentlich bestellten und vereidigten Sachverständigen durch das Institut Hommerich 2009, im Auftrag des Bundesjustizministerium.

268 Das suggeriert aber BT-Drs. 15/1971, S. 142.

269 *Meyer/Höver/Bach/Oberlack*, § 9 Rn. 1. Bis zum 2. KostRMoG lagen die Honorare gerichtlicher Sachverständiger sogar um die 20 % unter den Stundensätzen in der freien Wirtschaft, *Meyer/Höver/Bach/Oberlack*, § 9 Rn. 1; *Vogel*, DS 2014, 16 (16); im europäischen Vergleich liegen die deutschen Vergütungssätze über dem Durchschnitt, dazu *Bleutge*, DS 2013, 222 (224).

270 BT-Drs. 17/11471 [neu], S. 151 f.

für ihr wenn auch nicht freiwilliges, verfassungsgemäßes Sonderopfer[271] in der Justiz einen solventen Schuldner.[272]

Dennoch ist die aufgezeigte Diskrepanz dahingehend bedenklich, als dass dadurch in vielen Bereichen die Suche nach qualifizierten Sachverständigen (weiter) erschwert wird.[273] Denn die Auswahl gut qualifizierten familienpsychologischen Sachverständigen ist von vorneherein gering und damit die Kapazitäten der guten Sachverständigen begrenzt.[274] Es existiert weder ein Berufsgesetz noch gibt es für die Sparte der Psychologie Sachverständigenlisten mit öffentlich bestellten, zertifizierten Sachverständigen.[275] Es besteht daher das Risiko, dass Sachverständige den gerichtlichen Auftrag wegen lukrativerer Privataufträge ablehnen. Eine Pflicht zur Auftragsannahme besteht nur für öffentlich bestellte Sachverständige.

c) *Vereinbarung einer besonderen Vergütung (§ 13 JVEG)*

Zwar kann über § 13 JVEG eine besondere (leistungsgerechtere) Vergütung (höchstens das Doppelte des Regelsatzes, § 13 Abs. 2 JVEG) vereinbart werden, um unzumutbare Ergebnisse im Einzelfall auszugleichen. In Kindschaftssachen kommt die Regelung aber so gut wie nie zur Anwendung. In Amtsverfahren (§ 1666 BGB) schon deshalb nicht, weil die Staatskasse mit den Kosten für das gesamte Verfahren belastet wird und die Gerichte daher verpflichtet sind, die Kosten so gering wie möglich zu halten.[276] Auch in Antragsverfahren ist nicht davon auszugehen, dass sich die Eltern freiwillig zur Zahlung höherer Gutachtenskosten verpflichten.

Neben der Zustimmung verlangt § 13 Abs. 1 S. 1 JVEG (vgl. auch § 379 i.V.m. § 402 ZPO) darüber hinaus, dass die Beteiligten einen entsprechenden Vorschuss an die Gerichtskasse einzahlen.[277] Dies gilt nach der Rechtsprechung des *BGH* auch dann, wenn nur die Erklärung eines Beteiligten hierzu vorliegt und das

271 *BVerfG* NJW 1972, 1891; NJW-RR 2002, 67 (für öffentlich-bestellte Sachverständige).

272 Meyer/Höver/Bach/Oberlack, § 9 Rn. 1.

273 Gesetzesentwurf der Bundesregierung v. 31.08.2012, Drs. 517/12, S. 403 ff.: Das trifft u. a. auf die kartellrechtlichen Gerichtsverfahren in Zivil-, Verwaltungs- und Bußgeldsachen zu.

274 *Heilmann*, ZKJ 2015, Heft 1 Editorial; *Simitis et al.*, S. 38.

275 Näher dazu unter Punkt E.VI.1. und 2.b)

276 Hierzu insgesamt *Salzgeber*, Gutachten, S. 94.

277 BDPZ/*Binz*, § 13 JVEG Rn. 9.

Gericht der erhöhten Vergütung zugestimmt hat.[278] Ob in Kindschaftssachen das Tätigwerden des Gerichts generell von der Zahlung eines Vorschusses (§ 11 FamGKG) abhängig gemacht werden kann, wird diskutiert.[279] Zu unterscheiden ist dabei zwischen Gebühren und Auslagen einerseits und Antrags- und Amtsverfahren andererseits.[280] Nach dem Wortlaut der §§ 14 Abs. 3, 21 Abs. 1 S. 1 FamGKG sind nur Verfahren, die (auch) von Amts wegen eingeleitet werden können (§ 1684, § 1666 BGB), von der Vorschusspflicht für Gebühren befreit. Nicht umfasst von der Regelung sind daher Antragsverfahren (§ 1671 BGB). Eine generelle Vorschusspflicht ist aber auch hier schon wegen des Beschleunigungsgrundsatzes abzulehnen.[281]

Abgesehen davon enthält § 16 Abs. 3 FamGKG eine Spezialregelung für gerichtliche Auslagen, die den Regelungen der §§ 379, 402 ZPO, § 13 Abs. 1 S. 1 JVEG vorgeht.[282] Danach kann für die Hinzuziehung eines Sachverständigen zwar nach pflichtgemäßem Ermessen ein Vorschuss zur Deckung der Auslagen (z. B. Gutachtenkosten) angefordert werden, eine Abhängigmachung der Maßnahme von der vorherigen Zahlung darf bei Handlungen von Amts wegen aber nicht erfolgen.[283]

Darüber hinaus ist die Anwendung des § 13 JVEG in Kindschaftssachen insgesamt bedenklich. Ein solcher Antrag muss im Vorfeld der Begutachtung gestellt werden. In Kindschaftssachen kann der Umfang der Begutachtung allerdings nicht immer vollumfänglich abgeschätzt werden. *Vogel* gibt daher zu bedenken, dass Sachverständige dazu neigen könnten, eine erhöhte Vergütung „auf Verdacht" zu beantragen,[284] wodurch das Verfahren unnötig verzögert werde[285].

278 *BGH* BeckRS 2009, 23078, Rn. 5; DS 2007, 148 (149); *OLG Karlsruhe* NZFam 2015, 424 (425).

279 Bejahend *KG* FamRZ 2012, 239 (Sorgerechtverfahren nach § 1671 BGB).

280 Dazu ausführlich *Schneider*, FamRB 2012, 164 (164 f.).

281 Heilmann/*Dürbeck*, § 80 Rn. 4: schlägt eine erweiterte Auslegung der Ausnahmeregelung des § 15 Nr. 3b FamGKG vor; HK-FamGKG/*Volpert*, § 14 Rn. 82.

282 Eine Ausnahme machte das *OLG Karlsruhe* NZFam 2015, 424: Aus Vertrauensschutzgründen gewährte es ausnahmsweise dem Sachverständigen die vereinbarte besondere Vergütung auch ohne Einzahlung eines Vorschusses, da die gerichtliche Verfügung nicht den Hinweis enthielt, dass die Einzahlung eines Vorschusses abzuwarten bleibt. So bereits *OLG Koblenz* JB 2010, 214.

283 *OLG Celle* FamRZ 2013, 241; Prütting/Helms/*Klüsener*, § 16 Rn. 8; Schneider/Volpert/Fölsch/ *Volpert*, § 16 Rn. 30 f., 43; *Schneider*, AGS 2016, 209 (210); *BGH* NJW 2000, 743; *OLG Köln*, Beschl. v. 06.10.2010 – I-17 W 168/10; *OLG Koblenz* FamRZ 2002, 685.

284 Das Risiko dürfte aber bestehen, *Vogel*, DS 2014, 16 (24).

285 BDPZ/*Binz*, § 13 JVEG Rn. 4.

Bei Zustimmung nur eines Beteiligten wäre das Gericht zudem verpflichtet, vor Ersetzung der fehlenden Zustimmung zu überprüfen, dass sich kein anderer geeigneter Sachverständiger zum Regelvergütungssatz findet (§ 13 Abs. 2 S. 2 Hs. 2 JVEG).

3. *Kostenverteilung in Kindschaftssachen*

a) *Grundsatz der Kostentragung*

In Familiensachen hat das Gericht stets über die Kosten zu entscheiden (§ 81 Abs. 1 S. 3 FamFG). Dem Gericht kommt bei der Frage des Kostenschuldners ein weiter Beurteilungs- und Ermessensspielraum zu, der an die Billigkeit gebunden[286] und in nachvollziehbarer Weise zu begründen ist[287]. Das Gericht kann den Beteiligten die Kosten ganz oder allein auferlegen (§ 81 Abs. 1 S. 1 FamFG) oder von der Erhebung (einzelner) Gerichtskosten (§ 81 Abs. 1 S. 2 FamFG) absehen.[288] Es entspricht der gängigen Gerichtspraxis, den Beteiligten nicht die Kosten für ein Amtsverfahren nach §§ 1666 f. BGB aufzuerlegen.[289] Dagegen werden in antragsbezogenen kindschaftsrechtlichen Verfahren (§§ 1671, 1684 BGB) die Gerichtskosten grundsätzlich beiden Elternteilen hälftig auferlegt,[290] inklusive aller Auslagen wie Gutachtenkosten.[291] Die außergerichtlichen Kosten muss dagegen jeder Beteiligte selbst tragen.

b) *Einseitige Auferlegung der Gutachtenkosten*

Von diesem Grundsatz kann das Gericht beim Vorliegen eines der in § 81 Abs. 2 BGB genannten Regelbeispiele abweichen. So können einem Elternteil die Kosten für ein Gutachten alleine auferlegt werden, wenn sich dieser der Begutachtung entzogen und seine Mitwirkung verweigert hat (§ 81 Abs. 2 Nr. 4 FamFG).[292]

---

286 MüKoFamFG/*Schindler*, § 81 Rn. 19.

287 BeckOK FamFG/*Nickel*, § 81 Rn. 10a; Keidel/*Zimmermann*, § 81 Rn. 44 ff.

288 BR-Drs. 309/07 zu § 81 Abs. 1 S. 2, S. 475 f.; z. B. *OLG Frankfurt* FamRZ 2012, 1163.

289 *OLG Celle* FamRZ 2012, 1896; *OLG Hamm* FamRZ 2001, 696; *Salzgeber*, Gutachten, S. 93; BeckOKFamFG/*Nickel*, § 81 Rn. 15; Keidel/*Zimmermann*, § 81 Rn. 33: Ermessenmissbrauch; Korintenberg/*Lappe*, § 94 Rn. 36: bei unverschuldetem Versagen (z. B. Krankheit); Prütting/Helms/*Feskorn*, § 81 Rn. 16: angeordnete Maßnahme war unverhältnismäßig.

290 *KG* FamRZ 2012, 1162. Umgang: *OLG Bremen* BeckRS 2013, 08128; *OLG Karlsruhe* BeckRS 2013, 06050 Rn. 88; Sorge: *OLG Jena* BeckRS 2012, 08402; *OLG Köln* FamRZ 2012, 1162.

291 Prütting/Helms/*Feskorn*, § 81 Rn. 14a.

292 Z. B. *OLG Celle* NZFam 2014, 916.

Auch leichtfertig aufgestellte Behauptungen des sexuellen Missbrauchs, die sich auch nicht durch ein Gutachten bestätigen ließen, können eine einseitige Kostentragungspflicht zur Folge haben.[293] Da die einseitige Kostenauferlegung allerdings geeignet ist, den Unmut des belasteten Elternteils zu befördern und damit einer Beilegung der elterlichen Konflikte nicht zuträglich ist, ist nach allgemeiner Auffassung Zurückhaltung bei der einseitigen Kostenauferlegung geboten.[294]

c) Absehen von der Erhebung der Gutachtenkosten aus Billigkeitsgründen

Nach § 81 Abs. 1 S. 2 FamFG kann es im Einzelfall geboten sein, von der Erhebung von Kosten abzusehen, wenn es nach dem Verlauf oder dem Ausgang des Verfahrens unbillig erscheint, die Beteiligten mit diesen zu belasten.[295] Die Regelung kommt vor allem in Kindschaftssachen zum Tragen (vgl. bereits § 94 Abs. 3 S. 2 i.V.m. Abs. 1 Nr. 3–6 KostO).[296] Allein schlechte wirtschaftliche Verhältnisse rechtfertigen eine Kostenentlastung aber noch nicht, vor allem dann nicht, wenn die Beantragung von VKH möglich gewesen wäre.[297] Eine übermäßige finanzielle Belastung ist grundsätzlich über die Regelungen der VKH zu lösen.[298] Eine Kostenbefreiung sollte auch nicht damit begründet werden, dass die Eltern das Verfahren ausschließlich (oder zumindest auch) im Interesse des Kindes betreiben.[299] Eine solche Sichtweise würde die Ausnahmevorschrift in Kindschaftssachen zur Regel erheben.[300]

§ 81 Abs. 1 S. 2 FamFG betrifft sowohl Kosten, die durch *richtige* als auch solche die durch *unrichtige Sachbehandlung* entstanden sind.[301] Dem steht nicht entgegen, dass im Kostenansatzverfahren nach § 20 FamGKG zwingend solche

---

293 *Finke*, FPR 2010, 331.

294 *OLG Karlsruhe* FamFR 2013, 213; FamRZ 2010, 1695; *OLG Nürnberg* FamRZ 2010, 998.

295 BT-Drs. 16/6308, S. 215; BR-Drs. 309/07, S. 475 f.

296 Prütting/Helms/*Feskorn*, § 81 Rn. 15; *OLG Frankfurt* FamRZ 2012, 1163 (1163).

297 *KG* FamRZ 2012, 1162; *OLG Celle* JAmt 2012, 40; nicht ganz so restriktiv: Prütting/Helms/*Feskorn*, § 81 Rn. 18; BeckOKFamFG/*Nickel*, § 81 Rn. 17: § 81 Abs. 1 S. 2 FamFG könne greifen, wenn VKH wegen fehlender rechtlicher Beratung nicht gestellt wurde.

298 Es überzeugt daher nicht, dass das *OLG Frankfurt* den Eltern die Kosten des Verfahrens erließ, weil sie zweimal binnen eines Jahres mit den Kosten eines Kindschaftsverfahrens belastet waren, FamRZ 2012, 1163 (1164).

299 So *OLG Hamm* NJW 2012, 790; *OLG Frankfurt* FamRZ 2012, 1163; *OLG Saarbrücken* FamRZ 2011, 1805.

300 Heilmann/*Dürbeck*, § 81 Rn. 4.

301 Kemper/Schreiber/*Schneider*, § 81 Rn. 16 ff.; *Musielak/Borth*, § 81 Rn. 3 ff.

Kosten nicht zu erheben sind, die bei richtiger Sachbehandlung nicht angefallen wären.[302] Vielmehr ist es verfahrensökonomisch solche Umstände bereits in der Kostengrundentscheidung zu berücksichtigen.[303] Der *BGH* wendet die Maßstäbe des § 20 FamGKG daher auf § 81 Abs. 1 S. 2 FamFG entsprechend an.[304] Danach ist eine unrichtige Sachbehandlung anzunehmen, wenn das Gericht gegen eine klare gesetzliche Regelung verstoßen hat, insbesondere einen schweren Verfahrensfehler im Sinne einer eindeutigen Überschreitung des richterlichen Handlungs-, Bewertungs- und Entscheidungsspielraumes begangen hat[305] (z. B. Beantwortung von falschen Fragen durch Gutachter aufgrund fehlerhafter Anweisung durch das Gericht;[306] Inrechnungstellen einer überhöhten, durch den Kostenbeamten ausgeglichenen Rechnung[307]).

Im Zusammenhang mit der Einholung eines Gutachtens ist eine unrichtige Sachbehandlung anzunehmen, wenn ein Gutachten eingeholt wurde, für das keine Notwendigkeit bestand[308] oder das erstattete Gutachten nicht be- und verwertet wurde[309]. Da die Begutachtung das Verfahren verzögert, läge ein Verstoß gegen den Beschleunigungsgrundsatz (§ 155 FamFG) vor. Im Einzelfall wird

---

302 *BGH* FamRZ 2015, 570 (572); sich anschließend *OLG Frankfurt* FamRZ 2016, 479 (481); so auch *MüKoFamFG/Schindler*, § 81 Rn. 18; Keidel/*Zimmermann*, § 81 Rn. 20; Horndasch/Viefues/*Götsche*, § 81 Rn. 32; *Schneider*, FamRB 2015, 148 (148); Heilmann/*Dürbeck*, § 81 Rn. 4; a. A. Prütting/ Helms/*Feskorn*, § 81 Rn. 17 (§ 20 FamGKG gehe als Spezialregelung vor); Rahm/Künkel/*Feskorn*, Rn. 120; BeckOKFamFG/*Nickel*, § 81 Rn. 16.

303 *BGH* FamRZ 2015, 570 (572); *Schneider*, FamRB 2015, 148; Heilmann/*Dürbeck*, § 81 Rn. 712.

304 *BGH* FamRZ 2015, 570 (572); a. A. wohl MüKoFamFG/*Schindler*, § 81 Rn. 18 (unabhängig von deren Voraussetzungen).

305 Vgl. *BGH* MDR 2005, 956; NJW-RR 2003, 1294; NJW 1987, 1023; *OLG Stuttgart* Die Justiz 2006, 205; weitere Einzelfälle unrichtiger Sachbehandlung bei BDPZ/*Zimmermann*, § 21 Rn. 5.

306 BDPZ/*Zimmermann*, § 21 Rn. 7.

307 Rahm/Künkel/*Feskorn*, Kostengrundentscheidung Rn. 120 und Gerichtskosten Rn. 305; Prütting/Helms/*Feskorn*, § 81 Rn. 17; *BGH* NJW-RR 2005, 1230; *Hartmann*, Kostengesetze, GKG KV Nr. 9005 Rn. 1.

308 In einem Unterhaltsabänderungsverfahren vor dem *OLG Köln* war die Einholung eines Gutachtens offensichtlich nicht notwendig, da die Antragstellerin (Tochter des Antragsgegners) ihren Anspruch durch Vortrag vor dem AG sowohl dem Grunde als auch der Höhe nach unter Vorlage umfangreicher Unterlagen schlüssig dargelegt hatte, die der Antragsgegner mit seinen Behauptungen nicht erschüttern konnte, BeckRS 2014, 03559.

309 *Schneider*, FamRB 2012, 164.

ein solcher Verstoß in Kindschaftssachen aber nur schwer darzulegen sein. Die Frage, ob es im Einzelfall eines Gutachtens bedarf, ist nicht nach den allgemeinen Grundsätzen der Darlegungs- und Beweislast zu beantworten. Vielmehr bemisst sich die Frage nach den Gesamtumständen des Einzelfalles. Dem Gericht steht hierbei im Rahmen seiner Amtsermittlungspflicht (§ 26 FamFG) ein gewisser Beurteilungsspielraum zu, ob die bisherigen Ermittlungen und die eigene Sachkunde ausreichen oder weitere Aufklärung notwendig ist. Ein Erlass der Gutachtenkosten wäre auch dann billig, wenn das kostenintensive Beweisverfahren zu überraschenden Ergebnissen kommt, die keinen der verfolgten Rechtsschutzziele dienen.[310] Es ist in Kindschaftssachen allerdings kaum denkbar, dass ein psychologischer Sachverständiger überhaupt keinen zusätzlichen Beitrag zur Entscheidungsfindung leisten kann.

Es verwundert deshalb nicht, dass in Kindschaftssachen bisher nur eine Entscheidung erging, in der ein Gericht von der Erhebung der Sachverständigenkosten nach § 81 Abs. 1 S. 2 FamFG absah. Das *OLG Frankfurt* kam zu der Überzeugung, dass es unbillig wäre, den Beteiligten die entstandenen Gutachtenkosten i.H.v. 12.061,85 Euro sowie die Erörterungskosten i.H.v. 912,90 Euro aufzuerlegen, weil das Verfahren durch das *AG* schlecht geführt worden sei. Die Entscheidung erging erst 26 Monate nach Gutachtenerstattung und damit zu einem Zeitpunkt, in dem das Gutachten nicht mehr die aktuellen Gegebenheiten erfasste und damit unbrauchbar wurde.[311] Hier drang sich die unrichtige Verfahrensführung durch das Gericht geradezu auf.

d) Gewährung von Verfahrenskostenhilfe (VKH)

Letztlich wird sich die Frage, ob von der grundsätzlichen Kostentragungsregelung abgewichen werden sollte, in den Fällen erst gar nicht stellen, in denen VKH (§ 76 Abs. 1 FamFG i.V.m. §§ 114 ff. ZPO) bewilligt wurde. Durch die ratenfreie Bewilligung von VKH wird der Beteiligte von jeglichen Zahlungspflichten befreit, §§ 76 Abs. 1 FamFG, 122 Abs. 1 Nr. 1, 3 ZPO und die Kostentragungspflicht geht auf den Staat über.[312] Das betrifft eine große Anzahl an Verfahren. Nach der Erhebung des Statistischen Bundesamtes aus dem Jahr 2014 wird VKH in über 60 % aller familiengerichtlichen Verfahren gewährt.[313] Wie viele Verfahren

---

310 MüKoZPO/*Schindler*, § 81 Rn. 19.

311 *OLG Frankfurt* FamRZ 2016, 479 (481).

312 MüKoZPO/*Motzer*, § 122 Rn. 2.

313 *Statistisches Bundesamt*, destatis 2014, S. 45; *Salzgeber/Fichtner/Bublath*, ZKJ 2011, 338 (340): sprechen von 70 % bis 80 %.

davon Kindschaftssachen betreffen, wird zwar nicht separat ausgewiesen, es ist aber von einer hohen Prozentzahl auszugehen. Wird nur einem Elternteil VKH bewilligt, beeinflusst dies den Grundsatz der hälftigen Kostenauferlegung an den solventen Elternteil nicht (§ 81 Abs. 1 S. 1 FamFG). Die Justizkasse wird mit der anderen Hälfte der Gutachtenkosten belastet. Dagegen geht *Salzgeber* davon aus, dass bei einseitiger VKH grundsätzlich der andere Elternteil die gesamten Kosten alleine trägt. Er löst die ungerechte Kostenverteilung über § 81 Abs. 1 S. 2 FamFG.[314]

4. Kostentragung bei mangelhaftem Gutachten

Die angeführten Fallkonstellationen können unabhängig von der Qualität des erstatteten Sachverständigengutachtens die Nichterhebung der Gutachtenkosten rechtfertigen. Wegen der zutage getretenen Mängel familienpsychologischer Gutachten[315] stellt sich daneben die Frage, ob und inwieweit die Kosten für ein mangelhaftes Gutachten zu erstatten sind. Fehlerbehaftete Gutachten sind gerade in Kindschaftssachen äußerst bedenklich, da die Gerichte auf die psychologische Beurteilung angewiesen sind und die Zeit für ein zweites Gutachten fehlt. Selbst die Befreiung von den Kosten für das Gutachten ist deshalb für die Beteiligten nur ein schwacher Trost.

a) Systematik des § 8a JVEG

Seit dem 2. KostRMoG besteht in § 8a Abs. 2 S. 1 Nr. 2 JVEG eine gesetzliche Grundlage, welche die in der Rechtsprechung entwickelten Fallgestaltungen[316] zum Verlust oder der Kürzung der Sachverständigenvergütung bei mangelhafter Leistung festschreiben. Daneben werden auch neue Fallgestaltungen erfasst.[317] Nach § 8a JVEG kann eine fehlerhafte Tätigkeit des Sachverständigen mit dem Wegfall der Vergütung (Abs. 1, 2), ihrer Herabsetzung (Abs. 2, 3) oder ihrer Begrenzung auf den Auslagenvorschuss (Abs. 4) geahndet werden. Nunmehr können auch verschuldensunabhängige Verhaltensweisen zum Verlust der Vergütung

314 *Salzgeber*, Gutachten, S. 92.

315 Siehe nur *BVerfG* FamRZ 2015, 112, das in seinen ungewöhnlich vielen Aufhebungsverfahren im Jahr 2014 teilweise erschreckende Defizite bei den erstatteten Gutachten feststellte. Ausführlich zur Qualität von familienpsychologischen Sachverständigengutachten siehe 4. Kapitel.

316 Siehe dazu nur *Bleutge*, DS 2010, 92.

317 BT-Drs. 17/11471, S. 260; Kritisch zur Neuregelung *Bleutge*, DS 2013, 256; siehe auch *Ulrich*, DS 2013, 264 (Vorher-Nachher-Vergleich).

führen. Überwiegend setzen die Verstöße aber einen bestimmten Verschuldensgrad voraus. Die Vorschrift soll Sachverständige zur ordentlichen und Kosten sparenden Tätigkeit ermahnen und zur Klärung von Verwertbarkeitsfragen im Hauptsacheverfahren beitragen.[318]

Nach § 8a Abs. 1 und Abs. 2 S. 1 Nr. 1 werden Verstöße des Sachverständigen gegen den Pflichtenkatalog des § 407a ZPO[319] (fehlende Mitteilung von Ablehnungsgründen, fehlende fachliche Eignung, keine persönliche Ausführung, Zweifel am Auftrag, keine Hinweise auf höhere Kosten) geahndet. Anhaltspunkte für solche Verstöße können durchaus gegeben sein, werden aber regelmäßig an der Voraussetzung des Vertretenmüssens scheitern. Da in Kindschaftssachen so gut wie nie ein Kostenvoranschlag eingeholt wird,[320] ist § 8a Abs. 3 JVEG i.V.m. § 407a Abs. 3 S. 2 ZPO eher unbedeutend.[321] Weniger relevant ist auch die Fallkonstellation der grob fahrlässigen oder vorsätzlichen Herbeiführung eines Befangenheitsgrundes, der zur Ablehnung des Sachverständigen führen kann (§ 8a Abs. 2 S. 1 Nr. 3 JVEG). Denn es wird äußerst schwer sein, dem Sachverständigen grobe Fahrlässigkeit nachzuweisen.[322]

b) Vergütung bei mangelhaftem Gutachten nach § 8a Abs. 2 S. 1 Nr. 2 JVEG

Der Verlust oder die Kürzung der Vergütung kommt nach § 8a Abs. 2 S. 1 Nr. 2 JVEG dann in Betracht, wenn die Leistung des Sachverständigen wegen eines Mangels nicht oder nur teilweise verwertbar ist. Es muss ein inhaltlicher oder formaler Mangel vorliegen, der das Gutachten objektiv unverwertbar macht. Bei kleineren, nachbesserungsfähigen formalen Mängeln muss dem Sachverständigen die Möglichkeit der Nachbesserung gegeben werden.[323] Die Unverwertbarkeit eines Gutachtens ist zu bejahen, wenn das Gutachten nicht die gestellten Beweisfragen beantwortet oder nur das Ergebnis ohne nachvollziehbare Begründung mitgeteilt wird.[324] Das Gutachten ist auch dann mangelhaft, wenn es

---

318 *Hartmann*, Kostengesetze, § 8a JVEG Rn. 2.

319 *Hartmann*, Kostengesetze, § 8a JVEG Rn. 53.

320 *Salzgeber*, Gutachten, S. 93: als eher schwache Begründung führt er an, dass die Gerichte wohl über die zu erwartenden Kosten aufgeklärt seien.

321 Ein erhebliches Missverhältnis zwischen Vergütung und Streitgegenstand ist dann gegeben, wenn die Vergütung des Sachverständigen mehr als die Hälfte des Streitwerts erreicht, *Meyer/Höver/Bach/ Oberlack*, § 8a Rn. 32.

322 Allgemeine Ausführungen reichen jedenfalls nicht: *Salzgeber*, Gutachten, S. 104.

323 *Müller*, § 21 Rn. 890.

324 *OLG Düsseldorf* MDR 1995, 1267. Siehe die Rspr.-Übersicht bei *Bleutge*, DS 2010, 92 (93).

kein oder ein objektiv falsches Ergebnis enthält oder das Verfahren fehlerhaft war.[325] Der Sachverständige verliert seinen Entschädigungsanspruch aber nicht, wenn das Gericht das Gutachten für nicht überzeugend hält und es deshalb nicht seiner Entscheidung zugrunde legt.[326]

In der bis dato vorherrschenden Rechtsprechung[327] wurde der Vergütungsanspruch des Sachverständigen wegen mangelnder Leistung nur bei grober Fahrlässigkeit herabgesetzt. Nunmehr wird keinerlei Verschulden mehr verlangt.[328] Die Rechtsprechung zur Unverwertbarkeit bei grober Fahrlässigkeit kann aber auch weiterhin herangezogen werden.

c) Verwertbarkeitsvermutung des § 8a Abs. 2 S. 2 JVEG

Ist das Gutachten nur teilweise unverwertbar, ist der Sachverständige zumindest hinsichtlich des verwertbaren Teils des Gutachtens zu entschädigen, sofern dieser Teil selbständig bestehen kann.[329] Die Berechnung der Vergütung für den verwertbaren Teil dürfte erhebliche Schwierigkeiten bereiten.[330] Entsprechend der bisherigen Rechtsprechung[331] gilt eine an sich nach den § 8a Abs. 2 S. 1 Nr. 1–4 nicht verwertbare Leistung als verwertbar (§ 8a Abs. 2 S. 2 JVEG), soweit sie in der Entscheidung nicht nur völlig untergeordnet mitberücksichtigt wurde.[332] Das bedeutet, dass die Voraussetzungen des § 8a Abs. 2 Nr. 1 bis 4 JVEG in der Beschwerdeinstanz erst gar nicht zu prüfen sind, wenn das Gericht Teile des Gutachtens nicht völlig untergeordnet mitberücksichtigt hat.[333] Damit sollen Streitigkeiten über die Verwertbarkeit in den Kosteninstanzen verhindert werden, indem der (teilweisen) Verwertung im Hauptsacheverfahren präjudizielle

325 *Müller*, § 22 Rn. 953.

326 *Salzgeber*, Gutachten, S. 104; *OVG Weimar* BeckRS 2010, 50387.

327 *BGH*, Beschl. v. 23.08.2011 - 11 W 1514/11, unter II. 2. a; Beschl. v. 11.01.2011 - 11 W 2811/10, unter II. 1; NJW 1976, 1154, Ls.; dem folgend *LG Karlsruhe*, BeckRS 2008, 20714; *OLG Koblenz MDR* 2002, 1152; *OLG Naumburg*, BeckRS 2013, 10535; *OLG München*, BeckRS 2012, 05685.

328 Bayerlein/Bleutge/Roeßner/*Bleutge*, § 41 Rn. 81; a. A. BDPZ/*Binz*, § 8a Rn. 8 (leichte Fahrlässigkeit); wohl auch *Hartmann*, Kostengesetze, § 8a JVEG Rn. 5; *Salzgeber*, Gutachten, S. 104; *Meyer/Höver/Bach/Oberlack*, § 8a Rn. 12.

329 *Müller*, § 21 Rn. 890.

330 BeckOKJVEG/*Bleutge*, § 8a Rn. 21.

331 *OLG Naumburg* BeckRS 2013, 10535; *KG* MDR 2010, 719; *OLG München* NJW-RR 1998, 1687; *OLG Düsseldorf* Rpfleger 1991, 527 Ls.; *LG* Bayreuth JB 1991, 437.

332 Die Gesetzesmaterialien lassen eine Begründung vermissen, BT-Drs. 17/11471, S. 259.

333 *Hartmann*, Kostengesetze, § 8a JVEG Rn. 34.

Wirkung zukommt.[334] Umso bedeutender ist es, dass die Gerichte die Gutachten eingehend überprüfen.

Durch die Verwertbarkeitsvermutung wird die Verwertbarkeit eines Gutachtens ungeachtet objektiver Mängel fingiert. Dadurch wird das Gutachten aber noch lange nicht mangelfrei. Die faktische Verwertung des Gutachtens wird damit über die Verwertbarkeit des Gutachtens in qualitativer (wissenschaftlicher) Hinsicht gestellt. Abgesehen davon, dass die Sachverständigen für eine mangelhafte Tätigkeit vergütet werden, besteht die Gefahr, dass die Gerichte gestützt auf das mangelhafte Gutachten eine falsche Entscheidung treffen. Die Folgen einer falschen Entscheidung können in den meisten Fällen nicht rückgängig gemacht werden. Die Beteiligten werden letztlich in doppelter Hinsicht belastet. In einem solchen Fall wäre es gerechtfertigt, dem Sachverständigen zumindest die Kosten aufzubürden.[335] Die weitverbreitete Kritik und das Misstrauen in Gutachten werden sich weiter verschärfen, wenn die Verantwortlichen nicht zur Rechenschaft gezogen werden und darüber hinaus die Verfahrensbeteiligten die Kosten vollumfänglich tragen müssen.

In Kindschaftssachen müssen Sachverständige dennoch nur in den seltensten Fällen eine Vergütungskürzung befürchten. Zwar kann *Bleutge* zugestimmt werden, dass sich die Rechtslage durch die geringeren Verschuldensmaßstäbe und die Ergänzung um weitere Fallkonstellationen in § 8a JVEG dem Grunde nach zum Nachteil der Sachverständigen entwickelt hat.[336] In der Praxis dürften die Sachverständigen dennoch keine vermehrten Vergütungskürzungen befürchten. Denn es muss angezweifelt werden, ob die Familiengerichte überhaupt in der Lage sind, Mängel außerhalb des Pflichtenkatalogs des § 407a ZPO zu erkennen. Die Feststellungslast liegt beim Gericht.[337] An dieser Stelle offenbaren sich erneut die hohen Anforderungen an die Familiengerichte verbunden mit der Frage, ob sie diesen gerecht werden (können).[338]

5. *Keine Schadloshaltung nach § 839a BGB*

Daneben wird auch die Durchsetzung eines Schadensersatzanspruchs gegen den Sachverständigen nach § 839a BGB verschwindend gering sein. Durch den 2002 eingefügten § 839a BGB wurde erstmalig eine Sonderhaftungsnorm für

334 BT-Drs. 17/11471 [neu], S. 260.
335 *Müller*, § 21 Rn. 889a.
336 Bayerlein/Bleutge/Roeßner/*Bleutge*, § 41 Rn. 80.
337 *Salzgeber*, Gutachten, S. 104.
338 Siehe hierzu ausführlich 6. Kapitel unter Punkt B.

Sachverständige geschaffen,[339] die es den Eltern[340] ermöglicht, den vereidigten wie nicht vereidigten Sachverständigen ohne Vertragsverhältnis außerhalb des Deliktsrechts in Anspruch zu nehmen.[341] Inhaltlich wurde in Anlehnung an das Deliktsrecht der Schutzbereich auf Vermögensschäden außerhalb der Tatbestände der §§ 823 Abs. 2, 826 BGB und die Haftung auf Vorsatz und grobe Fahrlässigkeit ausgeweitet.[342] Dennoch sind die Hürden der Haftungsnorm so hoch, dass eine Inanspruchnahme nur schwer möglich ist. Nach § 839a BGB hat der Sachverständige bei vorsätzlicher oder grob fahrlässiger Erstattung eines unrichtigen Gutachtens für den Schaden aufzukommen, der einem Beteiligten durch eine gerichtliche Entscheidung entsteht, die auf diesem Gutachten beruht. Bereits der Nachweis eines unrichtigen Gutachtens[343] wird nur schwer zu erbringen sein, weil Sachverständigengutachten dem Bereich des Werturteils unterfallen und daher je nach Fachgebiet nur einer beschränkten objektiven Überprüfung zugänglich sind.[344] Besonders schwierig ist die objektive Bestimmung der Richtigkeit des Gutachtens vor allem in Kindschaftssachen, wo Wahrscheinlichkeitsaussagen getroffen werden.[345]

Auch die Darlegung und der Nachweis grober Fahrlässigkeit, d. h. eines in objektiver Hinsicht schweren und in subjektiver Hinsicht nicht entschuldbaren

---

339 BGBl. I, S. 2674. Siehe bereits den Vorschlag der *ZPO-Kommission*, S. 358 f. Zur Entwicklung in der Rechtsprechung: BGHZ 62, 54, aufgehoben durch BVerfGE 49, 304 = NJW 1979, 305.

340 Selbst ein in einem Verfahren nach § 1666 BGB nicht förmlich beteiligter Elternteil ist aktivlegitimiert: *Wagner/Thole*, FPR 2003, 521 (524); *Jessnitzer/Frieling/Ulrich*, S. 415 Rn. 752.

341 Zum alten Recht umfassend *Kilian*, VersR 2003, 683.

342 Begr. des Gesetzentwurfs der BReg., BT-Drs. 14/7752, S. 28. Eine Ausweitung der Haftung auch auf leichte Fahrlässigkeit würde das System des Sachverständigenbeweises aushebeln, da die innere Freiheit der Sachverständigen zu sehr beeinträchtigt wäre: *Schöpfling*, 2004, 241 (242); kritisch *Jacobs*, ZRP 2001, 489 (491); *Volze*, DS 2004, 48 (51): spricht von der Wegnahme des Richterprivilegs.

343 Wenn es objektiv nicht der wahren Sachlage entspricht: Staudinger/*Wöstmann*, § 839a Rn. 9; *Thole*, S. 94 ff.; *Jaeger/Luckey*, Rn. 419; MüKoBGB/*Wagner*, § 839a Rn. 19. Soergel/*Spickhoff*, § 839a Rn. 20. Kritisch hierzu *Schwab*, DS 2005, 132 (132): nichtssagender Anhaltspunkt.

344 *BGH* NJW 1978, 751; 1989, 2941 (2942); 1999, 2763 (2737); dazu auch *Thole*, S. 95, 153.

345 Unsicherheiten und Zweifel müssen offen gelegt werden: *Thole*, S. 96; MüKoBGB/*Wagner*, § 839a Rn. 19; *Wagner/Thole*, FPR 2003, 521 (522).

Verstoßes gegen die Anforderungen der im Verkehr erforderlichen Sorgfalt,[346] dürfte für die beweisbelastete Partei nahezu unmöglich sein, sofern der Sachverständige sie nicht eingesteht. Ein grobes Übernahmeverschulden ist beispielsweise anzunehmen, wenn sich dem Sachverständigen hätte aufdrängen müssen, dass der Auftrag seine fachlichen Kompetenzen übersteigt.[347] Gleichwohl muss dem Sachverständigen ein gewisser Einschätzungsspielraum in seiner Vorgehensweise zugestanden werden.[348]

In aller Regel wird daher im Rahmen des Anspruchs aus § 839a BGB nur ein weiteres Sachverständigengutachten die Arbeit des früheren Sachverständigen überprüfen können.[349] Und selbst beim Vorliegen eines widersprechenden Gutachtens fragt sich aus Sicht des Gerichts, welchem Gutachten es sich anschließen soll, so dass es naheliegen könnte, ein weiteres (Ober)Gutachten einzuholen. De facto setzt sich letztlich die nicht zu verleugnende Abhängigkeit der Beteiligten und des Gerichts von Sachverständigen im Haftungsprozess fort.[350] Zwar mag die These *Salzgebers* stimmen, dass familienrechtspsychologische Sachverständige innerhalb der Psychologie und der forensischen Berufsgruppe zu den am häufigsten angegangenen Personen gehören.[351] Aufgrund der dargelegten Hürden ist aber mit einer vergleichbaren Beschwerdequote wie in den USA[352] weder aktuell noch in naher Zukunft zu rechnen. Im Ergebnis bleibt daher nur zu hoffen, dass § 839a BGB zumindest in präventiver Hinsicht eine gewissenhafte(re) Gutachtenerstellung befördert.[353]

---

346 Begr. des Gesetzentwurfs der BReg., BT-Drs. 14/7752, S. 28; *BGH* MDR 2013, 1397 Rn. 26; BGHZ 119, 147 (149); *Jessnitzer/Frieling/Ulrich*, S. 417 Rn. 755; Erman/*Mayen*, § 839a Rn. 8; *Brückner/Neumann*, MDR 2003, 906 (908).

347 *Wagner/Thole*, FPR 2003, 521 (523); *Thole*, S. 109; Staudinger/*Wöstmann*, § 839a Rn. 12. Angeführt wird auch die unrichtige Tatsachenfeststellungen (MüKoBGB/*Wagner*, § 839a Rn. 19; *Kilian*, VersR 2003, 683 (683)), fehlerhafte Schlussfolgerungen (*Kilian*, VersR 2003, 683 (683)), Vorspiegeln von Sicherheit, obwohl nur ein Wahrscheinlichkeitsurteil möglich ist (MüKoBGB/*Wagner*, § 839a Rn. 19; *Wagner/Thole*, FPR 2003, 521 (522)) und Zugrundelegung einer nicht vertretenen Ansicht (*Kilian*, VersR 2003, 683 (683); krit. *Jaeger/Luckey*, Rn. 418 f.; *Kilian*, VersR 2003, 683 (683); *Jessnitzer/Frieling/Ulrich*, Rn. 242; *Huber*, § 5 Rn. 62, S. 230 spricht von einem seriösen Fachkollegen).

348 *Klenner*, FamRZ 1989, 804 (805 ff.); *Leitner*, FuR 2000, 57 mit weiteren Beispielen.

349 *Wagner/Thole*, FPR 2003, 521 (522); *Jaeger/Luckey*, Rn. 426; *Schöpflin*, zfs 2004, 241 (244); *Schwab*, DS 2005, 132 (133). Staudinger/*Wöstmann*, § 839a Rn. 9.

350 *Schöpflin*, zfs 2004, 241 (244).

351 *Salzgeber*, Gutachten, S. 107.

352 So aber *Salzgeber*, Gutachten, S. 107.

353 So auch *Wagner/Thole*, FPR 2003, 521 (525); *Schöpflin*, zfs 2004, 241 (242).

E. Person und Auswahl des Sachverständigen

I. Der gerichtliche Sachverständige

Bei einem Sachverständigen handelt es sich grundsätzlich um eine Person, die auf einem bestimmten Gebiet der Geistes- oder Naturwissenschaft, der Wirtschaft, der Technik oder eines anderen Sachbereiches überdurchschnittliche Kenntnisse und Erfahrungen hat und diese besondere Sachkunde in Ausübung eines Gewerbes oder eines freien Berufes jedermann persönlich, unparteiisch, unabhängig und objektiv zur Verfügung stellt.[354] Die Bezeichnung des gerichtlichen Sachverständigen trifft auf solche Sachverständige zu, die im Rahmen eines gerichtlichen Verfahrens durch ein Gericht oder die Staatsanwaltschaft herangezogen werden. Der Zusatz „gerichtlicher" Sachverständiger hängt daher mit dem Auftraggeber zusammen, belegt dagegen nicht dessen besondere Sachkunde oder Qualifikation. Aus diesem Grund verstoßen Bezeichnungen, die den Eindruck besonderer Fachkompetenz erwecken können, wie „Gerichts-Sachverständiger" oder Ähnliches, gegen §§ 1, 3 UWG.[355]

Die Vorschriften über den Sachverständigenbeweis sind vornehmlich auf natürliche Personen im Sinne des BGB zugeschnitten.[356] Auch ohne explizite Eingrenzung ergibt sich dies konkludent aus den Vorschriften der ZPO. Eine juristische Person kann weder einen Eid leisten (§ 410 ZPO) noch ein Gutachtenverweigerungsrecht geltend machen (§ 408 ZPO),[357] so dass die pauschale Beauftragung einer juristischen Person des Privatrechts (Klinik, Verein oder Institut) nicht möglich ist.[358] Gleichwohl kann eine dort tätige einzelne Person als Gutachter beauftragt werden.[359]

Entsprechend der gesetzlichen Entschädigungsregel in § 1 Abs. 2 JVEG sind auch Behörden[360] oder sonstige öffentliche Stellen[361] für ihre Leistungen als Sachverständige zu vergüten. Daraus kann jedoch noch keine verallgemeinerungsfähige

---

354 Landmann/Rohmer/*Bleutge*, § 36 Rn. 10; *Jessnitzer*, DS 1988, 106, zur Abgrenzung von öffentlich bestellten, ihnen gleichzustellende Personen und freien Sachverständige.

355 *LG München* DS 1988, 6; *Salzgeber*, Gutachten, S. 33.

356 Jessnitzer/Frieling/Ulrich, S. 27.

357 Vgl. auch Musielak/Voit/*Huber*, § 404 Rn. 2.

358 So MüKoZPO/*Zimmermann*, § 404 Rn. 2 m.w.Nachw.; wohl auch Musielak/Voit/*Huber*, § 404 Rn. 2; Bergmann/Jopt/Rexilius/*Cuvenhaus*, S. 225 (230).

359 Keidel/*Sternal*, § 30 Rn. 84.

360 Nach der Legaldefinition des § 1 Abs. 4 VwVfG.

361 Ist eine Art Auffangtatbestand, unter den alle öffentliche Stellen zu fassen sind, soweit sie nicht Behörden i. S. d. § 1 Abs. 4 VwVfG sind.

Regelung abgeleitet werden, dass alle Behörden oder öffentlichen Stellen zur Erstellung von Gutachten herangezogen werden können.[362] Zwar sind Behörden grundsätzlich zur Amtshilfe verpflichtet (vgl. Art. 35 GG), darunter fällt aber gerade nicht die Pflicht als Sachverständige tätig zu werden. Spezialgesetzliche Regeln müssen Behörden ausnahmsweise und explizit als Sachverständige ausweisen (z. B. § 83 Abs. 3 StPO).[363] Für den Bereich der Familienpsychologie ist eine derartige spezialgesetzliche Regelung nicht einschlägig.

II. Allgemeine Anforderungen aus gesetzlichen Verpflichtungen

Obwohl es sich um einen anerkannten Beruf handelt, sucht man vergebens nach einem Berufsgesetz, welches die Anforderungen an die Tätigkeit des (gerichtlichen) Sachverständigen, seine Ausbildung und sonstigen fachlichen Qualifikationen regelt. Das erschwert freilich auch die Auswahl eines geeigneten Sachverständigen durch die Gerichte.

Aus der ZPO lassen sich nur allgemeine Anforderungen an den Sachverständigen ableiten. Nach § 410 Abs. 1 ZPO hat der Sachverständige sein Gutachten nach bestem Wissen und Gewissen, unparteilich und persönlich zu erstatten. Dass der Sachverständige nicht befugt ist, den Auftrag an Dritte weiterzureichen bzw. von Dritten ausführen zu lassen (§ 407a Abs. 2 ZPO) und seine unparteiliche Stellung als Hilfsorgan des Gerichts wahren soll, ist selbsterklärend.

Das Kriterium *„nach bestem Wissen"* verpflichtet ihn in Kindschaftssachen, sich auf dem aktuellsten Stand der psychologischen Wissenschaft zu halten, die diagnostischen Methoden und Interventionsansätze zu kennen und anwenden zu können.[364] Dabei hat er sein Wissen und Können selbstkritisch einzuschätzen und gegebenenfalls anderweitige Fachkompetenz einzuholen.[365] Bereits bei Auftragserteilung muss der Sachverständige seine Fachkompetenz hinsichtlich der Beweisfrage abschätzen und etwaige Bedenken frühzeitig dem Gericht mitteilen (§ 407a Abs. 1 ZPO).

---

362 Vgl. MüKoZPO/*Zimmermann*, § 404 Rn. 2; a. A. *VGH München* NVwZ-RR 1996, 328; Stein/Jonas/*Berger*, *§ 404* Rn. 14.

363 Z. B. § 1 Abs. 1 Ges. z. vorläufigen Regelung der Industrie- und Handelskammern; § 91 Abs. 1 Nr. 2 HandwO; § 58 MarkenG; § 67 Abs. 4 BNotO; § 73 Abs. 2 Nr. 8 BRAO, § 14 Abs. 2 RVG; § 76 Abs. 2 Nr. 7 StBerG; § 57 Abs. 2 WirtschaftsprüferO; § 192 BauGB.

364 *Salzgeber*, FPR 2008, 278 (279); *Wegener*, ZfJ 1982, 493 (498 f.); Bergmann/Jopt/Rexilius/ *Cuvenhaus*, S. 225 (235); *Zuschlag*, S. 72.

365 *Klocke*, DS 1988, 190 (190).

„Nach bestem Gewissen" handelt der Sachverständige, wenn er die ethischen Rahmenbedingungen seines Berufsstandes befolgt, insbesondere seine Tätigkeit einer ständigen Gewissensforschung unterzieht.[366] Gewissenhaft impliziert ein sorgfältiges, d. h. dem aktuellen Wissenschaftsstand entsprechendes Vorgehen.[367] Daneben ist ökonomisches Vorgehen eines der handlungsleitenden Prinzipien der diagnostischen Psychologie.[368] In Kindschaftssachen verstärkt sich der Ökonomiegedanke durch den Verhältnismäßigkeitsgrundsatz.[369] Der Nutzen der Methodenwahl muss die mit der Begutachtung einhergehenden Belastungen für die Betroffenen rechtfertigen und fachlich erforderlich sein.[370] Gerade für die betroffenen Kinder stellt das gerichtliche Verfahren, neben dem familiären Konflikt, eine enorme Belastung dar. Es wird von ihm fremden Personen angehört und befragt, ohne die Problematik vollends begreifen zu können.

Der Sachverständige hat weiter seine persönliche Unabhängigkeit zu wahren. Während der gesamten Begutachtung einschließlich der Abfassung seiner Befunde und Empfehlungen muss er den Beteiligten gegenüber neutral, allparteilich und unvoreingenommen auftreten. Eine Verletzung dieser Grundeigenschaften kann weitreichende Folgen haben. Er kann nicht nur wegen Befangenheit abgelehnt werden (§ 406 ZPO), sondern darüber hinaus seinen Vergütungsanspruch verlieren (§ 8a JVEG) und sich sogar haftbar machen nach § 839a BGB.[371]

III. Erforderliche Grundausbildung eines psychologischen Sachverständigen

Da Sachverständigentätigkeit auf dem Gebiet der Familienrechtspsychologie an keine spezifische Ausbildung geknüpft ist, erstatten die unterschiedlichsten Berufsgruppen Gutachten für Familiengerichte. Dies sind gelegentlich Ärzte für Kinder- und Jugendpsychiatrie, eher selten auch Kinderärzte und Diplom-Pädagogen.[372] Für die Erstellung familienpsychologischer Sachverständigengutachten in Sorge- und Umgangssachen sowie in Verfahren nach §§ 1666 f. BGB

366 *Müller*, S. 354.
367 *Salzgeber*, FPR 2008, 278 (279).
368 *Balloff*, FPR 2006, 415 (415).
369 *Salzgeber/Fichtner/Bublath*, ZKJ 2011, 338 (339).
370 *Jäger/Petermann*, S. 124 ff.; *Balloff*, FPR 2006, 415 (415).
371 *Kannegießer*, NZFam 2015, 620 (620).
372 *Leitner*, FuR 2000, 57 (57); *Wegener*, ZfJ 1982, 493; immer noch werden auch Diplom-Pädagogen herangezogen, *OLG Düsseldorf* NZFam 2017, 276 (276).

wird überwiegend auf Diplom- bzw. Master-Psychologen zurückgegriffen.[373] Die in der Psychologie tätigen Berufsgruppen suggerieren zunächst schon durch ihre Bezeichnung als „Psychologe", „Psychotherapeut", „Psychiater" etc. eine besondere psychologische Sachkunde. Damit die Familiengerichte einen für die konkrete(n) Beweisfrage(n) fachlich qualifizierten Sachverständigen auswählen können, müssen sie die Unterschiede der Berufsbezeichnung kennen.

1. Studium der Psychologie

„Psychologe" darf man sich nur nach abgeschlossenem universitärem Studium der Psychologie nennen, andernfalls macht man sich strafbar gem. § 132a StGB.[374] Im Zuge des Bologna-Prozesses[375] wurde die bis dato geltende Diplom-Studienordnung 2004 auf das zweistufige Bachelor-Master-System umgestellt. Ein Bachelorabschluss wird allgemein als nicht ausreichend erachtet.[376] Erst im Masterstudium werden die Methoden der psychologischen Diagnostik tiefergehend erlernt und Schwerpunkte gesetzt (klinische Psychologie, forensische Psychologie), die das Fundament für die Gutachtenerstellung darstellen.[377]

Seit der Bologna-Reform gibt es allerdings keine verbindliche Rahmenordnung mehr für die Universitäten und Hochschulen in Deutschland. Die *Deutschen Gesellschaft für Psychologie (DGPs)* hat deshalb vereinheitlichte Empfehlungen zum Inhalt und Umfang der Ausbildung formuliert.[378] Insbesondere der Bereich der (Familien)Rechtspsychologie wird immer noch sehr stiefmütterlich an deutschen Universitäten gelehrt. Es werden nur vereinzelt Seminare oder Vorlesungen zur Rechtspsychologie angeboten.[379] Die letzte Erhebung zum Ausbildungsangebot an deutschen Universitäten wurde 2008 von der *DGPs* durchgeführt, die überwiegend

---

373 Bergmann/Jopt/Rexilius/*Cuvenhaus*, S. 225 (231); *Zuschlag*, S. 70; *Castellanos/Hertkorn*, S. 11 Rn. 3; *Leitner*, FuR 2000, 57 (57); *Westhoff/Kluck*, S. 163. Das bestätigen auch *Salewski/Stürmer*, Standards, S. 10: 91,4 % der Gutachten wurden von Diplom-/Master-Psychologen erstattet.

374 *Jäger/Petermann*, S. 130.

375 In der Bologna Erklärung von 1999 verpflichteten sich 29 europäische Staaten zur Umstellung der Studiengänge auf das Bachelor-Master-System zwecks Schaffung eines einheitlichen europäischen Bildungsraumes.

376 *Korn-Bergmann/Purschke*, FamRB 2013, 338 (339); *Stemmler/Kannegießer*, NZFam 2017, 639 (639); a. A. *Heumann*, FuR 2001, 16 (17 f.) hält auch das Studium der Pädagogik für geeignet.

377 *Salzgeber*, FPR 2008, 278 (280).

378 *Abele-Brehm et al.*, PsyRundsch 2014, 230; *ders.*, PsyRundsch 2015, 31. Einen Überblick über die wesentlichen Inhalte gibt *Stemmler/Kannegießer*, NZFam 2017, 639 (639 f.).

379 *Kury/Obergfell-Fuchs*, S. 36.

die Angebote vor dem Bologna-Prozess verglich.[380] Noch vor der Umstellung auf das Bachelor/Master-System wurde an einigen Universitäten im Diplomstudiengang Rechtspsychologie als Vertiefungs- oder Nebenfach angeboten.[381] Am Beispiel der Technischen Universität Braunschweig zeigt sich, dass durch die Umstellung die Rechtspsychologie als gesondertes Fach (weiter) an Bedeutung verloren hat.[382] Den Missstand haben die Universitäten in Berlin und Bonn erkannt und bieten seit einigen Jahren einen berufsbegleitenden Masterstudiengang zur Rechtspsychologie an.[383]

2. *Abgrenzung gegenüber Psychotherapeuten*

Mit Inkrafttreten des Psychotherapeutengesetzes (PsychThG) am 01.01.1999[384] stellte sich die Frage, ob auch für die psychologische Begutachtung in Familiensachen zusätzlich eine psychotherapeutische Ausbildung bzw. Approbation zum Psychotherapeuten nach dem PsychThG zu verlangen ist. Der Erwerb einer psychologisch-psychotherapeutische Approbation (Zulassung zur Heilkunde) berechtigt je nach fachlicher Ausrichtung zur Berufsbezeichnung als Psychologischer Psychotherapeut (PP-Therapeut) bzw. als Kinder- und Jugendlichen-Psychotherapeut (KJP-Therapeut), § 1 Abs. 1 PsychThG. Innerhalb der Ausbildungen sind erhebliche Unterschiede hinsichtlich der Anforderungen zu verzeichnen.[385]

Einer klärenden Befassung bedurfte es spätestens durch gesetzliche Änderung des § 35a SGB VIII vom 08.09.2005[386]. Seitdem können nur noch

---

380 Eine Zusammenfassung findet sich bei *Kury/Obergfell-Fuchs*, S. 36 ff.

381 Universität Bonn, Berlin und Würzburg: 1 bzw. 2 Vorlesungen und Seminaren, Universität Erlangen: 8–16 Semesterwochenstunden, Universität Gießen: 16 Semesterwochenstunden, Universität Kiel: 4 oder 10 Semesterwochenstunden.

382 Vorher wurde die Rechtspsychologie als forschungsvertiefendes Wahlpflichtfach mit 2 Seminaren je Semestern angeboten. Nunmehr wurde sie in das Schwerpunktmodul „Klinische Psychologie“ integriert, mit nur 2 Seminaren insgesamt im Bereich der Begutachtung und Intervention.

383 Hierzu im 5. Kapitel unter Punkt B.III.1.

384 BGBl. I 1998, S. 1311.

385 Die KJP-Therapeuten müssen mehr Theoriestunden ablegen und eine zweite Approbation zum PP-Therapeuten erwerben. Wohingegen PP-Therapeuten lediglich eine Zusatzqualifikation zum KJP-Therapeuten benötigen. Die *Deutsche Gesellschaft für Psychologie* fordert daher, dass Anrechnungsregelungen gem. § 5 Abs. 3 PsychThG für die Zweitausbildung zum PP-Therapeuten geschaffen werden: http://www.dgps.de/up-loads/media/Stellungnahme_der_DGPs_Zweitapprobation12.5.2014.pdf (zuletzt abgerufen am 01.08.2017).

386 BGBl. I, S. 2729.

Diplom-Psychologen mit Approbation eine Stellungnahme zum Anspruch von Kindern und Jugendlichen auf Eingliederungshilfe verfassen. Im Auftrag der *Föderation Deutscher Psychologenvereinigungen (FöDP)* verfasste *Plagemann* 2007 ein umfassendes Rechtsgutachten zum Approbationsvorbehalt in den verschiedenen Berufsfeldern. Für Psychologen im Familienrecht lehnte er überzeugend und abschließend einen solchen Approbationsvorbehalt ab.[387]

Gemäß der Beschreibung in § 1 Abs. 3 PsychThG bezweckt eine Psychotherapie die Feststellung, Heilung oder Linderung von Störungen mit Krankheitswert, bei denen eine Psychotherapie indiziert ist. Die psychologische Begutachtung in Kindschaftssachen erfolgt zur Klärung einer Frage im Zusammenhang mit der elterlichen Sorge oder dem Umgangsrecht. Dem Grunde nach ist jede Form der systematischen Diagnostik im weitesten Sinne eine Form der Intervention.[388] Psychotherapeutische Interventionen in Trennungs- und Scheidungsfamilien sind aber nur selten indiziert.[389] Die Notwendigkeit einer Approbation für die Erstellung psychologischer Gutachten wird daher entschieden abgelehnt.[390] Umgekehrt sind Psychotherapeuten auch nicht für eine Gutachtertätigkeit in Verfahren zur Regelung der elterlichen Sorge oder des Umgangs per se geeignet.[391] Zumal die Zugangsvoraussetzung zur Ausbildung zum KJP-Therapeuten neben dem Studien der Psychologie auch (noch) durch die Studiengängen Pädagogik oder Sozialpädagogik (§ 5 Abs. 2 Nr. 2 b) PsychThG) erfüllt wird.[392] Etwas anderes kann sich für psychopathologische Fragestellungen in Kindeswohlgefährdungsfällen ergeben.[393]

3. *Abgrenzung gegenüber (Kinder- und Jugend-)Psychiatern*

Abzugrenzen ist der psychologische Sachverständige von psychiatrischen Sachverständigen, welche gleichermaßen Gutachten für das Gericht erstellen können.[394] Als Psychiater werden Ärzte mit einer Weiterbildung zum psychiatrischen Facharzt bezeichnet. Grundlage ist nicht das erfolgreich abgeschlossene Studium

---

387 *Plagemann*, PdR 2007, 410.

388 *Westhoff/Kluck*, S. 166.

389 *Westhoff/Kluck*, S. 163.

390 *Plagemann*, PdR 2007, 410 (430); *Westhoff/Kluck*, S. 163.

391 *Heumann*, FuR 2001, 16 (17).

392 Novellierungsvorhaben zum PsychThG, siehe *BMG*, Eckpunkte Novellierung PsychThG.

393 Siehe auch *Kannegießer*, NZFam 2015, 620 (620).

394 Zum Psychiater in familiengerichtlichen Verfahren *Salzgeber*, Gutachten, S. 36. Eine Abgrenzung versuchen: *Weber/Rüth*, Nervenheilkunde 1997, 447; *Sachs*, ZRP 1982, 277.

der Psychologie, sondern das der Medizin (Staatsexamen). Der Psychiater befasst sich mit der Diagnostik und den Interventionsmöglichkeiten bei behandlungsbedürftigen psychiatrischen Persönlichkeitsstörungen bei Kindern und Jugendlichen (Facharzt für Kinder- und Jugendpsychiatrie und -psychotherapie) oder Erwachsenen (Facharzt für Psychiatrie und Psychotherapie).[395] Die Einschaltung eines kinderpsychiatrischen Sachverständigen ist immer dann geboten, wenn der aktuelle Zustand und Grad der Erkrankung von früheren stationären oder ambulanten kinder-/jugendpsychiatrischen oder neuropsychiatrischen Erkrankungen zu beurteilen ist oder aktuelle schwere Verhaltensauffälligkeiten und Störungen beim Kind zu verzeichnen sind. Ein psychiatrischer Sachverständiger kann (weitere) Hilfsmaßnahmen, wie den (erneuten) Klinikaufenthalt, abschätzen[396] und kann daher vor allem in Verfahren nach § 1666 BGB heranzuziehen sein.

IV. Zusätzliche Anforderungen

Innerhalb des Berufsstandes der psychologischen Sachverständigen hat sich das Verständnis herausgebildet, dass auch das erfolgreich abgeschlossene Studium einen Psychologen noch nicht hinreichend befähigt, Gutachten für Familiengerichte zu verfassen.[397] Denn das Fach der Familienpsychologie gehört leider (noch) nicht zu den Grundfächern des Psychologiestudiums.[398]

1. „Besondere“ Sachkunde und rechtliche Grundkenntnisse

Mit den Worten *Salzgebers* bewegt sich die Tätigkeit des gerichtlichen Sachverständigen im Grenzbereich zwischen Psychologie als empirischer Wissenschaft und der Jurisprudenz als normativer Wissenschaft.[399] Erforderlich sind daher nicht nur Kenntnisse der eigenen Wissenschaft (u. a. forensischen Psychologie), sondern auch hinsichtlich der einschlägigen Gesetzesvorschriften und der Entwicklungen in

395 Durch die (Muster)Weiterbildungsordnung der Bundesärztekammer von 2003 wurden die Bezeichnungen Facharzt für Psychiatrie und Facharzt für Psychiatrie und Neurologie durch die Bezeichnungen Facharzt für Psychiatrie und Psychotherapie und Facharzt für Kinder- und Jugendpsychiatrie und -psychotherapie ersetzt.

396 *Salzgeber*, Gutachten, S. 36.

397 Bergmann/Jopt/Rexilius/*Cuvenhaus*, S. 225 (231); *Rohmann*, FPR 2008, 268 (270); *Westhoff/Kluck*, S. 20, 126; *Salzgeber*, Gutachten, S. 31; *Heumann*, FuR 2001, 16 (17).

398 Bemühungen um entsprechende Curricula zur Aus- und Fortbildung familienpsychologischer Sachverständiger blieben erfolglos. S. zuletzt „BASYS e.V.“, *Prof. Dr. Jopt*, Universität Bielefeld.

399 *Salzgeber*, Gutachten, S. 36. Zum Verhältnis von Psychologie und Rechtswissenschaft umfassend *Dettenborn/Walter*, S. 19 ff.

der Rechtsprechung.[400] Für Kindeswohlgefährdungen sind (zudem) die möglichen Hilfsmaßnahmen nach dem SGB VIII zur Gefährdungsabwendung von Relevanz.[401]

Da ein Sachverständiger aufgrund der dem Gericht fehlenden „besonderen" Sachkunde herangezogen wird, wird von ihm theoretische und berufspraktische Erfahrung auf seinem Fachgebiet erwartet.[402] Die Auswahl des Sachverständigen nach entsprechenden weitergehenden Qualifikationen sollte immer auf die konkrete Beweisfrage bezogen sein. Er muss sowohl über das praktische Handwerkszeug (Psychodiagnostik) zur Herangehensweise und Erstellung von Gutachten, als auch über die erforderlichen psychologischen Grundlagen in dem relevanten Teilbereich der Psychologie verfügen. Bei Fragestellungen im Kontext Trennung und Scheidung sollten umfassende Kenntnisse auf dem Gebiet der Entwicklungspsychologie sowie Scheidungs- und Konfliktforschung vorliegen.[403] Hinsichtlich Kindeswohlgefährdungen wird zusätzlich eine (kinder)psychiatrische Fachkunde erforderlich sein, wenn der Verdacht psychischer Erkrankungen besteht.[404] Hat der Sachverständige interventionsorientiert vorzugehen (§ 163 Abs. 2 FamFG), sind umfassende Erfahrungen in der Familienberatung und -therapie, d. h. mediative und beraterische Fertigkeiten erforderlich.[405] Um die Sachkunde dauerhaft auf dem aktuellen Stand der Wissenschaft und Gesetzeslage halten zu können, haben sich Sachverständige stetig fort- und weiterzubilden und an Supervisionen teilzunehmen.[406]

2. *Zusatzqualifikation zum Fachpsychologen für Rechtspsychologie*

Die *Föderation Deutscher Psychologenvereinigungen (FöDP)*[407] machte es sich zur Aufgabe, die Anforderungen an eine besondere Sachkunde in einem Weiterbildungsprogramm in Rechtspsychologie zu verankern.[408] Das Weiterbildungsprogramm

---

400 *Salzgeber*, FPR 2008, 278 (280); *ders.*, Gutachten, S. 36 Rn. 131; *Ulrich*, DS 1999, 26.

401 *Rohmann*, FPR 2008, 268 (270); besondere Kenntnisse werden für Fragen der geschlossenen Unterbringung von Kindern und Jugendlichen verlangt: *Rohmann*, FPR 2009, 30.

402 Siehe nur *Zuschlag*, S. 71; *Plagemann*, PdR 2007, 410 (431); Bayerlein/Bleutge/Roeßner/*Böttger*, § 2 Rn. 19 fordert zwischen drei und fünf Jahren.

403 *Salzgeber*, FPR 2008, 278.

404 *Salzgeber*, FPR 2008, 278 (281); *Rüth*, ZfJ 1999, 277.

405 *Ernst*, FPR 2009, 345 (347 f.); Schorr/*Balloff*, S. 307 ff.

406 *Salzgeber*, Gutachten, S. 31; *Salzgeber/Fichtner/Bublath*, ZKJ 2011, 338 (342).

407 Zusammengesetzt aus dem *Berufsverband Deutscher Psychologinnen und Psychologen (BDP)* und der *Deutschen Gesellschaft für Psychologie (DGPs)*.

408 Die Ordnung und Ausführungsbestimmungen zur Ordnung in der Fassung, die Prüfungs- und Zertifizierungsordnung jeweils vom 13.04.2015, das Statut für das

sichert eine fundierte wissenschaftliche und berufliche Qualifikation für psychologische Tätigkeiten im Rechtssystem (§ 1 der Weiterbildungsordnung (WBO)).[409] Aufbauend auf dem universitären Diplom/Master in Psychologie (§ 2 WBO) erhält der Sachverständige über einen Zeitraum von drei Jahren in 400 Unterrichtseinheiten (§ 4.1 WBO) eine vertiefte theoretische (§ 3.1 WBO) und praktische (§ 3.2 WBO) Weiterbildung auf dem Gebiet der forensischen Psychologie. Ausbildungsbegleitend muss der Sachverständige den Nachweis einer dreijährigen psychologischen Berufserfahrung mit rechtspsychologischem Tätigkeitsschwerpunkt von mindestens 2/3 der Regelarbeitszeit erbringen (§ 2 WBO und § 3 Ausführungsbestimmung zur WBO).

Der Theorieteil beinhaltet neben der Vermittlung der rechtlichen Grundlagen des materiellen Rechts und Verfahrensrechts sowie der empirisch-psychologischen Grundlagen für Gutachten im Strafrecht und Familienrecht, das Verfassen rechtspsychologischer Gutachten und Stellungnahmen (§ 3.1 WBO). Nach erfolgreich abgeschlossener Prüfung darf der Sachverständige den Titel der/des *„Fachpsychologin/ Fachpsychologen für Rechtspsychologie BDP/DGPs“* (§ 4.7 WBO) tragen und hat einen Anspruch, in das auf der Homepage der BDP/DGPs öffentlich zugängliche Register der Föderation[410], eingetragen zu werden.[411]

Gleichzeitig verpflichten sich die gelisteten Rechtspsychologen zur regelmäßigen Fortbildung in Rechtspsychologie (§ 4.9 WBO). Jeweils innerhalb von fünf Jahren sind Fortbildungen im Gesamtumfang von 200 Unterrichtseinheiten zu erbringen und nachzuweisen.[412] Versäumt ein Fachpsychologe seine Nachweispflicht, erlischt sein Recht, in der genannten Liste geführt zu werden. Er kann die versäumten Nachweise oder einen nicht hinreichenden Umfang der Fortbildung aber jederzeit nachholen und wird in diesem Fall wieder aufgenommen (§ 4.9 WBO).

Daneben werden in der Literatur von Sachverständigen selbst oder aus Erfahrungen mit diesen weitere Anforderungen an ihre Qualifikation gestellt. *Kurth*

Fachgremium der *FDP*, Gebührenordnung und Zertifizierungsordnung sind auf der Homepage des TransMit-Zentrums für wissenschaftlich-psychologische Dienstleistungen (*DGPs*) veröffentlicht: http://www.zwpd.transmit.de/index.php/dienstleistungen/rechtspsychologie/downloads (zuletzt abgerufen am 01.08.2017).

409 https://zwpd.transmit.de/zwpd-dienstleistungen/zwpd-rechtspsychologie/zwpd-weiterbildung-rechtspsychologie (zuletzt abgerufen am 01.08.2017).

410 www.rechtspsychologen-register.de/recht/search (zuletzt abgerufen am 01.08.2017).

411 Siehe dazu *Balloff*, S. 190 ff.; Meysen/*Balloff/Stötzel*, S. 28 f. Rn. 75.

412 Näheres zum Inhalt der Fortbildungen regelt § 10 der Ausführungsbestimmungen.

verlangt ein gewisses Lebensalter und eine allgemeinmenschliche Reife[413], deren Bestimmung aber wohl Schwierigkeiten bereiten wird.

V. Zwischenergebnis

Es bleibt bereits festzuhalten, dass durch einen psychologischen Sachverständigen erstmalig psychologische Expertise in das kindschaftsrechtliche Verfahren einbezogen wird. In aller Regel kann keiner der anderen beteiligten Professionen (vertiefte) psychologische Kenntnisse vorweisen.[414] Zwar können in Anbetracht der relativ offen formulierten Anforderungen an die Qualifikation von Mitarbeitern der öffentlichen Jugendhilfe[415] und von Verfahrensbeiständen[416] im Einzelfall auch psychologische Kenntnisse vorhanden sein. Diese Berufsgruppen vermögen aber schon allein aufgrund ihrer verfahrensrechtlichen Stellung und ihrer Aufgaben die – für notwendig erachtete – Hinzuziehung eines psychologischen Sachverständigen nicht zu ersetzen.

Gutachterliche Stellungnahmen/Äußerungen von Mitarbeitern des Jugendamtes bedürfen nämlich vor allem fachlicher Kenntnisse aus dem psychosozialen und sozialpädagogischen Bereich. Zudem begrenzt sich ihre Aufgabe, auf eine kurzseitige Stellungnahme über die Beteiligten, die Lebensverhältnisse und Konflikte.[417] Sachverständige verfügen demgegenüber zur Gewinnung und Verarbeitung von Fakten über bestimmte Methoden, die Sozialarbeiter/

---

413 *Kurth*, S. 58; hingegen verlangt *Wegener* umfassende Kenntnisse und Fähigkeiten in Diagnostik, klinischer und pädagogischer Psychologie, Sozialpsychologie und angewandter Psychologie, ZfJ 1982, 493 (498 f.); so auch *Grosse*, ZfJ 1982, 504 (516).

414 Stürmer/Rohmann/*Von Stietencron*, Qualität, S. 117.

415 Nach § 72 SGB VIII müssen sie sich persönlich für die Aufgabe eignen, eine entsprechende Ausbildung vorweisen oder aufgrund besonderer Erfahrungen in der sozialen Arbeit in der Lage sein, die Aufgabe zu erfüllen. Dazu *Sommer*, S. 21. Kritisch gegenüber der Betonung der persönlichen Eignung Münder/Jordan/*Rauschenbach*, FS Kreft, S. 101 (105 f.).

416 In der Gesetzesbegründung heißt es, dass das Gericht nur eine Person zum Verfahrensbeistand bestimmen soll, „die persönlich und fachlich geeignet ist, das Interesse des Kindes festzustellen und sachgerecht in das Verfahren einzubringen", BT-Drs. 16/6308, S. 238. Etwas konkreter war da die Gesetzesbegründung zur Vorgängervorschrift des § 50 FGG a.F., wonach Sozialarbeiter und Sozialpädagogen, Kinderpsychologen und unter Umständen engagierte Laien in Betracht gezogen wurden, BT-Drs. 13/4899, S. 130. Kritisch bereits zur Qualifikation des Verfahrenspflegers, *Salgo*, FPR 2006, 12; *Walter*, FPR 2006, 33.

417 Stürmer/Rohmann/*Von Stietencron*, Qualität, S. 116: Sozialarbeiter, Sozialpädagogen.

Sozialpädagogen nicht vorweisen können.[418] Verfahrensbeistände müssen noch nicht mal eine Ausbildung im sozialen Bereich vorweisen können. Es dürfte demnach einleuchten, dass sie den Anforderungen eines psychologischen Gutachtens nicht genügen können. Auch wäre dies mit ihrer Funktion als Vertreter bzw. Anwalt des Kindes nicht vereinbar. Die Auffassung, dass der Verfahrensbeistand zumindest in der ersten Instanz zeitintensive Sachverständigengutachten erübrigen könnte,[419] kann somit nicht durchgreifen.[420]

VI. Auswahl des Sachverständigen

1. Rechtliche Grundlagen

Nach der *BGH-Rechtsprechung* müssen die Fachgerichte die im jeweiligen Verfahren geltenden Anforderungen an die Qualifikation des Sachverständigen im konkreten Fall immer wieder neu überprüft.[421]

In Kindschaftssachen gab es bis zur Reform des Sachverständigenrechts von 2016 für die Auswahl des Sachverständigen keine konkreten Vorgaben. Die Gerichte hatten einen Sachverständigen nach pflichtgemäßen Ermessen (§ 404 Abs. 1 ZPO)[422] für die zu begutachtenden Beweisfragen auszuwählen. Nunmehr ist nach § 163 Abs. 1 FamFG das Gutachten in Verfahren nach § 151 Nr. 1 bis 3 FamFG *„durch einen geeigneten Sachverständigen zu erstatten, der mindestens über eine psychologische, psychotherapeutische, kinder- und jugendpsychiatrische, psychiatrische, ärztliche, pädagogische oder sozialpädagogische Berufsqualifikation verfügen soll. Verfügt der Sachverständige über eine pädagogische oder sozialpädagogische Berufsqualifikation, ist der Erwerb ausreichender diagnostischer und analytischer Kenntnisse durch eine anerkannte Zusatzqualifikation nachzuweisen"*. Die Neuregelung ist aber nicht ausreichend. Hierdurch wurden lediglich die verschiedenen Berufsgruppen festgeschrieben, die auch zuvor zur Begutachtung in Kindschaftssachen herangezogen wurden. Auf notwendige Zusatzqualifikationen wurde nur für die Berufsgruppe der Pädagogen hingewiesen, deren Eignung für die Erstellung psychologischer Gutachten aber insgesamt bezweifelt werden muss.[423]

---

418 Oberloskamp/Borg-Laufs/Mutke, S. 32.

419 *Bauer/Schaus*, S. 27.

420 *Schnitzler*, FamRZ 1995, 397.

421 *BGH* FamRZ 2016, 1665 (1666); 2013, 1800; 2012, 1207 (1208).

422 BGHZ 28, 303 (306); *BayObLG* FamRZ 1987, 917 (freies Ermessen); MüKoZPO/*Zimmermann*, § 404 Rn. 5.

423 Siehe hierzu ausführlich 6. Kapitel.

Dem Gericht steht nach § 404 Abs. 4 ZPO zudem die Möglichkeit offen, die Beteiligten dazu aufzufordern, Vorschläge zu in Frage kommenden Sachverständigen zu unterbreiten. Inwieweit dies zu einer Verbesserung der Auswahl führen soll, ist jedoch nicht ersichtlich, da bezweifelt werden muss, dass in Kindschaftssachen die Beteiligten bzw. ihre Verfahrensbevollmächtigten die erforderliche und vorhandene Qualifikation (besser) einschätzen können.[424]

2. *Vorrang öffentlich bestellter Sachverständiger (§ 404 Abs. 2 ZPO)*

a) *Erleichterung bei der Sachverständigenauswahl*

Zunächst losgelöst von kindschaftsrechtlichen Verfahren gilt in zivilrechtlichen Verfahren der Grundsatz, dass öffentlich bestellte Sachverständige gem. § 404 Abs. 2 ZPO vorrangig zu beauftragen sind (siehe auch § 73 Abs. 2 StPO, 173 VwGO) und das gerichtliche Ermessen insoweit beschränkt ist. Die Bestellung erfolgt durch Verwaltungsakt[425] durch die „zuständige Stelle" (§ 36 Abs. 1 GewO).[426] Auf der Homepage der *IHK* ist ein bundesweites Sachverständigenverzeichnis zugänglich, mit Angaben zu fast 10.000 von den Industrie- und Handelskammern, Architekten-, Ingenieur- und Landwirtschaftskammern sowie von Landesregierungen öffentlich bestellten und vereidigten Sachverständigen.[427] Neben den als Satzungsrecht ausgestalteten Sachverständigenordnungen der Kammern gilt für alle Länder einheitlich die Mustersachverständigenordnung des *DIHK*.[428]

---

424 Zur gleichen Problematik im Rahmen der Neuregelung zur Parteianhörung vor Ernennung des Sachverständigen nach § 404 Abs. 2 ZPO siehe 6. Kapitel unter Punkt C.II.

425 Bundesrechtliche Vorschriften: Handwerkskammer, § 91 Abs. 1 Nr. 2 HandwO; Deutsches Patentamt, § 29 PatG, § 21 GebrMG, § 58 Abs. 1 MarkenG; Notarkammern,§ 67 Abs. 4 BNotO; Steuerberater, § 76 Abs. 2 Nr. 7 StBerG; Gutachterausschüsse der Gemeinden für Grundstückswerte, §§ 192 ff. BauGB; Wirtschaftsprüferkammer, § 57 Abs. 2 Nr. 7 WPO.

426 *Jessnitzer/Frieling/Ulrich*, S. 29 f. mit einer Übersicht über die Bestellungsbehörden.

427 https://svv.ihk.de/content/home/home.ihk (zuletzt abgerufen 01.08.2017).

428 *DIHK*, Muster-Sachverständigenordnung: https://www.ifsforum.de/fileadmin/user_upload/Muster_SVO_DIHK_06-2015.pdf (zuletzt abgerufen am 01.08.2017); übernommen in der Hessischen Sachverständigenordnung (SVO) vom 27.06.2012, http://www.frankfurt-main.ihk.de/imperia/md/ content/pdf/recht/svo.pdf (zuletzt abgerufen am 01.08.2017); Das Institut für Sachverständigenwesen e.V. (IfS) veröffentlichte 1984 eine Studie mit dem Titel „Öffentlich bestellte IHK-Sachverständige".

Auch wenn es sich bei § 404 Abs. 2 ZPO um eine Ordnungsvorschrift handelt, deren Nichtbeachtung ohne verfahrensrechtliche Konsequenzen bleibt,[429] bieten öffentlich bestellte Sachverständige den Gerichten zwei Vorteile bei der Sachverständigenauswahl. Zum einen dürfen öffentlich bestellte Sachverständige die Erstellung von Gutachten nicht ablehnen (vgl. § 407 Abs. 1 ZPO bzw. § 5 Abs. 1 StPO). Demgegenüber sind nicht öffentlich bestellte Sachverständige erst in der Pflicht, wenn sie den Auftrag angenommen haben. Zum andern kann zertifizierten Sachverständigen durch die staatliche Prüfung eine größere Garantie für Tüchtigkeit, Sachkunde und forensische Erfahrung beigemessen werden.[430] Ihre Berufsbezeichnung wird über § 132a Abs. 1 Nr. 3 StGB strafrechtlich geschützt. Neben dem Nachweis besonderer Sachkunde setzt die öffentliche Bestellung auch eine persönliche Eignung voraus.[431] Nach dem Anforderungsprofil des *Instituts für Sachverständigenwesen (IfS)* wird zusätzlich nachweisbare praktische Erfahrung verlangt.[432] Der Nachweis überdurchschnittlicher Sachkunde muss individuell und darf nicht nach einem starren Schema erfolgen.[433] Die Bestellungskörperschaft überprüft die Eignung des Sachverständigen mit Hilfe von 250 Fachausschüssen und -verbänden sowohl bei der Erstbestellung als auch bei einer erneuten Bestellung, die regelmäßig nach fünf Jahren erforderlich wird.

b) Keine öffentlich-bestellten psychologischen Sachverständiger

Nicht von den Regelungen auf Bundesebene erfasst sind psychologische (und ärztliche) Sachverständige.[434] Für diese können aber über ein Landessachverständigengesetz Regelungen getroffen werden. Davon hatte bisher als einziges Bundesland lediglich Bayern Gebrauch gemacht. Allerdings wurde zum 31.12.2007[435] das seit 1950 bestehende und nur unwesentlich geänderte bayerische Sachverständigengesetz (SachvG), das die öffentliche Bestellung und Vereidigung von psychologischen Sachverständigen durch die Regierungen als Bestellbehörden regelte (Regierungssachverständige), aufgehoben. Als wesentliches Argument wurde vorgebracht, dass die Abgrenzung zur Bestellzuständigkeit der Industrie- und

---

429 *BayObLG* FamRZ 1991, 618 (619); MüKoZPO/*Zimmermann*, § 404 Rn 7; Musielak/Voit/*Huber*, § 404 Rn 4.

430 MüKoZPO/*Zimmermann*, § 404 Rn. 1.

431 *Jessnitzer/Frieling/Ulrich*, S. 31.

432 https://www.ifsforum.de/sachverstaendige/oeffentliche-bestellung-und-vereidigung.html (zuletzt abgerufen am 01.08.2017).

433 *BVerwG* NVwZ 1991, 268 (für öffentlich bestellte Sachverständige).

434 *Jessnitzer/Frieling/Ulrich*, S. 30.

435 GVBl. S. 785.

Handelskammern nicht deutlich ist (vgl. Art. 15 SachvG).[436] Seitdem liegt die Bestellungszuständigkeit sowohl für die bereits öffentlich bestellten Regierungssachverständigen als auch die Neubestellungen ausdrücklich bei der bayerischen Industrie- und Handelskammern (§ 1 Abs. 4 IHKG).[437] Bisher hat die *bayerische IHK* von ihrer Zuständigkeitserweiterung keinen Gebrauch gemacht[438]

3. Gerichtliche Praxis

In der gerichtlichen Praxis ist zu verzeichnen, dass Gerichte bei positiven Erfahrungen mit bestimmten Sachverständigen häufig vermehrt auf diese zurückgreifen.[439] Vereinzelt existieren sogenannte Sachverständigenlisten an Gerichten, denen aber kein offizieller Wert beigemessen werden kann.[440] Gerade für Neueinsteiger können gerichtsinterne Listen basierend auf den Erfahrungswerten der Kollegen durchaus Hilfestellung leisten.[441] Unter mehreren Gesichtspunkten, insbesondere zur Wahrung der Unabhängigkeit des Sachverständigen, sollte die Stellung eines „Haus-und-Hof-Gutachters" aber unbedingt vermieden werden.[442] Hierzu führt der *BGH* in ständiger Rechtsprechung aus, dass „der allgemein gehaltene Hinweis des Tatrichters auf den gerichtsbekannt sorgfältigen und kompetenten Sachverständigen, der ihm aus vielen Betreuungs- und Unterbringungsverfahren als sorgfältig arbeitend und fachkundig bekannt sei, den Nachweis der konkret erforderlichen Qualifikation nicht zu ersetzen" vermag.[443] Gern zurückgegriffen wird auch auf Sachverständige mit wissenschaftlicher Reputation[444] oder solche mit langjähriger Prozesserfahrung[445]. Hierbei handelt sich durchaus um Kriterien, die auf eine gute Qualifikation schließen lassen.

---

436 Gesetzentwurf der Staatsregierung, Bay. LT-Drs. 15/8211, S. 1, 6: bis dato gab es in Bayern drei Bestellbehörden, die IHK, die Regierung und die Handwerkskammern gem. § 91 Abs. Nr. 8 HwO.

437 Landmann/Rohmer/*Bleutge*, GewO, 52. Ergänzungslieferung 2008, Vorb. BaySachvG, Rn. 1.

438 Siehe auch *Kannegießer*, NZFam 2015, 620 (620).

439 *Salewski/Stürmer*, Standards, S. 10. Zu den Gefahren bei übermäßigem Vertrauen in den Sachverständigen hinsichtlich der Effektivität des Gutachtens, *Hartmann*, S. 89.

440 *LG Bonn* Report Psychologie 1988, 11/12, 3.

441 So auch *Wegener*, ZfJ 1982, 493 (495).

442 *Rohmann*, FPR 2008, 268 (279); *Kannegießer*, NZFam 2015, 620 (620).

443 *BGH* FamRZ 2016, 1665 (1666); 2013, 1800; 2012, 1207 (1208).

444 So *Coester*, S. 458; *Amelang/Schmidt-Atzert*, S. 552; *Hartmann*, S. 89.

445 *Amelang/Schmidt-Atzert*, S. 552; Frank/Harrer/*Ritter*, S. 48 (49).

Dennoch müssen die Gerichte die Eignung des Sachverständigen im konkreten Fall immer aufs Neue überprüfen.[446]

F. Verhältnis zwischen Sachverständigem und Familiengericht

I. Auftrag als öffentlich-rechtlicher Vertrag

Das Rechtsverhältnis zwischen Gericht und Sachverständigem wird in § 407a Abs. 1 ZPO als „Auftrag" bezeichnet. Andere sprechen vom „Ernennungsverhältnis", das allein durch den Akt der Benennung „vorvertragsähnlich" zustande kommt.[447] Der Begriff des „Auftrags" ist hierbei aber nicht im vertragsrechtlichen Sinne des Zivilrechts zu verstehen,[448] sondern soll das Verhältnis zwischen Gericht und Sachverständigem im Sinne eines Über-Unter-Ordnungsverhältnisses hervorheben. Der Sachverständige soll einer mit Hoheitsbefugnissen ausgestalteten Stelle, dem Gericht, fehlende Sachkunde übermitteln und hilft dadurch bei der hoheitlichen Aufgabenerfüllung der Entscheidungsfindung mit (hoheitlich-einseitiger Indienstnahme). Das Verhältnis ist daher öffentlich-rechtlicher Natur, wenn der Sachverständige durch ein Gericht oder die Staatsanwaltschaft beauftragt wird.[449]

Seit Einführung des JVEG[450] besteht kein Zweifel mehr, dass Sachverständige und Gericht ein öffentlich-rechtliches Vertragsverhältnis verbindet.[451] Die aufopferungsähnliche Entschädigung des Sachverständigen wurde durch eine leistungsbezogene Vergütung (Honorar) nach § 8 i.V.m. §§ 9–11 JVEG abgelöst. An dem vertraglichen Charakter vermag auch der für öffentlich bestellte Sachverständige geltende Kontrahierungszwang nicht zu rütteln (§ 407 Abs. 1 ZPO), der vergleichbar mit der anwaltlichen Pflicht zur Übernahme einer Prozessvertretung gem. § 48 BRAO ist.[452]

---

446 Siehe hierzu die angeführte Rechtsprechung des *BGH* weiter oben unter E.VI.1.

447 *Jankowski*, NZBau 2006, 96 (96 f.).

448 *Feskorn*, FPR 2003, 525 (525); *Jankowski*, NZBau 2006, 96 (97); *OLG Düsseldorf* NJW 1986, 2891; MüKoBGB/*Wagner*, § 839a Rn. 2.

449 *BGH* NJW 1973, 554; auch der Entschädigungsanspruch ist öffentlich-rechtlicher Natur: *OLG Hamm* NJW 1973, 574; *Pieper*, ZZP 1971, 1 (21); *Hartmann*, Kostengesetze, Grundz JVEG Rn. 9.

450 BGBl. I, S. 718.

451 Anlass zu einem Richtungswechsel gab schon der durch das Zweite Gesetz zur Änderung schadensersatzrechtlicher Vorschriften v. 19.07.2002 m.W.v. 01.08.2002, BGBl. I, S. 2674, in dessen Zuge die Haftungsvorschrift des § 839a BGB eingefügt wurde.

452 *Jankowski*, NZBau 2006, 96 (97 f.); a. A. betreffend öffentlich bestellte Sachverständige: MüKo ZPO/*Zimmermann*, § 404a Rn. 2; Stein/Jonas/*Berger*, Vor § 402 Rn. 68.

II. Aufgabenfeld des Sachverständigen

Das Aufgabenfeld des Sachverständigen wird in Literatur und Praxis rechtsgebietsübergreifend festgelegt. Es werden überwiegend drei Aufgaben unterschieden, die dem gerichtlichen Sachverständigen einzeln oder insgesamt übertragen werden können: Vermittlung von allgemeinen Erfahrungssätzen, Schlussfolgerungen anhand solcher Erfahrungssätze auf Grund seiner Fachkunde aus einem feststehenden Sachverhalt ziehen und ausnahmsweise Ermittlung des Sachverhalts, d. h. Feststellung von Tatsachen, sofern dazu besondere Sachkunde erforderlich ist.[453]

Die Unterteilung kann aber nicht eins zu eins auf Kindschaftssachen übertragen werden. Die bloße Mitteilung von Erfahrungssätzen nach dem aktuellen Wissensstand führt hier zu keinem großen Erkenntnisgewinn. Erkenntnisse in der Entwicklungstheorie, Bindungsforschung und Scheidungsforschung bleiben eine leere Hülse, wenn sie nicht am konkreten Fall überprüft werden. Familiäre Beziehungen können zwar bestimmte Muster aufweisen, sind aber individuell zu bewerten.

Die Feststellung der entscheidungserheblichen Tatsachen ist in erster Linie Aufgabe des Familiengerichts (§ 26 FamFG), nicht die des Sachverständigen.[454] Das Gericht hat selbständig aus den psychologischen Feststellungen des Sachverständigen die rechtlichen Schlussfolgerungen zu ziehen. Herzstück des psychologischen Gutachtens ist die Beurteilung von Tatsachen, die freilich nicht strikt von der Feststellung selbiger zu trennen ist. Die familiäre Situation, d. h. die Gesamtheit der familiären Bedingungen, wird in Beziehung zu den Bedürfnissen und der Entwicklung des Kindes gesetzt, mit dem Ziel, die Beziehungen, Verhaltensweisen und Ansichten auf störende und fördernde Aspekte zu untersuchen. „Der Psychologe erforscht also das hinter dem symptomatisch Erfassbaren stehende Eigentliche."[455] Auf diese Weise kann er diagnostizieren, was sich für das Wohlbefinden des Kindes verändern muss. Daneben kann der Sachverständige mit dem Zusatzauftrag in § 163 Abs. 2 FamFG betraut werden und zur Erarbeitung einer einvernehmlichen Lösung beitragen.[456]

---

453 *Jessnitzer/Frieling/Ulrich*, S. 3; *Borth*, FF-Sonderheft 2003, 73 (75) ergänzt noch die Vermittlung der dem Richter fehlenden Kenntnis von Rechtsnormen (ausländisches Recht oder Handelsbräuche).

454 BGHSt 7, 239.

455 *Klenner*, FamRZ 1989, 404 (804).

456 *Salzgeber*, Gutachten, S. 3 f.

III. Weisungshoheit und Kontrollfunktion des Gerichts

Verfahrensrechtlich wird das Verhältnis von Familiengericht und Sachverständigem im Wesentlichen durch § 30 Abs. 1 i.V.m. § 404a ZPO geprägt. Das Gericht hat die Pflicht, die Tätigkeit des Sachverständigen zu leiten und ist ihm gegenüber weisungsbefugt.[457] In Verfahren der Freiwilligen Gerichtsbarkeit verstärkt sich diese Pflicht durch den herrschenden Amtsermittlungsgrundsatz (§ 26 FamFG). Das setzt voraus, dass der Auftrag so präzise wie möglich formuliert wird, um Missverständnisse zu vermeiden und die Chance auf eine möglichst präzise Antwort zu erhöhen. Nur wenn das Gericht deutlich macht, was es festgestellt haben möchte, kann es seiner Pflicht aus § 404a Abs. 1 ZPO nachkommen und Weisungen erteilen.[458]

In der Praxis ist daher sicherzustellen, dass die Beweisfragen so konkret wie möglich formuliert werden[459], so dass Unsicherheiten bei der Ausführung des Gutachtenauftrages und Überschreitungen durch den Sachverständigen vorgebeugt wird. Um Missverständnisse darüber hinaus frühzeitig auszuräumen, sollten sich die Kontakte zwischen Sachverständigem und Gericht nicht auf die Zusendung des Auftrages und die Einreichung des Gutachtens beschränken.

IV. Erlass eines Beweisbeschlusses

1. Anwendung des § 358 ZPO i.V.m. § 30 Abs. 1 FamFG

Jede Beweisaufnahme muss durch das Gericht angeordnet und den Beteiligten mitgeteilt werden. Zu unterscheiden sind der Beweisbeschluss einerseits und das Anschreiben an den Sachverständigen andererseits. Das Anschreiben des Sachverständigen enthält den übermittelten Beweisbeschluss nebst etwaiger Erläuterung.[460] Im förmlichen Beweisverfahren ist der Erlass eines förmlichen Beweisbeschlusses i.S.d. §§ 358 ff. ZPO (ausnahmsweise) obligatorisch (vgl. § 358 ZPO), wenn ein „besonderes Verfahren“ erforderlich ist. Ein solches ist grundsätzlich anzunehmen, wenn die Beweisaufnahme nicht sofort erfolgen kann, also ein neuer Termin oder eine schriftliche Begutachtung notwendig ist.[461]

---

457 BeckOKZPO/*Scheuch*, § 404a Rn. 3.

458 Bergmann/Jopt/Rexilius/*Cuvenhaus*, S. 225 (230).

459 Hierzu weiter unten bei F.IV.3.

460 *Titz*, NZFam 2015, 388 (389).

461 *Rosenberg/Schwab/Gottwald*, § 116 Rn. 29; Musielak/Voit/*Stadler*, § 358 Rn. 1; MüKoZPO/ *Heinrich*, § 358 Rn. 2 mit weiteren Beispielen.

Da die Vorschriften der ZPO in FamFG-Verfahren nur insoweit gelten, als sie mit den Besonderheiten des FamFG vereinbar sind (§ 30 Abs. 1 FamFG),[462] ist nach überwiegender Auffassung die Anwendung der §§ 358 ff. ZPO nicht obligatorisch.[463] Der Erlass eines förmlichen Beweisbeschlusses vor Einholung eines schriftlichen Sachverständigengutachtens erweist sich aber auch in kindschaftsrechtlichen Verfahren in vielerlei Hinsicht als verfahrensfördernd und sollte nicht nur, sondern stellt tatsächlich den Regelfall dar.[464]

2. *Funktion des Beweisbeschlusses*

Auf Seiten des Gerichts dient der Beschluss der Kontrolle, sich die noch unklaren entscheidungserheblichen Tatsachen bewusst zu machen und genau zu benennen. Der Beweisbeschluss gibt das „Prozessprogramm" offen einsehbar vor und sorgt dadurch für Rechtsklarheit und sichert den Anspruch auf rechtliches Gehör. Natürlich müssen die Beteiligten auch über die formlose Beweiserhebung informiert werden.[465] Der Weg über den förmlichen Beweisbeschluss bietet aber insgesamt eine größere Transparenz in Bezug auf den Auftragsinhalt (prozessleitende Anordnungsfunktion[466]). Schließlich ist ein konkreter Auftrag auch dahingehend notwendig, dass der Sachverständige überprüfen kann, ob sein Fachwissen und seine Kapazitäten zur Beantwortung der Fragen ausreichen (§ 407a Abs. 1 ZPO).

3. *Inhalt des Beweisbeschlusses*

Der Beweisbeschluss muss als prozessleitende Verfügung den Mindestanforderungen des § 359 ZPO genügen. Da die Beweiserhebung und -führung in FamFG-Verfahren dem Familiengericht obliegt, gilt § 359 Nr. 3 ZPO nicht. Zu nennen sind das Beweismittel (Nr. 2), im Falle des Sachverständigenbeweises

---

462 *Bumiller/Harders/Schwamb*, § 30 Rn. 5; Kemper/Schreiber/*Schreiber*, § 30 Rn. 3.

463 Gegen die zwingende Anwendung der §§ 358 ff. ZPO: *BGH* FamRZ 2010, 1726 (1727); weiter Musielak/Borth/*Borth/Grandel*, § 30 Rn. 6; Haußleiter/*Gomille*, § 30 Rn. 11; *Bumiller/Harders/ Schwamb*, § 30 Rn. 9; BeckOKFamFG/*Burschel*, § 30 Rn. 18; Keidel/*Sternal*, § 30 Rn. 17; a. A. MüKoFamFG/*Ulrici*, § 30 Rn. 37; NK-FamFG/*Schreiber*, § 30 Rn. 4 (sieht keine Besonderheiten, die einer Anwendung entgegen stehen).

464 *Lüblinghoff*, NZFam 2015, 577 (579); *Salzgeber*, FPR 2006, 383; *Finke*, FPR 2003, 503 (506); Musielak/Borth/*Borth/Grandel*, § 30 Rn. 6; BeckOKFamFG/*Burschel*, § 30 Rn. 18; Keidel/*Sternal*, § 30 Rn. 17; *Bumiller/Harders/Schwamb*, § 30 Rn. 9.

465 *BGH* FamRZ 2010, 1726 (1727): formlose Mitteilung; Zöller/*Greger*, § 404 Rn. 6.

466 Zöller/*Greger*, § 359 Rn. 1.

der beauftragte Sachverständige, und die streitigen Tatsachen, über die Beweis erhoben werden soll (Beweisthema, Nr. 1). Grundlage der Beweisfrage sind nur beweisbedürftige Tatsachen, d. h. entscheidungserhebliche und nicht zur Überzeugung des Gerichts geklärte Tatsachen. Da der Sachverständige neu in das Verfahren eintritt, muss die Fragestellung so konkret wie möglich formuliert sein, so dass er erkennen kann, welche Tatsachen klärungsbedürftig sind und was das Gericht festgestellt haben will.[467] Unzulässig sind Rechtsfragen,[468] da deren Beantwortung durch die Gerichte erfolgen muss,[469] ausgenommen sind Feststellungen zu ausländischen Recht, Gewohnheitsrecht oder von Statuten (§ 293 ZPO).

4. *Problematik der Formulierung der Beweisfragen*

Bei der Formulierung der Beweisfrage tun sich die Gerichte häufig schwer. Grundsätzlich gilt, dass die Beweisfragen so konkret wie möglich zu formulieren.[470] Aufgrund ihrer Unsicherheit, teilweise Unerfahrenheit[471], neigen sie zu standardisierten Vorgehensweisen.[472] Den Gerichten muss zugestanden werden, dass die adäquate Formulierung des Auftrages nicht leicht fallen wird, wenn die erforderliche Sachkunde fehlt. Bei Unsicherheiten sollte mit dem Sachverständigen unbedingt Rücksprache gehalten werden.[473] Die Familiengerichte bedienen sich oft sehr weit gefasster (pauschaler) Formulierungen, die meist über die reine Wiedergabe der dem Verfahren zugrundeliegenden materiell-rechtlichen Norm bzw. des jeweiligen Kindeswohlmaßstabs nicht hinausgehen.[474] Unzulässig ist es beispielsweise dem Sachverständigen die Frage zu erteilen, *ob die Übertragung der (teilweisen) Alleinsorge auf den Antragsteller nach § 1671 Abs. 1 Nr. 2 BGB dem Wohl des Kindes am besten entspricht*[475] oder *welche Umgangsregelung dem Kindeswohl am besten*

---

467 MüKoZPO/*Heinrich*, § 359 Rn. 4.

468 *Walterscheidt*, NZFam 2015, 385 (386); siehe dazu *OLG Düsseldorf* NJW-RR 2007, 1151.

469 So auch *Walterscheidt*, NZFam 2015, 385 (386).

470 So auch *Ernst*, FamRB 2016, 361 (361); *ders.*, FPR 2009, 345. Kritisch im Hinblick auf eine zu starke Einengung *Oenning*, FPR 1996, 165 (166).

471 *Walterscheidt*, NZFam 2015, 385 (386).

472 Übersicht über typische Beweisfragen im Kindschaftsrecht bei: *Balloff*, PdR 2014, 99 (105).

473 Siehe bereits *Pieper*, ZZP 1971, 1 (20).

474 Prenzlow/*Früh-Naumann*, S. 219 (221); *Bergmann*, FamRB 2016, 364 (365).

475 Bergmann/Jopt/Rexilius/*Cuvenhaus*, S. 225 (231); Musielak/Borth/*Borth/Grandel*, § 30 Rn. 6; *Finke*, FPR 2003, 503 (506).

entspricht[476], zumal in Umgangssachen nach § 1684 BGB der Maßstab der Kindeswohldienlichkeit anzulegen ist. Die Ausfüllung unbestimmter Rechtsbegriffe als Rechtsfragen darf nicht auf den Gutachter übertragen werden.[477] Das ergibt sich auch aus §§ 359, 404a ZPO, wonach ausschließlich Tatsachen zu begutachten sind. In Kindeswohlfragen sind die zur Konkretisierung des Kindeswohlbegriffs entwickelten Kriterien (Bindungen, Erziehungs- und Förderungsfähigkeit, Bindungstoleranz, Kontinuität und Kindeswille) heranzuziehen.[478]

Eine Beweisfrage könnte in Sorgerechtsstreitigkeiten nach § 1671 Abs. 1 Nr. 2 BGB lauten: *Wie sind die Bindungsverhältnisse des Kindes zu seinen Elternteilen zu beurteilen? Sind qualitative Bindungsunterschiede feststellbar?* In Umgangsverfahren nach § 1684 BGB kann bei Anhaltspunkten für eine Beeinflussung die Frage gestellt werden, *ob Faktoren seitens des Betreuungselternteils erkennbar sind, die den Kindeswillen negativ beeinflussen? Wenn ja, inwieweit hat sich die ablehnende Haltung gegenüber dem Umgangselternteil im Kindeswillen manifestiert?* Fragen nach der Kindeswohlgefahr i.S.d. § 1666 BGB können lauten: *Sind Schäden bezüglich der psychischen, seelischen oder körperlichen Gesundheit des Kindes feststellbar? Wenn ja, worauf sind diese zurückzuführen?*[479]

Der Beweisbeschluss muss nicht nur die zu beweisenden streitigen Tatsachen benennen, sondern auch angeben, von welchen Anknüpfungstatsachen auszugehen ist (§ 404a Abs. 3 ZPO).[480] Es genügt nicht, dass das Gericht dem Sachverständigen die Gerichtsakten überlässt.[481] *Anknüpfungstatsachen* sind das Ergebnis bisheriger Ermittlungen des Gerichts (§ 355 ZPO) und begrenzen insoweit den Umfang der Begutachtung.[482] So können bereits Tatsachen dafür festgestellt worden sein, die auf eine Beeinflussung des Kindeswillens durch einen Elternteil schließen lassen. Für die Beweisfrage relevante Anknüpfungstatsachen sollten nach den Beweisfragen ergänzend aufgeführt werden (*Dabei soll berücksichtigt werden…*).

476 Prenzlow/*Früh-Naumann*, S. 219 (221).

477 *Bergmann*, FamRB 2016, 364 (364); *Ernst*, FamRB 2016, 361 (363).

478 Siehe hierzu ausführlich im 3. Kapitel unter Punkt B.III.

479 Weitere Formulierungsbeispiele finden sich bei *Bergmann*, FamRB 2016, 364 (367 ff.).

480 *BGH* NJW 1962, 1770 (1771): Anschlusstatsachen; 1970, 1919 (1921); 1997, 1447 (1448); MüKoZPO/*Heinrich*, § 355 Rn. 11; *OLG Stuttgart* Justiz 1975, 273 (LS); Musielak/Voit/*Stadler*, § 355 Rn. 7; *Prütting/Gehrlein/Lindner*, Rn. 9; BeckOKZPO/*Bach*, § 355 Rn. 21.

481 MüKoZPO/*Zimmermann*, § 404a Rn. 8. *Finke*, FPR 2003, 503 (507) empfiehlt, dem Sachverständigen nicht die gesamte Akte, sondern nur die relevanten Berichte/Auskünfte zu übermitteln.

482 BeckOKZPO/*Scheuch*, § 404a Rn. 7; BGHZ 37, 389 (393); *BGH* NJW 1997, 1446 (1447).

Nicht zu verwechseln sind die Anknüpfungstatsachen mit den Befundtatsachen. *Befundtatsachen* sind Daten, die der Sachverständige im Rahmen seiner Begutachtung aufgrund seiner besonderen Sachkunde feststellt.[483] Soll der Sachverständigen die Bindungsverhältnisse des Kindes beurteilen, präsentieren sich die Ergebnisse zu den Bindungen (z. B. eine sichere Bindung zur Mutter, eine ambivalente Bindung zum Vater) als Befundtatsachen. Auch Anknüpfungstatsachen können zu Befundtatsachen werden, wenn der Sachverständige den ihm überlassenen Unterlagen für seine Schlussfolgerung relevante Tatsachen entnimmt.[484] Davon abzugrenzen sind die *Zusatztatsachen*, die der Sachverständige bei seiner Tätigkeit erfährt, ohne dass es für ihre Wahrnehmung auf seine besonderen Fachkenntnisse ankommt und ohne dass sie seinen Auftrag betreffen. Das Gericht muss dann entscheiden, wie mit den neu gewonnen Tatsachen umzugehen ist (vgl. § 404a Abs. 1 ZPO).

5. *Einwände der Beteiligten gegen die Begutachtung*

Der gerichtliche Beschluss, ein Sachverständigengutachten einzuholen, ist als Zwischenentscheidung unanfechtbar (§ 355 Abs. 2 ZPO). Die Beteiligten können lediglich die Person des Sachverständigen aus Gründen der Befangenheit ablehnen (§ 406 ZPO). Das behindert aber nicht die Begutachtung als solche, sondern führt nur zur Bestimmung eines neuen Sachverständigen.

Da eine psychologische/psychiatrische Begutachtung allerdings in erhöhtem Maße in das Persönlichkeitsrecht der Betroffenen eingreift, bedarf diese ihrer Zustimmung.[485] Sie können zur im Rahmen der Begutachtung durchzuführenden Exploration nicht gezwungen werden. Durch die Teilnahme an den Begutachtungsterminen kann sich ein fortdauerndes Einverständnis ergeben.[486] Das Gericht hat zudem die Möglichkeit, die Betroffenen im Falle der Weigerung in Anwesenheit eines Sachverständigen im Verhandlungstermin anzuhören, gestützt auf die gesetzlichen Grundlagen der §§ 30 Abs. 1 FamFG, 286 ZPO, und auf dieser Grundlage Beurteilungen einzuholen und Schlussfolgerungen zu ziehen.[487]

---

483 MüKoZPO/*Zimmermann*, § 404a Rn. 8.

484 Bayerlein/Bleutge/Roeßner/*Grossam*, § 15 Rn. 1.

485 Hatte bei Auftragerteilung ein Vormund die Entscheidungsbefugnis über die Zustimmung zur Begutachtung, kann der Kindesvater bei Rückübertragung der elterlichen Sorge die Zustimmung widerrufen, *OLG Düsseldorf* NZFam 2017, 276 (276).

486 *OLG Düsseldorf* NZFam 2017, 276 (276).

487 *BGH* FamRZ 2010, 720. Dazu bereits weiter oben unter A.V.

Anders verhält es sich betreffend die Begutachtung und Exploration des Kindes. Wird die notwendige Zustimmung des/der Sorgerechtsinhaber/s zur Exploration verweigert, kann diese grundsätzlich nicht durchgeführt werden.[488] Dem Gericht verbleibt aber insoweit auch hier die Möglichkeit, das Kind unter Anwesenheit eines Sachverständigen anzuhören, auch gegen den Willen der sorgeberechtigten Eltern.[489] Sofern darüber hinaus die Exploration des Kindes zur hinreichenden dringend geboten ist, kann das Gericht die fehlende elterliche Zustimmung sogar gem. § 1666 Abs. 1, 3 FamFG ersetzen.[490] Kommt es zur Beurteilung des Sachverhaltes entscheidend auf die dem Gericht fehlende psychologische Sachkunde an, wird eine Ersetzung der Zustimmung regelmäßig erfolgen. Die Eltern sind dennoch gut beraten, der Begutachtung zustimmen, begehren sie doch eine gerichtliche Entscheidung.

6. *Zwingende Fristsetzung*

a) *Hintergrund*

Im Falle schriftlicher Begutachtung sah sich der Gesetzgeber bereits 2009 gezwungen, für Kindschaftssachen eine von § 411 Abs. 1 ZPO i.V.m. § 15 Abs. 1 FGG a.F. (jetzt § 30 Abs. 1 FamFG) losgelöste Fristenregelung zu treffen. Eine Begutachtung führt zwangsläufig zu einer erheblichen Verfahrensverzögerung,[491] die in Kindschaftssachen besonders sensible Folgen für das weitere Verfahren haben kann. Daher ist es wichtig, dass einerseits der (potentielle) Sachverständige seine Kapazitäten zur zeitnahen Begutachtung vorab abschätzt und etwaige Bedenken frühzeitig an das Gericht weitergibt.[492] Andererseits muss auch das Gericht den Begutachtungsprozess zeitlich kontrollieren, um unnötigen Verzögerungen aktiv entgegen wirken zu können. Deshalb setzt das Gericht seit 2009 dem Sachverständigen zum Zwecke der Beschleunigung des Verfahrens (im Beweisbeschluss) zugleich eine Frist, binnen derer das Gutachten zu erstellen und einzureichen ist (§ 163 Abs. 1 FamFG a. F.).[493] Hingegen war § 411 Abs. 1

---

488 *OLG München* FamRZ 1984, 75 (76): berechtigte Verweigerung aus Kindeswohlgründen.

489 *BGH* FamRZ 2010, 720 (724); *OLG Frankfurt* FF 2000, 176 (177).

490 *BGH* FamRZ 2010, 720 (724); *OLG Rostock* FamRZ 2017, 215 (217); *OLG Brandenburg* FamRZ 2008, 2147, Ls.; *OLG Karlsruhe* FamRZ 2002, 1210 (1211); *OLG Saarbrücken* NJWE-FER 1998, 271; NK-BGB/*Rakete-Dombek*, § 1671 Rn. 44; *Vogel*, FPR 2008, 617.

491 BT-Drs. 16/6308, S. 241; Bork/Jacoby/Schwab/*Zorn*, § 163 Rn. 3.

492 BT-Drs. 16/6308, S. 242.

493 Entgegen der Auffassung des Bundesrates, BT-Drs. 16/6308, S. 884.

ZPO a.F. lange Zeit lediglich als „Soll“-Vorschrift formuliert.[494] Mit der Reform des Sachverständigenrechts vom 11.10.2016[495] ist die Fristsetzung nunmehr auch in § 411 Abs. 1 ZPO zwingend, so dass die Passage in § 163 Abs. 1 FamFG a.F. wieder gestrichen wurde.[496]

In den Beweisbeschluss, der den Beteiligten nach § 15 Abs. 1, 2 FamFG i.V.m. § 166 ZPO bekanntzugeben ist, muss die Frist zwar nicht zwingend aufgenommen werden,[497] dies ist aber zum Zwecke eines möglichst transparenten Verfahrens empfehlenswert.

b) Angemessene Frist

Angaben zur Länge der Frist enthält das Gesetz nicht. Vielmehr steht die Festlegung der Frist im Ermessen des Gerichts. Bei der Festlegung sind insbesondere die zu begutachtenden Punkte bzw. Tatsachen des jeweiligen Einzelfalls sowie das Alter des Kindes[498] zu berücksichtigen. Daneben muss der Sachverständige ausreichende zeitliche Kapazitäten haben, die Begutachtung zeitnah durchzuführen und abzuschließen. Vor diesem Hintergrund empfiehlt es sich, für die Dauer der zu setzenden Frist vorab Rücksprache mit dem (potentiellen) Sachverständigen zu halten.[499] Der Sachverständige kann im Gegensatz zum Gericht den voraussichtlichen Umfang der Begutachtung besser abschätzen. Bei einer eigenmächtigen Fristsetzung durch das Gericht besteht die Gefahr, dass bei einer zu kurzen Frist der Auftrag von qualifizierten bzw. ausgelasteten Sachverständigen abgelehnt wird und auf einen weniger qualifizierten zurückgegriffen werden muss, will man nicht die Frist verlängern.[500] Hierbei verdeutlicht sich abermals der Konflikt zwischen Qualität bzw. umfassender

---

494 Änderung von einer „Kann“- in eine „Soll“-Vorschrift mit dem 2. Justizmodernisierungsgesetzes v. 22.12.2006, BGBl. I, S. 3416. Auch wenn es den gesetzgeberischen Absichten entsprach, regelmäßig eine Frist zu setzen (vgl. BT-Drs, 16/3038, S. 38).

495 BGBl. I, S. 2222.

496 Zur Neuregelung siehe 5. Kapitel C.III.1.

497 Zöllner/*Greger*, ZPO, 27. Aufl. 2009, § 411 Rn. 6.

498 Vgl. *Ernst*, FPR 2009, 345 (346).

499 Fahrenfuss/*Schlemm*, § 163 Rn. 2; so auch MüKoFamFG/*Schumann*, § 163 Rn. 4, jedenfalls in schwierigen Fällen; Lipp/Schumann/Veit/*Coester*, S. 45; *Willutzki* ZKJ 2006, 224 (228); *Bumiller/Harders/Schwamb*,§ 163 Rn. 1; Prütting/Helms/*Hammer*, § 163 Rn. 10; BeckOKFamFG/*Schlünder*, § 163 Rn. 4; *18. DJGT*, Brühler Schriften, 2010, S. 139; *Ernst*, FPR 2009, 345 (345).

500 MüKoFamFG/*Schumann*, § 163 Rn. 5; siehe auch *Salzgeber/Fichtner*, ZKJ 2009, 334. Vgl. dazu insgesamt auch *Osthold*, PdR 2011, 195 (200 f.) m.w.Nachw.

Sachverhaltsermittlung und Verfahrensbeschleunigung. Die Beschleunigung darf nicht zu Lasten der Qualität gehen.

Überwiegend wird eine Frist von *drei Monaten* für die Erstellung eines klassischen, entscheidungsorientierten Gutachtens empfohlen,[501] andere sprechen von wenigen Monaten.[502] Da die fristgemäße Erstellung eines Gutachtens auch von der Mitwirkungsbereitschaft und Verfügbarkeit der Beteiligten abhängt,[503] kann im Einzelfall eine Verlängerung erforderlich sein.

Wird der Sachverständige auch mit dem Zusatzauftrag i.S.d. § 163 Abs. 2 FamFG beauftragt, muss sich die Frist angemessen verlängern.[504] Hierbei ist zu beachten, dass Zeitdruck im Allgemeinen für die Erarbeitung einer tragfähigen und nachhaltigen Lösung mit den Eltern kontraproduktiv sein wird.[505] Veränderungen des Verhaltens und von Einstellungen nehmen Zeit in Anspruch.[506] Nach der Erhebung von *Bergau/Walper* beträgt die Dauer der lösungsorientierten Begutachtung im Schnitt fünf bis sechs Monate; nur in ca. 30 % der Fälle konnte die angestrebte Dreimonatsfrist eingehalten werden.[507] Deshalb schlagen sie vor, vorbehaltlich Besonderheiten des Einzelfalls, eine Frist zwischen *drei und sechs Monaten* zu setzen.[508] Hingegen empfiehlt *Ernst* vor, im Falle des § 163 Abs. 2 FamFG zunächst eine nur mündliche Gutachtenerstattung in Auftrag zu geben, die keiner Fristsetzung bedarf. Auf diese Weise könne sich der Sachverständige erst einmal ein konkretes Bild von der Familie und den Konflikten verschaffen, was ihm eine bessere Einschätzung dahingehend ermöglicht, ob ein Hinwirken auf Einvernehmen erfolgversprechend erscheint.[509] Überhaupt keine Frist zu setzen, läuft aber dem Beschleunigungsgrundsatz zuwider. Zumal Fristverlängerungen weiterhin möglich sind. Auch für die mündliche „Vorabeinschätzung" sollte daher unbedingt eine Frist gesetzt werden.

---

501 *Bergau/Walper*, PdR 2011, 207. Heilmann/*Heilmann*, § 163 Rn. 21: 3–4 Monate.

502 Kury/Obergfell-Fuchs/*Salzgeber/Fichtner*, S. 207 (208).

503 *Stößer*, FamRZ 2009, 656 (663); Prütting/Helms/*Hammer*, § 163 Rn. 10.

504 Wohl auch Meysen/*Balloff/Stötzel*, S. 589 Rn. 4.

505 *Stößer*, FamRZ 2009, 656 (663); *Kölsch/Fegert*, FamRZ 2008, 1573 (1580); *Ernst*, FPR 2009, 345 (346); *Hennemann*, FPR 2009, 20 (22).

506 *Kölsch/Fegert*, FamRZ 2008, 1573 (1580).

507 *Bergau/Walper*, PdR 2011, 207. Vgl. weiter *Hennemann*, FPR 2009, 20 (22 f.).

508 *Bergau/Walper*, PdR 2011, 207.

509 Vorschlag von *Ernst*, FPR 2009, 345 (346).

7. Sonderstellung des Sachverständigen

An mehrfacher Stelle hat sich gezeigt, dass der gerichtliche Sachverständige nicht als klassisches Beweismittel qualifiziert werden kann. Sachverständige nehmen im Vergleich zu den anderen Beweismitteln eine „Monopolstellung vor Gericht"[510] oder zurückhaltender formuliert eine „Sonderstellung"[511] ein. Es hat eine Angleichung des Sachverständigen an die Position des Richters stattgefunden. Deutlich wird dies in der Norm des § 406 ZPO.[512]. Danach kann ein Sachverständiger unter denselben strengen Voraussetzungen wie ein Richter abgelehnt werden, mit der Folge, dass ein neuer Sachverständiger bestellt wird. Seit 2009 kann dem Sachverständigen ausdrücklich die Aufgabe des „Hinwirkens auf Einvernehmen", die primär dem Gericht obliegt (§ 156 Abs. 1 FamFG), erteilt werden (§ 163 Abs. 2 FamFG). Anders als der Verfahrensbeistand, der aufgefordert werden kann, am Zustandekommen einer einvernehmlichen Regelung *mitzuwirken* (§ 158 Abs. 4 S. 3 FamFG), soll bzw. kann der Sachverständige eigenständig auf eine einvernehmliche Lösung hinwirken.

Indem der Sachverständige Aufgaben des Richters wahrnimmt, die dieser mangels dafür notwendiger Fachkenntnisse und Erfahrungen nicht selbst ausführen kann, wird der Sachverständige selbst zum Subjekt des Erkenntnisprozesses.[513] Er ist also mehr als nur ein Gehilfe des Gerichts[514], in dem er aktiv und in eigener Verantwortung an der Entscheidungsfindung mitwirkt.[515] *Pieper* beschreibt den Sachverständigen demnach zutreffend als *Subjekt eigener Art*, das nur teilweise die Züge eines Beweismittels aufweist. Gleichwohl sei er nicht selbst Richter im verfassungs- und verfahrensmäßigen Sinne, sondern dem Richter in einer Komplementärfunktion zur Seite gestellt;[516] andere sprechen von seiner „rechten Hand"[517]. In eine ähnliche Richtung geht der *BGH*, der den Sachverständigen als *Berater* des Gerichts beschreibt.[518]

---

510 *Klenner*, FamRZ 1989, 804.

511 *Pieper/Breunung/Stahlmann*, S. 37.

512 Ergänzt durch das Zivilprozessreformgesetz vom 27.07.2011, BGBl. I, S. 1887.

513 *Pieper/Breunung/Stahlmann*, S. 36.

514 *Pieper/Breunung/Stahlmann*, S. 29.

515 So auch *Pieper/Breunung/Stahlmann*, S. 37; anders noch *Pieper*, ZZP 1984, 31; *Bockelmann*.

516 *ZPO-Kommission*, S. 350 ff.; *Pieper/Breunung/Stahlmann*, S. 37; *ders.*, ZZP 1971, 1 (30 f.).

517 *Klenner*, FamRZ 1984, 804 (804).

518 *BGH* NJW 1975, 1464; 1977, 337; 1979, 1655; 1998, 3355 (3356) m.w.Nachw.; zustimmend auch *Pieper/Breunung/Stahlmann*, S. 39; *ders.*, ZZP 1971, 1 (31).

G. Fazit zum 2. Kapitel

Es offenbart sich somit, dass dem Sachverständigen in kindschaftsrechtlichen Verfahren eine wichtige Stellung im Erkenntnisprozess und rein faktisch eine große Einflussnahmemöglichkeit auf die richterliche Entscheidungsfindung zukommt. Umso wichtiger ist es deshalb, die oben festgestellte Mangellage hinsichtlich allgemein gültiger Qualifikationsanforderungen an familienpsychologische Sachverständige und hinsichtlich öffentlich geführter Sachverständigenlisten im Bereich der Familienrechtspsychologie anzugehen, um die Auswahl eines geeigneten und freien Sachverständigen zu erleichtern und damit insgesamt zu einer Verbesserung des Begutachtungsprozesses beizutragen. Für eine zielgerichtete Begutachtung bedarf es zudem einer konstanten Zusammenarbeit zwischen dem Gericht und dem Sachverständigen. Dadurch wird einerseits faktischen Rollenverschiebungen entgegengewirkt. Andererseits werden dadurch Fehlerquellen an der Schnittstelle zwischen Gericht und Sachverständigen, wie die ungenügende Präzisierung des Beweisbeschlusses auf die richtige Begutachtungsart und eine unangemessene Fristsetzung, verringert.

3. Kapitel: Notwendigkeit von Sachverständigengutachten in kindschaftsrechtlichen Verfahren nach § 1671, § 1684 und § 1666 BGB

Familienpsychologische Gutachten werden in Kindschaftssachen überwiegend in Verfahren zum elterlichen Sorgerecht nach § 1671 BGB, zum elterlichen Umgangsrecht nach § 1684 BGB und in Kindeswohlgefährdungsverfahren nach §§ 1666, 1666a BGB eingeholt.[1] Die Notwendigkeit einer psychologischen Einschätzung der Risiko- und Schutzbedingungen des Kindes ist verfahrensbezogen zu beurteilen und hängt von verschiedenen Aspekten ab. Die Grundlage bilden die Vorgaben des materiellen Rechts, insbesondere der jeweilige Kindeswohlmaßstab und die Entscheidungsalternativen sowie die Beachtung verfassungsrechtlicher Wertungen. Inwieweit für das Sorgerechtsverfahren (§ 1671 BGB), das Umgangsrechtsverfahren (§ 1684 BGB) und das Kindesschutzverfahren (§ 1666 BGB) Pauschalierungen möglich sind, unter welchen Bedingungen und in welchen Fallkonstellationen Sachverständigengutachten notwendig erscheinen, ist Inhalt des folgenden Abschnitts. Hierbei muss sich auch mit der Frage eingehender auseinandergesetzt werden, was psychologische Sachverständige nach dem aktuellen Stand der Wissenschaft tatsächlich leisten können. Denn es ist zu beobachten, dass die Erwartungshaltung der Familiengerichte und die tatsächlichen Möglichkeiten der Sachverständigen nicht selten divergieren.[2]

---

1 Mangels statistischer Erfassung von Sachverständigengutachten in familiengerichtlichen Verfahren nach Verfahrensgegenstand muss auf kleinere Erhebungen und persönliche Erfahrungswerte abgestellt werden. Diese decken sich insoweit, als die meisten Gutachtenaufträge in umgangs- und sorgerechtlichen Verfahren erteilt werden, Prenzlow/*Früh-Naumann*, S. 219 (219, 228 auch bezogen auf lösungsorientierte Begutachtungen); *Amelang/Schmidt-Atzert*, S. 550; Kury/Obergfell-Fuchs/*Salzgeber/Fichtner*, S. 207 (207, 213).

2 *Jopt/Zütphen*, ZfJ 2004, 310 und 362: eine Untersuchung der Erwartungshaltung der Gerichte zu entscheidungs- und lösungsorientierten Begutachtungen.

A. Notwendigkeit eines Sachverständigengutachtens kraft Gesetzes

I. Keine gesetzliche Anordnung

Es existieren keine gesetzlichen Regelungen, die eine Begutachtung ausdrücklich anordnen (vgl. aber z. B. § 30 Abs. 2 i.V.m. § 151 Nr. 6 und 7 i.V.m. § 167 Abs. 1 i.V.m. § 321 Abs. 1 FamFG). Gleichwohl können die Gerichte in bestimmten Fallkonstellationen zur Einholung eines Gutachtens angehalten sein. Abgeleitet aus der Amtsermittlungspflicht und der Funktion des familienpsychologischen Sachverständigen ist ein Gutachten immer dann erforderlich, wenn die Entscheidung des Gerichts von der Feststellung einer Tatsache oder von deren Beurteilung abhängt, für die das Gericht nicht über die notwendige eigene Sachkunde verfügt und ihm diese Sachkunde auch nicht anderweitig vermittelt werden konnte.[3] Welche Tatsachen und Umstände im jeweiligen Verfahren entscheidungserheblich sind, ergibt sich durch Prüfung der materiellen Rechtslage.[4] Die Frage ist, wann die über die Anhörungen (§§ 159 f. FamFG) und Stellungnahmen von Jugendamt (§ 162 FamFG) und Verfahrensbeistand (§ 158 FamFG) sowie auf sonstige Weise gewonnenen Erkenntnisse sowie die eigene Sachkunde des Gerichts[5] zur Feststellung und Beurteilung der notwendigen Tatsachen nicht ausreichen, um eine möglichst zuverlässige Grundlage für eine am Kindeswohl orientierte Entscheidung treffen zu können.

Eigene Sachkunde kann sich ein Familienrichter beispielsweise durch die Lektüre einschlägiger Fachliteratur, durch jahrelange Erfahrung im Umgang mit Gutachten und Verfahrensbeteiligten oder im Wege von Fortbildungen oder einer zusätzlichen Fachausbildung aneignen.[6] Bereits die realistische und selbstkritische Beurteilung des tatsächlichen Umfangs und Wertes der eigenen Sachkunde stellt hohe Anforderungen an das Gericht[7] und damit die wesentlichen Weichen für die Frage, ob ein Gutachten für erforderlich gehalten wird. In vielen Bereichen besteht die Gefahr, dass sich Richter während ihrer beruflichen Tätigkeit ein (gefährliches) Halbwissen aneignen, das leicht überschätzt wird.[8] Bei den geringsten Zweifeln an der eigenen Sachkunde bezüglich einer entscheidungserheblichen Tatsache ist deshalb über die Hinzuziehung eines Sachverständigen

3 *Fritz*, FF Sonderheft 2003, 78 (79); *Rakete-Dombek*, FPR 2003, 508 (509).
4 *Fritz*, FF Sonderheft 2003, 78 (79).
5 Zuletzt *BGH* NJW 2015, 1311, Ls.
6 Bayerlein/Bleutge/Roeßner/*Grossam*, § 12 Rn. 3.
7 Bayerlein/Bleutge/Roeßner/*Grossam*, § 12 Rn. 1.
8 Bayerlein/Bleutge/Roeßner/*Grossam*, § 12 Rn. 1.

nachzudenken.[9] Die Gerichte sollten sich deshalb immer die Kontrollfrage stellen, ob sie die Quelle ihrer angenommenen eigenen Sachkunde in der Entscheidung nachvollziehbar darlegen können.[10]

II. Nutzen-Folgen-Abwägung

Bevor ein Gutachten in Auftrag gegeben wird, müssen die Gerichte den erwarteten Erkenntnisgewinn gegenüber den möglichen Nachteilen abwägen. Die (erhoffte) Hilfestellung für die gerichtliche Entscheidung muss die negativen Folgen derart überwiegen, dass sich die Einholung eines Gutachtens insgesamt als überwiegend dem Kindeswohl dienlich erweist. Sowohl wegen der methodischen Möglichkeiten als auch der formalen Vorgaben des Strengbeweisverfahrens bieten familienpsychologische Sachverständigengutachten grundsätzlich eine hohe Gewähr für die Annäherung an die materielle Wahrheit.[11]

In die Abwägung sind die mit der Begutachtung einhergehenden zusätzlichen Belastungen für die Beteiligten einzustellen. Nach dem üblichen Verfahrensgang musste sich das Kind bereits gegenüber dem Jugendamt, dem Gericht und dem Verfahrensbeistand äußern. Durch den Sachverständigen wird das Kind regelmäßig nochmal aufgefordert, sich zu den im Verfahren relevanten Fragen zu äußern und seine Wünsche und Bedürfnisse zu offenbaren. Von Psychologen darf aber erwartet werden, dass sie besonders behutsam und sensibel an die Kinder herantreten und die Belastung dadurch abmildern. Der mögliche Erkenntnisgewinn zum Wohle des Kindes wird die nochmalige Befragung in aller Regel rechtfertigen.

Daneben verzögert die Begutachtung das Verfahren um einige Monate[12], um die die Beteiligten den Unsicherheiten des Verfahrensausgangs ausgesetzt sind. Deshalb sollte unter zeitlichen Gesichtspunkten spätestens nach dem frühen Termin, in dem keine Einigung zwischen den Eltern erzielt werden konnte, ein Gutachten in Auftrag gegeben werden.[13] Auch eine interventionsorientierte Begutachtung ist umso erfolgreicher und nachhaltiger, je früher der Sachverständige in die Konfliktdynamik einbezogen wird.[14] Zu Beginn des Verfahrens sind die

9 *BGH* NJW 2002, 1813: psychiatrischer Sachverständiger bei Glaubhaftigkeitsbegutachtung.

10 *BGH* NJW 1999, 863 (864).

11 MüKoFamFG/*Ulrici*, § 30 Rn. 5; *BayObLG* NJW-RR 1996, 583 (584); Jansen/*Briesemeister*, 2006, § 12 Rn. 50; *Peters*, S. 67.

12 Im Durchschnitt drei Monate: dazu im 2. Kapitel unter F.IV.5.b).

13 So auch Menne/Weber/*Grabow*, S. 25 (39).

14 Prenzlow/*Früh-Naumann*, S. 175 (185).

Eltern regelmäßig noch für professionelle Hilfe und Empfehlungen empfänglich und noch nicht in dem Maße von Äußerungen und Interventionen professioneller Dritter beeinflusst.

Um faktischen Präjudizierungen entgegen zu wirken, hat der Gesetzgeber den Regelungsmechanismus der einstweiligen Anordnung (§§ 49 ff. FamFG) geschaffen.[15] In Kindschaftssachen existieren zwei Spezialregelungen, denen besonders eilbedürftige Fallkonstellationen zugrunde liegen (§§ 156, 157 FamFG).[16] So trifft die Gerichte in Umgangsverfahren nach § 156 Abs. 3 S. 2 FamFG die Pflicht, bei Begutachtung, Mediation oder sonstiger außergerichtlicher Konfliktbeilegung den Erlass einer einstweiligen Anordnung von Amts wegen zu prüfen.[17] Dadurch soll verhindert werden, dass sich das Kind während des Zeitraums der Begutachtung oder Beratung vom Umgangsberechtigten (weiter) entfremdet.[18] Ohne einstweilige Anordnung würden die familiären Verhältnisse bei Antragstellung grundsätzlich bis zur Endentscheidung fortbestehen. Nur wenn eine wesentliche Verzögerung aller Voraussicht nach nicht zu erwarten ist, kann von einer einstweiligen Anordnung abgesehen werden.[19]

In den sonstigen beschleunigten Kindschaftssachen i. S. d. § 155 Abs. 1 FamFG, insbesondere den sorgerechtlichen Verfahren, hat das Gericht mit den Beteiligten den Erlass einer einstweiligen Anordnung lediglich zu erörtern, wenn keine einvernehmliche Lösung im frühen ersten Termin erzielt werden konnte (§ 156 Abs. 3 S. 1 FamFG). Der Erlass einer einstweiligen Anordnung hängt daher in Sorgerechtssachen von der jeweiligen Fallkonstellation ab. Besteht der Verdacht einer Kindeswohlgefährdung beim Betreuungselternteil oder die Gefahr, dass dieser das Kind in eine andere Stadt oder ein anderes Land verbringt, kann beispielsweise der vorläufige Entzug des Aufenthaltsbestimmungsrechtes erforderlich sein.

In Kindesschutzverfahren nach § 1666 BGB ist aufgrund der möglichen und noch zu prüfenden konkreten Kindeswohlgefährdung zwingend und unverzüglich nach Verfahrenseinleitung der Erlass einer einstweiligen Anordnung zu

---

15 BT-Drs. 16/6308, S. 237: diese ersetzt den Mechanismus der Verfahrensaussetzung; eine solche soll nur noch im Falle außergerichtlicher Konfliktbeilegung möglich sein.

16 MüKoFamFG/*Soyka*, Vorbem §§ 49 ff. Rn. 6: Vorrang der §§ 156, 157 FamFG.

17 MüKoFamFG/*Schumann*, § 156 Rn. 32; *Heistermann*, FF 2009, 281 (284); *Vogel*, FF 2011, 196 (197); vgl. weiter *Schmid*, FPR 2011, 5 (8); Musielak/Borth/*Borth/Grandel*, § 156 Rn. 13.

18 Johannsen/Henrich/*Büte*, § 156 Rn. 14; BT-Drs. 16/6308, S. 237.

19 BT-Drs. 16/6308, S. 237; siehe auch Prütting/Helms/*Prütting*, § 156 Rn. 15; MüKo-FamFG/ *Schumann*, § 156 Rn. 31.

erörtern (§ 157 Abs. 3 FamFG). Es besteht trotz des Erörterungszwanges zwar keine gesetzliche Vermutung für den Erlass einer einstweiligen Anordnung.[20] Eine solche muss aber dann ergehen, wenn bei Ausbleiben der Eilentscheidung eine Gefährdung des Kindeswohls ernsthaft zu befürchten ist.[21]

III. Verfahrensfremde Gründe für die Einholung von Gutachten

Von Seiten der Richterschaft werden teilweise sachfremde Gründe angegeben, die sie zur Einholung eines Sachverständigengutachtens bewegen. So geben einige Familienrichter an, ein Sachverständigengutachten (auch) deshalb einzuholen, um dem etwaigen Einwand unzureichender Sachaufklärung im Beschwerdeverfahren vorzubeugen und ihre Entscheidung somit unangreifbar zu machen.[22] Das ist wohl auch auf die Entscheidungen des *BVerfG*[23] und des *EGMR*[24] zu den (hohen) Anforderungen an die Sachverhaltsermittlung zurückzuführen. Den Entscheidungen kann aber nicht entnommen werden, dass psychologische Gutachten in Kindschaftssachen grundsätzlich einzuholen sind.

Andere Familienrichter gaben an, dass sie ein Sachverständigengutachten einholen, um ihre Entscheidungsfindung nicht nur inhaltlich, sondern auch unter zeitlichen Aspekten zu erleichtern. Sie hoffen darauf, dass sich die Verhältnisse während des Begutachtungszeitraums derart verändern oder sich neue Umstände ergeben, wodurch sich strittige Punkte erledigen und eine Entscheidung dadurch „einfacher" wird.[25] Derartige Bestrebungen sind mit dem Amtsermittlungsgrundsatz nicht vereinbar und mit Blick auf das Kindeswohl zu missbilligen. Die Einholung eines Sachverständigengutachtens darf nicht dazu missbraucht werden, sich der gerichtlichen Aufgabe der Sachverhaltsermittlung zu entziehen und diese auf den Sachverständigen abzuwälzen.

20 MüKoFamFG/*Schumann*, § 157 Rn. 15; a. A. *Kretzschmar/Meysen*, FPR 2009, 1 (3).

21 *OLG Brandenburg* FamRZ 1998, 1249 (1249); *OLG Hamm* FamFR 2012, 454.

22 *Finke*, FPR 2003, 503 (504).

23 Dazu bereits im 2. Kapitel unter Punkt A.V.

24 Das EGMR rügte die Nicht-Einholung eines Sachverständigengutachtens: Sommerfeld/Deutschland, *EGMR* FamRZ 2002, 381; Elsholz/Deutschland, *EGMR* FamRZ 2001, 341.

25 Vgl. *Finke*, FPR 2003, 503 (504).

B. Gutachten in Verfahren zur elterlichen Sorge nach § 1671 BGB

I. Kindeswohlmaßstab der Best-Variante

Einem Antrag nach § 1671 Abs. 2 Nr. 2 BGB ist stattzugeben, soweit zu erwarten ist, dass die Aufhebung der gemeinsamen Sorge und die Übertragung auf den Antragsteller *dem Wohl des Kindes am besten entspricht*. Es gilt unter den vorhandenen Entscheidungsmöglichkeiten diejenige auszuloten, die für das Kind die optimalsten bzw. günstigsten Bedingungen bereithält. Das betonte auch das *BVerfG* erst wieder in jüngster Vergangenheit. Es gehe nicht darum, dem Kind die objektiv besten Bedingungen zu realisieren, sondern unter den vorhandenen Möglichkeiten die beste auszuwählen.[26] Es sei die schwierige Aufgabe des Richters die familiären Verhältnisse zu klären und die am Kindeswohl orientierte beste Regelung zu treffen.[27]

Bereits zu Zeiten der Alleinsorge als einziger vorgesehener Sorgerechtsregelung nach der Scheidung der Eltern wandten die Gerichte die Methode an, aus dem direkten Vergleich und der Abwägung der Verhältnisse der Elternteile die für das Kindeswohl beste Regelung zu finden (positive Kindeswohlbestimmung durch negative Kriterien).[28] Die Herangehensweise geht zurück auf die durch *Goldstein/Freud/Solnit* geprägte Begrifflichkeit der *„am wenigsten schädlichen Alternative“*. Über Umstände, die gegen einen Elternteil sprachen, erwies sich der andere Elternteil als weniger schädlich.[29]

II. Entscheidungsalternativen des § 1671 Abs. 1 S. 2 Nr. 2 BGB

Ausweislich der Gesetzesbegründung ist die Regelung in § 1671 BGB nicht als Regel- oder Präferenzsorgerechtsmodell zugunsten der gemeinsamen Sorge zu verstehen.[30] De facto hat sich die gemeinsame Sorge seit Inkrafttreten des KindRG als Regelmodell durchgesetzt, das von der Mehrheit der Eltern nach der

---

26 *BVerfG* FamRZ 2015, 112.

27 BVerfGE 61, 358 = NJW 1983, 101 (102).

28 *BGH* FamRZ 1985, 169 (170); *BayObLG* FamRZ 1980, 482 (482); *OLG Hamm* 1980, 484 (485).

29 *Goldstein/Freud/Solnit*, S. 49 ff., siehe dazu bereits 1. Kapitel A.II.2.b); zustimmend *Lüderitz*, FamRZ 1975, 605 (606); *Schwab*, FamRZ 1998, 457 (463); Übernahme der Begrifflichkeit bei *BGH* FamRZ 1985, 169.

30 BT-Drs. 13/4899, S. 63; sich anschließend Johannsen/Henrich/*Jaeger*, § 1671 Rn. 35; a. A. *Schwab*, FamRZ 1998, 457 (462); *Motzer*, FamRZ 1999, 1101 (1103); *OLG Stuttgart* FamRZ 1999, 39; *OLG Celle* FamRZ 2016, 385, Ls. 1. S. bereits *Salgo*, FamRZ 1996, 449.

Trennung praktiziert wird.[31] Keinesfalls sollte aber der Auffassung gefolgt werden, dass durch die gemeinsame Sorge das Kindeswohl automatisch gesichert sei, da diese ohnehin die Interessen ihrer Kinder im Blick haben.[32] Entgegen der Feststellungen der Begleitstudie zur Kindschaftsrechtsreform von *Proksch*[33], die auf zweifelhafte Methoden und Schlussfolgerungen zurückgreift,[34] können die zahlreichen Studien das gemeinsame Sorgerecht nicht als das bessere Modell ausweisen. Es konnte weder eine bessere Kooperation noch eine konfliktfreiere Atmosphäre festgestellt werden. Auch sehen Väter ihre Kinder trotz gemeinsamer Sorge nicht häufiger.[35]

Das Familiengericht hat innerhalb der Grenzen des Antrags bzw. der wechselseitigen Anträge die Möglichkeiten abzuwägen. Es handelt sich um echte Sachanträge.[36] Eine gerichtliche Überschreitung des Beantragten ist demnach nicht zulässig. Das Gericht kann aber ein Weniger als beantragt zusprechen, d. h. auch nur Teilbereiche der Sorge auf einen Elternteil übertragen. Begehren beide Elternteile die Übertragung der Alleinsorge auf sich, kann das Gericht jedem Elternteil die Sorge oder Teile hiervon übertragen, wenn dies dem Kindeswohl am besten entspricht.[37] Dessen ungeachtet kann unter den Voraussetzungen des § 1666 BGB auch das Sorgerecht entzogen werden.[38]

III. Psychologische Relevanz der einzelnen Sorgerechtskriterien

Die Kindeswohlkriterien lassen sich in die unterschiedlichsten Kategorien einteilen (objektive und subjektive Kriterien[39], elternbezogene und kindbezogene Kriterien[40]). Gleich wie man sie einteilt, sind bei Entscheidungen nach § 1671 Abs. 1 S. 2 Nr. 2 BGB die *Bindungen des Kindes*, die *Erziehungseignung*, das *Förderungsprinzip* und die *Bindungstoleranz der Eltern*, der *Kontinuitätsgrundsatz* und der *Kindeswille* zu beurteilen.[41]

---

31 *Motzer*, FamRZ 2004, 1145 (1155): 75 % der Fälle nach Trennung und Scheidung.

32 *Proksch*, JAmt 2004, 1 (3): rechtfertigt damit auch die fehlende Anhörung des Kindes.

33 *Proksch*, S. 38, 412.

34 So *Kostka*, FPR 2005, 89 (91).

35 Ausführlich *Kostka*, S. 317 ff.; *ders.*, FPR 2005, 89 (91); *Kindler/Fichtner*, FPR 2008, 139 (142); *Maccoby/Mnookin*, FamRZ 1995, 1.

36 Johannsen/Henrich/*Jaeger*, § 1671 Rn. 20.

37 MüKoBGB/*Hennemann*, § 1671 Rn. 79.

38 MüKoBGB/*Hennemann*, § 1671 Rn. 79.

39 So *Terlinden-Arzt* und *Klüber*, 1998.

40 *Salzgeber*, Gutachten, S. 372 ff., 438 ff.

41 *BVerfG*, Beschl. v. 12.03.2015 – 9 UF 20/14 –, juris Rn. 20; *BVerfG* FamRZ 1981, 124.

1. Kein Rangverhältnis der Kriterien

Mit der gesetzlichen Neuregelung durch das Kindschaftsrechtsreformgesetz wurde die besondere Herausstellung der Bindungen in § 1671 Abs. 1 S. 2 Nr. 2 BGB wieder aus dem Gesetz gestrichen.[42] Keinesfalls sollte dadurch deren Gültigkeit als Sorgerechtskriterium geschmälert, als vielmehr die grundsätzliche Gleichrangigkeit der Kriterien unterstrichen werden. Der Gesetzgeber hält sich mittlerweile zurück, einzelne Kriterien in das Gesetz aufzunehmen, die eine Rangordnung suggerieren könnten.

Nach dem Grundsatz der Gleichrangigkeit stehen die Kriterien weder kumulativ nebeneinander, noch gilt eine allgemeine Priorität zugunsten eines Kriteriums. Jedes Kriterium kann im Einzelfall mehr oder weniger bedeutsam für die Beurteilung sein, was dem Wohl des Kindes am besten entspricht.[43] Jede Familie ist ein Einzelfall und bedarf einer individuellen Betrachtung. Am Ende des Abwägungsprozesses kann letztlich ein objektives[44] wie subjektives Kriterium ausschlaggebende Bedeutung erlangen.[45] Auch ein nur geringer Vorsprung eines Elternteils kann ausreichen, wenn anhand der übrigen Kriterien offensichtlich keine eindeutige Präferenz für einen Elternteil besteht.[46]

Dennoch sind in der Rechtsprechung immer wieder Gewichtungen zu erkennen, ohne dass ihnen eine Allgemeingültigkeit zukommt. Vielmehr sind die Entwicklungen in der Rechtsprechung als Reaktion auf die sozialwissenschaftlichen Erkenntnisse zu begreifen.[47] Ende der 1970er lösten sich die Gerichte allmählich von den überholten Erkenntnissen der Bindungsforschung, dass die Mutter

42 BT-Drs. 13/4899, S. 99; das forderte bereits *Fthenakis*, 5. DFGT, Brühler Schriften, 1984, S. 33 ff.; krit. zur Beseitigung der Bindungen als vorrangiges Kriterium *Kaltenborn*, FamRZ 1987, 990 (999); *ders.*, ZfJ 1996, 255; ZfJ 1996, 354 (361); *Salgo*, FamRZ 1996, 449 (450 f.).

43 *BGH* FamRZ 1990, 392 (393); *BGH* FamRZ 2010, 1060 Rn. 19.

44 Das Beispiel bei *Finke*, FF Sonderheft 2003, 78 (82) betrifft die Betreuungsmöglichkeiten.

45 *BGH* FamRZ 1985, 169.

46 *Finke*, FF Sonderheft 2003, 78 (82). Beispielhaft *OLG Jena* FamRZ 2011, 1070 (1072): dem Vater wurde mangels deutlichen Ausschlags eines anderen Kriteriums das Aufenthaltsbestimmungsrecht übertragen, weil es ihm beruflich möglich sei, die das Kind belastenden Hortaufenthalte zu minimieren und eine etwas bessere schulische Förderung zu realisieren.

47 *Salzgeber*, Gutachten, S. 371. Aus psychologischer Sicht wird der Wille des Kindes in Umgangs- und Aufenthaltsfragen besonders betont: u. a. *Fichtner*, NZFam 2015, 588 (592).

grundsätzlich zu bevorzugen sei.[48] Bedeutung maß man deshalb bis zur Kindschaftsrechtsreform vor allem den Lebens- und Wohnverhältnissen, den Betreuungsmöglichkeiten und der Erziehungskompetenz der Elternteile bei.[49] Auch Aspekte der Kontinuität fanden allmählich Berücksichtigung, insbesondere in den Fallkonstellationen, in denen die Eltern zur Betreuung und Erziehung gleich geeignet schienen.[50] Schließlich wurde auch der Wille des Kindes als Ausdruck der Achtung des Kindes als eigenständige Persönlichkeit in den Blick genommen.[51] Seit Inkrafttreten des KindRG gewannen der Kontinuitätsgrundsatz und das Kriterium der Bindungstoleranz zunehmend an Bedeutung.[52]

2. *Kooperationsfähigkeit und Kooperationsbereitschaft*

a) *Begriff und Anforderungen*

Die erste Stufe der sorgfältigen Kindeswohlprüfung (*die Aufhebung der gemeinsamen Sorge entspricht dem Kindeswohl*) trägt dem Umstand Rechnung, dass die Übertragung der (teilweisen) Alleinsorge auf den Antragsteller spiegelbildlich auf Antragsgegnerseite den Entzug der Sorge zur Folge hat.[53] Im Rahmen einer Grundrechtsabwägung haben die Gerichte dem Verhältnismäßigkeitsgrundsatz zu entsprechen und deshalb lediglich Teilbereiche der gemeinsamen Sorge aufzuheben (milderes Mittel), soweit dies zur Wahrung des Kindeswohls ausreicht.[54]

Die Aufhebung der gemeinsamen Sorge entspricht dann dem Kindeswohl am besten, wenn den Eltern die notwendige Kooperationsfähigkeit und -bereitschaft fehlt. Wie das *OLG Celle* erst jüngst wieder bestätigte, ist es nicht erforderlich, dass das Kind bei bestehender schwerwiegender und nachhaltiger Störung der Kommunikation der Eltern erheblich belastet würde.[55] Die *Kooperationsfähigkeit* bemisst sich daran, inwieweit die Eltern aufgrund ihrer emotionalen Situation

---

48 So noch *KG* FamRZ 1978, 826; a. A. *OLG Hamm*, Beschl. v. 13.10.1977 – 3 WF 157/77 –, juris.

49 *OLG Hamm*, Beschl. v. 25.09.1978 – 4 UF 425/77 –, juris; *OLG Bamberg*, Beschl. v. 22.02.1980 – 2 UF 198/79 –, juris; *OLG Nürnberg*, Beschl. v. 08.07.1980 – 11 UF 813/80 –, juris.

50 *OLG Köln* FamRZ 1982, 1232; *OLG Braunschweig*, Beschl. v. 14.05.1982 – 2 UF 68/82 –, juris; *OLG Hamm* FamRZ 1986, 715.

51 *KG* FamRZ 1990, 1383, Ls 1. So schon *OLG Frankfurt* FamRZ 1978, 261.

52 *OLG Frankfurt* ZfJ 1998, 343 (344); FamRZ 1999, 612, Ls. 3; *Motzer*, FamRZ 1999, 1101 (1103); *Salzgeber*, Gutachten, S. 371.

53 *BGH* FamRZ 2005, 1167 (1167).

54 *BVerfG* FamRZ 2004, 1015 (1015); 2005, 1167 (1168); 2009, 189, Ls.

55 *OLG Celle* FamRZ 2016, 385 Ls. 1.

überhaupt in der Lage sind, gemeinsame Entscheidungen für das Kind zu treffen (*co-parenting*).[56] Dies erfordert seitens der Elternteile eine Problemlösungsfähigkeit mit gleichzeitiger Kompromissbereitschaft.[57] In ständiger Rechtsprechung verlangt das *BVerfG* zur Bejahung von Kooperationsfähigkeit und -bereitschaft eine *tragfähige soziale Beziehung* zwischen den Eltern. Das erfordere ein *Mindestmaß an Übereinstimmung zwischen ihnen* über die wesentlichen Bereiche der elterlichen Sorge (Umgang, Gesundheitssorge, Schulwahl).[58] *Salzgeber/Fichtner* sprechen daher auch von einem möglichst friedlichen Nebeneinander im Sinne einer „parallelen Elternschaft".[59]

b) Notwendigkeit eines Sachverständigengutachtens

Erste Anzeichen für ein zerrüttetes Verhältnis können sich bereits aus dem Sorgerechtsantrag, insbesondere wechselseitigen Anträgen, ergeben.[60] Weitere Anhaltspunkte ergeben sich aus den Vorträgen der Eltern zu Verhaltensweisen während der Trennungszeit, insbesondere zu den Übergabesituationen im Rahmen des Umgangs, falls ein solcher überhaupt stattgefunden hat. Rückschlüsse auf ihr Konfliktniveau bzw. Einigungspotential sind daneben über den Erfolg von (außergerichtlichen) Einigungsversuchen möglich (§ 156 Abs. 1 FamFG). Derartige Hinweise können sich sowohl aus eigenen Beobachtungen des Gerichts ergeben (mündlicher Termin, Anhörungen) als auch aus den Berichten des Jugendamtes und einer eventuell aufgesuchten Beratungsstelle.

Nicht jede Spannung, Streitigkeit oder Uneinigkeit der Eltern begründet eine Aufhebung des gemeinsamen Sorgerechts.[61] Zweitrangig ist, ob das fehlende Einigungspotential beidseitig begründet (z. B. Feindseligkeiten[62]) oder die ablehnende Haltung primär auf einen Elternteil zurückzuführen ist[63]. Noch vor

---

56 *Salzgeber*, Gutachten, S. 475.

57 *Salzgeber*, Gutachten, S. 475.

58 BVerfGE 92, 158 (178 f.); FamRZ 2004, 1015 (1016); folgend *BGH* FamRZ 2008, 592 (592); *OLG Frankfurt* FamRZ 2009, 433 (433). Zu Angelegenheiten von erheblicher Bedeutung siehe *Schilling*, NJW 2007, 3233 (3234); *Motzer*, FamRZ 2004, 1145 (1155).

59 Kury/Obergfell-Fuchs/*Salzgeber/Fichtner*, S. 207 (215).

60 *OLG Brandenburg*, Beschl. v. 22.3.2012 – 3 UF 8/12 –, juris; Johannsen/Henrich/*Jaeger*, § 1671 Rn. 37.

61 *BVerfG* FamRZ 2004, 1015 (1016); *Salzgeber*, Gutachten, S. 477.

62 Gegenseitiges Misstrauen: *BGH* FamRZ 2011, 796 (797); unbegründeter Vorwurf des sexuellen Missbrauchs: *BGH* FamRZ 2008, 592 (594).

63 Verhinderung des Umgangs des Kindes mit dem nicht betreuenden Elternteil: *BGH* FamRZ 2008, 592 (593); Ablehnung der weiteren Praktizierung eines Wechselmodells:

Inkrafttreten des KindRG genügte zur Aufhebung der gemeinsamen Sorge bereits eine einseitige Kooperationsverweigerung.[64] Das entspricht nicht mehr der überwiegenden Ansicht.[65] Denn nur die wenigsten Eltern stehen dem anderen in der Nachtrennungsphase wohlwollend gegenüber. Vielmehr ist eine ablehnende Haltung typisch und normal. Eine solche Haltung kann auch aus taktischen Überlegungen erfolgen, beispielsweise um den anderen Elternteil aus dem Leben des Kindes zu verdrängen. Ebenso können berechtigte Gründe bestehen für die mangelnde Kooperation (Missbrauch, Gewalt usw.). In allen Fällen kann die Kommunikation der Eltern derart gestört sein, dass ein Mindestmaß an Übereinstimmung nicht möglich ist.[66]

Befinden sich die Eltern allerdings in anhaltenden Konflikten, wird eine Kooperationsfähigkeit und -bereitschaft regelmäßig zu verneinen sein. Sie können sogar einen solchen Grad erreichen (Stichwort *Hochkonfliktfamilie*)[67], der einen Sorgerechtsentzug wegen erheblicher Kindeswohlgefährdung erforderlich macht.[68] Ist die Beziehung der Eltern durch Gewalt geprägt, wird ein kooperatives Zusammenwirken zum Wohle des Kindes regelmäßig auch ausscheiden müssen.[69] Derartige Einschätzungen sind den Gerichten auch ohne spezielle psychologische Sachkunde mit den ihnen zur Verfügung stehenden Erkenntnismitteln möglich.[70] Das bestätigte in jüngerer Vergangenheit auch das *BVerfG*. Die Gerichte hätten zutreffend die notwendige Kooperationsfähigkeit und -bereitschaft unter Bezugnahme auf die Stellungnahmen des Jugendamts und des Verfahrensbeistands, auf den Verfahrensablauf (hierbei auch das vorhergegangene Umgangsverfahren) sowie auf den persönlichen Eindruck von den Beteiligten nachvollziehbar und ohne jeden Zweifel ausgeschlossen.[71]

KG Berlin FamRZ 2014, 50; Desinteresse eines Elternteils am Kind: *OLG Köln* FamRZ 2013, 47, Ls.

64 Vgl. *BGH* FamRZ 1993, 314 (315) m.w.Nachw.

65 *OLG Zweibrücken* FamRZ 1999, 40 (41); *OLG Bamberg* FamRZ 1999, 1005 (1006); *Schwab*, FamRZ 1998, 457 (462); a. A. *OLG Dresden* FamRZ 1999, 324 (325).

66 *Salzgeber*, Gutachten, S. 476; s. auch *Temizyürek*, ZKJ 2014, 228; *Brebeck*, ZKJ 2014, 473.

67 Erläuterungen hierzu bereits im 1. Kapitel unter B.V.5.

68 *BVerfG* FamRZ 2015, 208 (209): wegen tiefer Loyalitätskonflikte des Kindes.

69 *Salzgeber*, Gutachten, S. 477 f.

70 Beispielhaft *BGH* FamRZ 1999, 1646 (1648); *OLG Frankfurt* FamRZ 1999, 612; *OLG Hamm* FamRZ 2007, 757 (758).

71 *BVerfG*, NABeschl. v. 04.08.2015 – 1 BvR 1388/15 –, juris Rn. 13 = NZFam 2015, 1026.

3. *Bindungen des Kindes zu seinen Eltern*

a) Gewichtiges Kriterium mit psychologischer Relevanz

Wird um den Aufenthalt des Kindes oder über die elterliche Sorge insgesamt gestritten, sind die Bindungen des Kindes zu den beiden Elternteilen von besonderer Bedeutung, denn eine gute Bindung gibt dem Kind Geborgenheit und Sicherheit, die es für seine Persönlichkeitsentwicklung braucht. Ein Vorrang der mütterlichen vor der väterlichen Bindung ist wissenschaftlich nicht belegt.[72] Bindungen werden hinsichtlich ihrer Qualität unterschieden.[73] Abgegrenzt werden hierbei sichere, unsicher-vermeidende, unsicher-ambivalente und desorganisierte Bindungen.[74] Die Schlussfolgerungen, welche Qualität der Bindung im Einzelfall vorliegt, können nur mit Hilfe der Methoden der Bindungsdiagnostik und damit folglich nur durch einen Psychologen gezogen werden.[75] Eine sichere Bindung zum betreuenden Elternteil bietet die Basis für die Übertragung der elterlichen Sorge bzw. des Aufenthaltsbestimmungsrechts, lässt aber allein noch keine valide Prognose hinsichtlich des Kindswohls zu.[76] Das Wohlergehen des Kindes hängt von der Gestaltung der Nachtrennungssituation, insbesondere der Betreuung und Unterstützung insgesamt ab.

b) Notwendigkeit eines Sachverständigengutachtens

Aufgrund der im Vergleich zu den im letzten Jahrhundert mittlerweile gewandelten innerfamiliären Betreuungsverhältnissen wird das Kind in den meisten Fällen zu beiden Elternteilen eine vergleichbare Bindung haben, so dass die Bindungen per se weder für den einen noch für den anderen streiten.[77] Dies wird ein Familienrichter über die Anhörung der Beteiligten und deren Auftreten in der Verhandlung selbst feststellen können.[78] Die Notwendigkeit eines

---

72 *OLG Frankfurt* FamRZ 2016, 1093 Ls. 1, 2.

73 Siehe hierzu ausführlich 1. Kapitel B.IV.3.

74 Siehe zur desorganisierten Bindung unten bei § 1666 BGB D.III.1.

75 Erhebung der Beziehungsgeschichte, Beobachtung des Kindes in bindungsrelevanten Situationen sowie des Fürsorgeverhaltens der Bezugspersonen und ergänzende Gespräche: *Salzgeber*, Gutachten, S. 485.

76 *Salzgeber*, Gutachten, S. 489.

77 *Finke*, FPR 1996, 160 (161 f.); Staudinger/*Coester*, § 1671 Rn. 222.

78 Beispielhaft *OLG Hamm* FamRZ 1996, 562 (563). Vor einer leichtfertigen Annahme gleich starker Bindungen müsse aber das Kind angehört werden, weil sein Wille Ausdruck der Bindungsverhältnisse sein kann, *BGH* FamRZ 2011, 796 (800); kritisch hinsichtlich der Fähigkeit von Familienrichtern nicht erhebliche Bindungsunterschiede festzustellen, Johannsen/Henrich/ *Jaeger*, § 1671 Rn. 76.

Sachverständigengutachtens hängt entscheidend vom Verhältnis der anderen Kriterien ab. Denn selbst ein geringfügiger Bindungsvorsprung kann die Übertragung der Sorge auf den „bindungsstärkeren" Elternteil nicht hinreichend stützen, wenn anhand eines anderen Kriteriums eine deutliche Präferenz zugunsten des anderen Elternteils festgestellt wird.[79] Folglich ist in Fällen nahezu gleich stark erscheinenden Bindungen ein Sachverständigengutachten zur näheren Beurteilung der Bindungsverhältnisse nicht erforderlich.[80] Nur wenn der denkbar seltene Fall eintritt, dass keines der weiteren Kindeswohlkriterien deutlich zugunsten eines Elternteils ausschlägt, sollte ein Sachverständiger hinzugezogen werden.

Ebenso wenig bedarf es vertiefter psychologischer Kenntnisse, um erhebliche Bindungsunterschiede auszumachen.[81] Sofern eine deutlich stärkere Bindung des Kindes zu einem der beiden Elternteile besteht, wird sich dies im Rahmen der Anhörungen und der mündlichen Verhandlung offenbaren (regelmäßig bei überwiegender Betreuung). Für die Frage der Notwendigkeit eines Sachverständigengutachtens muss in einem solchen Fall unterschieden werden. Spricht gegen den nach Ansicht des Gerichts bindungsstärkeren Elternteil ein anderes Kindeswohlkriterium, sollte die Einholung eines psychologischen Gutachtens ernsthaft in Betracht gezogen werden, um die Bindungsverhältnisse genauer zu beleuchten. Schlagen demgegenüber auch die anderen Kriterien zugunsten des bindungsstärkeren Elternteils aus oder bestehen zumindest vergleichbare Erziehungsfähigkeiten und Förderkompetenzen, bedarf es keines Gutachtens.

Etwas anderes gilt für den Fall, dass das Gericht unsicher bezüglich der Bindungsverhältnisse ist. Insbesondere bei kleinen Kindern können widersprüchliche Äußerungen und Verhaltensweisen des Kindes oder konträre Beobachtungen der professionell am Verfahren Beteiligten, die Feststellung der Bindungsverhältnisse erschweren. Da der Erhalt der primären Bindungsperson bei Kleinkindern für ihre gesunde Entwicklung wichtig ist, sollte hier sorgfältig ermittelt werden. Nur selten wird das Gericht entsprechende eigene Sachkunde ausweisen können, die es ihm erlaubt, die Widersprüche aufzulösen.[82] In einem solchen Fall sollte daher ein psychologischer Sachverständiger befragt werden.

---

79 *OLG Hamm* FamRZ 1996, 562 (563).

80 *Fthenakis*, FamRZ 1985, 662 (664 ff.); *Lempp*, FamRZ 1986, 530 (531); Staudinger/*Coester*, § 1671 Rn. 222, 301; *OLG Brandenburg*, Beschl. v. 23.08.2010 – 15 UF 77/10 –, juris Rn. 43; *OLG Hamm* FamRZ 1996, 562 (563); a. A. Johannsen/Henrich/*Jaeger*, § 1671 Rn. 72.

81 So auch Staudinger/*Coester*, § 1671 Rn. 222.

82 Siehe nur *BGH* NJW 2015, 1311, Ls.

4. *Geschwisterbindung*

a) *Keine aussagekräftigen psychologischen Studien*

Die emotionale Nähe zu Geschwistern, einschließlich Halb- und Stiefgeschwister[83], müssen für die Sorgerechtsregelung und damit die Entscheidung über den zukünftigen Aufenthalt des Kindes berücksichtigt werden. Bislang kann noch nicht auf aussagekräftige Befunde zurückgegriffen werden, die auf repräsentative Merkmale schließen lassen, wann für Scheidungskinder das Zusammenleben bzw. die Trennung die bessere Wahl ist.[84] Dennoch besteht in der überwiegenden psychologischen Fachschaft Einigkeit, dass eine Geschwistertrennung bei Sorgerechtsregelungen grundsätzlich vermieden werden sollte.[85] Denn die Studien lassen erkennen, dass die Trennung der Eltern regelmäßig zu einer Intensivierung der Geschwisterbeziehung führt. Geschwister können sich bei bestehender positiver Beziehung gegenseitigen Halt geben, um die trennungsbedingten Veränderungen (z. B. Verlust eines Elternteils) und elterlichen Konflikte besser zu bewältigen.[86] Daneben wurde festgestellt, dass Geschwister im Trennungskonflikt gelegentlich um die Zuneigung der Eltern rivalisieren.[87] Rivalitäten unter Geschwistern sind aber nicht per se negativ behaftet. Sofern sie im Bereich des Normalen liegen, werden dadurch soziale Kompetenzen erlernt, die für die Entwicklung des Kindes förderlich sind.[88]

Im Einzelfall kann es durchaus angebracht sein, Geschwister zu trennen. Als Gründe für eine Trennung der Geschwister werden insbesondere der klar geäußerte Wille und starke Rivalitäten angeführt.[89] Daneben können auch eine verfestigte „Lagerbildung“, „Gerechtigkeitsdenken“ bei Kindern im Sinne einer Zuordnung zu unterschiedlichen Elternteilen, ein großer Altersunterschied und

---

83 *OLG Brandenburg* FamRZ 2008, 1472 (1473). Nach *Salzgeber* dürfte eine engere emotionale Nähe zu leiblichen als zu Halb- und Stiefgeschwistern bestehen, Gutachten, S. 481.

84 *Spangenberg/Spangenberg*, FamRZ 2002, 1007 (1008); *Salzgeber*, Gutachten, S. 481.

85 *Lempp*, 1983, S. 125; *Arntzen*, 1994, S. 26; *Dettenborn/Walter*, S. 214.

86 *Arntzen*, 1994, S. 26; *Lange/Lemkuhl*, PdKK 2012, 524 (536); *Salzgeber*, Gutachten, S. 481; *OLG Zweibrücken* FamRZ 2001, 184 (185); *OLG Brandenburg*, Beschl. v. 06.09.2011 – 10 UF 74/10 –, juris Rn. 42; *OLG Dresden* FamRZ 2003, 1489 (u. a. in krisenhaften Trennungen).

87 *Schmidt-Denter/Beelmann*, S. 351 („Kölner Studie“). Kritisch zur Aussagekraft der Ergebnisse der Studie *Karle/Klosinski*, PdKK 2001, 401; *Spangenberg/Spangenberg*, FamRZ 2002, 1007 (1008); *Karle*, PdR 2004, 190 (196).

88 *Nave-Herz*, FuR 1990, 29 (33 f.).

89 *Salzgeber*, Gutachten, S. 481; *Karle*, PdR 2014, 190 (195).

eine große Anzahl an Geschwistern eine Trennung erforderlich machen.[90] Hierfür sollten die Gerichte sensibilisiert sein.

b) *Beurteilung der Geschwistertrennung*

Die Geschwisterbindung ist gleichermaßen wie die Elternbindung im Einzelfall zu beurteilen.[91] In Anlehnung an die überwiegende psychologische Fachschaft hat sich in der Rechtsprechung die Auffassung durchgesetzt, dass Geschwister möglichst nicht getrennt werden sollen, wenn sie aneinander hängen und sie insgesamt eine positive Beziehung verbindet.[92] Nur beim Vorliegen triftiger Gründe (z. B. extreme Rivalität) wird eine Geschwistertrennung ausnahmsweise zugelassen.[93] Indizien für eine positive Beziehung sind ein geringer Altersunterschied und gegenseitig Verbundenheit im Alltag (zusammen Aufwachsen). Derartige Feststellungen können die Familiengerichte selbst über die Anhörungen der Kinder und der Eltern sowie über die Berichte des Jugendamtes treffen. Ein erheblicher Altersunterschied relativiert den Stellenwert der Geschwisterbindung für die sorgerechtliche Entscheidung,[94] ist aber noch lange kein Grund, die Geschwister zu trennen. Einen erheblichen Altersunterschied bejahte das *BVerfG* bei acht Jahren.[95] Dagegen bewertete das *OLG Brandenburg* bereits einen Altersunterschied von fünf Jahren als erheblich.[96]

Das Kriterium der Geschwisterbindungen ist in besonderem Maße von der Beurteilung der anderen Kindeswohlkriterien abhängig (Gesamtschau). Einer Geschwisterbindung kommt regelmäßig nur unterstützende Wirkung für die Zuteilung der elterlichen Sorge (oder des Aufenthaltsbestimmungsrechtes) zu. Gerade in jungem Kindesalter werden die Bindungen zur Bezugsperson von Seiten der Psychologen noch als wichtiger erachtet.[97] Geschwisterbindungen können aber dann den Ausschlag geben, wenn kein Kindeswohlkriterium eindeutig

---

90 Zusammenfassung bei *Karle*, FK 2012, 32.

91 *Spangenberg/Spangenberg*, FamRZ 2002, 1007 (1010); *Salzgeber*, Gutachten, S. 481.

92 *OLG Brandenburg* FamRZ 2014, 1124 (gab sogar den Ausschlag); *OLG Brandenburg* FamRZ 2003, 1953, Ls. 2; *OLG Celle* FamRZ 1992, 465; siehe auch *Lempp*, S. 34; Johannsen/Henrich/*Jaeger*, § 1671 Rn. 73.

93 *OLG Brandenburg* FamRZ 2003, 1953; *OLG Zweibrücken* FamRZ 2001, 184.

94 *OLG Zweibrücken* FamRZ 2001, 184.

95 *BVerfG* FamRZ 2015, 210.

96 *OLG Brandenburg* FamRZ 2014, 1124; Beschl. v. 15.10.2013 – 3 UF 90/12 –, juris (10 J.).

97 *Arntzen*, 1994, S. 27; *Lempp*, S. 32 f.; *Ell*, ZfJ 1980, 319 (324); a. A. Staudinger/*Coester*, § 1671 Rn. 230.

für einen Elternteil streitet oder eines für den einen und ein anderes nahezu gleichwertig für den anderen Elternteil spricht.

c) *Notwendigkeit eines Sachverständigengutachtens*

Daraus ergibt sich, dass die Hinzuziehung eines psychologischen Sachverständigen grundsätzlich nur dann zu erwägen ist, wenn Anhaltspunkte bestehen, die für eine Geschwistertrennung sprechen. Unter Anwendung von diagnostischen Methoden kann ein Psychologe dem Ursprung der Rivalitäten oder der Ablehnung nachgehen. Dafür sind nicht nur die Beziehung der Geschwister, sondern auch die der Eltern, der Trennungskonflikt sowie die Lebensumstände mit einzubeziehen. Schwierig gestalten sich solche Fallkonstellationen, in denen ein Geschwisterkind ein anderes ablehnt, beide aber zu demselben Elternteil eine enge Bindung haben. Die konkreten Auswirkungen der denkbaren Regelungen auf die Kinder sind von einem Sachverständigen umfassend zu erörtern. Eine Geschwistertrennung kann auch dann in Erwägung zu ziehen sein, wenn andernfalls die Kinder fremduntergebracht werden müssten, weil beide Eltern mit der alleinigen Betreuung aller Kinder überfordert sind.[98] In derartigen Fällen sollten durch einen Gutachter die Folgen der Geschwistertrennung gegenüber den erzieherischen Fähigkeiten festgestellt und abgewogen werden.

5. *Erziehungsfähigkeit*

a) *Psychologische Relevanz für die Sorgerechtsregelung*

Die Bindungen stehen im wechselseitigen Verhältnis zu den Kriterien der Erziehungseignung und Förderungskompetenz der Elternteile.[99] Wer erziehungsungeeignet ist, dem kann trotz sicherer Bindung das Sorgerecht nicht zugesprochen werden.[100] Umgekehrt können nur geringfügige Erziehungsdefizite oder Förderkompetenzen regelmäßig nicht eine enge Bindung erschüttern.[101]

Die Erziehungsfähigkeit (Erziehungseignung) spielt in Sorgerechtsverfahren nach § 1671 BGB in zweifacher Hinsicht eine Rolle: Einerseits, um Unterschiede zwischen den Elternteilen festzustellen, die eine Entscheidung für den einen oder anderen Elternteil stützen. Dabei können andererseits bei einem oder beiden Elternteilen Defizite in der Erziehungsfähigkeit zu erkennen sein mit negativen

---

98 Siehe hierzu *OLG Brandenburg* FamRZ 2014, 784.

99 Staudinger/*Coester*, § 1671 Rn. 224.

100 Vgl. Palandt/*Götz*, § 1671 Rn. 29; *BGH* NJW 1985, 1702 (1704): bei hasserfüllter Einstellung gegenüber dem Kindesvater.

101 *OLG Bamberg* FamRZ 1998, 1462.

Auswirkungen für das Kind. Sind bei nur einem Elternteil solche Einschränkungen festzustellen, spricht dies regelmäßig für die Übertragung des Sorgerechts auf den anderen Elternteil. Bei beidseitigen erheblichen Einschränkungen ist der Entzug der Sorge nach § 1666 BGB zu erwägen.

b) Kein Vergleich der „besseren" Erziehungsfähigkeit möglich

Oft werden psychologische Sachverständige in Sorgeverfahren mit der Frage beauftragt, welcher der Elternteile die bessere Erziehungsfähigkeit aufweist. Dabei ist zu bedenken, dass der Begriff der Erziehungseignung ebenso wenig wie der Begriff des Kindeswohls selbst psychologisch eindeutig definierbar ist.[102] Es gibt keine „richtige" Erziehung, sondern wenn überhaupt nur eine „nicht richtige" bzw. „falsche".[103] Es bestehen keine hinreichend gesicherten Erkenntnisse darüber, wie sich ein bestimmtes Erziehungsverhalten (z. B. die Erlaubnis häufig fernzusehen oder Playstation zu spielen) auf das Kind auswirkt.[104] Die Erziehungseignung ist kein „eindimensionales Merkmal"[105], das anhand fester Kriterien oder durch ein bestimmtes Verfahren erfasst werden kann, sondern ist individuell und mit Bezug zu einem Kind zu bestimmen.[106]

Kluck beschreibt die Erziehungseignung „als Bündel von Lebensbedingungen, Einstellungen, Verhaltens- und Erlebensmerkmalen [...], die in ihrem Zusammenwirken mehr oder weniger günstige Entwicklungsbedingungen für Kinder darstellen".[107] In ähnlicher Weise legen *Dettenborn/Walter* fünf Bestimmungsgrößen fest, die bei der Diagnostik der Erziehungsfähigkeit helfen sollen: Erziehungsfähigkeit, Erziehungsverhalten, Erziehungsziele, Erziehungseinstellungen sowie Erziehungskenntnisse und -kompetenzen.[108] Die Erziehungsfähigkeit ist letztlich die Summe aus positiven wie negativen Befunden zu den verschiedenen Bestimmungsgrößen.[109] Die Einflussfaktoren sind nur begrenzt kontrollierbar, weshalb die Erziehungsfähigkeit nur zum jeweiligen Untersuchungszeitpunkt mit hinreichender Sicherheit diagnostiziert werden kann.[110]

---

102 *Salzgeber*, Gutachten, S. 380.
103 *Wiedemann*, ZKJ 2014, 185 (187).
104 *Steinmetz/Lewand*, PdR 2004, 286 (296); *Salzgeber*, Gutachten, S. 381.
105 *Steinmetz/Lewand*, PdR 2004, 286 (289).
106 Kury/Obergfell-Fuchs/*Salzgeber/Fichtner*, S. 207 (221); *Steinmetz/Lewand*, PdR 2004, 286 (289).
107 *Kluck*, FPR 1996, 155 (155).
108 *Dettenborn/Walter*, S. 123 ff.; siehe auch *Kindler*, PdR 2008, 240 (247).
109 *Steinmetz/Lewand*, PdR 2004, 286 (289).
110 Zur Problematik von Prognosen *Balloff/Walter*, NZFam 2015, 580 (583 ff.).

c) *Kein „ideales" bzw. „besseres" Erziehungskonzept*

Konsequenterweise kann es demnach auch kein ideales oder besseres Erziehungskonzept geben, wie dies jedoch einige Fachgerichte von den Eltern verlangen. Gefordert wird ein überzeugendes Erziehungskonzept, dass sich durch ein verlässliches und stabiles, einheitliches und verantwortungsbewusstes Erziehungsverhalten auszeichne.[111] Teilweise neigen erschreckenderweise sogar Sachverständige dazu, das Verhalten der Eltern anhand eines eigenen Erziehungsbildes zu bewerten. Wie das *BVerfG* in seiner Entscheidung vom 19.11.2014 erneut klarstellte, ist der Staat durch sein Wächteramt nicht befugt, Erziehungskonzepte inhaltlich zu bewerten und außerhalb der Grenze des § 1666 BGB darin einzugreifen. Das gelte auch für den Sachverständigen. Ein Kind habe keinen Anspruch auf „beste" Erziehung, vielmehr gehören seine familiären Verhältnisse zu seinem Lebensrisiko.[112] § 1666 BGB fungiert nicht als Rechtfertigung dafür, einen „Optimalzustand" herzustellen.[113]

Auch aus psychologischer Sicht gibt es kein ideales Erziehungskonzept. Mangels unzureichender empirischer Fundierung sind keine Schlussfolgerungen möglich, welche Erziehungsstile (z. B. „laisser-faire" oder „autoritär") eine bessere Entwicklung des Kindes fördern. Für das eine Kind kann ein bestimmtes Erziehungsverhalten günstig sein, für ein anderes wiederum ungünstig. Die Beurteilung der Erziehungsfähigkeit muss sich auf die Kompetenzen und Fähigkeiten des konkreten Elternteils und den Neigungen und Bedürfnissen des konkreten Kindes beziehen.[114]

d) *Feststellung von Erziehungsdefiziten*

Entscheidungserhebliche Unterschiede in der Erziehungsfähigkeit lassen sich nur negativ über Erziehungsdefizite eines Elternteils feststellen. Bestimmte extreme Verhaltensweisen können als objektiv kindeswohlschädlich deklariert werden, wie die Neigung zu Gewalt, Straffälligkeit oder Drogen-, Alkohol- oder Tablettenabhängigkeit und mindern regelmäßig die Erziehungsfähigkeit. Sie müssen sich aber auch auf die Erziehung des konkreten Kindes negativ auswirken. Dauerhafte Erkrankungen mindern dann die Erziehungseignung, wenn die kindlichen Grundbedürfnisse nicht befriedigt werden können, also die

111 *OLG Zweibrücken* FamRZ 2001, 186 (186); *OLG Frankfurt* FamRZ 1994, 920.
112 *BVerfG* FamRZ 2015, 112; Siehe auch *Wiedemann*, ZKJ 2014, 185 (187).
113 *OLG Brandenburg*, Beschl. v. 05.01.2016 – 13 UF 12/15 –, juris Ls. 6.
114 Dazu insgesamt *Steinmetz/Lewand*, PdR 2004, 286 (296).

Erziehungsfähigkeit offensichtlich behindern.[115] Wurde das Erziehungsdefizit mittlerweile nachweislich abgelegt, beispielsweise vormaliger Drogenkonsum[116], gewalttätige Übergriffe gegenüber der Familie[117] oder Verurteilung wegen sexuellen Missbrauchs an anderen als dem eigenen Kind,[118] steht dies der Übertragung der (teilweisen) Sorge auf diesen Elternteil nicht zwangsläufig entgegen, es sei denn, das Kindeswohl ist weiterhin gefährdet.

e) Notwendigkeit eines Sachverständigengutachtens

Da über die Befriedigung der emotionalen und körperlichen Grundbedürfnisse eines Kindes hinaus nicht festgelegt werden kann, wie sich Erziehungsfähigkeit definiert, können auch psychologische Sachverständige die elterlichen Erziehungsfähigkeiten nicht gegeneinander abwägen.[119] Sofern sich beide Elternteile aus Sicht des Gerichts als erziehungsgeeignet erweisen und ein anderes Kriterium (Bindung, Kontinuität, Kindeswille) einen Elternteil präferiert, muss die Notwendigkeit eines Sachverständigengutachtens verneint werden. Wenn allerdings kein Kriterium eindeutig zugunsten eines Elternteils streitet, kann ein Gutachten zur Diagnose der Erziehungsfähigkeit Aspekte für die Entscheidungsfindung liefern.

Ein Gutachten ist jedenfalls einzuholen bei Anzeichen für Erziehungsdefizite, wie Vernachlässigung oder Misshandlung, ernsthafte Erkrankung physischer oder psychischer Art (Depression, Psychose) oder eine Substanzsucht.[120] Nur bei deutlich zu Tage tretenden kindeswohlgefährdenden Verhaltensweisen wie Drogen-, Alkohol- oder Medikamentenabhängigkeit wird ein Richter solche Defizite oft auch ohne ein Gutachten ermitteln können.[121] Ansonsten ist eine tiefergehende Diagnose durch einen auf dem Gebiet der Persönlichkeitsbegutachtung qualifizierten Sachverständigen notwendig. Denn solche Verhaltensweisen lassen sich

---

115 *OLG Brandenburg*, Beschl. v. 21.10.2010 – 9 UF 45/10 –, juris: körperliche Behinderung; FamRZ 2012, 235: schizoaffektiver Störung mit schizomanischem Syndrom; *OLG Köln*, Beschl. v. 15.05.2013 – 27 UF 228/11 –, juris Rn. 14: gravierende Überforderungssituation.

116 *OLG Brandenburg* NZFam 2014, 186.

117 *OLG Köln*, Beschl. v. 15.05.2013 – 27 UF 228/11 –, juris; a. A. *OLG Celle* FamRZ 2014, 1856: bei Körperverletzung und Vergewaltigung der Mutter, bei der der Sohn teilweise anwesend war, sei eine Erziehungsfähigkeit des Vaters zu verneinen.

118 *OLG Hamm* FamRZ 2012, 235, Ls.

119 So auch *Salzgeber*, Gutachten, S. 381.

120 Dazu ausführlicher unten bei § 1666 BGB D.III.2.

121 So auch Johannsen/Henrich/*Jaeger*, § 1671 Rn. 58.

selbst durch einen Gutachter nicht direkt beobachten, sondern bedürfen u. a. der Exploration und Beobachtung der Verhaltensweisen von Eltern und Kind und des Vergleiches der motorischen und sprachlichen Fähigkeiten mit den entwicklungspsychologischen Befunden.[122] Daraus lassen sich die Auswirkungen für das Kind diagnostizieren und mögliche Hilfsmaßnahme zur Kompensation abschätzen. Darüber hinaus wird häufig zusätzlich ein Arzt oder Psychiater hinzuzuziehen sein, z. B. bei Entwicklungsstörungen oder Verhaltensauffälligkeiten des Kindes.[123]

6. *Förderungskompetenz*

In Abgrenzung zur Erziehungsfähigkeit geht die Förderungskompetenz über die Befriedigung der Grundbedürfnisse eines Kindes hinaus. Neben der Förderung individueller Belange des Kindes (z. B. einer Lernschwäche des Kindes mit Maßnahmen aktiv entgegenzuwirken) steht vor allem die Förderung der Beziehung zum anderen Elternteil im Vordergrund (sog. Bindungstoleranz).

a) Verantwortung und Unterstützung des Kindes

Die Förderungskompetenz umfasst die Fähigkeit der Eltern, das Kind bei seinen Alltagsanforderungen und Entwicklungsaufgaben zu unterstützen und die Verantwortung für das Kind zu übernehmen.[124] Hierbei werden auch die objektiven Betreuungsmöglichkeiten relevant.[125] Dabei kommen weniger Aspekte der Vor- und Ausbildung[126] oder finanzielle Vorteile[127] zum Tragen als die regulären Arbeitszeiten der Eltern und die Wohnverhältnisse. Es besteht grundsätzlich kein Vorrang desjenigen Elternteils, der in geringerem Umfang oder gar nicht berufstätig ist.[128] Schwierig sind Konstellationen, in denen der Antragssteller das Kind vergleichbar zu betreuen vermag, aber überwiegend mit fremder Hilfe (z. B. Großeltern). Der berufsbedingte Rückgriff auf Betreuungsunterstützung durch Großeltern oder Einrichtungen (Kindertagesstätte,

---

122 Hierzu insgesamt *Steinmetz/Lewand*, PdR 2004, 286 (290 f.).

123 *Wiedemann*, ZKJ 2014, 185 (189).

124 *BVerfG* FamRZ 1981, 124 (126); *BGH* FamRZ 1990, 392 (393); Staudinger/*Coester*, § 1671 Rn. 178; Palandt/*Götz*, § 1671 Rn. 27; *Salzgeber*, Gutachten, S. 382.

125 *OLG Brandenburg*, Beschl. v. 15.10.2013 – 3 UF 90/12 –, juris Rn. 52 f.

126 *OLG Hamm* FamRZ 1980, 484 (484); Beschl. v. 14.03.2011 – II-8 UF 181/10, 8 UF 181/10 –, juris Rn. 44; siehe auch *Schwab*, FamRZ 1998, 457 (463).

127 BGHZ 3, 52, Ls. 2. Anders noch die frühere *BayOLG* FamRZ 1980, 482 (482).

128 Johannsen/Henrich/*Jaeger*, § 1671 Rn. 56; *OLG Brandenburg*, Beschl. v. 15.10.2013 – 3 UF 90/12 –, juris Rn. 53; *OLG Köln* FamRZ 2003, 1950 (1951).

Kinderhort) ist grundsätzlich nicht minderwertiger gegenüber einer Betreuung durch Elternteile.[129] Allerdings wird eine auf Dauer angelegte Großeltern-Erziehung regelmäßig dann hinter der elterlichen Erziehung zurückstehen, wenn die Großeltern anstelle des offiziell betreuenden Elternteils dominierenden Einfluss auf die Erziehung des Kindes nehmen.[130]

b) Bindungstoleranz als Teil der Förderungskompetenz

aa) Begriff

Bindungstoleranz ist die Einsicht (innere Einstellung), dass die Beziehung des Kindes zum anderen Elternteil für seine Entwicklung und damit sein Wohl wichtig ist. In § 1684 Abs. 2 S. 1 BGB heißt es ausdrücklich, dass Eltern alles zu unterlassen haben, was das Verhältnis des Kindes zum jeweils anderen Elternteil beeinträchtigt oder die Erziehung erschwert. Von den Eltern wird nicht nur erwartet, verleumderische oder herabwürdigende Äußerungen zu unterlassen, sie werden aktiv aufgefordert, dem Kind das Gefühl zu vermitteln, ohne Schuldgefühle das Verhältnis zum anderen Elternteil pflegen und Wünsche äußern zu können. Wer dies besser gewährleistet, wird in dieser Hinsicht als geeigneter zur Übernahme der Alleinsorge angesehen.[131] Seitens des betreuenden Elternteils drückt sich die Bindungstoleranz vor allem dadurch aus, dass dieser den Umgang des anderen Elternteils mit dem Kind ermöglicht und fördert.[132]

Grundlage dafür ist ein positiver Umgang zwischen den Eltern.[133] Die Vermittlung eines respektvollen Umgangs untereinander gehört zu den elterlichen Erziehungsaufgaben. Respektlosigkeit gegenüber dem anderen Elternteil lässt demnach Rückschlüsse auf die Erziehungsfähigkeiten zu.[134] Daher wird die Bindungstoleranz auch dem Kriterium der Erziehungseignung zugeordnet.[135]

---

129 *OLG Hamm* FamRZ 1980 487 (487); *OLG Brandenburg*, Beschl. v. 15.10.2013 – 3 UF 90/12 –, juris Rn. 54.

130 *OLG Hamm* FamRZ 1980, 484 (486); FamRZ 1980, 487 (487): Gefahr der over protection.

131 *Motzer*, FamRZ 1999, 1101 (1103).

132 *Salzgeber*, Gutachten, S. 471; Palandt/*Götz*, § 1671 Rn. 30; *OLG Dresden* NJW 2003, 147.

133 *Lempp*, S. 35.

134 *Salzgeber*, Gutachten, S. 471.

135 Siehe nur *OLG Jena* FamRZ 2011, 1070 (1071).

bb) Problematische Fallkonstellationen

In der Rechtsprechung haben sich Fallkonstellationen herausgebildet, in denen häufig eine eingeschränkte Bindungstoleranz zu bejahen sein wird. Das betrifft Fälle der eigenmächtigen Mitnahme des gemeinsamen Kindes[136] (ertrotzte *Kontinuität*) oder *Auswanderung(svorhaben)*[137], in denen die praktische Ausübung des Umgangsrechts erschwert wird.

Allerdings dürfen in solchen Fallkonstellationen nicht voreilig Rückschlüsse gezogen werden.[138] Die Eltern können ihren Wohnsitz grundsätzlich unabhängig voneinander frei wählen, ohne an den früheren gemeinsamen Wohnort gebunden zu sein oder eine bestimmte Entfernung zum anderen Elternteil einhalten zu müssen. Die Motive des Elternteils für seinen Wegzug sind grundsätzlich unbeachtlich.[139] Sie dürften auch schwer zu ermitteln sein. Verfolgt der Elternteil mit der Ausreise aber nachweislich (auch) den Zweck, dem anderen Elternteil den Umgang mit dem Kind zu erschweren oder gar unmöglich zu machen, spricht dies für eine Bindungsintoleranz.[140] Es ist aber auch der umgekehrte Fall denkbar. Der eigenmächtig handelnde Elternteil kann berechtigte Gründe für den heimlichen Aus- und Wegzug mit dem Kind haben (z. B. bei ehelicher Gewalt[141], Alkohol- und Drogenmissbrauch), wodurch eine eigenmächtige Mitnahme des Kindes ausnahmsweise gerechtfertigt sein kann.[142]

Selbst bei offensichtlichen Anhaltspunkten für ganz massive Einschränkungen der Bindungstoleranz kann es dennoch das Kindeswohl gebieten, dem Elternteil die Alleinsorge zu übertragen.[143] Zum Beispiel dann, wenn Kinder eine gute, intensive Bindung zu dem Elternteil haben, der seit mehr als fünf Jahren ihre Hauptbezugsperson ist.[144] Streiten dagegen weder die Bindungen noch die

---

136 *BVerfG* FamRZ 2009, 189, Ls.; *OLG Nürnberg* FamRZ 2013, 1588, Ls.; *OLG Saarbrücken* FamRZ 2011, 1739.

137 Von Deutschland nach Mexico, *BGH* FamRZ 2010, 1060.

138 *Salzgeber*, Gutachten, S. 195; Anders noch das *OLG Hamm* FamRZ 1999, 394 (395): erachtete die Beibehaltung der gemeinsamen Sorge nur für das Aufenthaltsbestimmungsrecht für notwendig, da eine Ausreise der Mutter nach Portugal wahrscheinlich war, wodurch das Gericht das Wohl des Kindes nachhaltig gefährdet sah.

139 *BGH* FamRZ 2010, 1060 (1062); 1990, 392 (393).

140 *BGH* FamRZ 2011, 796 (799) m. Anm. *Völker*, S. 801; FamRZ 2010, 1060 Rn. 23 f.

141 *OLG Brandenburg* FamRZ 2011, 1739 (1740).

142 *BVerfG* FamRZ 2007, 1797: verlangt triftige Gründe; auch *OLG München* FamRZ 2009, 794; z. B. zurück in das Heimatland: *Köln* FamRZ 2006, 1625.

143 MüKoBGB/*Hennemann*, § 1671 Rn. 48.

144 *OLG Brandenburg*, Beschl. v. 03.03.2014 – 9 UF 275/11 –, juris Rn. 46 ff.

Erziehungsfähigkeit im Allgemeinen eindeutig für einen Elternteil, kann die mangelnde Bindungstoleranz eines Elternteils den Ausschlag geben.[145]

c) *Notwendigkeit eines Sachverständigengutachtens*

Zur Beurteilung der Wohnverhältnisse, Betreuungsmöglichkeiten und Einstellungen der Eltern, Verantwortung für das Kind übernehmen zu wollen, bedarf es grundsätzlich keines Sachverständigengutachtens. Die Fachgerichte können sich von den Gegebenheiten regelmäßig einen hinreichenden eigenen Eindruck verschaffen. Häufig werden wegen des elterlichen Trennungskonfliktes bei beiden Elternteilen Einschränkungen in der Bindungstoleranz festzustellen sein. Der Bindungstoleranz kommt dann nur untergeordnete Bedeutung zu, wenn ein anderes Kriterium bedeutende Unterschiede zwischen den Elternteilen zum Vorschein bringen.

Klare Äußerungen eines Elternteils, den anderen nicht zu akzeptieren, einen Umgang nicht zu dulden oder bestehende Umgangskonflikte (z. B. Umgangsboykotte) lassen zweifellos auf eine Bindungsintoleranz schließen. Die Annahme einer massiven Bindungsintoleranz muss allerdings hinreichend dargelegt werden, erst recht, wenn diese der Sorgerechtsentscheidung maßgeblich zugrunde gelegt wird. Hierbei genüge es nach Ansicht des *BVerfG* nicht, eine massive Bindungsintoleranz lediglich auf Äußerungen des Kindes und der Mutter gegenüber Dritten zu stützen, wonach die Mutter traurig sei bzw. sich nicht wohl fühle, wenn das Kind den Vater besucht. Das *OLG* habe in diesem Fall seine kinderpsychologische Sachkunde nicht dargetan und hätte nicht ohne die Hinzuziehung eines Sachverständigen entscheiden dürfen.[146]

Gleiches muss gelten, wenn sich zusätzlich Anhaltspunkte offenbaren, die der gerichtlichen Annahme einer Bindungsintoleranz entgegenstehen (widersprüchlichen Äußerungen und Beobachtungen der professionell am Verfahren Beteiligten).[147] Derartige Widersprüche zu interpretieren oder aufzulösen und Rückschlüsse auf das Vorliegen und den Grad etwaiger Bindungs(in)toleranzen zu ziehen, übersteigt die Kompetenzen des Familienrichters. Letztlich kann nur ein Psychologe die Aussagen und Verhaltensweisen des Elternteils dahingehend

145 Diese muss aber plausibel dargelegt werden: *BVerfG* FamRZ 2009, 1389 (1390).

146 *BVerfG* FamRZ 2009, 1389 (1390).

147 *BVerfG* FamRZ 2009, 1389 (1390): Die Kindesmutter vereitelte in keinerlei Weise den Umgang mit dem Vater. Vielmehr hat auch sie dazu beigetragen, dass der kurzzeitig abgebrochene Umgang nach dem Umzug wieder aufgenommen wurde. Zudem hat sie dem Vater freiwillig ein großzügiges Umgangsrecht eingeräumt, was auch tatsächlich praktiziert wurde.

bewerten, ob es sich um eine bloße Trennungsreaktion handelt, wenn ein Elternteil sich gegenüber dem anderen nicht wohlgesonnen zeigt, oder ob tatsächlich ernsthaft zu befürchten ist, dass zukünftig Umgangskontakte nicht akzeptiert oder toleriert werden.

Ähnlich ist zu verfahren, wenn der bindungsintolerante Elternteil zugleich Bindungsperson des Kindes ist. Eine Auflösung der widerstreitenden Kriterien kann nicht ohne ein Gutachten erfolgen, in dessen Rahmen die Auswirkungen auf das Kind bei Trennung von der Bindungsperson gegenüber denen eines Umgangsabbruchs umfassend abzuwägen sind.

7. Kontinuitätsgrundsatz

Der Kontinuitätsgrundsatz erlangt in Sorgestreitigkeiten insbesondere dann eine ausschlaggebende Bedeutung, wenn weder die Bindungen des Kindes zu beiden Elternteilen noch die Erziehungsfertigkeiten zugunsten eines Elternteils ausschlagen.[148]

a) Bewahrung stabiler und stetiger Verhältnisse

Es geht darum, Erziehungs- und Betreuungsverhältnisse zu bewahren, die Kinder für eine gesunde und stabile psychosoziale Entwicklung benötigen.[149] Das trifft besonders in den ersten Lebensjahren des Kindes zu.[150] Ein häufiger Wechsel von Aufenthaltsort und Betreuungsperson kann die Entwicklung des Kindes nachweislich schädigen.[151] Unter Kontinuitätsgesichtspunkten ist daher derjenige Elternteil besser geeignet, der dem Kind einheitliche, gleichmäßige und stabile Erziehungsverhältnisse gewährleisten kann.[152] Abzustellen ist auf die verfestigten Lebensverhältnisse des Kindes. Dabei wird zwischen *personaler* (vertraute Bezugsperson) und *lokaler Kontinuität* (gewohnte Umgebung) unterschieden.[153]

---

148 *OLG Köln* FamRZ 2011, 1151; *OLG Brandenburg* FamRZ 2013, 554; *OLG Köln* FamRZ 2013, 554, selbst bei etwas engerer Bindung an den anderen Elternteil kann dem Kontinuitätsgrundsatz der Vorrang zukommen; *OLG Brandenburg* FamRZ 2014, 1124, zusätzlich ein leichter Vorrang des Förderungsgrundsatzes in Übergehung der Geschwisterbindung.

149 *BGH* FamRZ 1985, 169 (170); *OLG Brandenburg* ZfJ 2005, 26.

150 Zu den Auswirkungen des Verlustes einer Bindungsperson siehe ausführlich Kapitel 1 B.V.

151 *BVerfG* FamRZ 2007, 1626; *KG Berlin* FamRZ 2014, 1790 (1792); *OLG Hamm* FamRZ 2009, 432 m.w.Nachw.

152 Palandt/*Götz*, § 1671 Rn. 38.

153 *BVerfG* FamRZ 2009, 189 (190); *Schwab*, FamRZ 1998, 457 (463); *Kaltenborn*, FamRZ 1987, 990.

In der personalen Kontinuität vermengen sich die Kriterien der Bindung und Kontinuität. Damit ein Ort zum gewöhnlichen Aufenthaltsort einer Person wird, bedarf es nicht nur eines tatsächlichen Aufenthaltes von gewisser Dauer, sondern darüber hinaus auch der sozialen Eingliederung. Wegen ihres unterschiedlichen Zeitempfindens gliedern sich Kinder schneller als Erwachsene ein, regelmäßig bereits nach sechs Monaten.[154] Mit Erreichen dieses Zeitpunktes stellt ein Umzug einen Risikofaktor für das Kind dar.

Fallen bisherige Bezugsperson und gewohnte Umgebung auseinander, etwa wenn die Bezugsperson aus der gemeinsamen Wohnung auszieht, ist zu unterscheiden. Bei jüngeren Kindern überwiegt die Kontinuität in der Betreuung die Ortskontinuität.[155] Die negativen Auswirkungen auf ein Kleinkind sind grundsätzlich als geringer einzuschätzen, wenn ihm wenigstens die Bezugsperson erhalten bleibt. Bei älteren Kindern und Jugendlichen rückt dagegen die Betreuungsperson gegenüber dem sozialen Umfeld (Freunde, Nachbarschaft, Schule, Verein etc.) zunehmend in den Hintergrund.[156] Das wird sich in aller Regel auch in einem entsprechenden Kindeswillen äußern.

b) Problematische Fallkonstellationen

Schwierig gestalten sich die Fälle, in denen das Kind ohne Wissen des anderen Elternteils eigenmächtig an einen anderen Wohnort verbracht und dadurch der Aufenthalt einseitig bestimmt wird (ertrotze Kontinuität). Mehrfach betonte das *BVerfG*, dass eine „ertrotzte“ Kontinuität zu missbilligen sei.[157] Der die lokale Kontinuität einseitig bestimmende Elternteil dürfe nicht per se das Kriterium der Kontinuität für sich gewinnen.[158] Abzustellen ist auch auf die Betreuungsverhältnisse vor der Trennung und der eigenmächtigen Handlung. Umgekehrt darf die Sorgeentscheidung auch nicht zur Sanktionierung dieses Fehlverhaltens missbraucht werden.[159] In Bezug auf das Kriterium der Bindungstoleranz ist die eigenmächtige Mitnahme des Kindes elternbezogen zu beurteilen. Beim Kriterium der Kontinuität ist hingegen ein kindbezogener Blickwinkel anzulegen.

154 *KG Berlin* FamRZ 2014, 1790, Ls. 1.
155 HK-VB/*Dürbeck*, S. 151; *Salzgeber*, Gutachten, Rn. 1873 f.; *Lempp*, S. 33; *OLG Köln* FamRZ 1999, 181, Ls. 2.
156 So *BVerfG* FamRZ 2009, 189 (189 f.); *OLG Nürnberg* FamRZ 2013, 1588.
157 Siehe nur *BVerfG* FamRZ 2009, 189 (190); 2009, 1389 (1391).
158 *BVerfG* FamRZ 2009, 189 (190).
159 *BVerfG* FamRZ 2009, 1389 (1390).

Die plötzliche Herausnahme des Kindes aus seiner gewohnten Umgebung dient häufig nicht seinem Wohl.[160] Welche konkreten Auswirkungen der Umzug auf das Kind hat, hängt von seinem Alter, den bisherigen Betreuungsverhältnissen, den persönlichen Ressourcen und dem Verhältnis zum anderen Elternteil ab.[161] Erweist sich der eigenmächtig handelnde Elternteil als primärer Bezugselternteil des Kindes, wird ihm wohl nach dem Kontinuitätsgedanken der Vorrang einzuräumen sein.[162] Bei Auswanderung(svorhaben) sind neben dem Verlust von Freunden und Familie auch die sprachlichen und kulturellen Anpassungsmöglichkeiten des Kindes von Bedeutung und in die Abwägung mit einzubeziehen. Schädliche Folgen stehen der Übertragung der (teilweisen) Sorge auf den Elternteil entgegen.

c) *Notwendigkeit eines Sachverständigengutachtens*

Die Betreuungsverhältnisse können in personeller wie örtlicher Hinsicht ohne die Zuhilfenahme eines Sachverständigen geklärt werden. Fallen personelle und örtliche Kontinuität auseinander, kann das Familiengericht grundsätzlich nach dem Alter des Kindes den Vorrang des einen oder des anderen abwägen. Bei Zweifeln sollte hierzu ein Psychologe herangezogen werden, vor allem, wenn die Bindungsverhältnisse nicht transparent sind.

In Fällen der eigenmächtigen Verbringung des Kindes durch einen Elternteil ist das Gericht in aller Regel auf die Sachkunde eines Psychologen angewiesen. *Coester* hält die Einholung eines Gutachtens in problematischen Fällen (Umplatzierungen) sogar für geboten.[163] Darunter dürften wohl solche Konstellationen fallen, in denen das Kind in ein ihm fremdes Land verbracht wird oder werden soll. Die Auswirkungen einer Herausnahme des Kindes aus seinem gewohnten Umfeld, die Bewältigung sprachlicher und kultureller Anforderungen sowie der Verlust des Kontaktes zum anderen Elternteil können nur durch psychologische Sachverständige prognostiziert werden.

---

160 *OLG Saarbrücken* FamRZ 2011, 1739, Ls. 1.

161 *Salzgeber*, Gutachten, S. 197.

162 *BVerfG* FamRZ 2009, 189 (190); 2009, 1389 (1391).

163 Staudinger/*Coester*, § 1671 Rn. 301.

8. *Der Wille des Kindes*

a) *Bedeutung und Funktion*

Der Kindeswille ist ein zentrales Kriterium in Sorge- und Umgangsrechtsverfahren.[164] Er ist Ausdruck der Achtung der Individualität und Persönlichkeit des Kindes.[165] Deshalb sind die Gerichte zur Anhörung des Kindes verpflichtet, § 159 FamFG. Die wohlverstandenen Kindesinteressen[166] (objektives Kindeswohl) müssen auf ihre Verträglichkeit mit den geäußerten (subjektiven) Interessen des Kindes überprüft werden.[167] Den Ausschlag kann der Wille des Kindes in Sorgerechtsfragen insbesondere dann geben, wenn er sich mit den Feststellungen zu den anderen Kindeswohlkriterien deckt.[168]

Der *BGH* betonte erst kürzlich wieder, dass die Aspekte der Neigungen, Bindungen und der Kindeswille gewichtige Gesichtspunkte des Kindeswohls sind und daher das unter 14 Jahre alte Kind regelmäßig in allen Verfahren zum Sorgerecht anzuhören ist.[169] Sobald sich Kinder artikulieren (ab drei Jahren) können, kann und darf ihnen eine Äußerungsfähigkeit und eine Äußerungsmöglichkeit nicht abgesprochen werden.[170]

Ab welchem Alter der Kindeswille als Ausübung seines Rechts auf Selbstbestimmung angesehen werden muss, wird unterschiedlich beurteilt. Einige Humanwissenschaftler plädieren für eine Beachtlichkeit bereits ab dem Einschulungsalter;[171] zumindest aber ab einem Alter von 12 Jahren.[172] *Rauscher* gesteht

---

164 Grundlegend war unter anderem die empirische Studie von *Kaltenborn*, ZfJ 1996, 255 und 354; zur psychologischen Bedeutung des Kindeswillens *Lempp*, FamRZ 1986, 530 (532).

165 *BVerfG* FamRZ 2008, 1737 (1738); *Kaltenborn*, ZfJ 1996, 255 und 354; ausführlich zu den psychologischen Aspekten, HK-VB/*Zitelmann*, S. 213 ff.

166 Staudinger/*Coester*, § 1671 Rn. 234.

167 *BVerfG* FamRZ 1981, 124 (126); 2007, 1797 (1798); *BGH* NJW 1985, 1702 (1703); *OLG Brandenburg*, Beschl. v. 12.03.2015 – 9 UF 20/14 –, juris Rn. 54; *OLG Schleswig* FamRZ 2012, 1066; Staudinger/*Coester*, § 1671 Rn. 234.

168 *BVerfG* FamRZ 2008, 1737 (1739); *KG* FamRZ 2010, 135 (137); *OLG Saarbrücken* ZKJ 2013, 303; bereits *OLG Düsseldorf* FamRZ 1988, 1193; *OLG Hamm* FamRZ 1986, 715 (716).

169 *BGH* FamRZ 2016, 1439 (1443 f.): auch in Verfahren nach § 1626a BGB, § 155a FamFG; *BGH* FamRZ 2016, 2082 (2086): auch in Verfahren nach § 1686a BGB, § 167a FamFG, hier hätte das Kind zudem über die wahre Abstammung aufgeklärt werden müssen.

170 Zur Anhörung des Kindes ausführlich im 2. Kapitel unter Punkt C.III.

171 Siehe nur HK-VB/*Zitelmann*, Rn. 662 ff.

172 *Arntzen*, S. 12.

Kindern im Alter von 11–13 Jahren einen beachtlichen Willen zu.[173] Dem Verfahrensrecht lässt sich eine Übereinstimmung dahingehend entnehmen, dass zumindest ab Vollendung des 14. Lebensjahres ein vom Kind geäußerter Wille nicht mehr unbeachtet bleiben darf und für eine hinreichend entwickelte Persönlichkeit des Kindes spricht.[174] Das *BVerfG* vertritt die Auffassung, dass ein auf das 14. Lebensjahr zugehendes Kind bei ernsthafter Ablehnungshaltung ohne Schäden für seine Entwicklung nicht zum begleiteten Umgang gezwungen werden könne.[175] Das Übergehen des gelebten Willens bedeute einen Eingriff in seine Persönlichkeit und kann negative Auswirkungen auf seine Selbstwirksamkeits- und Kontrollüberzeugungen haben.[176] Die Missachtung des Kindeswillens kann daher eine Gefährdung des Kindeswohls darstellen.[177]

In der gerichtlichen Praxis hat sich durchgesetzt, einen grundsätzlich beachtlichen Kindeswillen ab einem Alter von 12 Jahren anzunehmen.[178] Die Altersgrenze ist dabei jedoch keinesfalls starr zu handhaben. Auch einem jüngeren Kind kann es möglich sein, einen autonomen Willen zu bilden.[179] Beurteilt werden muss die individuelle Urteils- und Entscheidungsfähigkeit des Kindes, die je nach Entwicklungsstand und Reife variieren kann.

b) Anforderungen an einen beachtlichen Kindeswillen

In der Rechtsprechung haben sich über die Jahre hinweg Kriterien entwickelt, die bei der Feststellung eines beachtlichen Kindeswillens Hilfestellung geben. Danach muss der Wille *autonom, intensiv, stabil, ernsthaft und zielorientiert* sein. Ein *autonomer zielgerichteter Wille* zeichnet sich dadurch aus, dass er Ausdruck

---

173 Staudinger/*Rauscher*, § 1684 Rn. 295.

174 Z. B. § 9 I Nr. 3 (Verfahrensfähigkeit), § 159 Abs. 1 S. 1 (persönliche Anhörung) FamFG.

175 BVerfGK 6, 57 Rn. 10; so auch das *OLG Köln* FamRZ 2010, 998 Ls. 2.

176 BeckOK BGB/*Veit*, § 1684 Rn. 43.1; Johannsen/Henrich/*Jaeger*, § 1684 Rn. 41; *Peschel-Gutzeit*, FPR 2003, 271 (275); *Balloff*, FPR 2002, 240 (242 ff.); *Fegert*, FPR 2002, 219 (221); *OLG Saarbrücken* ZKJ 2011, 178 (180); *OLG Köln* FamRZ 2010, 998 Ls. 2.

177 *BVerfG* FamRZ 2015, 1093 (1094); BVerfGK 6, 57.

178 *OLG Stuttgart* FamRZ 2015, 1727 (1728); *KG* FamRZ 2013, 709; *OLG Düsseldorf* FamRZ 1983, 293 (295).

179 Das *OLG Köln* stellte entscheidend auf den stark ausgeprägten Willen einer fast 9-Jährigen ab, Beschl. v. 14.08.2013 – 4 UF 150/13 –, juris Rn. 5; dagegen sprach das *OLG Brandenburg* einem erst 9-Jährigen die erforderliche Reife ab, FamFR 2011, 525; erst recht einem 7 1/2-jährigen Kind, *OLG Brandenburg* FamFR 2013, 20.

der in der Person des Kindes liegenden eigenen Bedürfnisse ist, nicht nur das Spiegelbild der Wünsche eines Elternteils.[180]

Zusätzlich wird teilweise verlangt, dass der Wille durch das Kind vernünftig begründet wird.[181] Emotionen sind aber nicht immer erklärbar, mitunter kann es auch vernünftige Gründe für das Kind geben, die Entscheidungsgründe zu verschweigen.[182] Überzeugender ist die demnach, beachtlichen Gründen eine Indizwirkung für eine ausreichende Selbstbestimmungsfähigkeit zuzusprechen, sie aber nicht als Voraussetzung zu fordern.[183] Sonst müsste man auch den manipulierten Kindeswillen als nicht beachtlich ansehen.

Stabil ist der Wille, wenn dieser als einheitliche Willenstendenz über einen längeren Zeitraum kundgetan wird. Einen intensiven und ernsthaften Willen kennzeichnet, dass dieser dem Kind wichtig ist (Ausdruck eines Herzenswunsches[184]). Das ist der Fall, wenn das Kind seinen Willen mit starken Worten Nachdruck verleiht oder Verhaltensweisen bei Nichtbeachtung ankündigt (weglaufen und schreien, sich mit Händen und Füßen wehren wollen[185]). Der Wille kann sich auch im Verhalten des Kindes dokumentieren (das Kind trat den umgangsberechtigten Vater und weigerte sich gegenüber jeglichen Umgangsversuchen[186]).

c) Geäußerter Wille entspricht nicht immer dem wahren Willen

Nicht immer entspricht der geäußerte Wille auch dem wahren Willen des Kindes. Die Positionierung zu einem Elternteil, in aller Regel zum Betreuungselternteil, kann als Trennungsreaktion zu werten sein.[187] Jüngere Kinder empfinden typischerweise durch die Trennung eine erhöhte Angst, auch den betreuenden Elternteil zu verlieren.[188] Diese Trennungsangst bzw. Angst vorm „Verlassenwerden" kann zur Ablehnung des nicht betreuenden Elternteils bzw. Umgangselternteils

---

180 *OLG Koblenz* FamRZ 2014, 2010 (2011); *KG* FamRZ 2013, 709 (709) m.w.Nachw.

181 *BGH* FamRZ 1980, 131 (133); *KG* FamRZ 1978, 829 (subj. beachtliche, kategorische Abneigung); *OLG Bamberg* FamRZ 1998, 1462 (rational vernünftig begründet); *OLG Saarbrücken* FamFR 2010, 503 (verständliche Gründe).

182 Staudinger/*Coester*, § 1671 Rn. 244.

183 *OLG Celle* FamRZ 1998, 1458 (1459); Johannsen/Henrich/*Jaeger*, § 1671 Rn. 82.

184 *OLG Brandenburg*, Beschl. v. 12.03.2015 – 9 UF 20/14 –, juris Rn. 54.

185 *OLG Koblenz* FamRZ 2014, 2010 (2011).

186 *KG*, Beschl. v. 20.06.2014 – 3 UF 159/12 –, juris Rn. 31 = NZFam 2015, 478.

187 Zum ablehnenden Verhalten des Kindes als Trennungsreaktion siehe 1. Kapitel B.V.2.

188 Menne/Schilling/Weber/*Bauers*, S. 39 (40); *Wallerstein/Blakeslee*, S. 35; *Jopt/Behrend*, ZfJ 2000, 223 (231); *Karle/Klosinski*, ZfJ 2000, 343 (344); *Jopt*, ZfJ 1998, 286 (289).

führen, ohne den Elternteil per se ablehnen zu wollen.[189] Daneben kann sich die Ablehnungshaltung als Lösungsstrategie darstellen, um dem anhaltenden und das Kind belastenden Elternkonflikt zu entfliehen.

Ebenso ist es möglich, dass der Kindeswille durch den Betreuungselternteil zu seinen Gunsten manipuliert wurde und seine negative Haltung gegenüber dem anderen Elternteil auf das Kind übertragen wurde.[190] Der Kindeswille wird dadurch aber nicht zwangsläufig unbeachtlich. Deshalb ist die Ansicht mittlerweile überholt, den manipulierten Kindeswillen als grundsätzlich unbeachtlich anzusehen.[191] Auch der fremd beeinflusste Wille ist schützenswert, wenn darin echte Bindungen zum Ausdruck kommen und der Wille sich zur inneren Überzeugung des Kindes verfestigt hat.[192] Dem *BVerfG* ist zuzustimmen, dass Familienrichter grundsätzlich nicht über die notwendige Sachkunde verfügen, festzustellen, ob der geäußerte auch dem tatsächlichen, wenn auch manipulierten Willen entspricht.[193] Denn dafür bedarf es u. a. einer umfassenden Diagnose der Bindungsverhältnisse und der möglichen Einflussfaktoren auf das Kind.

d) Notwendigkeit eines Sachverständigengutachtens

Festzuhalten ist, dass der geäußerte Kindeswille unabhängig vom Alter des Kindes immer ernst zu nehmen ist. Eine andere Frage ist die, welche Bedeutung ihm im konkreten Fall beizumessen ist und ob ein Sachverständiger hinzugezogen werden sollte. Hierbei ist zu berücksichtigen, dass der geäußerte Kindeswille immer auch am objektiven Kindeswohl gemessen werden muss.

Dem *BVerfG* ist daher zuzustimmen, dass die Familiengerichte nicht stets gehalten sind, zur Ermittlung des Kindeswillens ein psychologisches Sachverständigengutachten einzuholen, sondern sie können den Kindeswillen eigenständig ermitteln. Die Verwertung der Erkenntnisse durch den Verfahrensbeistand und das Jugendamt sowie der eigene Eindruck können ausreichen, um eine hinreichende Grundlage zur Beurteilung des Kindeswillens zu erlangen.[194]

Deckt sich die geäußerte Präferenz zugunsten eines Elternteils mit den sonstigen Feststellungen zu den Kindeswohlkriterien, bedarf es grundsätzlich keiner tiefergehenden Nachforschungen zum Hintergrund des Kindeswillens mittels

---

189 *Salzgeber*, Gutachten, S. 250 f.

190 Staudinger/*Rauscher*, § 1684 Rn. 287; *Klenner*, FamRZ 1995, 1529 (1530 f.).

191 So noch *BGH* FamRZ 1985, 169 (170).

192 *BVerfG* FamRZ 2001, 1057; FamRZ 2005, 1057; *OLG Koblenz* FamRZ 2014, 2010 (2011).

193 Siehe dazu *BVerfG* FamRZ 2009, 1389 (1391).

194 *BVerfG* FamRZ 2013, 361 (363); aber nicht ohne Anhörung FamRZ 2007, 105.

eines Gutachtens. Eines Gutachtens bedarf es in einem solchen Fall selbst dann nicht, wenn Anhaltspunkte dafür bestehen, dass der Kindeswille durch den betreuenden Elternteil beeinflusst sein könnte. Anders gestaltet sich dagegen der Fall, wenn der präferierte Elternteil absolut erziehungsungeeignet ist. Zum Schutz des Kindes kann seinem Willen nicht entsprochen werden.

Folglich ist eine Begutachtung immer dann zu erwägen, wenn der geäußerte Wille und die objektiven Kindeswohlgesichtspunkte auseinanderfallen. Gleichwohl können dem Sachverhalt hinreichende Anhaltspunkte zu entnehmen sein, die eine Entscheidung auch ohne Einholung eines Gutachtens ermöglichen, so wie in einem vom *BVerfG* entschiedenen Fall.[195] Entgegen dem geäußerten Willen des Kindes, beim Papa leben zu wollen, übertrugen die Gerichte der Mutter das Sorgerecht. Wegen des noch jungen Alters des Kindes von sechs Jahren kam dem Willen gegenüber dem Aspekt der Kontinuität ein geringeres Gewicht zu. Ausschlaggebend war aber letztlich der Umstand, dass sich das Kind offensichtlich in einem ausgeprägten Loyalitätskonflikt befand. Nach Ansicht des *BVerfG* konnten die Fachgerichte deshalb auch ohne Einholung eines Gutachtens den Willen des Kindes als unbeachtlich feststellen.[196]

Ebenso ist es den Familiengerichten möglich, den geäußerten Kindeswillen ohne Einholung eines psychologischen Sachverständigengutachtens als beachtlich zu beurteilen und die Sorgerechtsentscheidung maßgeblich auf den Willen zu stützen.[197] In einem Fall vor dem *OLG Saarbrücken* sprach das Gericht dem Kindesvater das alleinige Sorgerecht zu. Neben besserer Förderungskompetenzen seitens des Vaters stützte sich das Gericht vor allem auf den Willen des 10-jährigen Kindes beim Vater leben zu wollen. Weder im Rahmen der persönlichen Anhörung des Kindes durch das Gericht noch durch die Berichte des Verfahrensbeistandes ließen sich die vage vorgebrachten Indizien der Mutter, der Wille entspräche nicht dem Wohl des Kindes und sei maßgeblich vom Vater beeinflusst, bestätigen.[198] Lediglich bei Anhaltspunkten für einen manipulierten Willen hätte das Gericht einen auf dem Gebiet der Kinderpsychologie tätigen Sachverständigen hinzuziehen müssen, um festzustellen, ob der geäußerte auch dem tatsächlichen, wenn auch manipulierten Willen entspricht.

---

195 *BVerfG* FamRZ 2015, 210.

196 *BVerfG* FamRZ 2015, 210 (211 f.).

197 *OLG Saarbrücken* NJW-RR 2013, 1026.

198 *OLG Saarbrücken* NJW-RR 2013, 1026 (1027).

IV. Zusammenfassung und Fazit zur Notwendigkeit von Sachverständigengutachten in Sorgerechtsverfahren nach § 1671 BGB

Es wurde festgestellt, dass sich nicht alle Kindeswohlkriterien zur Begutachtung eignen. Jedenfalls die Kriterien Bindung, Erziehungsdefizite im Rahmen der Erziehungseignung, Bindungstoleranz und Kindeswille sind psychologischen Ursprungs und können besser oder sogar ausschließlich durch psychologische Sachverständige ermittelt werden. Psychologen können mittels diagnostischer Methoden der Familienrechtspsychologie Bindungsqualitäten unterscheiden, Erziehungsdefizite feststellen, Einschränkungen in der Bindungstoleranz beurteilen und überprüfen, ob der geäußerte Kindeswille auch seinem wahren Willen entspricht. Insgesamt ist es Sachverständigen möglich, die Schutz- und Risikofaktoren eines Kindes in ihrer Gesamtheit festzustellen und abzuwägen.

Dennoch bedarf es im Einzelfall nur dann einer Begutachtung, wenn dem Kriterium unter Berücksichtigung aller Aspekte auch entscheidendes Gewicht zukommt. Oft hat das Kind zu beiden Elternteilen eine enge Bindung und es wird ein anderes Kriterium deutlich zugunsten eines Elternteils ausschlagen, so dass eine nähere Betrachtung der Bindungsqualitäten durch einen Sachverständigen nicht zielführend ist. Will sich das Gericht im Wesentlichen auf ein Sorgerechtskriterium stützen, muss es jedoch vor dem Hintergrund der weitreichenden Folgen für den Elternteil einen erhöhten Ermittlungs- und Begründungsaufwand leisten. Dies gilt erst Recht, wenn dem Gericht Anhaltspunkte bekannt sind, die das Kriterium entkräften können. Die Gerichte haben in die Gewichtung alle Aspekte einzustellen, die zugunsten oder zulasten eines Kriteriums streiten und damit die Gesamtabwägung beeinflussen können. Hierbei kann die Hinzuziehung eines Sachverständigen geboten sein.

Exemplarisch für die Verzahnung der einzelnen Kriterien und die Notwendigkeit eines Sachverständigengutachtens in Sorgerechtsverfahren kann die bereits angeführte Entscheidung des *BVerfG* vom 18.05.2009 herangezogen werden.[199] Das Beschwerdegericht stützte seine Annahme mangelnder Bindungstoleranz der Kindesmutter, bei ansonsten gleich starken Bindungen und keinen entscheidungserheblichen Unterschieden in der Erziehungseignung der Eltern, auf vage Äußerungen gegenüber Dritten[200], die viel Interpretationsspielraum ließen und sich zudem nicht mit dem durchweg positiven und dem Gericht bekannten

199 Siehe bereits im Rahmen der Bindungstoleranz B.III.6.b)bb).

200 Gegenüber der Verfahrenspflegerin äußerte das Kind, „dass die Mutter immer traurig sei, wenn sie den Vater besuche". Gegenüber der Vertreterin des Jugendamtes äußerte

Umgangsverhalten der Kindesmutter deckten[201]. Zur Aufdeckung dieser Widersprüche hätte das Gericht ein (ergänzendes) Sachverständigengutachten einholen müssen.[202] Erschwerend kam hinzu, dass das Kind bereits seit 15 Monaten mit der Mutter in einer neuen Stadt lebte und dort zur Schule ging, in der es sich bereits gut eingelebt hatte. Die kontinuierlichen Verhältnisse sprachen in hohem Maße gegen die Übertragung des Aufenthaltsbestimmungsrechts auf den Kindesvater. Die Auswirkungen eines erneuten Umzugs hätten gegenüber dem Verbleib des Kindes bei der Mutter erörtert werden müssen.

Rauscher versteht die Entscheidung des *BVerfG* vom 18.05.2009[203] sogar dahingehend, dass die Fachgerichte nur noch in einfachen Fallkonstellationen ohne sachverständige Beurteilung entscheiden dürfen.[204] Es bleibt aber offen, wann von derartigen *einfachen Fallkonstellationen* auszugehen ist. Es wurde aufgezeigt, dass Gerichte in Abhängigkeit der Umstände und Gewichtung der Kriterien im Einzelfall auch ohne die Unterstützung durch ein Sachverständigengutachten sorgerechtliche Verfahren entscheiden können. Dennoch dürfen sie ihre eigene psychologische Fachkunde nicht überbewerten. Ihnen ist zu empfehlen, beim Vorliegen von Anzeichen für widersprüchliche Erkenntnisse hinsichtlich einzelner oder mehrerer Kriterien ein Gutachten einzuholen und ihre eigene Fachkompetenz bezüglich der psychologischen Auslegung bestimmter Verhaltensweisen der Beteiligten eher zurückhaltend einzuschätzen. Gleichzeitig sollten sie sich der aufgezeigten Möglichkeiten und Grenzen psychologischer Begutachtung in Sorgerechtsverfahren bewusst sein (z. B. mit Blick auf die Erziehungseignung).

---

die Mutter, „dass sie sich nicht wohl fühle, wenn ihr Kind bei ihrem Vater ist", *BVerfG* FamRZ 2009, 1389 (1390).

201 Tatsächlich vereitelte die Kindesmutter in keinerlei Weise den Umgang mit dem Vater. Vielmehr trug auch sie dazu bei, dass der kurzzeitig abgebrochene Umgang nach dem Umzug wieder aufgenommen wurde. Zudem räumte sie dem Vater freiwillig ein großzügiges Umgangsrecht ein, was auch tatsächlich praktiziert wurde. *BVerfG* FamRZ 2009, 1389 (1390).

202 *BVerfG* FamRZ 2009, 1389 (1391).

203 *BVerfG* FamRZ 2009, 1389 (1391).

204 So Staudinger/*Rauscher*, § 1684 Rn. 410; einen solchen einfachen Sachverhalt sah das *OLG Nürnberg* als gegeben: es hatte über Übernachtungsumgang zu entscheiden und lies die persönliche Anhörung beider Eltern, die Anhörung des Kindes und zwei aktuelle Berichte des Jugendamtes genügen, um den Übernachtungsumgang vorerst auszuschließen, Beschl. v. 28.10.2009 – 7 UF 1009/09 –, juris Rn. 36.

C. Gutachten in Verfahren zum Umgangsrecht nach § 1684 BGB

I. Zweck des elterlichen Umgangsrechts

Ebenso wie das Sorgerecht wird das Umgangsrecht als Ausfluss des Elternrechts in Art. 6 Abs. 2 S. 1 GG im Interesse des Kindes gewährleistet. Bei Trennung der Eltern dienen regelmäßige Umgangskontakte der Aufrechterhaltung bzw. Festigung vorhandener Beziehungen und Bindungen des Kindes bzw. bei Kleinkindern dem Aufbau von Bindungen zum nicht betreuenden Elternteil.[205] Dadurch können auch sonstige verwandtschaftliche Kontakte zu Großeltern, Tanten/Onkeln und Cousinen/Cousins gepflegt und aufrechterhalten werden.[206] Dem umgangsberechtigten Elternteil ermöglicht der Umgang, sich weiterhin vom körperlichen, geistigen und seelischen Befinden des Kindes und seiner Entwicklung kontinuierlich überzeugen und auf die Entwicklung des Kindes Einfluss nehmen zu können. Bei alleinigem Sorgerecht des betreuenden Elternteils ist der Kontakt zum anderen Elternteil auch vor dem Hintergrund bedeutend, dass ein etwaig notwendig werdender Sorgerechtswechsel zum Umgangselternteil erleichtert wird.[207]

II. Kindeswohldienlichkeit als Ausgangshypothese

Da § 1684 Abs. 1 BGB selbst keine Vorgaben enthält, welcher Kindeswohlmaßstab in Umgangsverfahren anzulegen ist, muss auf andere Normen zurückgegriffen werden. § 1697a BGB ist als Auffangnorm lediglich dann anzudenken, soweit sich nicht aus einer spezielleren materiellen Norm etwas anderes ergibt.[208] In Anlehnung an die aussagekräftigen familienpsychologischen Untersuchungen, dass die persönlichen Bindungen eines Kindes zu beiden Elternteilen für eine gesunde Entwicklung förderlich sind,[209] heißt es in § 1626 Abs. 3 S. 1 BGB: *Der*

---

205 *Balloff*, PdR 2009, 33 (36); *ders.*, FPR 2007, 288 (289).

206 *BVerfG* FamRZ 1971, 421; 2013, 433.

207 Johannsen/Henrich/*Jaeger*, § 1684 Rn. 4: u. a. Erkrankung oder Tod des Sorgeberechtigten.

208 Palandt/*Götz*, § 1697a Rn. 2; MüKoBGB/*Olzen*, § 1697a Rn. 1.

209 *Klenner*, FamRZ 1995, 1529 (1529); *Mackscheidt*, FamRZ 1993, 254 (257); *Wichmann*, FuR 1996, 161 (165); *Kindler/Reinhold*, FPR 2007, 291; zustimmend MüKoBGB/*Hennemann*, § 1684 Rn. 2; Johannsen/Henrich/*Jaeger*, § 1684 Rn. 3; darüber hinaus fehlt es bislang an empirischen Wissen zur Wirksamkeit von Umfang und Dauer von Umgangskontakten und zur kindeswohlfördernden Gestaltung, *Balloff*, PdR 2009, 33 (39); *ders.*, FPR 2007, 288 (290).

Umgang mit beiden Elternteilen dient dem Wohl des Kindes.[210] Die Scheidungsforschung belegt eindeutig, dass die Aufrechterhaltung des Kontaktes zu beiden Elternteilen ein wesentlicher Stützfaktor bei der Verarbeitung der Trennungsfolgen ist.[211] Auch wenn der Grundsatz des § 1626 Abs. 3 S. 1 BGB in den Regelungen der elterlichen Sorge ausgelagert ist, ist er ein speziellerer Maßstab als der des § 1697a BGB und deshalb in Verfahren nach § 1684 BGB anzuwenden.

Für die Prüfungsanforderungen an das Gericht bedeutet dies, dass von der *Kindeswohldienlichkeit* (*Kindeswohlverträglichkeit*[212]) des Umgangs auszugehen ist und das Gegenteil im Einzelfall festgestellt werden muss. Nicht der Umgangsbegehrende muss begründen, warum sein Umgang dem Kindeswohl dienlich ist, vielmehr müssen die Gerichte konkret feststellen, dass der Umgang mit dem Kindeswohl nicht vereinbar ist. Unter Ausschöpfung der Möglichkeiten müssen die Gerichte allen Aspekten nachgehen, die in Zusammenhang mit dem Kindeswohl stehen, in positiver wie in negativer Hinsicht.

III. Entscheidungsalternativen des § 1684 BGB

1. Pflicht zur konkreten Regelung des Umgangs

Die Ausgestaltung einer Umgangsregelung obliegt grundsätzlich den Eltern, deren Einzelheiten sie in einer Vereinbarung festhalten können.[213] Um Streitigkeiten vorzugreifen und eine frühzeitige Regelung des Umgangs anzuregen, müssen Eltern bereits im Scheidungsantrag erklären, ob sie eine Regelung über den Umgang mit dem gemeinschaftlichen minderjährigen Kind getroffen haben (§ 133 Abs. 1 Nr. 2 FamFG).

Können sich die Eltern nicht (mehr) einigen, regelt das Gericht auf Antrag eines Elternteils den Umfang und die Ausübung des Umgangs (§ 1684 Abs. 3 BGB).[214] Von Amts wegen wird das Gericht nur tätig, wenn und soweit dies zum Wohl des Kindes erforderlich ist.[215] Der Antrag ist aus zwei Richtungen möglich. Der umgangsberechtigte Elternteil kann einen Antrag auf (positive) Regelung des Umgangs stellen. Da das Umgangsrecht ein pflichtgebundenes Recht zum Wohle des Kindes ist, kann umgekehrt der betreuende Elternteil beantragen, den

---

210 BT-Drs. 13/4899, S. 93.

211 *Salzgeber*, Gutachten, S. 242; *Wallerstein/Blakeslee*, 1989; *Werneck et al.*, PdKK 2015, 135.

212 MüKoBGB/*Hennemann*, § 1685 Rn. 1.

213 *OLG Brandenburg* FamRZ 2010, 1923; Johannsen/Henrich/*Jaeger*, § 1684 Rn. 10.

214 Palandt/*Götz*, § 1684 Rn. 9.

215 Johannsen/Henrich/*Jaeger*, § 1684 Rn. 10.

umgangsunwilligen Elternteil in die Pflicht zu nehmen oder aber dessen Umgang zu beschränken oder sogar auszuschließen. Dabei ist die Grenze zwischen positiver und negativer Umgangsregelung teilweise fließend.[216]

Die Gerichte sind nicht an den Umgangsantrag gebunden, sondern bemessen die Ausübung und den Umfang des Umgangs allein am Kindeswohl.[217] Das Kindeswohl ist sowohl Begründungs- als auch Beschränkungsmaßstab.[218] Selbst wenn nur über Einzelheiten der Umgangsgestaltung gestritten wird, ist das Gericht verpflichtet, den gesamten Umgang zum Wohle des Kindes zu regeln.[219] Es hat daher nicht lediglich zu prüfen, ob die beantragte Regelung dem Kindeswohl dient oder nicht dient. Eine Zurückweisung des Antrags ist nicht ohne gleichzeitige gerichtliche Anordnung in Bezug auf den Umgang,[220] eine zu unpräzise beantragte Umgangsregelung nicht ohne hinreichende Ergänzung möglich.[221]

Denn die Pflicht des Gerichts zur Umgangsregelung erstreckt sich auf eine *konkrete und vollständige Regelung* des Umgangs für das gesamte Jahr, unter Berücksichtigung von Geburtstagen, Feiertagen und der Ferienzeiten.[222] Zu regeln sind Art, Ort, Zeitpunkt, Häufigkeit und Dauer des Umgangs[223] sowie alle zur Erfüllung und Umsetzung der Regelung erforderlichen Modalitäten, wie die des Holens und des Bringens des Kindes.[224] Der Umgang beinhaltet grundsätzlich auch Übernachtungen beim Umgangselternteil. Dadurch wird die Beziehung zu diesem gefestigt und ihm eine Wertigkeit für die Entwicklung des Kindes beigemessen.[225] Auch sollte bereits im Vorfeld eine Ersatzregelung für ausfallende Termine getroffen werden, wenn der Grund hierfür außerhalb der Sphäre des

216 Am Beispiel der Übernachtungen: *BVerfG* FamRZ 2007, 105 (107).

217 Johannsen/Henrich/*Jaeger*, § 1684 Rn. 21 f.

218 Staudinger/*Rauscher*, § 1684 Rn. 262.

219 Staudinger/*Rauscher*, § 1684 Rn. 160.

220 MüKoBGB/*Hennemann*, § 1684 Rn. 65; *BGH* FamRZ 1994, 158 (159); a. A. *OLG Frankfurt* FamRZ 1995, 1431 „als schonendste Entscheidung" im Einzelfall.

221 *OLG Frankfurt* FamRZ 1999, 617.

222 Staudinger/*Rauscher*, § 1684 Rn. 170; Erman/*Döll*, § 1684 Rn. 20; Johannsen/Henrich/ *Jaeger*, § 1684 Rn. 22; Teilregelungen oder Regelung durch Dritte sind unzulässig, vgl. nur *BGH* NJW 1994, 312; a. A. *AG Groß-Gerau* FamRZ 1995, 313: schloss die Zuständigkeit des Gerichts für die Regelung von Übernachtungsumgängen aus.

223 *OLG Brandenburg* FamRZ 2010, 1923 (1924).

224 BeckOKBGB/*Veit*, § 1684 Rn. 24; *OLG Zweibrücken* FamRZ 1998, 975; *Menne*, ZKJ 2006, 135.

225 *BVerfG* FamRZ 2007, 105 (107); *KG* FamRZ 2011, 825; *OLG Zweibrücken* FamRZ 2009, 134.

Umgangsberechtigten liegt.[226] Im Übrigen wird auch nur eine konkrete Regelung den vollstreckungsrechtlichen Anforderungen §§ 88 ff. FamFG an einen Beschlusstenor gerecht.[227]

2. *Umgangsgestaltung aus psychologischer Sicht*

Herzstück der Umgangsregelung ist die Festlegung von Dauer und Häufigkeit der persönlichen Umgangskontakte. In juristischen Kreisen hat sich die Auffassung durchgesetzt, dass ein in kurzen Zeitabständen periodisch wiederkehrender Umgang von jeweils kurzer Dauer am ehesten dem Kindeswohl dient. Mit kleineren regionalen Abweichungen neigen die Gerichte zur Wochenendregelung von Freitag bis Sonntag alle zwei Wochen als Mindestumgang.[228]

Für Aussagen zur Häufigkeit, Dauer und Umfang von Umgangskontakten kann nicht auf einen gesicherten psychologischen Forschungsbestand zurückgegriffen werden. Übereinstimmend können psychologische Studien häufige und kontinuierliche Umgangskontakte zu beiden Elternteilen nicht als grundsätzlich dem Kindeswohl dienlich feststellen. Umgangshäufigkeit ist damit kein Prädikator für das Wohlergehen des Kindes.[229] Vielmehr sind die Qualität des Engagements des Umgangselternteils und das Konfliktverhalten der Eltern entscheidend.[230] Denn die Ausführung der Umgangskontakte bedeutet auch regelmäßigen Kontakt der Eltern, der zu einer Verschärfung der Konflikte führen kann.[231] Daneben müssen Gerichte für Umstände sensibilisiert werden, die Umgangskontakten entgegen stehen können, so z. B. häusliche Gewalt[232],

---

226 NK-BGB/*Peschel-Gutzeit*, § 1684 Rn. 27; Staudinger/*Rauscher*, § 1684 Rn.210.

227 Staudinger/*Rauscher*, § 1684 Rn. 170 f.; Johannsen/Henrich/*Jaeger*, § 1684 Rn. 22; *OLG Zweibrücken* FamRZ 2004, 53; *OLG Frankfurt* FamRZ 1999, 617 (618).

228 BeckOKBGB/*Veit*, § 1684 Rn. 27; Johannsen/Henrich/*Jaeger*, § 1684 Rn 26; *OLG Oldenburg* FamRZ 2001, 1164; bereits *OLG München* FamRZ 1978, 614 (617). Siehe bereits Remschmidt/*Stender*, S. 99 ein Wochenende im Monat oder zweimal monatlich einen Tag; *Arntzen*, 1994, S. 49: 14-tägig bis monatlicher Besuch mit zusätzlich längerem Ferienbesuch.

229 Z. B. *Hetherington/Kelly*, 2003, S. 183; *Salzgeber*, Gutachten, S. 261; *Kindler/Reinhold*, FPR 2007, 291; *Kindler*, ZKJ 2009, 110; *ders.*, FPR 2013, 194; *Karle/Klosinski*, PdKK 1999, 163.Eine Übersicht zu den Studien findet sich bei *Kostka*, FPR 2005, 89 (92). Anders *Wallerstein/Kelly* korrigierte ihre These, dass selbst eine noch so „verarmte" Beziehung dem vollständigen Verlust vorzuziehen sei, *Wallerstein/Kelly*, S. 236.

230 Vgl. *Wallerstein/Lewis/Blakeslee*, S. 120; *Kindler et al.*, FamRZ 2004, 1241 (1245).

231 *Kostka*, FPR 2005, 89 (93).

232 *Kindler et al.*, FamRZ 2004, 1241 (1243) m.w.Nachw.; *Kindler/Fichtner*, FPR 2008, 139 (141).

Verdacht sexuellen Missbrauchs, Hochkonfliktfamilien[233] oder ein ablehnender Kindeswille[234].

3. *Einschränkung oder Ausschluss*

Unter den Voraussetzungen des § 1684 Abs. 4 BGB kann das Gericht die Umgangskontakte einschränken oder gänzlich ausschließen.[235] Seit der Kindschaftsrechtsreform beinhaltet § 1684 BGB zwei unterschiedliche Eingriffsschwellen.[236] Die (vorübergehende) Einschränkung oder der Ausschluss ist *zum Wohle des Kindes erforderlich* gem. § 1684 Abs. 4 S. 1 BGB, wenn triftige, das Kindeswohl nachhaltig berührende Gründe vorliegen (negative Kindeswohlverträglichkeit; vgl. auch § 1696 Abs. 1).[237] Längerfristige oder dauerhafte Einschränkungen oder Ausschlüsse unterliegen der *Kindeswohlgefährdungsschwelle des § 1666 BGB* (§ 1684 Abs. 4 S. 2 BGB).[238] Wann von einer längeren Dauer gesprochen werden kann, bemisst sich nach dem Alter des Kindes (kindliches Zeitempfinden).[239] Eine klare Abgrenzung der Maßstäbe der Kindeswohlerforderlichkeit und der Kindeswohlgefährdung dürfte im Einzelfall dennoch schwierig sein.[240]

Bereits die kurzzeitige Einschränkung des Umgangsrechts oder die Anordnung begleitenden Umfangs greift in das Elternrecht aus Art. 6 Abs. 2 S. 1 GG ein und muss daher dem Verhältnismäßigkeitsgrundsatz genügen.[241] Die gerichtliche Maßnahme muss geeignet, erforderlich und angemessen sein. Der Ausschluss des Umgangsrechts, ungeachtet seiner Dauer, ist der schwerste Eingriff in das Umgangsrecht, der als letztes Mittel (ultima ratio) nur bei einer

---

233 *Kindler/Fichtner*, FPR 2008, 139 (140 f.).

234 *Kindler/Fichtner*, FPR 2008, 139 (142).

235 Entgegen dem Wortlaut „kann" eröffnen § 1684 Abs. 4 S. 1 und S. 2 BGB dem Gericht kein Ermessen, Staudinger/*Rauscher*, § 1684 Rn. 278.

236 Damit wurde der Deutungsstreit der Eingriffsschwelle des § 1634 Abs. 2 S. 2 a. F. nahe der des § 1666 BGB oder der des § 1696 Abs. 1 BGB obsolet, BT-Drs. 13/8511, S. 74.

237 MüKoBGB/*Hennemann*, § 1685 Rn. 1; BeckOKBGB/*Veit*, § 1684 Rn. 41; Palandt/*Götz*, § 1684 Rn. 24; Johannsen/Henrich/*Jaeger*, § 1684 Rn 34.

238 Strengere Anforderungen an den Ausschluss des Umgangs forderten schon das BVerfGE 31, 194 (209) und der *BGH* FamRZ 1984, 1084; FamRZ 1988, 711, NJW 1994, 312.

239 Johannsen/Henrich/*Jaeger*, § 1684 Rn 34: für ein dreijähriges Kind ist ein Monat schon lang, ab dem 7. Lebensjahr dürfte man eine „längere Zeit" bei einem halben Jahr bejahen.

240 BeckOKBGB/Veit, § 1684 Rn. 41; Staudinger/*Rauscher*, § 1684 Rn. 264, 271.

241 Staudinger/*Rauscher*, § 1684 Rn. 264, 272; Johannsen/Henrich/*Jaeger*, § 1684 Rn. 34; MüKoBGB/*Hennemann*, § 1684 Rn. 65.

Kindeswohlgefährdung in Betracht kommen kann.[242] Auch die längerfristige Anordnung begleiteten Umgangs bedeutet eine erhebliche Einschränkung des Umgangsrechts.[243] Längerfristige Maßnahmen sind deshalb zu befristen.[244] In Umgangsverfahren ist zu berücksichtigen, dass bereits ein kurzzeitiger Kontaktabbruch eine Entfremdung zwischen Kind und Umgangselternteil befördert.[245]

4. *Maßgebliche Umgangskriterien*

In Literatur und Rechtsprechung wurden über die Jahre diverse Kriterien zur Beurteilung des Kindeswohls beim Umgang entwickelt: die Beziehung und Bindung zum Umgangsberechtigen, die Interessen von Kind und Eltern, insbesondere der Wille des Kindes, die Beziehung der Eltern zueinander und deren räumliche Entfernung, die Betreuungsmöglichkeiten beim Umgangsberechtigten sowie in der Person des Kindes liegende Aspekte wie dessen Alter, Belastbarkeit, Zeitempfinden sowie sein Entwicklungs- und Gesundheitszustand.[246]

Da der Umgang auch den Aufbau von Bindungen bezweckt, sind vorhandene Bindungen des Kindes zum umgangsberechtigten Elternteil weniger relevant für die Frage, ob Umgang gewährt wird. Denn ob bereits eine emotionale Bindung zum umgangsberechtigten Elternteil besteht, hängt maßgeblich vom Alter des Kindes und der Betreuungssituation vor der Trennung der Eltern ab. Demgegenüber ist die bestehende Beziehung zwischen Kind und Umgangselternteil für die konkrete Umgangsregelung (Dauer, Häufigkeit, Umfang) maßgeblich. Eine enge Beziehung in der Vergangenheit wird sich regelmäßig in einer großzügigeren Umgangsregelung widerspiegeln. Muss der Kontakt zum Umgangselternteil erst (wieder)hergestellt werden, entspricht es regelmäßig dem Kindeswohl, den Umgang langsam anzubahnen und vorerst zu begleiten, damit sich das Kind (wieder) an den umgangsberechtigten Elternteil gewöhnen kann.[247] In einem solchen Fall müssen regelmäßig auch Übernachtungsumgänge vorerst ausgeschlossen werden.

---

242 So bereits BVerfGE 31, 194 (209); *BGH* FamRZ 1984, 1084; 1988, 711, NJW 1994, 312; Johannsen/Henrich/*Jaeger*, § 1684 Rn. 34; MüKoBGB/*Hennemann*, § 1684 Rn. 65.

243 *OLG Saarbrücken* FamRZ 2015, 62 (63).

244 MüKoBGB/*Hennemann*, § 1684 Rn. 65; Staudinger/*Rauscher*, § 1684 Rn. 265, 276; *OLG Rostock* FamRZ 2010, 997 (drei Monate bei erheblichen Wutpotenzial gegenüber der Mutter); *OLG Düsseldorf* FamRZ 2009, 1685 (drei Jahre bei Pädophilie); *OLG Bamberg* ZfJ 1996, 194 (197): möglichst kurzer Ausschluss.

245 Staudinger/*Rauscher*, § 1684 Rn. 265.

246 *OLG Saarbrücken* BeckRS 2013, 02405.

247 *OLG Brandenburg*, Beschl. v. 16.04.2015 – 10 UF 226/14 –, juris Rn. 34; *OLG Hamm* FamRZ 2011, 826; Johannsen/Henrich/*Jaeger*, § 1684 Rn. 24, 32; MüKoBGB/*Hennemann*, § 1684 Rn. 68; BeckOKBGB/*Veit*, § 1684 Rn. 25.

Ebenso wenig können tatsächliche Faktoren, wie die räumliche Entfernung der Wohnorte der Elternteile und die Betreuungsmöglichkeiten des Umgangsberechtigten, eine Einschränkung oder einen Ausschluss von Umgangskontakten alleine begründen. Eine weite Entfernung zwischen den Eltern wird aber die Häufigkeit und die Dauer der Umgangskontakte beeinflussen. Sinnvoll ist in solchen Fällen, die Intervalle zu strecken und dafür die Dauer zu verlängern. Für die konkrete Ausgestaltung der Umgangsregelung sind auch in der Person des Kindes wurzelnde Aspekte wie dessen Alter, Belastbarkeit und Zeitempfinden sowie sein Entwicklungs- und Gesundheitszustand zu berücksichtigen.

IV. Typische Probleme im Umgangsrecht

Über die Jahre haben sich Fallkonstellationen herausgebildet, die eine Einschränkung oder den Ausschluss von Umgang wahrscheinlich machen. Das betrifft den anhaltenden *Elternkonflikt* bis hin zu Umgangsboykotten, den *ablehnenden Kindeswille* sowie den *Verdacht sexuellen Missbrauchs.*

1. Schwerer Konflikt und Weigerungshaltung des Betreuungselternteils

a) Feststellung der Belastungen des Kindes durch den Konflikt

Typisch sind Fälle, in denen der betreuende Elternteil das Kind für sich einnimmt und die Umgangskontakte aktiv verhindert. Diese Weigerungshaltung ist häufig Folge lang anhaltender Konflikte zwischen den Eltern. Um einen Ausschluss des Umgangs rechtfertigen zu können, muss der Konflikt einerseits immens sein, d. h. über die üblicherweise zu beobachtende Trennungsproblematik hinausgehen.[248] Andererseits müssen die Belastungen durch den Elternkonflikt für das Kind schwerer wiegen als die Belastung durch den Ausschluss des Umgangs.[249]

Es wurde bereits ausgeführt, dass anhaltende Konflikte zwischen den Eltern, die vor dem Kind ausgetragen werden, vor allem Kinder im Grundschulalter in Loyalitätskonflikte stürzen können.[250] In der Regel ist es der Betreuungselternteil, der sich vor dem Kind negativ über den Umgangselternteil äußert und Kontakte ablehnt. Dabei kann die ablehnende Haltung auch aus der Angst herrühren, das

---

248 *OLG Zweibrücken* FamRZ 1999, 1009 Ls.

249 Nach einer Studie von *Karle/Klosinski*, ZfJ 2000, 343 geht in 90 % aller Umgangsausschlüsse ein dauernder Kontaktverlust einher.

250 *OLG Zweibrücken*, Beschl. v. 19.10.2012 – 6 UF 83/11 –, juris Rn. 32. S. 1. Kapitel B.V.4.

Kind an den anderen Elternteil verlieren zu können.[251] Die betroffenen Kinder positionieren sich dann oft zum Betreuungselternteil, weil sie wiederrum Angst haben, diesen durch Zuneigung zum Umgangselternteil zu verletzen und zu verlieren, ohne sich mit diesem verbünden zu wollen.[252]

Zu beachten ist, dass die Aussetzung künftiger Umgangskontakte schwerwiegendere Auswirkungen auf das Kind haben kann, als die Belastungen durch den Loyalitätskonflikt. In einem solchen Fall sind die Umgangskontakte fortzuführen.[253] Das erfordert aber auch, dass eine Besserung der ablehnenden Haltung des Betreuungselternteils zu erwarten ist. Denn wenn sich das elterliche Kommunikationsverhalten absehbar nicht zum Positiven verändern wird, können weitere Umgangsversuche größeren Schaden anrichten als wenn dieser ausgesetzt wird. Der Umgangsausschluss kann sich dann als einzige Möglichkeit darstellen, die Belastung des Kindes auf ein nicht mehr gefährdendes Maß zurückzuführen.[254]

b) Notwendigkeit eines Sachverständigengutachtens

Die Gerichte können ein Kind durchaus als belastet erleben und Spannungen der Eltern durch ihr Auftreten in der Verhandlung und ihre Anhörung feststellen. Spannungen offenbaren sich daneben auch in den Übergabesituationen. Die Gerichte dürften aber nicht die notwendige Fachkunde haben, die tatsächliche psychische Betroffenheit des Kindes durch den elterlichen Konflikt sowie die Auswirkungen eines unterbleibenden Umgangs festzustellen. Um dem Konflikt zu entgehen, neigen Kinder dazu, sich zum Betreuungselternteil zu positionieren, ohne den Umgangselternteil per se ablehnen zu wollen.[255] Derartige Verhaltensweisen lassen weder eindeutige Schlussfolgerungen auf die Beziehung zum Umgangselternteil noch auf die tatsächliche Betroffenheit des Kindes durch

---

251 *OLG Brandenburg*, Beschl. v. 15.03.2012 - 9 UF 235/11 -, juris Rn. 16. Es ist auch der umgekehrte Fall denkbar, dass der Umgangselternteil das Kind durch ständige verbale Abwertung des anderen Elternteils gegenüber diesem in einen tiefen Loyalitätskonflikt verbringt, *OLG Saarbrücken* FamRZ 2015, 344.

252 *Salzgeber*, Gutachten, S. 251 f.

253 Zu diesem Ergebnis kam der beauftragte Sachverständige angesichts des positiven Verhältnisses zwischen Vater und Kind und dem bekundeten Interesse des Kindes an weiteren Umgangskontakten: *Landesverfassungsgericht Brandenburg*, Beschl. v. 20.02.2015 - 44/14 -, juris Rn. 5.

254 *OLG Zweibrücken*, Beschl. v. 19.10.2012 - 6 UF 83/11 -, juris Rn. 33.

255 *Peschel-Gutzeit*, NZFam 2014, 433.

den Konflikt zu. Der Verdacht einer starken Belastung des Kindes kann sich aber erhärten, wenn das Kind bereits ärztlich behandelt wird.[256]

Dennoch wird nur ein familienpsychologischer Sachverständiger die negativen Auswirkungen eines Elternkonfliktes und eines etwaigen Umgangsausschlusses gegenüber einer Umgangsfortführung in ihrer Gesamtheit abschätzen können.[257] Denn in solchen Konstellationen bedarf es gesteigerter Kompetenzen auf dem Gebiet der differenziellen Diagnostik und Intervention.[258] Dabei sind gewisse Belastungen auf Seiten des Kindes zwecks Ausgleichs der tangierten Grundrechte in Kauf zu nehmen, sofern diese anderweit aufgefangen werden können.[259]

Die Bedeutung eines Sachverständigengutachtens wurde auch in einem Verfahren vor dem *Landesverfassungsgericht Brandenburg* deutlich. Das Gericht holte ein Gutachten zu den Fragen ein, welche Auswirkungen der elterliche Konflikt auf das Kind habe und welche Maßnahmen zur Sicherung des Kindeswohls notwendig seien.[260] Der Sachverständige stellte fest, dass die Eltern das Kind in einen Loyalitätskonflikt verbracht hätten, die negativen Auswirkungen eines Kontaktabbruchs zum Umgangselternteil dennoch schwerwiegender seien als die Belastungen durch den Loyalitätskonflikt.[261] Ein anhaltender Elternkonflikt muss also nicht zwangsläufig zu solch hohen Belastungen für das Kind führen, die einen Umgangsausschluss erforderlich machen. Das kann aber nur ein Sachverständiger durch umfassende Diagnostik feststellen.

---

256 *OLG Brandenburg*, Beschl. v. 15.03.2012 – 9 UF 235/11 –, juris Rn. 16: Die Sachverständigen kamen zum Ergebnis, dass die ambulante und zeitweise stationäre psychologische Behandlung des Kindes Folge der Verunsicherung des Kindes durch die Angst der Mutter waren.

257 *Verfassungsgericht Brandenburg*, Beschl. v. 20.02.2015 – 44/14 –, juris Rn. 5; so auch bereits *OLG Zweibrücken* FamRZ 1999, 1009, Ls.: wonach der Umgang nur mit sachverständiger Beratung hätte geregelt werden dürfen. Siehe auch *OLG Frankfurt* FamRZ 2014, 396.

258 *Salzgeber*, Gutachten, S. 271.

259 *BVerfG* FamRZ 2008, 856; 2010, 109.

260 *Verfassungsgericht Brandenburg*, Beschl. v. 20.02.2015 – 44/14 –, juris Rn. 5 aus; siehe auch *OLG Zweibrücken* FamRZ 1999, 1009.

261 *Verfassungsgericht Brandenburg*, Beschl. v. 20.02.2015 – 44/14 –, juris Rn. 5.

2. *Verbale Ablehnung von Umgangskontakten durch das Kind*

a) *Erzwungener Umgang und Kindeswohl*

Der Kindeswille ist beim Umgangsrecht als subjektives Recht besonders zu berücksichtigen.[262] Gute Betreuungsverhältnisse beim Umgangselternteil und eine positive Beziehung zwischen ihm und dem Kind können dann in den Hintergrund treten, wenn sich das Kind ablehnend gegenüber Umgangskontakten äußert. Gerade bei älteren Kindern ist deren Wille als Ausdruck der Selbstbestimmung ein entscheidender Maßstab für die gerichtliche Umgangsregelung. Selbst ein beeinflusster Kindeswille kann beachtliche sein.[263] Dem klar und konstant geäußerten Willen wohnt eine Vermutungswirkung inne, dass dieser auch dem wahren Willen entspricht. Aber nicht jeder klar geäußerte Wille genießt absoluten Vorrang, auch nicht bei einem älteren Kind.[264]

Wegen der hervorgehobenen Bedeutung des Kindeswillens in Umgangsverfahren, müssen die Gerichte herauszufinden, ob der mitgeteilte Wille auch dem wahren Willen entspricht, d. h. ob es sich um einen beachtlichen Willen (ab 12 Jahren) handelt.[265] Der Wille des Kindes ist dabei behutsam gegenüber dem Wohl des Kindes abzuwägen,[266] insbesondere dann, wenn das Gericht keine objektiven Kindeswohlkriterien gegen den Umgang feststellen kann.[267] Zu ermitteln ist dabei, ob die Herausbildung der Persönlichkeit des Kindes ein Stadium erreicht hat, in welchem ein erzwungener Umgang eine Gefährdung seiner Entwicklung bedeuten würde.[268]

Bei Kindern bis zum Alter von 6–8 Jahren wird davon ausgegangen, dass diese in der Regel mit erzieherisch überzeugendem Auftreten zum Umgang bewegt werden können.[269] Bei Kindern ab etwa 9–11 Jahren wird von einer derartigen

---

262 *OLG Saarbrücken* FamFR 2012, 285.

263 S. zuletzt *BVerfG* FamRZ 2016, 1917 Rn. 20; 2015, 1093.

264 *OLG Stuttgart* FamRZ 2015, 1727 (1728); siehe auch *OLG Saarbrücken* MDR 2012, 1231.

265 *OLG Stuttgart* FamRZ 2015, 1727 (1728); *OLG Bremen* NJW 2013, 2603 Rn. 6.

266 Staudinger/*Rauscher*, § 1684 Rn. 176, a. A. *OLG Hamburg* FamRZ 1991, 471, lehnte jede weitere Prüfung gestützt auf das Persönlichkeitsrecht eines fast 10-Jährigen ab.

267 Staudinger/*Rauscher*, § 1684 Rn. 282.

268 BVerfGK 6, 57 Rn. 10; Zu Langzeitfolgen eines Umgangszwangs: *Wallerstein/Lewis/Blakeslee*, S. 318; *Wallerstein/Lewis*, FamRZ 2001, 65 (69).

269 *OLG Saarbrücken* FamRZ 2013, 48 (49); *Burschel*, NZFam 2015, 623; Staudinger/*Rauscher*, § 1684 Rn. 295.

Einwirkungsmöglichkeit nicht mehr ausgegangen[270]. In diesem Grenzbereich wird deshalb eingehend zu überprüfen sein, ob aufgrund der Reife und Entwicklung des Kindes sein Wille bereits beachtlich ist.

Auch mildere Maßnahmen wie begleiteter Umgang oder Umgangspflegschaft sind ohne Mitwirkungsbereitschaft des Kindes nicht umsetzbar, so dass sich die Handlungsmöglichkeiten des Gerichts auf einen (zeitweisen) Umgangsausschluss reduzieren.[271] Der erzwungene Umgang kann sogar eine weitere Verhärtung der Fronten zwischen Umgangselternteil und Kind zur Folge haben.[272] Die Folgen des Kontaktabbruchs zum Umgangsberechtigten sind immer gegenüber den Risiken bei Übergehen des Kindeswillens im konkreten Einzelfall abzuwägen.[273] Weder die Nichtbefolgung des Kindeswillens noch dessen Befolgung darf zu einer Kindeswohlgefährdung führen.[274]

b) Tendenzen in der OLG-Rechtsprechung

In Anlehnung an die Entscheidungen des *BVerfG* und des *BGH*, wonach die Einholung eines psychologischen Gutachtens bei Entscheidungen von großer Tragweite in Frage kommt (wie § 1666 BGB),[275] fordern neuerdings einige Oberlandesgerichte, dass der (auch teilweise) Ausschluss des Umgangs bei verbaler Ablehnung des Kindes nicht ohne Begutachtung erfolgen solle.[276]

Das *OLG Bamberg* stellte die These auf, dass in Sorge- und Umgangsverfahren lediglich bei einfachen Sachverhalten eine Entscheidung ohne Einholung eines Sachverständigengutachtens möglich sei, ohne dass ein Verfassungsverstoß anzunehmen sei.[277] Der Wille des Kindes könne einen Ausschluss des Umgangs nur dann begründen, wenn die Überwindung dieses Willens kindeswohlgefährdend wäre. Feststellungen zur Kindeswohlgefährdung bei Überwindung des Kindeswillens könne aber grundsätzlich nur ein psychologischer Sachverständiger treffen, weil den Gerichten regelmäßig derartige Fachkunde fehle.[278]

---

270 *OLG Schleswig* BeckRS 2015, 18536, Rn. 33; *OLG Koblenz* FamRZ 2004, 288; anders *OLG Köln* FF 2004, 297 (8 1/2-jähriges Kind); Johansen/Henrich/*Henrich*, § 1684 Rn. 39, 41.

271 *OLG Bremen* NJW 2013 (2604); *OLG Saarbrücken* FamRZ 2011, 122.

272 *OLG Stuttgart* FamRZ 2015, 1727 (1729).

273 *OLG Koblenz* FamRZ 2014, 2010 (2010 f.).

274 *BVerfG* FamRZ 2005, 1057; 2007, 105.

275 *BVerfG* FamRZ 2009, 1897; *BGH* FamRZ 2010, 1060.

276 *OLG Schleswig* BeckRS 2015, 18536; *OLG Bamberg* FamRZ 2010, 741.

277 *OLG Bamberg* FamRZ 2010, 741.

278 *OLG Bamberg* FamRZ 2010, 741 (741).

Das *OLG Schleswig* schließt sich dem an und konkretisiert, dass gerade bei jüngeren Kindern, der auf die ablehnende Haltung gestützte Umgangsausschluss nicht ohne die Einholung eines kinderpsychologischen Sachverständigengutachtens möglich sein dürfte.[279] Bei älteren Kindern könne ein Gutachten hingegen eher entbehrlich sein. Hier könne eine aussagekräftige Kindesanhörung genügen.[280]

Eine derart pauschale Äußerung hinsichtlich der Notwendigkeit eines Sachverständigengutachtens wird den Besonderheiten des Einzelfalls nicht gerecht. Die Fachgerichte können je nach Fallkonstellation durchaus auch bei Äußerungen jüngerer Kinder in der Lage sein, den Kindeswillen eigenständig zu ermitteln und die Auswirkungen bei Übergehung des Willens einzuschätzen.

Unter Auswertung hierzu einschlägiger Rechtsprechung der Oberlandesgerichte wurden im Folgenden Fallkonstellationen herausgearbeitet, die generalisierende Aussagen zur Notwendigkeit eines Sachverständigengutachtens zulassen.

c) *Fallkonstellationen zur Notwendigkeit eines Gutachtens*

In einem vom *OLG Saarbrücken* entschiedenen Fall hatte der 10-jährige Sohn wiederholt gegenüber dem Familiengericht geäußert, derzeit mit dem Vater keinen Kontakt haben zu wollen. Ein gemeinsames Gespräch mit dem Vater unter Beisein eines Dritten lehnte der Junge vehement ab.[281] Als Begründung für seine Haltung führte er gegenüber dem Gericht und dem Verfahrensbeistand Ereignisse aus der Vergangenheit an (Lügen des Vaters und Demütigung durch die Veröffentlichung eines Artikels über die Umgangsschwierigkeiten in der Bild-Zeitung).[282] Die Art und Weise der Willensbekundung sowie das fortgeschrittene Alter des Kindes von 10 Jahren ließen an sich den Schluss eines beachtlichen Kindeswillens zu.

Allerdings gab es vielfältige Zweifel an der Wahrhaftigkeit der kindlichen Äußerungen. Gegenüber dem Verfahrensbeistand berichtete der Vater, dass der Sohn sich gegenüber einem Umgang mit ihm positiv geäußert habe, sowohl im Rahmen einer persönlichen Begegnung als auch in zwei darauf folgenden Telefonaten. Der Verfahrensbeistand machte zudem darauf aufmerksam, dass

279 *OLG Schleswig* BeckRS 2015, 18536, Rn. 34.

280 *OLG Schleswig* BeckRS 2015, 18536, Ls.

281 *OLG Saarbrücken*, Beschl. v. 03.04.2012 – 6 UF 10/12 –, juris Rn. 20 = MDR 2012, 1231.

282 Im Folgenden *OLG Saarbrücken*, Beschl. v. 03.04.2012 – 6 UF 10/12 –, juris Rn. 18 = MDR 2012, 1231.

die Antworten des Jungen auf seine Fragen „wie aus der Pistole geschossen“ gekommen seien. Auch war dem Gericht aktenkundig, dass die Mutter in der Vergangenheit mehrfach und in erheblichem Maße gegen ihre Umgangsförderungspflicht verstoßen hatte. Das Gericht deutete selbst an, dass davon auszugehen sei, dass der Wille nicht unbeeinflusst sei, ohne sich hierbei aber mit den Einwänden des Vaters näher auseinandersetzen. Das *OLG Saarbrücken* rügte zu Recht, dass das *AG* nicht ohne Einholung eines Sachverständigengutachtens den Umgang hätte ausschließen dürfen. Es hätt geklärt werden müssen, ob der geäußerte dem wahren Willen des Kindes entspricht und dieser die Bindungen zum Vater widerspiegelt.

Konkrete Anhaltspunkte können am wahren Willen des Kindes zweifeln lassen, z. B. aktenkundig positive Äußerungen des Kindes zum Umgang, Aussagen „wie aus der Pistole geschossen“[283] und gegenseitige Beeinflussung von Geschwistern.[284] Hier kann sich das Gericht gerade nicht mehr auf die Vermutungswirkung eines klar und konstant geäußerten Willens stützen, sondern hat den Anhaltspunkten nachzugehen. In seiner Entscheidungsbesprechung fordert *Voges-Wallhöfer* deshalb zu Recht, dass die Gerichte eine „überzogene, nicht mehr nachvollziehbare Intensität“ des kindlichen Willens der Überprüfung durch einen psychologischen Sachverständigen unterziehen sollten, auch um dem Selbstbestimmungsrecht des Kindes Rechnung zu tragen.[285]

Liegt der Verdacht einer Beeinflussung des Kindeswillens nahe, wird nur ein Psychologe dem wahren Willen auf den Grund gehen können.[286] Der Sachverständige kann überprüfen, ob der Kindeswille auf tatsächlichen negativen Erlebnissen mit dem Umgangselternteil beruht oder ob die negative Haltung des Betreuungselternteils gegenüber dem anderen zu diesem Willen geführt hat.

Die Notwendigkeit eines Sachverständigengutachtens zur Beurteilung der Frage, ob der geäußerte auch dem wahren Kindeswillen entspricht, lässt sich auch an einem vom *OLG Stuttgart* entschiedenen Fall veranschaulichen.[287] Das mittlerweile 12-jährige Kind lebte seit über 1,5 Jahren beim Vater. Umgangskontakte mit der Mutter fanden während der Umgangsverfahren trotz insgesamt *dreier* Umgangspfleger fast keine statt, zunächst weil der Vater sich weigerte. Anfang

283 *OLG Saarbrücken*, Beschl. v. 03.04.2012 - 6 UF 10/12 -, juris Rn. 23 = MDR 2012, 1231.

284 *OLG Schleswig* BeckRS 2015, 18536, Rn. 38.

285 *Voges-Wallhöfer*, FamFR 2012, 285 (285).

286 So *OLG Saarbrücken*, Beschl. v. 03.04.2012 - 6 UF 10/12 -, juris Rn. 23 = MDR 2012, 1231.

287 *OLG Stuttgart* FamRZ 2015, 1727.

2012 berichtete die Umgangspflegerin, dass sich das Kind geweigert habe, mit ihr zu gehen.[288] Seit längerem äußerte sich nun das Kind gegen einen Kontakt mit der Mutter. Da Anhaltspunkte dafür bestanden, dass der Wille des Kindes stark von der negativen Einstellung des Vater und dessen Familie gegenüber der Mutter fremdinduziert war, wurde ein Sachverständigengutachten eingeholt. Die Ausführungen des Sachverständigen zur gerichtliche Fragestellung, ob der Wille des Kindes auf tatsächlichen negativen Erlebnissen mit seiner Mutter beruhe oder ob die negative Haltung des Vaters gegenüber der Mutter zu diesem Willen geführt habe, blieben im Ergebnis aber sehr vage. Er führte lediglich aus, dass der Wille weder ausschließlich auf tatsächlichen negativen Erlebnissen noch ausschließlich auf der negativen Haltung des Vaters beruhe. Die Ergebnisse des Sachverständigen konnten daher einen Umgangsausschluss nicht begründen.[289] Dennoch schloss das *AG* den Umgang in seiner Entscheidung vollständig aus.

Um einen Umgangsausschluss begründen zu können, hätte das *AG* ein ergänzendes Gutachten einholen müssen, sofern das Gericht nicht doch noch anderweitig eine sichere Grundlage für einen Umgangsausschluss erlangt hätte. Insgesamt wird deutlich, dass die Gerichte Schwierigkeiten bei der Feststellung einer konkreten Kindeswohlgefährdung im Falle eines ablehnenden Kindeswillen haben und sich hierbei die Notwendigkeit eines Gutachtens offenbart.

d) Fallkonstellationen ohne Notwendigkeit eines Gutachtens

Wenn allerdings keinerlei Anhaltspunkte für eine Beeinflussung des Kindeswillens ersichtlich sind und das Kind seinen Willen klar und deutlich zum Ausdruck bringt, besteht auch keine Notwendigkeit, ein Sachverständigengutachten einzuholen. Hinsichtlich der Voraussetzungen eines konstant, stabil und deutlich geäußerten Willens kann auf das oben Gesagte verwiesen werden.[290] Das gilt vor allem bei älteren Kindern, die ihrem ablehnenden Willen durch ihre Ausdrucksweise oder andere Verhaltensweisen Nachdruck verleihen, oder wenn

---

288 Im Folgenden *OLG Stuttgart* FamRZ 2015, 1727 (1727 f.).

289 Der Sachverständige in der Beschwerdeinstanz kam schließlich zu der Feststellung, dass der Wille auf einer jahrelangen Beeinflussung seitens des Kindesvaters beruhe und nicht auf negative Erlebnisse mit der Mutter zurückzuführen sei. Der Gutachter empfahl dennoch ebenfalls den Umgang auszuschließen, da das Kind selbst bei Mitwirkung des Vaters dessen eigentliche Sichtweise kenne und es sich daher nicht frei und unbefangen auf den Umgang einlassen könne, sondern durch ihn belastet werden würde, *OLG Stuttgart*, FamRZ 2015, 1727 (1727 f.).

290 Dazu ausführlich weiter oben in Sorgerechtsverfahren nach § 1671 unter B.III.8.b).

dem Gericht weitere Umstände bekannt werden, die eine ablehnende Haltung nachvollziehbar stützen.

In einem Fall vor dem *OLG Bremen* wurde der Umgang des Vaters mit seinen 14 und 16 Jahre alten Söhnen auf briefliche Kontakte beschränkt. Der Antrag des Kindesvaters auf Einholung eines Gutachtens zur Ermittlung des wahren Willens der Jugendlichen wurde zu Recht abgelehnt. Es waren keinerlei Anhaltspunkte ersichtlich gewesen, dass der geäußerte nicht dem wirklichen Willen und den wahren Bindungen der Jugendlichen zu ihrem Vater entspricht.[291] Die Söhne haben sich aufgrund ihrer Erfahrungen in der Vergangenheit mit dem Vater diesem gegenüber konstant ablehnend geäußert und deutlich gemacht, dass sie sich zum Umgang nicht zwingen lassen werden.[292] Dem Gericht blieb keine andere Möglichkeit als den Umgang auf Briefkontakt zu beschränken. Ohne die Mitwirkungsbereitschaft der Jugendlichen sind in einem solchen Alter und einer solchen Vehemenz der Ablehnung des Umgangs auch mildere Maßnahmen wie begleiteter Umgang nicht umsetzbar.

Auch in einem vom *OLG Koblenz* zu entscheidenden Fall bestand ohne Einholung eines (weiteren) Sachverständigengutachtens eine hinreichende Grundlage dafür, dass der Umgang zum Wohle des Kindes ausgeschlossen werden muss.[293] Seit der Gutachtenerstattung zur Umgangsregelung in erster Instanz haben sich die Einstellung und das Verhalten des 12-jährigen Kindes nicht verändert. Vielmehr hat sich das Kind wiederholt und mit aller Deutlichkeit im Rahmen der gerichtlichen Anhörung durch den Senat gegen jeglichen Umgang ausgesprochen. Der Junge weigerte sich nachhaltig aus Angst vor dem Vater Umgang mit diesem zu pflegen und gab zum Ausdruck, sich notfalls mit Händen und Füßen gegen den Umgang zu wehren und wegzulaufen. Aufgrund dieser Sachlage konnte das Gericht auch ohne Hinzuziehung eines Sachverständigen zu der nachvollziehbaren Einschätzung gelangen, dass die Gefahren für die Entwicklung des Kindes bei Übergehen seines Willens höher liegen als jene bei Abbruch des Kontaktes zu seinem Vater.[294]

Auch das *KG* schloss in einer Umgangssache ohne erneute Begutachtung den Umgang des Vaters mit seinem 16-jährigen Sohn bis zum 18. Lebensjahr und den Umgang zu seiner 13-jährigen Tochter für zunächst zwei Jahre aus.[295] Der Sohn lehnte jeglichen Umgang mit dem Vater ab und hatte dies gegenüber dem

291 *OLG Bremen* NJW 2013, 2603 (2604).
292 *OLG Bremen* NJW 2013, 2603 (2604).
293 *OLG Koblenz* FamRZ 2014, 2010 (2011).
294 *OLG Koblenz* FamRZ 2014, 2010 (2011).
295 *KG* ZKJ 2015, 235.

Gelegenheitstäter, auch wenn diese Tätergruppe eher gering ist.[309] Ebenso lässt allein der Besitz kinderpornographischen Schriften noch nicht den Schluss auf eine Pädophilie zu.[310] Die Einordnung einer Person als pädophil ist angesichts der unterschiedlichen Ausprägungen sehr komplex und bedarf deshalb unbedingt einer professionellen Einschätzung. Selbst unter Psychologen kann die Beurteilung im Einzelfall auseinandergehen.[311]

Bis heute gibt es keine eindeutigen Forschungsergebnisse zu den Ursachen von Pädophilie. Nach allgemeiner Auffassung sind entwicklungsbiologische, psychische, aber auch soziale Faktoren für die Entstehung von Pädophilie ursächlich. Vor diesem Hintergrund kann nicht davon ausgegangen werden, dass Pädophilie heilbar ist. Mittels entsprechender Therapien und/oder medikamentöser Behandlung kann lediglich die sexuelle Dranghaftigkeit stimuliert und das Erkennen und die Vermeidung von Risikosituationen trainiert werden.[312]

b) Aufklärungsmöglichkeiten

Nach gängiger Rechtsprechung reicht allein der Verdacht sexuellen Missbrauchs noch nicht aus, um den Umgang zu beschränken oder auszuschließen.[313] Die Aufklärung des Verdachtes des sexuellen Missbrauchs ist nicht ohne die Zuhilfenahme von Sachverständigen möglich. Denn die gerichtliche Anhörung des Kindes und der Eltern reicht hier zur Aufklärung nicht aus. Es wäre fatal, allein aus Andeutungen des Kindes in der gerichtlichen Anhörung, den Verdacht des sexuellen Missbrauchs als bestätigt anzusehen. Denn die Ängste und Einstellungen der Elternteile und wiederholte (suggestive) Befragungen des Kindes zur

---

309 http://www.spiegel.de/wissenschaft/mensch/paedophilie-die-wichtigsten-fragen-und-antworten-a-954632.html (zuletzt abgerufen am 01.08.2017).

310 *OLG Schleswig-Holstein*, Beschl. v. 16.04.2014 – 8 UF 81/13 –, juris.

311 *OLG Schleswig-Holstein*, Beschl. v. 16.04.2014 – 8 UF 81/13 –, juris: Das Gutachten in 1. Instanz attestierte beim Vater den sehr dringenden Verdacht der Pädophilie. Die privat eingeholte „Methodenkritische Stellungnahme“ von Prof. Dr. *Harry Dettenborn* entkräftete das Gutachten als nicht verwertbar. Weder *Dettenborn* noch andere Sachverständige konnten eine pädophile Neigung und eine daraus resultierende konkrete Gefährdung des Kindes feststellen.

312 http://www.spiegel.de/wissenschaft/mensch/paedophilie-die-wichtigsten-fragen-und-antworten-a-954632.html (zuletzt abgerufen am 01.08.2017).

313 *OLG Hamm*, Beschl. v. 31.03.2015 – II-3 UF 241/13, 3 UF 241/13 –, juris Rn. 16; *OLG Karlsruhe*, Beschl. v. 18.02.2013 – 18 UF 13/11 –, juris Rn. 25; *KG* FF 2012, 505 m.w.Nachw.; *OLG Bamberg* FamRZ 1995, 181; *OLG Frankfurt* FamRZ 1995, 1432;

Thematik verunsichern und belasten das Kind, wodurch Aussagen des Kindes befördert werden, die viel Interpretationsspielraum lassen.[314]

Eine ärztliche Untersuchung des Kindes ist sinnvoll, wird aber nur in den seltensten Fällen (ausreichende) Hinweise für die Aufklärung des Missbrauchsvorwurfs liefern.[315] Generell sollte mit physischen oder psychosomatischen Auffälligkeiten beim Kind vorsichtig umgegangen werden.[316] Forschungen ergaben zwar, dass bestimmte Verhaltensauffälligkeiten und psychische Reaktionen wie sexualisierendes Verhalten[317], Verletzung des Vaginalbereiches oder Scheideninfektion häufiger bei sexuellen Übergriffen auftreten. Sie lassen aber noch nicht ohne Weiteres auf einen sexuellen Missbrauch schließen.[318] Die in diesem Kontext gleichmaßen auftretenden Symptomen wie Rückzug, Misstrauen, Bettnässen, Angstzustände, Schlaf- und Essstörungen, Schulversagen und Drogenkonsum sind auch bei vielen anderen kinderpsychologischen Störungsfeldern zu verzeichnen (Trennung der Eltern, Verlust eines Elternteils) und daher unspezifisch sind.[319] Es handelt sich lediglich Indikatoren ohne Beweiswert.

Wird die Behauptung sexuellen Missbrauchs auf eine (angebliche) Aussage des Kindes gestützt, bedarf es zur Sachverhaltsaufklärung einer *aussage-psychologischen Begutachtung*, einer sog. *Glaubhaftigkeitsbegutachtung*.[320] Hierfür sind aussagepsychologische Kenntnisse erforderlich, die bei Familienpsychologen nicht vorausgesetzt werden können.[321] Deshalb müssen speziell ausgebildete Aussagepsychologen herangezogen werden. Bei Anhaltspunkten für eine pädophile Neigung sollte zudem ein *psychiatrisches Gutachten* zur Erforschung der Persönlichkeitsstruktur des Betroffenen eingeholt werden. Auf Grundlage der gewonnenen Ergebnisse sind die Gefahren für das konkrete Kind abzuwägen. Allein eine pädophile Neigung begründet noch keine konkrete Gefahr für das Kind. Entscheidend ist vielmehr, inwieweit sich der Betroffene unter Kontrolle hat.[322]

---

314 Nach einer Studie neigen Kinder in scheidungsrechtlichen Streitigkeiten wesentlich häufiger als Kinder aus intakten Familien zu Falschbeschuldigungen, *Arntzen*, S. 53.

315 *Salzgeber*, Gutachten, S. 505.

316 *Arntzen*, S. 54.

317 Nach einer Studie von *Friedrich et al.*, 2005, S. 391, zeigt die Hälfte aller sexuell misshandelter Kinder aber kein sexualisierendes Verhalten.

318 *Salzgeber*, Gutachten, S. 505.

319 *Salzgeber*, Gutachten, S. 506; dazu auch Walter/*Fegert*, 1992; *Amann/Wipplinger*.

320 *BVerfG* FamRZ 2014, 1772 (1772).

321 *Fichtner*, NZFam 2015, 588 (592).

322 Der Vater verleugne seine Störung, *OLG Düsseldorf* FamRZ 2009, 1685 (1686).

c) *Bestätigung des Verdachts*

Erhärtet sich der Verdacht des sexuellen Missbrauchs, egal ob an dem eigenen Kind oder an anderen Kindern, kommen allenfalls begleitete Umgänge in Betracht.[323] Hierbei ist allerdings zu beachten, dass auch begleitete Umgänge eine Retraumatisierung und Verfestigung des negativ geprägten, eventuell vom Kind positiv empfundenen Verhältnisses zum Umgangselternteil fördern können. Im Einzelfall kann daher der vollständige Ausschluss erforderlich sein, um das Kind vor seelischen Belastungen zu schützen. Daneben muss berücksichtigt werden, dass dem Betroffenen über begleitete Umgänge die Möglichkeit eröffnet wird, über die begleiteten Umgangskontakte hinaus mit dem Kind Kontakt aufzunehmen und in alte Verhaltensmuster zurückfallen.[324] Gleichzeitig kann durch den Aufbau von Vertrauen in dem Kind der Wunsch reifen, den Vater auch außerhalb der geschützten Umgebung des betreuten Umgangs sehen zu wollen. Mit zunehmendem Alter und Festigung der Beziehung besteht dann die Gefahr heimlicher unbegleiteter Treffen.[325] Voraussetzung für begleitete Umgänge ist daher, dass das Kind für mögliche Gefährdungssituationen durch eine fachgerechte Aufklärung über die sexuellen Neigungen des Vaters sensibilisiert wird.[326] Hierzu äußerte sich das *OLG Hamm* dahingehend, dass einem jüngeren Kind selbst ein begleiteter Umgang nicht kindgerecht erklärt werden könne und deshalb der Umgang auszuschließen sei.[327]

Die hierzu notwendigen vollumfänglichen Einschätzungen und Abwägungen der Vor- und Nachteile von Umgangskontakten können nur psychologische Sachverständige geben.

d) *Keine Bestätigung des Verdachts*

Kann der Verdacht nicht bestätigt werden, sind dennoch Konstellationen festzustellen, die einen Ausschluss des Umgangs notwendig machen können. Zum einen kann sich durch die mit der Befragung des Kindes einhergehende Konfrontation mit dem Missbrauchsvorwurf beim Kind ein negatives, abstoßendes Vaterbild zurückbleiben, das zu dessen Ablehnung führt.[328] Möglich ist auch,

---

323 *OLG Karlsruhe*, Beschl. v. 18.02.2013 - 18 UF 13/11 –, juris Rn. 22; *KG* FF 2012, 505 m.w.Nachw.; *KG* FF 2012, 505; MüKoBGB/*Hennemann*, § 1684 Rn. 78 f..

324 *OLG Hamm*, Beschl. v. 31.03.2015 - II-3 UF 241/13, 3 UF 241/13 –, juris Rn. 22.

325 *OLG Düsseldorf* FamRZ 2009, 1685 (1686).

326 *OLG Hamm*, Beschl. v. 31.03.2015 - II-3 UF 241/13, 3 UF 241/13 –, juris Rn. 25.

327 *OLG Hamm*, Beschl. v. 31.03.2015 - II-3 UF 241/13, 3 UF 241/13 –, juris Rn. 8, 10.

328 *Klenner*, FamRZ 1995, 1529 (1534).

dass Vorbehalte des Betreuungselternteils fortbestehen, die geeignet sind, das Kind in tiefe Loyalitätskonflikte zu verbringen und erheblichen Belastungen auszusetzen, wenn es mit dem Betreuungselternteil Umgang pflegt.[329]

Kann der Verdacht eines sexuellen Missbrauchs des Kindes nach Ausschöpfung aller zulässigerweise zu nutzenden Erkenntnisquellen weder ausgeräumt noch bestätigt werden, ist eine Risikoabwägung unter Berücksichtigung des Kindeswohls vorzunehmen, bei der sämtliche Indizien und Hinweise berücksichtigt werden müssen.[330] Ein bloßes „Restrisiko" bei nur möglicherweise vorhandenen pädophilen Neigungen könne nach Ansicht des *BVerfG* aber eine konkrete Kindeswohlgefährdung nicht begründen.[331] Die Möglichkeit psychischer Folgeschäden bei tatsächlichem Missbrauch ist gegenüber den Entwicklungsrisiken eines Kontaktabbruchs abzuwägen.[332] Entscheidend ist der Grad der Wahrscheinlichkeit für die Richtigkeit der erhobenen Anschuldigungen.

V. Zusammenfassung und Fazit zur Notwendigkeit von Sachverständigengutachten in Umgangsverfahren nach § 1684 BGB

Die Gerichte müssen nicht immer zur Feststellung eines beachtlichen ablehnenden Kindeswillens ein Sachverständigengutachten einholen. Im fortgeschrittenen Kindesalter kommt dem Kindeswillen als Akt der Selbstbestimmung eine hervorgehobene Bedeutung zu. Ab einem Alter von 12 Jahren gilt der Wille regelmäßig als beachtlich, sofern keine Zweifel an einem stabilen und ersthaften Willen erkennbar sind. Die Gerichte können deshalb auch ohne Hinzuziehung eines Sachverständigen zu der nachvollziehbaren Einschätzung gelangen, dass die Gefahren für die Entwicklung des Kindes bei Übergehen seines Willens schwerer wiegen als jene bei Abbruch des Kontaktes zum Umgangselternteil. Auch wenn der ablehnende Wille durch den Betreuungselternteil hervorgerufen oder verstärkt wurde, ist dem Willen regelmäßig zu folgen.

---

329 Begleitete Umgänge wurden mit der Begründung abgelehnt, dass nach Ansicht des Sachverständigen sei zu erwarten, dass sich die ablehnende Haltung der Mutter zu einer völligen Umgangsverweigerung intensivieren würde, mit der Gefahr eines Kontaktabbruch zwischen Kind und Vater: *OLG Schleswig-Holstein*, Beschl. v. 16.04.2014 – 8 UF 81/13 –, juris Rn. 43; *OLG Karlsruhe*, Beschl. v. 18.02.2013 – 18 UF 13/11 –, juris.

330 *KG*, Beschl. v. 15.01.2016 – 13 UF 202/14 –, juris Rn. 41; FamRZ 2013, 46, Lse; *OLG Karlsruhe*, Beschl. v. 18.02.2013 – 18 UF 13/11 –, juris Rn. 8: eine wesentliche Beschränkung des Umgangs sei nicht gerechtfertigt; MüKoBGB/*Hennemann*, § 1671 Rn. 108, § 1684 Rn. 78; *BVerfG* FamRZ 2008, 494.

331 *BVerfG* FamRZ 2008, 494.

332 *OLG Karlsruhe*, Beschl. v. 18.02.2013 – 18 UF 13/11 –, juris Rn. 25.

Das darf aber nicht darüber hinwegtäuschen, dass die Gerichte unbedingt für Widersprüche und Umstände sensibilisiert sein müssen, die Zweifel begründen können, dass der geäußerte auch dem wahren Willen des Kindes entspricht. Das gilt insbesondere für Kinder bis zu einem Alter von 12 Jahren, die auffallende Äußerungen oder Verhaltensweisen zeigen. Denn die ablehnende Haltung des Kindes kann auch Ausdruck der Trennungsbewältigung sein, ohne den Umgangselternteil per se ablehnen zu wollen. Die Einordnung der Verhaltensweisen und Auflösung der Widersprüche kann nur ein psychologischer Sachverständiger leisten.

Bei Anhaltspunkten hinsichtlich eines sexuellen Missbrauchs oder pädophiler Neigungen sind Sachverständigen hinzuzuziehen. Gelegentlich werden hierbei aussagepsychologische Kenntnisse notwendig werden. Persönlichkeitsbegutachtungen sind durch psychiatrische Sachverständige zu erstatten.

D. Gutachten in Kindesschutzverfahren nach §§ 1666, 1666a BGB

I. Maßstab der Kindeswohlgefährdung

Sachverständigengutachten erlangen in Kindeswohlgefährdungsverfahren eine besondere Bedeutung. Diese Verfahren unterschieden sich in mehrfacher Hinsicht erheblich von den zuvor erläuterten. Beim Vorliegen einer konkreten Kindeswohlgefährdung kann durch die gerichtliche Entscheidung massiv in das Elternrecht eingegriffen werden. Der Entzug der elterlichen Sorge als stärkster Eingriff ist an hohe verfassungsrechtliche Voraussetzungen geknüpft. Angesichts dessen drängt sich die These auf, dass die Familiengerichte nur in den seltensten Fällen ohne die Hinzuziehung eines psychologischen Sachverständigen die Gefährdungslage und die Entwicklungsbedingungen des Kindes werden feststellen können.

1. Gesetzliche Neustrukturierung

Abgesehen von verfahrensrechtlichen Besonderheiten (u. a. Einleitung von Amts wegen, Erörterungstermin nach § 157 FamFG) ist in Verfahren nach §§ 1666, 1666a BGB ein spezieller Prüfungsmaßstab anzulegen. Entscheidend ist nicht, was dem Kindeswohl „am besten entspricht“ oder „dienlich ist“, sondern ob das Kindeswohl *gefährdet* ist (§ 1666 BGB).

§ 1666 BGB hat seine Stellung als zentrale Kinderschutznorm im BGB durch die Kindschaftsrechtsreform erlangt. Die bis dato in separaten Normen geschützte Personen- und Vermögenssorge wurden in § 1666 BGB vereint. Mit dem Gesetz zur Erleichterung familiengerichtlicher Maßnahmen bei Gefährdung des

Kindeswohls[333] vom 04.07.2008 wurde die Norm inhaltlich novelliert. So wurde das schwer nachweisbare Tatbestandsmerkmal des elterlichen Erziehungsversagens und dessen Ursächlichkeit für die Kindeswohlgefährdung aus dem Tatbestand entfernt, so dass es nunmehr allein auf die Gefährdung des Kindeswohls und die Unwilligkeit oder Unfähigkeit der Eltern zur Abwendung dieser Gefährdung ankommt.[334] Das Erfordernis des elterlichen Erziehungsversagens behinderte nach überwiegender Auffassung als „zu hohe Hürde" eine frühe Anrufung und damit ein frühzeitiges Tätigwerden des Gerichts.[335]

2. Gefährdungsbegriff

In der Rechtsprechung hat sich ein einheitlicher Gefährdungsbegriff entwickelt. Eine Trennung des Kindes von seinen Eltern ist nur bei einer *nachhaltigen Gefährdung des körperlichen, geistigen oder seelischen Wohls des Kindes* gerechtfertigt.[336] Bis zum Sorgerechtsreformgesetz wurde das Wohl des Kindes in erster Linie auf die körperliche Unversehrtheit beschränkt.[337] Wissenschaftlichen Erkenntnissen zur Kindesentwicklung folgend wurde schließlich erkannt, dass das Wohlbefinden des Kindes nicht auf die physischen und materiellen Lebensbedingungen beschränkt werden kann, sondern auch seine psychische Verfassung miteinschließt.[338]

Gefordert werden konkrete Tatsachen in Bezug auf Art, Schwere und Eintrittswahrscheinlichkeit der dem Kind drohenden Beeinträchtigungen. Hinsichtlich der Art und Schwere der Schädigung verlangt das *BVerfG* eine *erhebliche Gefährdung der kindlichen Interessen und Bedürfnisse.*[339] Es muss eine Beeinträchtigung der Befriedigung bedeutsamer Bedürfnisse (Versorgung, Sicherheit, Zuwendung, Förderung usw.) vorliegen.[340] So können allgemeine Umstände

---

333 BGBl. I, S. 1188 ff.

334 MüKoBGB/*Olzen*, § 1666 Rn. 37 f.; Staudinger/*Coester*, § 1666 Rn. 58.

335 BT-Drs. 16/6815, S. 14; 16/8914, S. 12; Arbeitsgruppe 2006, S . 5, 27; siehe auch Erman/*Döll*, § 1666 Rn. 1a; *Willutzki*, FPR 2008, 488 (491); *ders.*, ZKJ 2008, 139 (140). Kritisch bereits *Zenz*, S. 320 ff.; Zu Reformbestrebungen in dieser Hinsicht bereits Fraktionenentwurf zum SorgeRG 1979, BT-Drs. 8/111 und Entwurf zum KindRG 1998, BT-Drs. 13/4899, S. 64 f., die Überlegungen scheiterten aber an Bedenken, das Elternrecht zu untergraben.

336 BVerfGE 60, 79 (91) = FamRZ 1982, 567.

337 *Lempp*, S. 20 f.

338 Staudinger/*Coester*, § 1666 Rn. 70.

339 BVerfGE 60, 79 (91); *BVerfG* FamRZ 2008, 492.

340 *Dettenborn*, FPR 2003, 293 (294); *Dettenborn/Walter*, S. 70.

wie der Umzug oder besorgniserregende Verhaltensweisen (z. B. Rauchen der Eltern) eine gerichtliche Überprüfung veranlassen, sie genügen aber nicht zur Begründung einer konkreten Kindeswohlgefährdung.[341]

Nachhaltig ist die Gefährdung, wenn bereits ein Schaden eingetreten ist oder eine gegenwärtige oder zumindest unmittelbar bevorstehende, in einem solchen Maß vorhandene Gefahr für das Wohl des Kindes besteht, dass bei weiterer Entwicklung ohne Intervention eine erhebliche Schädigung *mit ziemlicher Sicherheit* oder *mit hinreichender Wahrscheinlichkeit* vorauszusehen ist.[342] Dabei bezieht sich die Gegenwärtigkeit auf die Gefährdung, nicht auf die Beeinträchtigung des Kindes; sog. Fernschäden sind ausreichend.[343] Für die Prognose einer nachhaltigen Gefährdung des Kindeswohls können die Gerichte auch auf *gesicherte Erkenntnisse aus der Vergangenheit* zurückgreifen.[344] Allerdings lässt sich eine Trennung von den Eltern nicht auf eine in der Vergangenheit liegende Gefährdungslage stützen, weil daraus keine gegenwärtige konkrete Gefahr für das Kind hergeleitet werden kann.[345] Ebenso wenig kann der Auffassung des *KG* gefolgt werden, dass eine Risikoabwägung anhand aller bekannten Hinweise und Indizien vorzunehmen sei, wenn sich der Verdacht einer Kindeswohlgefährdung trotz Ausschöpfung aller zulässigen Erkenntnismittel weder bestätigen oder auszuräumen lasse.[346] Nur eine konkrete Kindeswohlgefährdung rechtfertigt den Eingriff in das Elternrecht.

Der Gefährdungsbegriff deckt sich insoweit mit dem des § 42 Abs. 1 S. 1 Nr. 2 SGB VIII (*dringende Gefahr für das Kindeswohl, die bei ungehindertem Verlauf den Eintritt eines Schadens hinreichend wahrscheinlich macht*).[347] Die Leistungen der Kinder- und Jugendhilfe nach dem SGB VIII stehen insgesamt in einem Komplementärverhältnis zu der bürgerlich-rechtlichen Kinderschutznorm.[348] Das Leistungsangebot des Jugendamts kann unter der Gefährdungsschwelle freiwillig in Anspruch genommen werden. Droht Gefahr im Verzug, darf das Jugendamt auch gegen den Willen der Eltern in den Fällen der §§ 8 Abs. 3 und 8a Abs. 3 S. 2, 42 SGB VIII einschreiten und soweit erforderlich auch das Kind in

341 *BVerfG* NJW 2015, 223 Rn. 29; FamRZ 2015, 112 (115 f.).
342 *BVerfG* NJW 2014, 2936 Rn. 29; *BGH* FamRZ 2005, 344 /345); 2010, 720 Rn. 19; MüKo BGB/*Olzen*, §1666 Rn. 48.
343 Vgl. Staudinger/*Coester*, § 1666 Rn. 82 m.w.Nachw.
344 *BVerfG* FamRZ 2015, 112 (116).
345 *BVerfG* ZKJ 2014, 242 (244); *OLG Zweibrücken* FamRZ 2011, 571.
346 *KG* FamRZ 2016, 641 (645). Kritisch auch *Coester*, FamRZ 2016, 641 (646).
347 jurisPK-SGB VIII/*Kirchhoff*, § 42 Rn. 62.
348 MüKoBGB/*Olzen*, § 1666 Rn. 24.

Obhut nehmen. Das Jugendamt muss Anzeichen, die für eine Kindeswohlgefährdung sprechen, nachgehen und darf diese nicht ungeprüft lassen.[349]

3. *Komplexer Abwägungsprozess*

Da die Konkretisierung und Ausfüllung der Gefährdungsgrenze ebenso wie der Kindeswohlbegriff im Allgemeinen von den gesellschaftlichen Veränderungen abhängen, kann eine konkrete Kindeswohlgefährdung nicht lediglich durch Subsumtion unter den vorgegebenen Gefährdungsbegriff prognostiziert werden, vielmehr bedarf es eines komplexen Abwägungsprozesses der relevanten Aspekte.[350] Kindeswohlprognosen sind Schicksalsprognosen. Sowohl die fälschliche Annahme, dass Kind sei nicht gefährdet, obwohl es tatsächlich gefährdet ist, als auch die umgekehrte Fallkonstellation, dass ein tatsächlich nicht gefährdetes Kind fälschlicherweise als gefährdet angesehen und aus der Familie genommen wird, bergen für das Kind erhebliche Risiken.

Ziel des komplexen Abwägungsprozesses ist es, auf Grundlage sicherer Kindeswohlprognosen gerichtliche (Hilfs-)Maßnahmen anzuordnen. Zur Qualitätssicherung von Kindeswohlprognosen können die Psychologie sowie die Kriminologie und Viktimologie beitragen.[351] Um die Fehlerrate so gering wie möglich zu halten, eignet sich in gewissem Maße eine kriterienorientierte Beurteilung der Kindeswohlgefährdung.

II. Entscheidungsalternativen des §§ 1666, 1666a BGB

1. *Besondere verfassungsrechtliche Anforderungen in Art. 6 Abs. 2, 3 GG*

Gerichtliche Maßnahmen zum Zwecke des Kinderschutzes müssen sich am strengen verfassungsrechtlichen Maßstab des Art. 6 Abs. 2 und 3 GG messen lassen. Es gilt das elterliche Erziehungsprimat i.S.d. Art. 6 Abs. 2 S. 1 GG. Eltern müssen weder ihre Erziehungsfähigkeit unter Beweis stellen noch gehört es zur Ausübung des staatlichen Wächteramtes, gegen den Willen der Eltern für eine bestmögliche Förderung der Fähigkeiten des Kindes zu sorgen.[352]

Um das elterliche Erziehungsprimat nicht auszuhebeln, müssen konkrete Tatsachen vorliegen, die eine Gefahr für das Wohlbefinden des Kindes begründen können. Voraussetzung ist, dass das Kind keinen Schutz durch die Eltern vor

---

349 Vgl. z. B. *VG des Saarlandes*, Urt. v. 17.11.2011 – 3 K 574/10 –, juris Rn. 21.
350 Staudinger/*Coester*, § 1666 Rn. 81.
351 *Reich/Wulf*, ZKJ 2007, 266 (266).
352 *BVerfG* ZKJ 2014, 242 (243 f.); NJW 2015, 223 (226).

unter objektiven Gesichtspunkten zu missbilligenden Verhaltensweisen oder Lebensumständen erlangt. Gleichwohl dürfen auch keine zu hohen Anforderungen an Art und Schwere des drohenden Schadens gestellt werden, um den Kinderschutz nicht zu unterlaufen. Von effektivem Kinderschutz kann nur dort die Rede sein, wo ein Schadenseintritt oder bei bereits eingetretenem Schaden ein größerer Schaden verhindert werden kann. In allen Bereichen der Gefahrenabwehr gilt: Je gravierender der möglicherweise eintretende Schaden ist, umso geringer sind die Anforderungen, die an die Wahrscheinlichkeit des Schadenseintritts gestellt werden können.[353]

2. Abgestufter Maßnahmenkatalog (Verhältnismäßigkeit)

Darüber hinaus muss die Entscheidung den Anforderungen des Verhältnismäßigkeitsgrundsatzes genügen. Nach dem Verhältnismäßigkeitsgrundsatz, der seine einfachgesetzliche Konkretisierung in §§ 1666, 1666a BGB erfahren hat, muss die Trennung des Kindes von seinen Eltern zum Erreichen der Abwendung einer nachhaltigen Kindeswohlgefährdung geeignet, erforderlich und angemessen sein. Nach dem Motto „Hilfe über die Familie" müssen vorrangig helfende und unterstützende Maßnahmen gerichtet auf (Wieder-)Herstellung eines verantwortlichen Elternverhaltens ergriffen werden (vgl. § 1666a Abs. 1 BGB).[354] § 1666 Abs. 1 BGB eröffnet den Gerichten einen weiten Gestaltungsspielraum unter gleichzeitiger Verpflichtung, alle Hilfsmaßnahmen auszuschöpfen. Abs. 3 enthält einen nach Eingriffsschwere abgestuften Katalog möglicher Abwehrmaßnahmen, von dem Gebot, öffentliche Hilfeleistungen anzunehmen (Nr. 1), über Verbote (Nr. 3 und 4) bis hin zum teilweisen oder gar vollständigen Entzug der elterlichen Sorge (Nr. 6). Weder § 1666 Abs. 3 noch § 1666a BGB verlangt eine „Abarbeitung" der Maßnahmen gestaffelt nach Eingriffsintensität. Ziel der gerichtlichen Maßnahme ist die effektive, d. h. sichere und dauerhafte Abwehr der Gefahr für das Kind. Frühzeitige Eingriffe in die Familie sind ebenso wenig im Kindesinteresse wie die erfolglose Erprobung verschiedener Hilfsmaßnahmen.[355]

Die Gerichte müssen sich intensiv mit den Gründen des elterlichen Verhaltens und mit der Frage, ob die mangelnde Gefahrenabwehr auf Unfähigkeit,

353 jurisPK-SGB VIII/*Kirchhoff*, § 42 Rn. 62; BVerwGE 47, 31 Rn. 23; *OVG NRW*, Beschl. v. 07.11.2007 – 12 A 635/06 –, juris Rn. 9.

354 Vgl. BVerfGE 24, 119 (145); BVerfGE 60, 79 (93); *BVerfG* FamRZ 2014, 1772 (1773 f.).

355 Staudinger/*Coester*, § 1666 Rn. 210.

Gleichgültigkeit oder Unwilligkeit der Eltern beruht, auseinandersetzen.[356] Nur wenn die Eltern auch in der Zukunft den Schutz ihres Kindes nicht gewährleisten können, darf der Staat schützend eingreifen. Denn der Vorwurf an die Eltern besteht nicht darin, dass sie ihrem Kind einen Schaden zufügen, sondern dass sie die Gefährdung nicht verhindern.[357]

Die Fachgerichte haben sich mit auf die konkrete Familie zugeschnittenen alternativen Maßnahmen auseinanderzusetzen.[358] *Hammer* fordert die Gerichte auf, Kreativität bei der Suche nach geeigneten Mitteln zur Gefahrenabwehr walten zu lassen.[359] So sei insbesondere zu überlegen, ob und welche öffentliche Hilfsmaßnahmen in Betracht kommen und zur Abwendung der Gefährdung geeignet sind, oder es sei darzulegen, warum öffentliche Hilfsmaßnahmen im konkreten Fall aller Wahrscheinlichkeit nicht Erfolg versprechend erscheinen. Wurden Hilfen des Jugendamtes bereits erfolglos angeboten oder erbracht, liefert dies dem Familiengericht eine gesicherte Grundlage für dann notwendige Kindesschutzmaßnahmen.[360]

Hierbei sind die Gerichte insgesamt auf die Einschätzungen Dritter, insbesondere die des Jugendamtes angewiesen, ohne aber an diese gebunden zu sein. Gleichwohl dürfen die Gerichte diese Einschätzungen auch nicht blind übernehmen, sondern müssen sich mit den Ausführungen auseinandersetzen und die jeweiligen rechtlichen Schlussfolgerungen treffen. Das erfordert von den Gerichten, dass sie sich mit der Systematik, der Funktion und der Wirkung öffentlicher Hilfen nach dem SGB VIII auskennen. Solche Kenntnisse können nicht alle Familienrichter vorweisen,[361] dennoch sollten sie aber für die Tätigkeit des Familienrichters verpflichtend sein. Letztlich bleiben die Gerichte aber immer auch auf eine gewissenhafte Empfehlung der Jugendhilfe angewiesen.

Weiterhin ist bei der Auswahl der anzuordnenden Maßnahme zu berücksichtigen, dass eine an sich geeignete Maßnahme nicht als geeignet gelten kann, wenn sie ihrerseits Belastungen für das Kind hervorruft.[362] Regelmäßig ist die Trennung des Kindes von seinen Eltern mit eigenständigen Belastungen

---

356 MüKoBGB/*Olzen*, § 1666 Rn. 117; Staudinger/*Coester*, § 1666 Rn. 169; Erman/*Döll*, § 1666 Rn. 4.

357 BT-Drs. 16/6815, S. 14.

358 *BVerfG* FamRZ 2015, 208 (209).

359 Anmerkung zu BVerfG v. 29.09.2015, *Hammer*, FamRZ 2016, 25 (25).

360 Staudinger/*Coester*, § 1666 Rn. 99.

361 *Fischer*, FamRB 2014, 288 (289). Zum Reformvorschlag siehe 6. Kapitel B.III.4.

362 *BVerfG* FamRZ 2012, 1127; ZKJ 2014, 242 (244); FamRZ 2014, 1270 (1274); *Balloff/Walter*, NZFam 2015, 580 (582).

verbunden.[363] Dabei kommen die drei kindbezogenen Sorgerechtskriterien (Kontinuität, Bindung und Wille) zum Tragen. Sie können bei der Prognose, welche konkreten Folgen die Herausnahme für das Kind haben kann, wichtige Impulse liefern.[364] Nur wenn die Gesamtbetrachtung die sichere Prognose zulässt, dass sich die Situation des Kindes verbessert, ist die Trennung verfassungsrechtlich zu rechtfertigen.[365]

III. Feststellung einer konkreten Kindeswohlgefährdung

1. Maßgebliche Kriterien

Die Erziehungsfähigkeit der Eltern und die Lebensbedingungen der Familie sind die wesentlichen Kriterien zur Feststellung einer Kindeswohlgefährdung. Die anderen Sorgerechtskriterien, Bindung, Kontinuität und Kindeswille sind für sich allein nicht geeignet, eine Kindeswohlgefährdung zu begründen, können aber im Rahmen der Folgenabwägung (Herausnahme oder Verbleib) durchaus zu berücksichtigen sein. Deutlich wird dies am Kriterium der emotionalen Bindung und Beziehung des Kindes zu seinen Eltern. Eine Bindung entsteht unabhängig von der Qualität der Pflege und Erziehung. Allein die faktische Nähe und Abhängigkeit reicht zur Entstehung einer emotionalen Bindung aus, selbst wenn diese überwiegend auf Gewalt und Misshandlung beruht. Eine auf negativen Aspekten gegründete Bindung (desorganisierte Bindung) ist aber nicht in gleichem Maße schützenswert wie eine sichere Bindung.[366]

Etwaige Bindungen sind vor allem in Verfahren zwecks Rückführung eines Kindes zu seinen Eltern aus einer Pflegefamilie in den Blick zu nehmen. In die Abwägung, ob der Sorgerechtsentzug aufrecht zu erhalten ist, muss die Tragweite der Trennung des Kindes von seinen Pflegeeltern mit eingestellt werden. Die Rückführung selbst darf das Kindeswohl nicht gefährden.[367] Neben den Möglichkeiten der leiblichen Eltern negative Folgen einer etwaigen Traumatisierung des Kindes abzufangen, sind die gewachsenen Bindungen des Kindes zu seinen Bezugspersonen zu berücksichtigen.[368]

---

363 *BVerfG* ZKJ 2014, 242 (243).

364 *Balloff/Walter*, NZFam 2015, 580 (584).

365 *BVerfG* ZKJ 2014, 242 (243); FamRZ 2014, 1270 (1273); *Dettenborn*, S. 58.

366 Zu den Bindungsqualitäten siehe im 1. Kapitel B.IV.3.

367 *BVerfG* FamRZ 2014, 1266 (1268).

368 *BVerfG* FamRZ 2010, 865; 2000, 1489.

2. *Erziehungsfähigkeit aus psychologischer Sicht*

Im Rahmen des § 1666 BGB wird Erziehungsfähigkeit als Bestimmung eines individuellen Grenzwertes verstanden, bei dessen Überschreitung die Erziehungsfähigkeit nicht mehr zum Wohle des Kindes gewährleistet ist.[369] Das entspricht auch dem Verständnis von *Salzgeber*, wonach die Erziehungsfähigkeit entweder positiv als Inhalt der Maximalanforderungen an die elterlichen Fähigkeiten, das Kind angemessen zu versorgen, verstanden werden kann oder umgekehrt als Inhalt der Minimalanforderungen, welche die Grenze der Kindeswohlgefährdung nicht unterschreiten dürfen.[370] Er plädiert für die Erfassung der Erziehungsfähigkeit als Minimalstandard und versteht darunter die grundlegende Fähigkeit, für das Kind zu sorgen, indem die emotionalen und körperlichen Grundbedürfnisse des Kindes erkannt und befriedigt werden.[371]

In Anlehnung an die Bestimmungsgrößen von *Dettenborn/Walter*[372] kann die Erziehungsfähigkeit quantitativ oder qualitativ mangelhaft sein.[373] Wobei in Verfahren nach § 1666 BGB weniger eine quantitativ, zeitlich nicht ausreichende Betreuung relevant wird, sondern eine schlechte Erziehung. Eine Kindeswohlgefährdung muss nicht notwendigerweise auf einer einzelnen Handlung oder Unterlassung beruhen, sondern kann sich auch aus der Summe einer Vielzahl an Einzelaspekten ergeben.[374] Die Einzelaspekte müssen aber ihrerseits Gefährdungsrelevanz aufweisen. *Coester* weist zu Recht darauf hin, dass Einzelaspekte unterhalb der Interventionsschwelle des § 1666 BGB auch nicht im Zusammenwirken einen Sorgerechtsentzug begründen können.[375]

Ein Großteil der Kindesgefährdungen basiert auf elterlichem Sorgemissbrauch (Missbrauch und Misshandlung des Kindes) oder Vernachlässigung.[376] Hierbei kann auf die Rechtsprechung zum elterlichen Fehlverhalten zurückgegriffen

---

369 *Dettenborn/Walter*, S. 294: äußert sich aber kritisch hinsichtlich der Anlegung von Grenzwerten, die eng und weit ausgelegt werden können; *Steinmetz/Lewand*, PdR 2004, 286 (289).

370 *Salzgeber*, Gutachten, S. 379.

371 *Salzgeber*, Gutachten, S. 379.

372 Siehe dazu weiter oben im 4. Kapitel B.III.5.b).

373 *Steinmetz/Lewand*, PdR 2004, 286 (289).

374 *KG* FamRZ 2016, 641 (643); zustimmend *Coester*, FamRZ 2016, 641 (646).

375 *Coester*, FamRZ 2016, 641 (646). Beispielhaft *KG* FamRZ 2016, 641: Die Kindesmutter war nicht in der Lage, die elementaren Bedürfnisse ihres Kindes zu erkennen. Es drängte sich zudem der Eindruck auf, die Mutter fechte den Streit nur aus, um als Siegerin hervorzugehen.

376 Staudinger/*Coester*, § 1666 Rn. 64; *Dettenborn/Walter*, S. 294 ff.

werden, die hilfreiche Impulse für die Feststellung der konkreten Kindeswohlgefährdung geben kann.[377] Eine Misshandlung oder Vernachlässigung kann auch auf einem unverschuldeten Versagen der Eltern beruhen. Das ist häufig der Fall, wenn beide oder ein Elternteil an einer ernsthaften physischen oder psychischen Krankheit[378] leidet oder eine Alkohol-[379] oder Drogenabhängigkeit[380] besteht.

Kindeswohlgefährdendes Elternverhalten kommt oft in spezifischen Verhaltensweisen oder in Entwicklungsstörungen der Kinder zum Ausdruck. Hierbei ist jedoch zu beachten, dass bisher keine spezifischen „Syndrome" festgestellt werden konnten, die ausschließlich und eindeutig auf eine Misshandlung, einen Missbrauch oder eine Vernachlässigung schließen lassen. So tritt zwar bei vielen misshandelten Kindern stark verängstigtes Verhalten auf. Beobachtet wurde aber auch besonders aggressives Verhalten mit Anpassungsschwierigkeiten.[381] Die Angst und Aggression kann auch andere Hintergründe haben, wie z. B. unsichere Bindungsverhältnisse. Anhaltspunkte für eine Kindeswohlgefährdung, insbesondere eine Vernachlässigung, können sich aus den häuslichen Lebensbedingungen ergeben.[382]

3. *Vorgehensweise bei der psychologischen Begutachtung*

Von einem Sachverständigen ist im Einzelfall festzustellen, wie erziehungsgeeignet die jeweiligen Elternteile unter Berücksichtigung aller positiven wie negativen Faktoren sind und welche konkreten Auswirkungen die festgestellten Einschränkungen bei der Erziehungsfähigkeit auf das Kind haben.[383] Die Vorgehensweise in der psychologischen Praxis ist dabei noch nicht ebenso umfangreich erforscht

---

377 MüKoBGB/*Olzen*, § 1666 Rn. 39; Staudinger/*Coester*, § 1666 Rn. 61; Siehe dazu auch *OLG Hamm* FamRZ 2010, 1091 (1092); *OLG Dresden* FamRZ 2008, 712; *OLG Celle* FamRZ 2006, 1478 m. Anm. *Luthin*; *Coester*, FPR 2009, 549 (550); *LG Köln* FamRZ 1992, 712; vgl. zu den tatsächlichen Hintergründen auch *Menne*, Hinweise zu Rechtsfragen bei Kindesmisshandlung und sexuellem Missbrauch, ZfJ 1993, 291 (294).

378 *OLG Hamm* FamRZ 2006, 1478; *LG Berlin* FamRZ 1988, 1308 (1310) Debilität u. Imbezilität; *OLG München* FamRZ 1997, 956 Psychose, Schizophrenie; FamRZ 1995, 948 (950) Depressionen; zum Zusammenhang zw. seelischen Erkrankungen und Kindeswohlgefährdung aus psychiatrischer Sicht *Häfele*, FPR 2003, 307.

379 *OLG Brandenburg* JAmt 2001, 556; *OLG Hamm* DAVorm. 1996, 280; *LG Berlin* DAVorm. 1980, 143; *AG Kamen* DAVorm. 1995, 258 (259).

380 *OLG Bremen* MDR 2011, 665; *LG Frankfurt* FamRZ 1983, 530.

381 Dazu insgesamt *Steinmetz/Lewand*, PdR 2004, 286 (291).

382 *BVerfG* FamRZ 2015, 112 (117); *Castellanos/Hertkorn/Plattner/Salzgeber*, PdR 2004, 304 (305).

383 *Castellanos/Hertkorn/Plattner/Salzgeber*, PdR 2004, 304 (306).

wie bei Sorgerechtsgutachten im Falle von Trennung und Scheidung der Eltern.[384] Von *Reich/Wulf* wurde ein dreistufiges Instrumentarium für die Kindeswohlprognose (individueller Grenzwert) entwickelt.[385] *Castellanos/Hertkorn/Plattner/ Salzgeber* formulieren vier Themenbereiche, denen der Sachverständige nachgehen soll,[386] die sich in den drei Stufen von *Reich/Wulf* wiederfinden.

Auf erster Stufe (Basis) werden rückblickend durch psychologische Befragung (Exploration) die familiäre Lebenssituation, die bisherigen Ereignisse und Verhaltensweisen sowie die vorhandenen personalen, sozialen und familiären Risiko- und Schutzfaktoren erfasst. Der Fokus liegt hier neben der Feststellung bisheriger Kindeswohlgefährdungen auf Hinweisen für grundlegende Beeinträchtigungen der Erziehungsfähigkeit und spezifisches Gefährdungsverhalten (Erkrankungen, Sucht, Misshandlung, Missbrauch, Vernachlässigung).

Auf zweiter Stufe ist zu diagnostizieren, ob das Kind aktuell durch Einschränkungen der Erziehungsfähigkeit und Risikofaktoren der Eltern konkret gefährdet ist, wie kompetent (Grenzwert) die Eltern zur Erziehung des Kindes sind und welche konkreten Auswirkungen die Erziehungsdefizite auf das Kind haben. Aufbauend auf den Befunden bisheriger und weiterer Explorationen der Eltern und des Kindes folgen Beobachtungen des Verhaltens der Beteiligten, alleine und in der Interaktion zwischen Eltern und Kind. Im Falle ernsthafter Krankheiten ist der Krankheitsverlauf, die Schwere sowie die Medikation oder Therapierbarkeit zu erörtern. Bei psychischen Störungen ist häufig die Einfühlsamkeit und Empathie eingeschränkt mit möglichen Auswirkungen auf die Entwicklung des Kindes.[387] Die Diagnostik des konkreten Krankheitsbildes, sein Ursprung und die konkreten Beeinträchtigungen der Person bedarf ärztlicher (psychiatrischer) oder klinisch-psychologischer Expertise. Die Auswirkungen der festgestellten Erkrankung kann dann wiederrum nur der Psychologe einschätzen. Ebenso muss beim Verdacht der Kindesmisshandlung, des Missbrauchs oder der Verwahrlosung der Gesundheitszustand und Therapiebedarf ärztlich untersucht werden.[388] Stützt sich der Missbrauchsverdacht auf (angebliche) Äußerungen des Kindes wird darüber hinaus eine aussagepsychologische Begutachtung notwendig sein.

---

384 *Balloff/Walter*, NZFam 2015, 580; *Reich/Wulf*, ZKJ 2007, 266; *Castellanos/Hertkorn/Plattner/Salzgeber*, PdR 2004, 304.

385 Im Folgenden *Reich/Wulf*, ZKJ 2007, 266 (267 ff.).

386 *Castellanos/Hertkorn/Plattner/Salzgeber*, PdR 2004, 304 (307 f.).

387 *Castellanos/Hertkorn/Plattner/Salzgeber*, PdR 2004, 304 (306 f.).

388 *Castellanos/Hertkorn/Plattner/Salzgeber*, PdR 2004, 304 (309).

Außerdem ist in den Blick zu nehmen, wie die Eltern mit ihren Defiziten oder einer (früheren) Kindeswohlgefährdung umgehen, ob sie diese als kindeswohlschädlich erkennen können und diesbezüglich auch einsichtig sind (Problemeinsicht und Problemakzeptanz). Auf diese Weise lassen sich einmalige Verfehlungen gegenüber chronischem Verhalten (Erkrankungen, Sucht, Überforderung usw.) abgrenzen. Hilfsmaßnahmen können nur dann erfolgreich sein, wenn die Eltern bereit sind, Hilfe anzunehmen (Hilfeakzeptanz[389]) sowie Veränderungen, sei es in Bezug auf die Lebensbedingungen oder die eigene Persönlichkeit, anzugehen und zuzulassen (Veränderungsakzeptanz).[390]

Auf Grundlage der gewonnenen Befunde stellt sich in der Interventionsphase die Frage, ob und wenn ja, welche Hilfsmaßnahmen in Betracht kommen, um die Gefährdung abfangen zu können (Verhältnismäßigkeitsgrundsatz). In die Erwägungen müssen die diagnostizierte Mitwirkungsbereitschaft und -fähigkeit, der Erfolg von Hilfsmaßnahmen in der Vergangenheit und die Schwere der Kindeswohlgefährdung mit einfließen, um eine möglichst sichere Prognose für eine Abwendung der kindeswohlgefährdenden Situation treffen zu können. Um die Geeignetheit und den Erfolg von Hilfsmaßnahmen prognostizieren zu können, müssen Sachverständige zusätzlich über Kenntnisse des SGB VIII verfügen, das die verschiedenen Maßnahmen der Jugendhilfe ausweist.[391]

IV. Die Rechtsprechung des BVerfG zur Notwendigkeit eines Sachverständigengutachtens in Kinderschutzverfahren

Neben Stimmen in der Literatur[392] misst auch das *BVerfG* den Feststellungen eines Sachverständigen in Verfahren nach § 1666 BGB eine entscheidende Funktion zu für die Gefahrenfeststellung des Gerichts, die Art, Schwere und Wahrscheinlichkeit der befürchteten Beeinträchtigungen des Kindes durch Erziehungsdefizite der Eltern.[393]

---

389 In der Bereitschaft der Eltern, öffentliche Hilfen nach dem SGB VIII zu akzeptieren, kann bereits eine verantwortliche Gefahrabwendung durch die Eltern liegen, die einem familiengerichtlichen Eingriff nach § 1666 Abs. 1 BGB entgegensteht, *Röchling*, S. 283, 289; Gleiches gilt für die Zustimmung, Maßnahmen nach § 1666 BGB zu unterstützen: *OLG Karlsruhe* FamRZ 2004, 706.

390 In Anlehnung an die Einteilung bei *Balloff/Walter*, NZFam 2015, 580 (584).

391 Zum Reformvorschlag ausführlich 5. Kapitel B.IV.2.

392 *Steinmetz/Lewand*, PdR 2004, 286 (289): ohne Gutachten sei ein Entzug *kaum umzusetzen*; *Riegner*, NZFam 2014, 625 (629).

393 *BVerfG* FamRZ 2015, 112 (113).

1. *Entwicklung des BVerfG hin zum Beschwerdegericht*

In der jüngeren Vergangenheit hat das *BVerfG* in Kindschaftssachen, entgegen seinen allgemeinen Bemühungen nicht als „Superrevisionsinstanz" missbraucht zu werden,[394] die Rolle eines Rechtsbeschwerdegerichts eingenommen. Streng genommen obliegt dem *BVerfG* im Allgemeinen nur die Kontrolle, ob die angegriffene Entscheidung Auslegungsfehler erkennen lässt, die auf einer grundsätzlich unrichtigen Auffassung von der Bedeutung eines Grundrechts oder vom Umfang seines Schutzbereichs beruhen.[395]

Wegen der Schwere der beeinträchtigten Grundrechte von Eltern und Kindern bei gerichtlichen Entscheidungen in Kindschaftssachen, wurde der Prüfungsumfang sukzessive erweitert. Zunächst wurde der Prüfungsumfang auf Fehler bei der Auslegung des einfachen Rechts ausgedehnt.[396] In jüngerer Rechtsprechung geht das *BVerfG* noch darüber hinaus und erstreckt die verfassungsrechtliche Kontrolle auch auf (deutliche) Fehler bei der Feststellung und Würdigung des Sachverhalts.[397] In Kinderschutzfällen prüft das *BVerfG* insbesondere, ob die Fachgerichte in nachvollziehbarer Weise eine nachhaltige Gefährdung des Kindeswohls angenommen haben, die nicht anders als durch die Trennung des Kindes von den Eltern abgewendet werden konnte.[398]

2. *Die Grundsatzentscheidung des BVerfG vom 10.09.2009*

In seiner Grundsatzentscheidung hält das *BVerfG* die Fachgerichte dazu an, zwecks Ausschöpfung aller Möglichkeiten der Sachverhaltsaufklärung in Verfahren nach § 1666 BGB ein Sachverständigengutachten einzuholen.[399] Zwar seien die Gerichte verfassungsrechtlich nicht stets gehalten, ein Sachverständigengutachten einzuholen. Wenn sie aber von der Beiziehung eines Sachverständigen absehen, müssten sie anderweitig über eine möglichst zuverlässige Entscheidungsgrundlage verfügen.[400] Ein psychologisches Sachverständigengutachten müsse dann eingeholt werden, soweit es um *Entscheidungen von großer Tragweite* geht, wie in Kinderschutzverfahren nach § 1666 BGB.

---

394 Zum Grundsatz der Selbstbeschränkung BVerfGE 72, 122 (138) = NJW 1986, 3129.

395 Ständige Rechtsprechung des BVerfGE 72, 122 (138).

396 Vgl. dazu *BVerfGE* 55, 171 (181); 60, 79 (91); 72, 122 (138); *BVerfGE* 75, 201 (222).

397 *BVerfG* FamRZ 2017, 1055 (1056); 2014, 1435; 2014, 1270 (1271); 2014, 907.

398 *BVerfG* FamRZ 2014, 1270 (1273).

399 *BVerfG* FamRZ 2009, 1897.

400 *BVerfG* FamRZ 2009, 1897 (1898). So schon BVerfGE 55, 171 (182); *BVerfG* FamRZ 2006, 605 (606); NJW 2006, 1191; 2007, 1266 (1267); FamRZ 2008, 492 (493).

In dem konkreten Verfahren hätten die Fachgerichte nicht ohne Einholung eines Sachverständigengutachtens zur Erziehungsfähigkeit der Mutter, zur Notwendigkeit der Unterbringung eines Kindes in einer stationären Einrichtung und zu dessen Bindungen zu beiden Elternteilen der Kindesmutter das Sorgerecht entziehen dürfen.[401] Die Gerichte hätten hierbei die verfassungsrechtlichen Anforderungen an die Trennung eines Kindes von seinen Eltern verkannt (Feststellung einer akuten Kindeswohlgefahr, Verhältnismäßigkeitsgrundsatz). Zudem bot das gewählte Verfahren keine hinreichende Gewähr für die erforderliche umfassende Sachverhaltsaufklärung.[402]

Die Ermittlungen und Ausführungen der Gerichte ließen weder erhebliche Erziehungsdefizite der Mutter erkennen noch Anzeichen dafür, ob und wie diese das Wohl des Kindes konkret gefährden. Aus den vorhandenen Erkenntnisquellen der Gerichte, namentlich die Anhörungen der Beteiligten, der Jugendamtsbericht[403] und die Berichte des Krankenhauses[404] ergab sich nicht, dass das Wohl des Kindes bei dessen Verbleib im Haushalt der Mutter konkret gefährdet war. Nicht ermittelt wurde daneben, ob eine stationäre Behandlung des Kindes überhaupt notwendig war und was die Trennung von der Mutter für das Kind bedeuten würde.[405]

Das *AG* stützte die Kindeswohlgefährdung pauschal auch auf die verweigerte Zustimmung zur stationären Aufnahme des Kindes durch die Mutter und schlussfolgerte vorschnell, dass die Mutter am Wohlergehen des Kindes nicht in erforderlichem Umfang interessiert sei. Hierbei hätten die Hintergründe und das (auch positives) Verhalten der Mutter in Bezug auf das Wohlergehen des Kindes insgesamt in die Bewertung mit einbezogen werden müssen (reibungslose Kooperation mit der Kinder- und Jugendpsychiatrie, Schutz des Kindes durch mehrfaches Aufsuchen des Arztes, zunächst Zustimmung zur Unterbringung,

---

401 *BVerfG* FamRZ 2009, 1897 (1899); dazu BeckOKFamFG/*Burschel*, § 26 Rn. 17; sich anschließend *BGH* FamRZ 2010, 1060.

402 *BVerfG* FamRZ 2009, 1897 (1898).

403 Dem Bericht war nur zu entnehmen, dass die Mutter der für erforderlich gehaltenen vollstationären Jugendhilfemaßnahme nicht zugestimmt habe, FamRZ 2009, 1897 (1897 f.).

404 Die Schreiben des Kindeskrankenhauses lagen bereits einen erheblichen Zeitraum zurück und konnten daher zur aktuellen Situation keine Auskunft erteilen. Zudem bezogen sie sich ausschließlich auf Gesprächskontakte anlässlich der Erörterung der Behandlung des Kindes. Eine Exploration des Kindes war nicht zu erkennen, FamRZ 2009, 1897 (1899).

405 *BVerfG* FamRZ 2009, 1897 (1898 f.).

sprachliche Schwierigkeiten, zeitweiser Kontaktabbruch möglicherweise zwecks Entlastung des Kindes).[406]

Auch der Beschluss des *OLG* hielt der Nachprüfung durch das *BVerfG* nicht stand. Wesentliche Aspekte wie die, dass die Mutter seit der Trennung der Eltern die Hauptbetreuungsperson war (Bindung, Kontinuitätsgrundsatz), dass das Kind zum bei der Mutter lebenden Halbbruder eine enge Bindung hat, dass es sich gegenüber dem Verfahrensbeistand äußerte, beide Eltern abwechselnd besuchen zu wollen, später aber wieder bei seiner Mutter leben zu wollen, wurden nicht näher ermittelt und bei der Entscheidung übergangen. Das *OLG* stützte seine Auffassung im Wesentlichen auf die eigene Anhörung des Kindes, in dessen Rahmen nach Ansicht des Gerichts eine Tendenz zum Vater zu erkennen war, ohne zu berücksichtigen, dass der Vater das Kind in der Vergangenheit doppelt so oft sehen durfte als die Mutter und dies das kindliche Verhalten bestimmt haben könnte.[407]

Die Ermittlungen und Ausführungen der Gerichte ließen weder erhebliche Erziehungsdefizite der Mutter erkennen noch Anzeichen dafür, ob und wie diese das Wohl des Kindes konkret gefährden. Das Verhalten der Mutter war zwar eindeutig von Ambivalenzen geprägt. Die Erziehungsfähigkeit in ihrer Gesamtheit wurde aber nicht diagnostiziert. Gerade aufgrund der vielen widersprüchlichen Beobachtungen und Verhaltensweisen sowie der sprachlichen Schwierigkeiten der Mutter wäre eine umfassende Diagnose zur konkreten Erziehungsfähigkeit der Mutter notwendig gewesen. Weder das Gericht noch der Jugendamtsmitarbeiter verfügten über psychologische Sachkunde. Vielmehr zeigt sich an diesem Fall deutlich, dass in Kinderschutzverfahren die Kompetenzen der Fachgerichte zur Feststellung einer konkreten Kindeswohlgefährdung regelmäßig nicht ausreichen. Darüber hinaus blieb auch völlig unberücksichtigt, welche negativen Auswirkungen eine Trennung des Kindes von der Mutter haben könnte. Gerade aufgrund der Äußerungen des Kindes gegenüber dem Verfahrenspfleger war nicht auszuschließen, dass das Kind eine enge Bindung zu seiner Mutter aufgebaut haben könnte, ebenso wie zu seinem Halbbruder. Deshalb hätten die Bindungsverhältnisse und die möglichen Auswirkungen bei Trennung des Kindes von der Mutter einer psychologischen Beurteilung bedurft. Auch hinsichtlich der schwankenden Äußerungen des Kindes hätte nur ein Psychologe den wahren Willen beurteilen können.

406 *BVerfG* FamRZ 2009, 1897 (1898).
407 *BVerfG* FamRZ 2009, 1897 (1899).

Insgesamt erhärtet sich durch die Grundsatzentscheidung des *BVerfG* die eingangs aufgestellte These, dass die Gerichte den Entzug der elterlichen Sorge nicht ohne vorherige Einholung eines kinderpsychologischen Sachverständigengutachtens (zweifelsfrei) begründen können.

3. *Kammerentscheidungen des BVerfG seit 2014*

Im Jahr 2014 ergingen insgesamt sieben Kammerentscheidungen des *BVerfG* in Verfahren nach § 1666 BGB, in denen das Gericht die Entscheidungen der Fachgerichte mit der Begründung aufhob, dass den verfassungsrechtlichen Anforderungen an eine hinreichende Entscheidungsgrundlage nicht Genüge getan und dadurch das Elternrecht verletzt worden sei.[408] Im Jahr 2015 wurde dagegen drei Beschwerden, im Jahr 2016 zwei Verfassungsbeschwerde wegen Verletzung des Elternrechts aus Art. 6 Abs. 2 S. 1 GG (teilweise) stattgegeben.[409] Von den insgesamt zwölf Entscheidungen betrafen fünf Verfassungsbeschwerden einstweilige Anordnungsverfahren. Da die Rückführung eines Kindes zur Ursprungsfamilie speziellen Anforderungen unterliegt, wurden diese außen vor gelassen.[410] Die Kritik bezog sich auf die unzureichende Ermittlung und Darlegung einer konkreten Kindeswohlgefährdung und die Missachtung des Grundsatzes der Verhältnismäßigkeit.

Auffällig ist insoweit, dass in sechs Verfahren der sieben Hauptsacheverfahren von einem oder sogar von beiden Fachgerichten ein Sachverständigengutachten eingeholt wurde,[411] was die im Rahmen der Grundsatzentscheidung des *BVerfG* aufgestellten These bestätigt. Auch das *BVerfG* bezweifelte in seinen Kammerentscheidungen nicht die Notwendigkeit der eingeholten Sachverständigengutachten. Vielmehr lassen die Entscheidungen weitere Rückschlüsse dahingehend zu, dass Gutachten zur Begründung der Kindeswohlgefährdung notwendig sein können.

Die Ermittlungen der Fachgerichte müssen eine akute Kindeswohlgefahr und den Entzug der elterlichen Sorge begründen können. Es bedarf konkreter Feststellungen durch die Gerichte, die den verfassungsrechtlichen Anforderungen

---

408 *BVerfG* FamRZ 2014, 1177; ZKJ 2014, 242; FamRZ 2014, 907; 2014, 1266; NJW 2014, 2936; FamRZ 2014, 1772; 2015, 112. Im Vergleich dazu sind in der Zeit von 2005 bis 2010 nur zwölf Entscheidungen des *BVerfG* zum Kinderschutz ergangen, siehe *Lack*, S. 226 ff. m.w.Nachw.

409 *BVerfG* FamRZ 2015, 1466; 2015, 2120; 2016, 22; 2016,439; 2017, 207.

410 *BVerfG* NJW 2014, 2936; FamRZ 2017, 207.

411 *BVerfG* FamRZ 2014, 1177; ZKJ 2014, 242; FamRZ 2014, 1266; 2015, 112; 2016, 22; 2016, 439.

gerecht werden. Hierbei sind die Feststellungen anderer Professionen wie der des Jugendamtes, eines behandelnden Arztes oder eines Sachverständigen einzubeziehen. Diese müssen in ihrem Aussagegehalt gewichtet werden.

Besonders hervorzuheben ist in diesem Kontext die *BVerfG-Entscheidung* vom 24.03.2014.[412] Die Kindesmutter wandte sich mit Erfolg gegen den Entzug des Aufenthaltsbestimmungsrechts und des Rechts zur Beantragung von Hilfen zur Erziehung für ihre beiden minderjährigen Kinder. Die Ermittlungen der Fachgerichte waren nicht geeignet, eine akute Kindeswohlgefährdung zu begründen. So führte das *AG* an, die Kindesmutter sei trotz Hautkrankheiten zweier hier nicht betroffener Kinder nicht fähig, die Wohnung in einem hygienischen Zustand zu halten. Auch die Anschaffung eines Hundes bestätige, dass sie sich ihre Unfähigkeit nicht eingestehen könne, insbesondere sich weiterer Überlastungssituationen aussetze.[413] Unberücksichtigt blieben hierbei die Bindungen des Kindes zur Mutter und die Folgen einer Trennung von dieser. Demgegenüber stützte sich das *OLG* überwiegend auf die Feststellungen des Sachverständigengutachtens, zusätzlich auf vieldeutige Beobachtungen der Verfahrensbeiständin und der Erzieherinnen, dass das ältere der beiden Kinder sich distanziert und verunsichert im Umgang mit Dritten zeige.[414] Der Sachverständige stellte gravierende Mängel in der Basisversorgung, eine psychische Erkrankung und dauerhafte Überlastung der Kindesmutter fest. Gleichzeitig konnte er aber nur eine *mittelfristige Gefährdung* der Kinder feststellen.[415] Daraus ergab sich weder im Ergebnis noch in der Sache eine nachhaltige Kindeswohlgefährdung,[416] was das Gericht nicht davon abhielt, die Ausführungen des Sachverständigen dennoch für eine akute Kindeswohlgefährdung heranzuziehen.

Zweifelsohne bot die Mutter den Kindern nicht die besten Bedingungen. Die Darlegungen der Gerichte waren aber laut *BVerfG* allenfalls geeignet, eine latente Gefahrensituation zu begründen.[417] Die Umstände des Falles sprachen dafür, dass eine konkrete Gefährdung der Kinder aktuell noch nicht vorlag und ambulante Hilfen ausgereicht hätten, um eine Kindeswohlgefährdung in der Zukunft zu verhindern. Hierbei zeigt sich auch deutlich, wie wichtig eine neutrale Einschätzung möglicher in Betracht kommender Hilfsmaßnahmen durch einen

---

412 *BVerfG* ZKJ 2014, 242.

413 *BVerfG* ZKJ 2014, 242 (244).

414 *BVerfG* ZKJ 2014, 242 (244).

415 *BVerfG* ZKJ 2014, 242 (242).

416 *BVerfG* ZKJ 2014, 242 (242).

417 *BVerfG* ZKJ 2014, 242 (244); siehe auch Anm. *Coester*, FamRZ 2016, 641 (646) zu *KG* FamRZ 2016, 241.

Sachverständigen ist. Es lagen gewichtige Anhaltspunkte dafür vor, dass die Einschätzungen des Jugendamtes nicht objektiv waren und sie sich ihrer Verpflichtung zur Gewährung ambulanter Hilfen ohne berechtigten Grund entziehen wollten.[418] Die Gerichte dürfen die Inanspruchnahme öffentlicher Hilfen nicht deshalb als denkbares milderes Mittel außer Betracht lassen, weil die Durchführung einer vom Jugendamt bereits abgelehnten Hilfemaßnahme praktisch nicht durchsetzbar wäre. Trotz Schwierigkeiten war die Kindesmutter bereit, Hilfen anzunehmen und hat vergeblich die Fortführung solcher Hilfen beantragt. Tatsächlich hatte sich die Situation mittlerweile dahingehend zum Positiven verändert, dass die zwei älteren Kinder im Zeitpunkt der Entscheidung des *OLG* nicht mehr bei der Mutter lebten und damit eine Entspannung der Wohn- und Betreuungssituation insgesamt eingetreten war.[419]

Auch in anderen Entscheidungen des *BVerfG* entnahmen die Gerichte den Gutachten zur Begründung der konkreten Kindeswohlgefährdung Schlussfolgerungen und Prognosen, die sich aus dem Gutachten so nicht ergaben.[420] In der Entscheidung vom 20.01.2016 kam hinzu, dass der Sachverständige lediglich eine „mutmaßliche komplexe posttraumatische Belastungsstörung" bei der Mutter feststellte. Die Einschätzungen blieben insgesamt vage und spekulativ und konnten daher nicht mit hinreichender Sicherheit die Erziehungsunfähigkeit der Mutter stützen.[421] Freilich wird in Verfahren nach § 1666 BGB nur selten die Zeit bleiben, ein weiteres Gutachten einzuholen, verbunden mit der Hoffnung, dass dieses sicherere Aussagen treffen kann. Entscheidend ist vielmehr, dass sich die Gerichte mit der Verwertbarkeit des Gutachtens auseinandersetzen. Sofern keine Zweifel an der Verwertbarkeit verstehen, müssen sie auch die gegen eine Kindeswohlgefährdung sprechenden Feststellungen der Sachverständigen ernst nehmen und dürfen diese nicht übergehen oder einen weiteren Aussagegehalt zusprechen.

418 *BVerfG* ZKJ 2014, 242 (245): zwischen den Äußerungen der staatlichen Stellen und den freien Trägern gab es „Ungereimtheiten", Abbruch von Hilfsmaßnahmen trotz positiver Entwicklungen; *BVerfG* FamRZ 2014, 1270 (1271): durchweg positive Äußerungen des Umgangspflegers und Sachverständigen für eine Rückführung der Kinder.

419 *BVerfG* ZKJ 2014, 242 (244).

420 *BVerfG* ZKJ 2014, 242 (242); FamRZ 2015, 112 (113); 2016, 439 (441).

421 *BVerfG* FamRZ 2016, 439 (442).

4. *Fazit zur Rechtsprechung des BVerfG*

Zusammenfassend werden Sachverständigengutachten vor allem in folgenden Fallkonstellationen in Verfahren nach § 1666 BGB erforderlich: Bei zutage tretenden widersprüchlichen Äußerungen und Verhaltensweisen der Beteiligten,[422] bei offensichtlichen Unsicherheiten des Jugendamtes hinsichtlich möglicher Hilfsmaßnahmen und deren Wirksamkeit,[423] bei Anzeichen für eine Voreingenommenheit und Weigerungshaltung des Jugendamtes, weitere Hilfsmaßnahmen anzubieten[424] oder bei – sofern es die Zeit noch zulässt – unzureichenden oder vagen Angaben eines bereits eingeholten Sachverständigengutachtens.

V. Zusammenfassung und Fazit zur Notwendigkeit eines Sachverständigengutachtens in Kinderschutzverfahren nach §§ 1666, 1666a BGB

Es ist zurückzukommen auf die oben aufgestellte These, dass Sachverständige in Kindeswohlgefährdungsverfahren grundsätzlich hinzugezogen werden sollten. In ihrer Gesamtheit bekräftigen die seit 2014 ergangenen *BVerfG*-Entscheidungen diese These, indem sie die hohen verfassungsrechtlichen Anforderungen an die Verfahrensführung und Entscheidungsbegründung der Fachgerichte in Verfahren nach § 1666 BGB betonen. Feststellungen zur Notwendigkeit des Entzuges der elterlichen Sorge aufgrund einer akuten Kindeswohlgefährdung können die Gerichte regelmäßig nicht ohne Einholung eines psychologischen, gelegentlich sogar eines psychiatrischen Sachverständigengutachtens, begründen. Zur Auflösung bestehender widersprüchlicher Äußerungen und Verhaltensweisen können psychologische Sachverständige wesentlich beitragen, indem sie die Erziehungsfähigkeiten der Eltern, ihr Handeln oder Unterlassen und seine konkreten Auswirkungen auf das Kind, diagnostizieren sowie die negativen Folgen bei Herausnahme des Kindes unter Beachtung der Bindungsverhältnisse des Kindes abwägen.

Dennoch sollte die Begutachtung in Kindeswohlgefährdungsverfahren nicht zur ausnahmslosen Regel erhoben werden. Es gibt durchaus Fälle, in denen die Gefahr für das Kind evident ist und auch ohne Gutachten eine hinreichende Grundlage für eine am Kindeswohl orientierte Entscheidung ermittelt werden kann (so z. B. bei rechtskräftiger Verurteilung des Vaters wegen sexuellen

---

422 Siehe dazu die Grundsatzentscheidung *BVerfG* FamRZ 2009, 1897.

423 *BVerfG* FamRZ 2008, 492.

424 *BVerfG* ZKJ 2014, 242.

Missbrauchs am Kind). Das Kind und die Eltern in solchen Konstellation der zusätzlichen Belastung durch die Begutachtung auszusetzen, ist mit dem Kindeswohl nicht zu vereinbaren. Eine ausnahmslose Begutachtungspflicht wäre auch insoweit ein falsches Signal, da weiterhin die Fachgerichte die Verantwortung für die Sachverhaltsermittlung tragen. Sie sollen keinesfalls dazu angehalten werden, ihre Pflicht an die Sachverständigen abzugeben und eigene Bemühungen zur Aufklärung einzuschränken.

E. Gutachten in einstweiligen Anordnungsverfahren nach § 49 ff. FamFG

I. Aufklärungsmöglichkeiten im einstweiligen Anordnungsverfahren

Für das Verfahren der einstweiligen Anordnung gelten die Vorschriften der jeweiligen Hauptsache grundsätzlich entsprechend (vgl. § 51 Abs. 2 S. 1 Hs. 1 FamFG), so dass auch hier der Amtsermittlungsgrundsatz Anwendung findet. Die vorläufige Regelung darf nicht über das hinausgehen, was im materiellen Recht vorgesehen ist. Vielmehr soll sich das Gericht grundsätzlich auf den geringstmöglichen Eingriff beschränken (keine Vorwegnahme der Hauptsache).[425]

Dem Erlass einer einstweiligen Anordnung muss eine *summarische Prüfung* der materiellen Rechtslage durch das Gericht vorgehen.[426] Das Gericht muss grundsätzlich auch im Rahmen der summarischen Prüfung alle *„zur Verfügung stehenden Aufklärungs- und Prüfungsmöglichkeiten"* ausschöpfen.[427] Entscheidungserhebliches Vorbringen[428] ebenso wie veränderte Umstände[429] dürfen nicht übergangen werden, wenn sie bereits im Eilverfahren weiterer Aufklärung zugänglich sind. Erst recht nicht nachvollziehbar ist es, wenn das Gericht selbst Zweifel an der Notwendigkeit des (teilweisen) Sorgerechtsentzugs äußert, aber dennoch eine einschränkende Maßnahme ergreift.[430] Denn auch für den Sorgerechtsentzug

---

425 MüKoFamFG/*Soyka*, § 49 Rn. 13; *BVerfG* FamRZ 1994, 223.

426 MüKoFamFG/*Schumann*, § 156 Rn. 32; *KG* FamFR 2012, 305 Rn. 17; siehe dazu auch *Löhnig/Heiß*, FamRZ 2009, 1101.

427 *BVerfG* ZKJ 2011, 133 m. Anm. *Heilmann*; vgl. weiter *Heistermann*, FF 2009, 281 (284).

428 *BVerfG* NJW 2014, 2936; FamRZ 2016, 22; so auch 2012, 938 (939).

429 *BVerfG* FamRZ 2015, 1466 (1466): das Kind besuchte mittlerweile eine private Ergänzungsschule, die Gefährdungslage bestand während der Beschulung auf dem Gymnasium.

430 *BVerfG* FamRZ 2015, 1466 (1466); 2015, 2120 (2121): hegte Zweifel an den Versprechungen des Kindesvaters, die Kinder erst nach einiger Zeit und einer Anbahnungsphase zu sich nehmen zu wollen.

im Eilverfahren sind hohe verfassungsrechtliche Anforderungen an die Sachverhaltsermittlung zu stellen, da in der Zeit bis zur Hauptsacheentscheidung nicht wieder rückgängig zu machende Tatsachen geschaffen werden können.[431]

Faktisch bleiben die verfügbaren Aufklärungsmöglichkeiten wegen der besonderen Eilbedürftigkeit der Verfahren regelmäßig hinter den Möglichkeiten in einem Hauptsacheverfahren zurück.[432] Deswegen sind an den Umfang und die Art der Ermittlungen geringere Anforderungen zu stellen. Das gilt sowohl für die Dringlichkeit begründende Tatsachen als auch für die Entscheidungstatsachen. Keinesfalls muss der Sachverhalt demnach vergleichbar mit dem noch anstehenden Hauptsacheverfahren erschöpfend aufgeklärt werden,[433] handelt es sich doch um eine dem Hauptsacheverfahren vorläufige, nicht endgültige Regelung, die nur bis zum Abschluss des Hauptsacheverfahrens Bestand hat. Bei außergewöhnlichem Zeitdruck kann von den zwingenden Anhörung nach §§ 159 f., 162 FamFG abgesehen werden (vgl. §§ 159 Abs. 3 S. 1, 160 Abs. 3, 162 Abs. 1 S. 2 FamFG)[434] und der Erlass einer einstweiligen Anordnung ohne eigene Ermittlungen auf Berichte und Akten gestützt werden[435]. Das Gericht kann sogar ohne mündliche Verhandlung entscheiden (§ 51 Abs. 2 S. 2 FamFG).

In Abhängigkeit von Art, Schwere und zeitlicher Nähe der möglicherweise eintretenden Schädigung des Kindes gilt: Je höher, wahrscheinlicher und näher der Schadenseintritt für das Kind ist, desto eher kann auf ungesicherter Tatsachengrundlage entschieden werden.[436] Das ist auch mit Blick auf die gegebenen Sicherungsmechanismen (Abänderbarkeit, Anfechtbarkeit, Pflicht zur Einleitung eines vorrangig und beschleunigt durchzuführenden Hauptverfahrens) gerechtfertigt.[437]

II. Notwendigkeit eines Sachverständigengutachten in Eilverfahren

1. Unvereinbarkeit mit den Grundsätzen des Eilverfahrens

Schon unter zeitlichen Gesichtspunkten ist die Einholung eines schriftlichen Sachverständigengutachtens in Eilverfahren nicht realisierbar. Vielmehr würde der durch das Eilverfahren verfolgte Schutz des Kindes unterlaufen werden.

---

431 *BVerfG* FamRZ 1994, 223 (224); 2002, 1021 (1023).

432 *BVerfG* FamRZ 2014, 907 (908); ZKJ 2014, 281 (284); *Lack/Heilmann*, ZKJ 2014, 308 (309).

433 Keidel/*Sternal*, § 26 Rn. 81.

434 *BVerfG* FamRZ 2014, 907 (909); MüKoFamFG/*Soyka*, § 51 Rn. 9.

435 *BayObLG* FamRZ 1980, 1152; *BayObLG* NJWE-FER 1999, 87.

436 *BVerfG* FamRZ 2014, 907 (908 f.) m. Anm. *Hammer*, S. 1005.

437 *Heilmann*, NJW 2014, 2904 (2908).

Zudem müssen alle Tatsachen lediglich glaubhaft gemacht werden (§ 31 FamFG), ein Beweis ist gerade aufgrund der Dringlichkeit nicht erforderlich.[438] Die Einholung eines Sachverständigengutachtens kommt damit denknotwendig in Eilverfahren nicht in Betracht.[439]

Das gilt sowohl in Sorge- und Umgangsverfahren als auch in Kinderschutzverfahren. In Kinderschutzverfahren darf es auch keinen Unterschied machen, ob sich das Kind noch in der Obhut der leiblichen Eltern befindet oder bereits aus dem Haushalt herausgenommen wurde. Der Ansicht des *BVerfG*, dass bei bereits erfolgter Herausnahme kein außergewöhnlicher Zeitdruck mehr bestehe, so dass die Gerichte mehr Zeit für eine umfangreiche Sachverhaltsermittlung hätten,[440] kann nicht gefolgt werden. Entweder besteht eine konkrete Kindeswohlgefahr, die ein staatliches Eingreifen erforderlich macht oder nicht.

2. *Die Entscheidung des BVerfG vom 07.04.2014*

Die Entscheidung des *BVerfG* vom 07.04.2014 ist vor diesem Hintergrund besonders kritisch zu sehen.[441] Zwar bestätigt das *BVerfG* dem Grunde nach die Auffassung, dass Sachverständigengutachten eher weniger in Betracht kommen, dennoch kann der Entscheidung in vielen Punkten nicht zugestimmt werden.[442]

Nach der Auffassung des *BVerfG* ließen die Ermittlungen des *AG Langenfeld*[443] und des *OLG Düsseldorf*[444] eine gegenwärtige Gefahr für das Kind und eine besondere Dringlichkeit nicht erkennen.[445] Die Ermittlungen der Gerichte umfassten jedoch die Anhörungen der Kindeseltern, des Jugendamtes, der Ergänzungspflegerin, des Verfahrensbeistandes, der ehemaligen Familienhelferin, des Arztes, der die psychiatrische Stellungnahme des Gesundheitsamtes erstellt hatte, der Kindertagesstätte sowie den Kurzbericht der Psychologin des Kinderheims. Im Beschwerdeverfahren wurden zusätzlich die Großmutter und die Tante angehört. Die durch die Professionen beobachteten angespannten, aggressiven und dissoziativen Verhältnisse im Haushalt der Eltern und die psychotherapeutischen

---

438 *BayObLG* NJWE-FER 1999, 87; *KG* FamRZ 1977, 473.

439 MüKoFamFG/*Heilmann*, § 155 Rn. 14; *OLG Saarbrücken* FamFR 2010, 526; nach *Fischer*, FamRB 2014, 288 (289) sollen Gutachten in Eilverfahren weiterhin die Ausnahme bleiben.

440 *BVerfG* FamRZ 2014, 907 (909).

441 *BVerfG* FamRZ 2014, 907.

442 *Hammer*, FamRZ 2014, 1005 (1005): spricht von Verunsicherungen der Fachgerichte.

443 *AG Langenfeld*, Beschl. v. 04.07.2013 – 42 F 81/13 –, juris.

444 *OLG Düsseldorf*, Beschl. v. 04.10.2013 – II-5 UF 119/13 –, juris.

445 *BVerfG* FamRZ 2014, 907 (909); a. A. *Lack/Heilmann*, ZKJ 2014, 308 (309).

Behandlungen der Mutter wurden durch die psychiatrische Stellungnahme des Arztes bestätigt. Er diagnostizierte bei der Mutter eine emotional instabile Persönlichkeitsstörung. Die Auswirkungen auf das Kind wurden ausweislich der Berichte des Kindesheims unter psychologischen Gesichtspunkten bewertet. Aus den „klinisch auffälligen Verhaltensweisen“ des Kindes (Essensverweigerung, aggressives Verhalten und Schreckhaftigkeit bei schnellen Bewegungen und lauten Tönen) wurde auf eine konkrete Gefährdung des Kindeswohls geschlossen.[446]

Soweit das *BVerfG* die Ermittlungen der Gerichte für nicht ausreichend hält, ist nicht nachvollziehbar, welche weiteren Ermittlungen die Gerichte hätten anstellen sollen, um die aus Sicht des *BVerfG* noch nicht erreichte gesicherte Ermittlungsgrundlage zu erhalten.

Die Entscheidung des *BVerfG* bezog sich letztlich auf einen Einzelfall, ihr kommt keine Grundsatzbedeutung zu, dass im Eilverfahren stets ein Sachverständigengutachten beizuziehen ist.[447] Auch mit Blick auf den konkreten Fall ist die Erwartungshaltung des *BVerfG* – wie dargelegt – überzogen. Davon abgesehen ist die (erneute) Betonung der hohen verfassungsrechtlichen Anforderungen an die Sachverhaltsermittlung und gerichtliche Prüfung einer konkreten Gefährdung des Kindeswohls zu begrüßen. Gerade in den sensiblen Kinderschutzverfahren müssen Fehlentscheidungen und ungenügende Sachverhaltsaufklärung unbedingt vermieden werden. Die Auswertung der Rechtsprechung ergab, dass die Entscheidungen der Fachgerichte hierbei teilweise deutliche Defizite aufweisen. In den überwiegenden Fällen hat das *BVerfG* die fachgerichtlichen Entscheidungen in Kinderschutzverfahren daher zu Recht wegen deutlicher Fehler bei der Feststellung und Würdigung des Sachverhaltes aufgehoben[448] Darüber hinaus lässt sich die Dunkelziffer ungenügender Ermittlungen durch die Fachgerichte nicht seriös abschätzen.

III. Telefonische Kontaktaufnahme mit einem Sachverständigen

Nicht von vornherein ausgeschlossen, in Übereinstimmung mit dem *BVerfG* sogar vielmehr geboten, kann die Einholung einer kurzen fachlichen Stellungnahme[449] eines familienpsychologischen Sachverständigen sein.[450] Der schnellste Weg

446 *BVerfG* FamRZ 2014, 907 (909).

447 Siehe bereits *BVerfG* FamRZ 2012, 938 (939).

448 S. *BVerfG* NJW 2014, 2936; FamRZ 2014, 1772; 2015, 1466; 2015, 2120.

449 Zur Abgrenzung von Stellungnahmen zu Gutachten siehe bereits im 2. Kapitel D.II.3.

450 *BVerfG* FamRZ 2002, 1021 (1024); siehe auch *17. DFGT*, Brühler Schriften, 2008, S. 169 und *Empfehlung des Vorstandes*, S. 181.

ist dabei sicherlich die telefonische Kontaktaufnahme.[451] Sofern zeitlich realisierbar, kann auch eine schriftliche Stellungnahme eingeholt werden. Beides ist kurzfristig nur möglich,[452] wenn die Fachbehörde bereits mit der Familie betraut war. In dem vorgenannten Fall bezog das *BVerfG* die telefonische Rückfrage auf das zuständige Jugendamt und den durch das Jugendamt beauftragten Gutachter.[453] Sofern noch kein familienpsychologischer Sachverständiger in das Verfahren einbezogen wurde, wird daher auch eine mündliche Stellungnahme ausscheiden müssen. So lag der vom *BVerfG* entschiedene Fall. Hinzu kam, dass bereits eine psychiatrische und psychologische Einschätzung der Familienverhältnisse und Verhaltensweisen des Kindes vorlagen.[454]

Wurde in einem vorangehenden Verfahren bereits ein Gutachten erstattet oder wurde im parallelen Hauptsacheverfahren bereits ein Sachverständigengutachten in Auftrag gegeben und ist der Sachverständige schon mit der Familie befasst, bietet sich die telefonische Kontaktaufnahme mit diesem geradezu an. Auch wenn die Aussagen meist noch nicht auf diagnostischen Verfahren beruhen, können auch auf diese Weise hilfreiche Informationen eingeholt werden.

F. Gesamtergebnis zum 3. Kapitel

Als Gesamtergebnis kann festgehalten werden, dass sich die Notwendigkeit eines psychologischen Sachverständigengutachtens in den jeweiligen Verfahren unterschiedlich darstellt. Das materielle Recht stellt unterschiedliche Anforderungen an die gerichtliche Sachverhaltsermittlung, die eine Begutachtung mehr oder weniger notwendig macht. In Sorgerechtsverfahren nach § 1671 Abs. 1 S. 2 Nr. 2 BGB gilt es denjenigen Elternteil auszuloten, der unter Kindeswohlgesichtspunkten am besten geeignet ist. Grundsätzlich sind alle Kindeswohlkriterien in die Abwägung einzustellen. Bei sämtlichen Anhaltspunkten für oder gegen einen Elternteil sind entsprechende Ermittlungen anzustellen. Wenn einem Kriterium entscheidendes Gewicht zukommt, es sich um ein begutachtungsfähiges Kriterium handelt (Bindung, Erziehungsdefizite, Bindungstoleranz, Kindeswille) und gleichwohl Anhaltspunkte für den anderen Elternteil sprechen, wird in aller Regel ein Sachverständigengutachten einzuholen sein.

---

451 Keidel/*Sternal*, § 29 Rn. 19.

452 Siehe auch *Lack/Heilmann*, ZKJ 2014, 308 (310), die als Zeitraum eine Tages- bzw. Wochenfrist verlangen.

453 *BVerfG* FamRZ 2002, 1021 (1023).

454 Ablehnend hinsichtlich weiterer kurzfristiger psychiatrischer und/oder psychologischer Sachverhaltsaufklärung auch *Hammer*, FamRZ 2014, 1005 (1006).

In Umgangsverfahren nach § 1684 BGB hingehen sind nicht dieselben und auch nicht alle Kindeswohlkriterien umfassend zu beleuchten. Es gilt solange die Vermutungswirkung der Kindeswohldienlichkeit des Umgangs, bis dessen Gegenteil festgestellt wurde. Auch hier haben die Gerichte allen Anhaltspunkten, insbesondere den für eine Umgangsbeschränkung bzw. den Umgangsausschluss sprechenden Aspekten, nachzugehen. Bedeutung erlangt in Umgangsverfahren insbesondere der Wille des Kindes. Bei Zweifeln hinsichtlich der Beachtlichkeit eines geäußerten (ablehnenden) Kindeswillens (widersprüchliche oder überzogene Äußerungen oder Verhaltensweisen, Anhaltspunkte für Beeinflussung) sind die Entstehungsgründe des Kindeswillens und die innere Überzeugungsbildung durch einen psychologischen Sachverständigen zu begutachten. Er kann zugleich die Folgen eines Übergehens des Kindeswillens gegenüber dem Kontaktabbruch zum Umgangselternteil beurteilen. Tritt ein erheblicher Elternkonflikt zu Tage, ist zu begutachten, ob und in welchem Maße das Kind dadurch erheblichen Belastungen (Loyalitätskonflikten) ausgesetzt ist und auf welche Weise eine Umgangsregelung, ggf. unter Zuhilfenahme staatlicher Unterstützung, möglich wäre.

In Kinderschutzverfahren bestimmen die hohen verfassungsrechtlichen Anforderungen an die Trennung eines Kindes von seinen Eltern die Notwendigkeit eines Sachverständigengutachtens. Feststellungen zur Notwendigkeit des Entzuges der elterlichen Sorge aufgrund einer akuten Kindeswohlgefährdung können die Gerichte regelmäßig nicht ohne Einholung eines psychologischen, gelegentlich sogar eines psychiatrischen Sachverständigengutachtens, begründen. Diese können die Erziehungsfähigkeiten der Eltern, ihr Handeln oder Unterlassen und seine konkreten Auswirkungen auf das Kind, diagnostizieren sowie die negativen Folgen bei Herausnahme des Kindes unter Beachtung der Bindungsverhältnisse des Kindes abwägen. Ein Gutachten wird sich vor allem zur Aufklärung widersprüchlicher Aussagen und Verhaltensweisen aufdrängen. Die neutrale Beurteilung möglicher staatlicher Hilfsmaßnahmen durch einen psychologischen Sachverständigen ist bei offensichtlichen Anhaltspunkten für die Voreingenommenheit des Jugendamtes angebracht.

4. Kapitel: Qualität familienpsychologischer Gutachten

Der zuvor dargestellte Mehrwert familienpsychologischer Sachverständigengutachten für die Sachverhaltsaufklärung in den verschiedenen Fallgestaltungen kindschaftsrechtlicher Verfahren hängt entscheidend von der Qualität der schriftlichen Ausarbeitung und der mündlichen Erörterung durch den Sachverständigen ab. Aufgrund der immer lauter werdenden Kritik an familienpsychologischen Gutachten muss den Fragen nachgegangen werden, wie es tatsächlich um die Qualität solcher Gutachten bestellt ist und was ein qualitativ gutes Gutachten auszeichnet. Zwei Professoren der Fernuniversität Hagen nahmen die aufkeimende mediale Kritik zum Anlass, Gerichtsgutachten aus dem Bereich des Kindschaftsrechts in qualitativer Hinsicht zu untersuchen.

A. Anforderungen an (qualitative) familienpsychologische Gutachten

Um sich mit den Ergebnissen der *Hagener Studie* zur Qualität von familiengerichtlichen Gutachten auseinandersetzen zu können, ist zunächst zu klären, nach welchen (inhaltlichen) Gütekriterien sich ein „gutes“ Gutachten messen lässt.

I. Keine rechtsverbindlichen Qualitätskriterien für die Gutachtenerstellung

Anders als für Gutachten in anderen Rechtsgebieten existieren für familienrechtspsychologische Gutachten im Familienrecht keine rechtsverbindlichen Qualitätskriterien für die Erstellung psychologischer Gutachten.[1] Über die grundsätzlichen Rechte und Pflichten der §§ 402–414 ZPO hinaus wurden bisher keine rechtsverbindlichen Qualitätskriterien für die Erstellung psychologischer Gutachten normiert. Es steht im Ermessen des Sachverständigen, auf welche Weise er die Daten erhebt und wie er seine Erkenntnisse schriftlich übermittelt, solange sie den Kriterien der Nachvollziehbarkeit und Transparenz

---

1 Für die Bereiche der Schuldfähigkeits-, Prognose- und Aussagepsychologischen Begutachtung formulierte der *BGH* bereits mit Urt. v. 30.07.1999 – 1 StR 618/98 Anforderungs- und Qualitätsstandards.

entsprechen.[2] Ein Gutachten muss systematisch aufgebaut, übersichtlich gegliedert, nachvollziehbar begründet, auf das Wesentliche konkretisiert und sachlich richtig sein.[3] Diese Definition ist aber zu pauschal, um Gutachten aus der psychologischen Laiensicht eines Familienrichters auf ihre Qualität hin beurteilen zu können. Daher wurde in den vergangenen Jahren versucht, allgemein gültige Anforderungen festzulegen.

II. Berufsständische Richtlinien und Empfehlungen

1. Richtlinien der Föderation Deutscher Psychologenvereinigungen (FöDP)

In der *FöDP* haben sich zwei psychologische Fachverbände, der *Berufsverband Deutscher Psychologinnen und Psychologen (BDP)* und die *Deutschen Gesellschaft für Psychologie (DGPs)*, vereinigt. Der *BDP* wurde 1946 als Vertretung der praktisch tätigen Diplom-Psychologen gegründet. Nach aktuellen Angaben sind ca. ein Drittel aller deutschen Psychologen Mitglied der *BDP*.[4] Die *DGPs* repräsentiert dagegen ca. ein Zehntel[5] der in Forschung und Lehre tätigen Diplom-Psychologen. Insgesamt sind über 15.000 Psychologen in der *FöDP* organisiert.[6]

Angaben zu den Berufspflichten finden sich in den 2005 veröffentlichten *„Ethischen Richtlinien"* der *DGPs* und der *BDP*, die 2016 als *„Berufsethische Richtlinien"* novelliert wurden.[7]

Erste „offizielle" Empfehlungen zur Verbesserung der Qualität psychologischer Gutachten gehen auf einen Gutachten-Ausschuss des *BDP* im Jahr 1985 zurück.[8] Nach der Stellungnahme einer Kommission der *DGPs* (*Amelang/ Thomae/ Wegener*) veröffentlichten die Fachverbände in gemeinsamer „Endredaktion" die erste Fassung im Jahr 1986, die zuletzt 1994 mit der Broschüre *„Richtlinien für die Erstellung psychologischer Gutachten"* aufgelegt wurde. Die Richtlinien legen allgemeine Standards für psychologisch-diagnostische (personenbezogene) Gutachten fest, anhand derer die Angemessenheit des Vorgehens

---

2 *Salzgeber/Fichtner/Bublath*, ZKJ 2011, 338 (339); *OLG Koblenz* DS 2005, 31; *BGH* NStZ 2001, 45.

3 *Bleutge*, S. 14 (2.2); *Richtlinie zur Sachverständigenordnung*, IfS 2006, 1 (25).

4 *Fichtner*, ZKJ 2015, 9 (12).

5 *Fichtner*, ZKJ 2015, 9 (12).

6 *Stürmer/Rohmann*, Qualität, S. 28.

7 Beschlossen durch den BDP am 04.06.2016 und durch die DGPs am 21.09.2016: http:// www. bdp-verband.org/bdp/verband/ethik.shtml (zuletzt abgerufen am 01.08.2017).

8 *BDP*, Richtlinien, 1986.

im Einzelfall überprüft werden kann.[9] Sie benennen zunächst die rechtlichen und berufsethischen Verpflichtungen zur Objektivität, Unabhängigkeit, Freiwilligkeit, Schweigepflicht und zum Datenschutz.[10] Der grobe Inhalt eines Gutachtens umfasst danach die Fragestellung, die Untersuchungsverfahren, die relevanten Daten, deren Interpretation und die Schlussfolgerungen des Gutachters[11], welcher in Form einer Checkliste auf S. 12 dargestellt wird[12]. Bedeutung messen die Richtlinien den Erhebungs- und Darstellungsprinzipien bei. Danach müssen die Untersuchungsverfahren an der Fragestellung ausgerichtet werden. Die Erhebungen sollen sich in der Regel nicht nur auf eine einzige Quelle stützen, sondern auf mehrere (Exploration, Verhaltensbeobachtung, Tests).[13] Die Ausführungen bleiben aber insgesamt sehr kurz und oberflächlich.

Auch sind die aufgestellten Richtlinien nur für die Mitglieder der *BDP* und der *DGPs* verbindlich. Verstöße gegen die Richtlinien werden durch das Ehrengericht der *DGPs* bzw. durch das des *BDP* verfolgt. Für Nichtmitglieder liegt die Befolgung daher im Ermessen des einzelnen Sachverständigen.

2. *Qualitätsstandards der Deutschen Gesellschaft für Psychologie (DGPs)*

Daneben bemüht sich auch die *DGPs* um die Etablierung von allgemein gültigen Standards für die psychologische Begutachtung. Die Empfehlungen ihrer Arbeitsgruppe „Qualitätsstandards für psychodiagnostische Gutachten" sind gegenüber denen der *FöDP* umfassender.[14] In einer tabellarischen Übersicht beschreiben sie die einzelnen Gutachtenschritte nach Inhalt, Anforderungen und Umsetzungsvoraussetzungen, anhand derer Sachverständige ihr Gutachten verfassen und Gerichte Gutachten kontrollieren können. Eine abschließende Fassung des 2011 veröffentlichen Entwurfs wurde aber nie veröffentlicht.[15]

9 *FöDP*, Richtlinien, 1994, S. 5.
10 *FöDP*, Richtlinien, 1994, S. 9 f.
11 *FöDP*, Richtlinien, 1994, S. 8
12 *FöDP*, Richtlinien, 1994, S. 12.
13 *FöDP*, Richtlinien, 1994, S. 11.
14 *DGPs*, Qualitätsstandards 2011.
15 Nach *Fichtner* liegt dies daran, dass sich die *DGPs* und die *BDP* bisher auf gemeinsame Standards nicht einigen konnten, ZKJ 2015, 9 (12).

III. Wissenschaftliche Anforderungen an die Gutachtenerstellung innerhalb der psychologischen Fachschaft

1. *Übergeordnete Qualitätsaspekte*

Ein psychologisch-diagnostisches Gutachten ist die Verschriftlichung einer wissenschaftlichen Untersuchung zu bestimmten Fragestellungen.[16] Die Begutachtung ist wie jede wissenschaftliche Tätigkeit ein von Hypothesen geleiteter Prozess,[17] der unter Anwendung und Durchführung wissenschaftlicher Theorien, Methoden und Erkenntnisse empirische Schlussfolgerungen zulässt.

Es besteht Konsens darüber, dass sich die Qualität eines Gutachtens auf zwei Ebenen bestimmt: einerseits die *Qualität des gutachterlichen Vorgehens und Schlussfolgerns* und andererseits die *formale Qualität der schriftlichen Ausarbeitung* des Gutachtens.[18] Fehler bei den formalen Anforderungen an ein Gutachten können grundsätzlich nachgebessert werden. Eine einwandfreie Darstellung des Gutachtens reicht aber noch nicht für ein gutes Gutachten aus.[19] *Hommers* gibt zu bedenken, dass es möglich sei, dass Sachverständige den Kriterien genügen können, obwohl sie ihre Gedankengänge nicht vollumfänglich berichten, das Ergebnis dadurch aber keinesfalls „falsch" wird. Ebenfalls sei denkbar, dass das Gericht dem Dargestellten trotz objektiver Darstellungsmängel folgen kann. Trotz defizitärer Darstellung können Gutachten im Einzelfall Befundtatsachen entnommen werden, die in der gerichtlichen Entscheidung Niederschlag finden können.[20] Auch *Fichtner* fordert eine weniger stark formalisierte, diagnostische Sichtweise familienpsychologischer Begutachtung. Die Qualität eines Gutachtens sei nicht primär am Ablauf der Begutachtung orientiert, „sondern vielmehr am inhaltlichen Ergebnis, das psychologische Theorie und sozialwissenschaftliche Empirie, insbesondere für die sachverständige Empfehlung, fruchtbar machen will".[21] Dennoch muss hierzu eingewandt werden, dass formale Anforderungen gelten und eingehalten werden müssen, um Gutachten überprüfen und verwenden zu können.

Entscheidend ist letztlich vor allem auch die inhaltliche Qualität des Gutachtens, d. h. die Wissenschaftlichkeit des Vorgehens insgesamt. Zu den wichtigsten bzw. unabdingbaren Qualitätsaspekten eines Gutachtens zählen das

---

16 *Westhoff/Kluck*, S. 36. Siehe auch die Definition der *DGPs*, Qualitätsstandards, 2011, S. 4.

17 *Salewski/Stürmer*, Standards, 2014, S. 6.

18 *DGPs*, Qualitätsstandards, 2011, S. 5 f.; *Arbeitsgruppe Gutachten*, 2015, S. 11.

19 *Arbeitsgruppe Gutachten*, 2015, S. 11.

20 *Hommers*, PdR 2014, 477 (487).

21 *Fichtner*, ZKJ 2015, 9 (13); *ders.*, ZKJ 2015, 63 (65).

wissenschaftlich fundierte Vorgehen sowie die *Transparenz und Nachvollziehbarkeit des Vorgehens.*[22] Wissenschaftlich fundiertes Vorgehen meint auf Grundlage der psychologisch-diagnostischen Erkenntnisse gestütztes (methodisches) Vorgehen.[23] Auch die Nachvollziehbarkeit bezieht sich nicht nur auf die Struktur und Sprache, sondern auch auf das methodische Vorgehen. Die Gerichte und Beteiligten müssen nicht alle Aspekte, Überlegungen und Umstände nachvollziehen können.[24] Ihnen muss aber die Möglichkeit eröffnet werden, sich auch ohne psychologische Ausbildung in fachlichen Diskurs mit dem Gutachten und dessen Aussagegehalt begeben zu können.[25]

2. Einheitliche Grobstruktur für psychologische Gutachten

In der Fachliteratur wurden über die Jahre vielfältige Anforderungen an psychologisch-diagnostische Gutachten formuliert. Es gibt zahlreiche Mustergliederungen für psychologische Sachverständigengutachten, an Hand derer sich insbesondere Berufseinsteiger orientieren können.[26] Innerhalb der Masse und Ausführlichkeit der Erläuterungen besteht Einigkeit hinsichtlich der Grobstruktur eines familienpsychologischen Gutachtens:

Darstellung des formalen Rahmens (Anlass, Fragestellung, Inhaltsübersicht), Wiedergabe der Aktenanalyse,[27] Formulierung und Begründung von psychologischen Fragen, begründete Auswahl geeigneter Verfahren (diagnostische Gespräche, Tests, Fragebögen), Darstellung des Untersuchungsverlaufs,[28] Darstellung der für die Beantwortung der Fragestellung relevanten Ergebnisse (Befunde) mit Bezug zum jeweiligen Verfahren, Interpretation der Befunde und Schlussfolgerungen und Beantwortung der Fragenstellung.[29] Abgeschlossen werden soll das

---

22 *DGPs*, Qualitätsstandards, 2011, S. 6 f.; *Arbeitsgruppe Gutachten*, 2015, S. 11; *17. DFGT*, Empfehlungen des Vorstandes, Brühler Schriften, 2008, S. 182; *Westhoff/Kluck* verwenden die Begriffe der Gültigkeit und Kommunizierbarkeit, S. 13.

23 Sieh nur *DGPs*, Qualitätsstandards, 2011, S. 6 ff.

24 Dazu *Müller*, S. 324 f.

25 Prenzlow/*Früh-Naumann*, S. 219 (232).

26 Eine solche übersichtliche Check-Liste findet sich u. a. bei *Zuschlag*, S. 135 ff. (Tabelle 28); zur Gestaltung des Gutachtens siehe S. 212 ff.

27 Zur Sachverhaltsdarstellung siehe die Check-Liste von *Zuschlag*, S. 151 (Tabelle 32).

28 Prenzlow/*Früh-Naumann*, S. 175 (179 f.); *Zuschlag*, S. 150.

29 *Westhoff/Kluck*, S. 8 ff.; *Westhoff/Terlinden-Arzt/Klüber*, S. 22 ff.; *Krohne/Hock*, S. 388 ff.; *Amelang/Schmidt-Atzert*, S. 553; *Boerner*, S. 12 ff.; *Stürmer/Rohmann*, Qualität, S. 37 ff. Beispielgutachten in Kindschaftssachen finden sich bei *Westhoff/Kluck*, S. 162 ff. (Sorge und Umgang) und bei *Westhoff/Terlinden-Arzt/Klüber*, S. 143 ff.; *DGPs*, Qualitätsstandards, 2011, S. 8 ff.

Gutachten regelmäßig mit einer Zusammenfassung und mit Anhängen, gegebenenfalls ein Literaturverzeichnis sowie Tabellen oder Übersichten.[30]

3. *Formale Anforderungen*

Häufig werden in der Fachliteratur rein formale Anforderungen an die Erstellung eines psychologischen Sachverständigengutachtens,[31] weniger methodische und inhaltliche Anforderungen thematisiert.[32] Es wird über die Ausführlichkeit einzelner Darstellungen gestritten, insbesondere hinsichtlich des Umfangs der Zusammenfassung der Aktenlage.[33] In der jüngeren Vergangenheit neigten auch Gerichte dazu, dem Sachverständigen bereits im Auftragsschreiben die reine Wiedergabe des Akteninhaltes gänzlich zu untersagen.[34] Etwas anderes sollte dann gelten, wenn aus dem Akteninhalt Schlussfolgerungen gezogen oder Befunde bestätigt werden.[35] Eine punktuelle Wiedergabe von Akteninhalten kann zudem der Übersichtlichkeit zugunsten des Lesers dienlich sein.[36]

Uneinigkeit besteht auch hinsichtlich der Ausführlichkeit der Darstellungen des Untersuchungsverlaufs und der angewandten Verfahren sowie der Angabe aktueller psychologischer Fachliteratur. Sofern die Anwendung einer Methode oder eines Tests nicht bereits selbsterklärend ist, sollen Erläuterungen in dem Maße erfolgen, dass ein psychologischer Laie den Sinn erfassen kann. Keinesfalls müssen Familienrichter und Dritte in die Tiefen der diagnostischen Methoden und Theorien eingeführt werden.[37]

---

30 Zu dem wesentlichen Inhalt *Salzgeber/Fichtner/Bublath*, ZKJ 2011, 338 (339).

31 Aus psychologischer Sicht: *Amelang/Schmidt-Atzert*; *Zuschlag*, 2006; *Zuschlag*, 2002; *Westhoff/Kluck*. Aus juristischer Sicht: *Frieling*; *DIHK*, IfS 2009, 5; Empfehlungen zum Aufbau eines Sachverständigengutachtens, IfS 2006, 1, 25; Gutachtenrichtlinie des Bundesministeriums für Gesundheit und Frauen, 2002.

32 Zum methodischen Vorgehen *Krohne/Hock*, S. 384 ff.; *Salzgeber*, Gutachten; *Westhoff/Kluck*.

33 Siehe nur *Bleutge*, DS 2010, 142 und *Salzgeber/Fichtner/Bublath*, ZKJ 2011, 338 (339).

34 *Fichtner*, ZKJ 2015, 63 (63): das treffe auf alle Gerichte in Bayern zu; *Salzgeber/Fichtner/Bublath*, ZKJ 2011, 338 (339); häufig wird darauf im Beweisbeschluss nochmals hingewiesen Prenzlow/*Früh-Naumann*, S. 219 (225). Unnötige Ausführungen beeinträchtigen die Übersichtlichkeit und treiben die Kosten in die Höhe, *Zuschlag*, 2002, S. 150.

35 *Früh*- Prenzlow/*Früh-Naumann*, S. 219 (225).

36 *Zuschlag*, 2002, S. 150.

37 Teilweise wird sogar erwogen, von einer Beschreibung der Methoden ganz abzusehen, da diese leicht selbst nachgelesen werden könnten und nötigenfalls auch noch nachgereicht werden können, *Salzgeber/Fichtner/Bublath*, ZKJ 2011, 338 (339).

Hinsichtlich des Gesamtumfangs ist ein angemessenes Maß einzuhalten. Ziel ist es, dass ein Dritter den Ausführungen folgen kann. Unnötige Ausschmückungen gehen zu Lasten der Übersichtlichkeit und Lesbarkeit. Bei einem zu langen Gutachten (über 100 Seiten) besteht die Gefahr, dass Richter dieses nur überfliegen und nur die Zusammenfassung lesen.[38] Umgekehrt wird regelmäßig ein Umfang von 15 Seiten nicht ausreichen, um die gutachterliche Vorgehensweise angemessen darstellen zu können.[39] Um bei Bedarf nähere Angaben machen zu können, soll der Sachverständige ergänzende Details in seiner Handakte dokumentieren.[40]

4. *Methodisches (psychologisch-diagnostisches) Vorgehen*

Nachfolgend werden die einzelnen Schritte der Grobstruktur dargestellt.

a) Ableitung psychologischer Fragen (Arbeitshypothesen)

Zunächst muss der Sachverständige aus der gerichtlichen Fragestellung spezifische psychologische Arbeitshypothesen herleiten (sog. psychologische Fragen),[41] da Sachverständige nicht zur Beantwortung juristischer Fragen im Stande sind[42] und dies zudem Aufgabe der Gerichte ist. Die häufig sehr allgemein gehaltenen gerichtlichen Fragestellungen werden durch ordentlich aufbereitete psychologische Hypothesen konkretisiert.[43] Eine Hypothese wird als eine prüfbare Aussage über den Zusammenhang zwischen zwei oder mehr Variablen beschrieben.[44] Die zu untersuchenden Merkmale sind „anhand wissenschaftlicher Erkenntnisse und anderer begründeter Annahmen" darzulegen.[45] Die auf den sozialwissenschaftlichen und psychologischen Erkenntnissen gefestigten

---

38 So *Salzgeber/Fichtner/Bublath*, ZKJ 2011, 338 (341).

39 So *Jopt/Zütphen*, 2004.

40 *Zuschlag*, 2002, S. 197.

41 *Westhoff/Kluck*, S. 9. Nach *Fichtner* handelt es sich bei der Westhoff'schen Schule um eine stark formalisierte, diagnostische Sichtweise von psychologischer Begutachtung ohne vertiefte empirische Fundierung, ZKJ 2015, 9 (13).

42 Eine Übersicht über juristische Fragestellungen findet sich bei *Amelang/Schmidt-Atzert*, S. 552.

43 Ein unkonkreter Beweisbeschluss beinhaltet immer das Risiko, dass der Sachverständige die gerichtliche Fragestellung missversteht, Stürmer/Rohmann/*Lüblinghoff*, Qualität, S. 113.

44 *Westhoff/Kluck*, S. 36.

45 *DGPs*, Qualitätsstandards, 2011, S. 9; *Westhoff/Kluck* spricht von allgemein verständlichen Gesetzmäßigkeiten oder Regelhaftigkeiten im Verhalten, S. 248.

Kindeswohl-Kriterien[46] bilden die Orientierungshilfe, das sog. „Anforderungsprofil".[47] Psychologische Fragen lassen sich daher als Kombination der Kindeswohlkriterien und den für sie relevanten Bedingungen/Variablen beschreiben.[48] Existieren für eine Variable unterschiedliche Beschreibungen, ist darzulegen, welche zugrunde gelegt wurde (z. B. Bindung i.S.v. *Bowlby*).[49]

Die Formulierung psychologischer Fragen ist daher das Herzstück diagnostischer Tätigkeit.[50] Die Fragen leiten die Auswahl der diagnostischen Verfahren, die Interpretation der Ergebnisse und damit die Beantwortung der Fragestellung und machen die Begutachtung gleichzeitig für Dritte transparent und prüfbar.[51] Dabei muss die Frage nicht als Frage im klassischen Sinne formuliert sein, sondern kann sich auch als Aufgabenstellung darstellen.[52] Auch wenn die Fragen letztlich die Beantwortung der gerichtlichen Fragen nur vorbereiten, d. h. weniger für den Richter als für den Sachverständigen selbst notwendig sind, kann sich bereits in diesem Punkt die Qualität der Begutachtung abzeichnen.

Einschränkend geben einige Sachverständige zu bedenken, dass eine erschöpfende Formulierung psychologischer Fragen zu Beginn der Begutachtung nicht immer möglich ist, insbesondere nicht in Kinderschutzfällen nach § 1666 BGB.[53] Oftmals ergeben sich die relevanten Faktoren oder gar neue Aspekte erst während des Begutachtungsprozesses. Hierauf muss der Sachverständige reagieren. Tatsächlich entspricht es innerhalb der psychologischen Fachschaft dem typischen Vorgehen, die aufgestellten Hypothesen während des Begutachtungsprozesses stetig anzupassen. Eine solche Anpassung steht aber der anfänglichen Formulierung keinesfalls entgegen.

---

46 Hierzu bereits im 3. Kapitel unter B.III.

47 *Westhoff/Kluck*, S. 48; *Westhoff/Terlinden-Arzt/Klüber*, S. 32.

48 Eine Übersicht über die wesentlichen für die Bestimmung des Kindeswohls relevanten Variablen findet sich bei *Westhoff/Kluck*, S. 48.

49 *Westhoff/Kluck*, S. 37 f. mit Beispielen für psychologische Fragen im Sorgerecht auf S. 52.

50 *Stürmer/Rohmann*, Qualität, S. 40.

51 *Westhoff/Terlinden-Arzt/Klüber*, S. 22.

52 *Westhoff/Kluck*, S. 37.

53 *Fichtner*, ZKJ 2015, 9 (12) warnt vor einer zu starren Anforderungen an psychologische Fragen; Stürmer/Rohmann/*Huber/Paschke*, Qualität, S. 111.

b) *Auswahl und Qualität der Untersuchungsverfahren*

aa) Auswahl der diagnostischen Verfahren

Anhand der psychologischen Fragen sind die diagnostischen Verfahren (Methoden) zur Überprüfung der Arbeitshypothesen und sonstigen Bezugstheorien auszuwählen.[54] Vom Sachverständigen wird ein multimethodales Vorgehen erwartet, d. h. seine Empfehlungen dürfen sich nicht auf nur eine Datenquelle beschränken.[55] Es muss deutlich sein, welches Kriterium mittels welchen etablierten Verfahrens ermittelt werden soll. Grob lassen sich die Methoden in *nichtstandardisierte*, *teilstandardisierte* und *standardisierte* Verfahren einteilen.[56] Das typische Methodenspektrum der familienpsychologischen Begutachtung umfasst diagnostische *Gespräche/Interviews* (auch *Explorationen* genannt), *Verhaltens- und Interaktionsbegutachtungen* sowie *Fragebogen- und Testverfahren*.[57]

Bei der Auswahl der Methoden sind die *psychometrischen Gütekriterien* zu beachten. *Lienert* unterscheidet zwischen Hauptgütekriterien (*Objektivität*[58], *Reliabilität* (Messgenauigkeit)[59] und *Validität* (Gültigkeit)[60]) und Nebengütekriterien (Ökonomie, Nützlichkeit, Normierung, Vergleichbarkeit).[61] Die psychometrische Qualität oder Einschränkungen in der Qualität eines Untersuchungsverfahrens muss immer dann dargelegt werden, wenn sich im Einzelfall Besonderheiten ergeben.[62] Dies gilt beispielsweise dann, wenn ein Verfahren einem grundsätzlich besser geeigneten Verfahren vorgezogen wird.[63] Die Qualität der Datenerhebung hängt nicht nur von der Qualität der theoretischen Ansätze, sondern auch von der empirisch exakten Überprüfung der Theorien (Durchführung, Auswertung und Interpretation) ab. Bei der Durchführung sind die jeweiligen geltenden Anwendungsregeln zu beachten, mitunter die psychometrischen Gütekriterien.[64]

---

54 *DGPs*, Qualitätsstandards, 2011, S. 9 f.; *Zuschlag*, 2002, S. 155.
55 *DGPs*, Qualitätsstandards, 2011, S. 9; *Arbeitsgruppe Gutachten*, 2015, S. 14.
56 So *Westhoff/Terlinden-Arzt/Klüber*, S. 79 ff.
57 *Stürmer/Rohmann*, Qualität, S. 41.
58 *Westhoff/Kluck*, S. 74.
59 *Westhoff/Kluck*, S. 78.
60 *Westhoff/Kluck*, S. 80.
61 *Lienert/Raatz*, S. 7.
62 *Salewski/Stürmer*, Standards, 2014, S. 15.
63 *DGPs*, Qualitätsstandards, 2011, S. 10.
64 *DGPs*, Qualitätsstandards, 2011, S. 10.

bb) Diagnostische Gespräche

Das psychodiagnostische Gespräch (*Exploration*) dient der Gewinnung diagnostisch relevanter Informationen und stellt die wohl wichtigste Datenquelle bei familiengerichtlichen Fragestellungen dar.[65] Der Begriff Exploration bezeichnet den aktuellen Vorgang der Befragung. Begutachtungen in Kindschaftssachen bezwecken die Erfassung familiärer Beziehungen und Bindungen, die Entwicklung und Bedürfnisse des Kindes sowie die Kompetenzen und Fähigkeiten der Eltern.[66] Demgegenüber erhebt der Sachverständige bei einer Anamnese die Vorgeschichte eines Problems durch Eigenbericht des Klienten.[67] Diese Methode kommt vor allem im klinischen Bereich zum Einsatz, aber auch in kinderpsychologischen Begutachtungen zur Erfassung des Ursprungs der elterlichen Konflikte.

Die Qualität der Gespräche bemisst sich insgesamt anhand ihres Systematisierungsgrades, mithin der Vorbereitung und Planung.[68] Je konkreter das Vorgehen im Vorfeld über einen Leitfaden oder ein Beobachtungssystem geplant (systematisiert) wird, desto höher ist die psychometrische Güte der Befunde (Objektivität, Validität, Reliabilität). Die psychometrische Qualität unsystematischer oder rein intuitiv strukturierter Gesprächsführung ist wegen der Gefahr unvollständiger, unzuverlässiger und fehlerhafter Informationen als zweifelhaft einzuschätzen.[69] Ein unstrukturiertes Gespräch bietet zwar Flexibilität, ist demgegenüber aber auch nur eingeschränkt objektiv.[70] Es muss deutlich werden, welche Themen zu welchem Zweck und mit Bezug zu welcher psychologischen Frage behandelt werden sollen.[71] Der Verlauf der Untersuchung ist nachvollziehbar zu dokumentieren (Ort, Datum, Dauer, Begleitumstände usw.).[72]

cc) Verhaltens- und Interaktionsbeobachtungen

Da die psychologische Diagnostik in Kindschaftssachen darauf abzielt, die Verhaltensweisen und Einstellungen der Eltern am Kindeswohl orientiert zu bewerten, sind Verhaltens- und Interaktionsbeobachtungen zwischen Eltern und

65 *Westhoff/Terlinden-Arzt/Klüber*, S. 84; *Stürmer/Rohmann*, 2016, S. 42.
66 *Arbeitsgruppe Gutachten*, Mindestanforderungen, 2015, S. 8, 12.
67 *Krohne/Hock*, S. 215.
68 *Westhoff/Kluck*, S. 91; *Krohne/Hock*, S. 219.
69 Siehe nur *Krohne/Hock*, S. 219.
70 *Krohne/Hock*, S. 219.
71 *Westhoff/Kluck*, S. 174; *Salewski/Stürmer*, Standards, 2014, S. 16.
72 *DGPs*, Qualitätsstandards, 2011, S. 10.

Kind die Regel.[73] Hierbei werden Alltagsbeobachtungen von wissenschaftlich geplanten Beobachtungen unterschieden.[74]

Der Grad der Systematisierung durch Vorabplanung entscheidet über die Qualität der Ergebnisse. Bei den Verhaltens- und Interaktionsbeobachtungen sind die jeweiligen Aspekte zu benennen, unter denen das Verhalten bzw. die Interaktionen beobachtet werden sollen.[75] Auf diese Weise können interindividuelle Verhaltensunterschiede der Eltern festgestellt sowie intraindividuelle Merkmale und Einstellungen der Elternteile erfasst werden. Bei Gutachten in Sorgerechtsverfahren ist es hilfreich, das Verhalten der Familienmitglieder, Vater, Mutter und Kind im Umgang miteinander zu beobachten. Aus dem direkten Vergleich der Verhaltensweisen zwischen Kind und Vater sowie Kind und Mutter sind Rückschlüsse auf eine optimale Verteilung des Sorgerechts möglich.[76] In Umgangsverfahren findet regelmäßig ein sog. Begegnungstermin statt, in dem Verhalten und Interaktion zwischen Kind und umgangsberechtigtem Elternteil beobachtet werden.[77] Ein derartiger Termin kann sich aber auch in Sorgerechtsverfahren anbieten, dort mit beiden Elternteilen zugleich, um die Verhaltensweisen miteinander vergleichen zu können und mögliche Interventionsansätze abzuschätzen.

Aber auch ungeplanten (Alltags-)Beobachtungen kann daneben Bedeutung zukommen, da Eltern hier typisches Verhalten zeigen.[78] Alltagsbeobachtungen haben den Vorteil, vorab nicht definierte Bereiche erfassen zu können.[79] Hausbesuche sind nicht per se erforderlich.[80] In Kinderschutzverfahren nach §§ 1666 f. BGB werden demgegenüber Hausbesuche regelmäßig durchzuführen sein,[81] nicht nur beim Vorwurf der Verwahrlosung. Auch Verfahren der elterlichen Sorge und des Umgangs können im Einzelfall einen Hausbesuch erfordern. Sie

73 *Balloff*, PdR 2009, 33 (37); siehe auch *Balloff*, FPR 2003, 530 (531).

74 *Stürmer/Rohmann*, Qualität, 2016, S. 42.

75 *Westhoff/Kluck*, S. 174.

76 *Zuschlag*, 2002, S. 190.

77 *Münchner Runden Tisches* zu Trennung/Scheidung an, ZKJ 2009, 17 (21).

78 *Westhoff/Terlinden-Arzt/Klüber*, S. 93 ff.; *Hommers*, PdR 2014, 477 (486); *Arbeitsgruppe Gutachten*, Mindestanforderungen, 2015, S. 12.

79 Es wird vorgeschlagen, zunächst bei den Eltern vergleichbare Alltagsbeobachtungen durchzuführen, um auf dieser Grundlage gezielte Aspekte über strukturierte Interaktionsbeobachtungen zu erfassen: *Fichtner*, ZKJ 2015, 63 (65); Kury/Obergfell-Fuchs/*Salzgeber/Fichtner*, S. 207 (213 ff.).

80 *Salzgeber*, FPR 2003, 555 (557).

81 *Salzgeber*, FPR 2003, 555 (557).

bieten sich jedenfalls dann an, wenn der Sachverständige nicht über angemessene Räumlichkeiten zur Gesprächsführung verfügt.

dd) Psychologische Testverfahren

Allein in Deutschland gibt es über 3.000 standardisierte psychologische Untersuchungsmethoden (z. B. Tests und Fragebögen).[82] Psychologische Test- und Fragebogenverfahren können vor allem in Kinderschutzverfahren dazu beitragen, Störungen in der Eltern-Kind-Beziehung oder Persönlichkeitsdefizite eines Elternteils aufzuzeigen.[83] Aber auch für die Bewertung der verdeckten kindlichen Wünsche, Ängste und Bedürfnisse werden spezielle Testverfahren durchgeführt. In den vergangenen Jahren hat sich die Auswahl an maßgeschneiderten psychologischen Verfahren für die Familienrechtspsychologie bedeutend erweitert.[84] Es lassen sich die unterschiedlichsten Kategorien an Testverfahren klassifizieren (Fragebögen, klinische Testverfahren/Checklisten, entwicklungsdiagnostische Testverfahren, Leistungstests, Persönlichkeitsstrukturtests und projektive Testverfahren zur verdeckten Erfassung unbewusster Motive, Ängste, Wünsche).[85]

In Trennungskonflikten werden häufig sog. *projektive Testverfahren* im Rahmen des diagnostischen Gesprächs mit dem Kind angewendet, um die Beziehungsstrukturen und Bindungen des Kindes zu Personen in seiner Umgebung festzustellen.[86] Es handelt sich um „klassische" Instrumente der Persönlichkeitsforschung.[87] Untersucht wird die Reaktion einer Person auf eine bestimmte Situation, die auf die Bedeutung für den Betroffenen schließen lässt. Bekannt geworden sind u. a. der *Rorschach-Test* (1921), der *Family-Relation-Test* von Bene/Anthony (1957),[88] der *Kinderapperzeptionstest* von Bellak/Bellak (1955), der *Familien-in-Tieren-Test* von Brem-Gräser (1995)[89] und der *Sceno-Test* von Staabs (2004)[90].

---

82 *Westhoff/Kluck*, S. 54. Aufgrund der Masse an verschiedenen Testverfahren wurden formale Kriterien für Testungen aufgestellt, *Frederichs*, Report RP, 2010, 344.

83 *Salzgeber*, FPR 2003, 555 (557).

84 *Hommers*, FPR 2003, 550 (551); *ders.*, FPR 2008, 294. Eine Übersicht über einzelne Testverfahren findet sich bei *Balloff/Walter*, NZFam 2015, 580 (586).

85 Die Einteilung entstammt der Studie *Salewski/Stürmers*, Standards, 2014, S. 19.

86 Das entspricht den Ergebnissen der Studie *Salewski/Stürmer*, Standards, 2014, S. 20.

87 *Krohne/Hock*, S. 325.

88 Siehe hierzu Sturzbecher/*Beelmann/Schmidt-Denter*, S. 64 ff.

89 Siehe hierzu Sturzbecher/*Hermann*, S. 242 ff.

90 Siehe hierzu Sturzbecher/*Dietrich*, S. 228 ff.

Die überwiegende Literatur zeigt sich gegenüber projektiven Verfahren äußerst skeptisch.[91] Aufgrund ihres spekulativen Charakters erfüllen sie nicht die psychometrischen Testgütekriterien einer wissenschaftlich-fundierten entscheidungsorientierten Einzelfalldiagnostik.[92] Beispielsweise haben Untersuchungen des Rorschach-Tests, bei der der Proband zehn tintenklecksähnliche Vorlagen vorgehalten bekommt und diese beschreiben soll, niederschmetternde Ergebnisse zur psychometrischen Qualität ergeben.[93] Demgegenüber hat sich der Family-Relation-Test nach der Längsschnittstudie von *Beelmann/Schmidt-Denter* zwar als sensibles Verfahren zur Erfassung der kindlichen Beziehungen in Trennungskonflikten erwiesen.[94] Dennoch sollten die auf diese Weise erlangten Befunde immer einer besonders kritischen Bewertung unterzogen werden. Projektive Verfahren eignen sich aber als Einstiegshilfe, um mit dem Kind ins Gespräch zu kommen.[95]

Bei der Durchführung von Persönlichkeitsfragebögen mit Eltern kann der Aussagegehalt durch Wunschdenken oder eingeübte Antworten allzu leicht verfälscht werden.[96] Sofern auf standardisierte Tests und Fragebögen zurückgegriffen wird, ist die Version und Auflage zu benennen.[97] In Zusammenarbeit mit *Amelang et al.* hat das Diagnostik- und Testkuratorium der *FöDP* zur Qualitätssicherung diagnostischer Verfahren und Entscheidungen in seinem Testbeurteilungssystem (TBS-TK) Standards für die Rezension von psychologisch-diagnostischen Verfahren entwickelt.[98]

Familienrichter müssen für die unterschiedliche Qualität der einzelnen Verfahren sensibilisiert werden. Vor allem wissenschaftlich fragwürdige Verfahren sollten bekannt sein (z. B. der Rorschach-Test, Parental-Alienation-Syndrome (PAS)[99]).

---

91 *Westhoff/Terlinden-Arzt/Klüber*, S. 107; *Sturzbecher*, S. 51 (58).

92 *Leitner*, FuR 2000, 57; *Salewski/Stürmers*, Standards, 2014, S. 22.

93 *Krohne/Hock*, S. 326 ff.

94 Sturzbecher/*Beelmann/Schmidt-Denter*, S. 74 (89).

95 *Westhoff/Terlinden-Arzt/Klüber*, S. 107; *Fichtner*, ZKJ 2015, 63 (64).

96 *Balloff/Walter*, NZFam 2015, 580 (586): teilweise werden Eltern durch Fachleute gecoacht.

97 *DGPs*, Qualitätsstandards, 2011, S. 10; *Salewski/Stürmer*, Standards, 2014, S. 19.

98 Testbeurteilungssystem des Testkuratoriums (TBS-TK), Revidierte Fassung vom 09.09.2009, Psychologische Rundschau, 61, 52–56; abgedruckt in *Amelang/Schmidt-Atzert*, S. 136 f.

99 Hierzu u. a. *Fegert*, ZKJ 2013, 190.

c) Methodenkritische Interpretation der Ergebnisse (Befunde)

Im sog. Berichtsteil werden zunächst alle Ergebnisse, die zur Beantwortung der Frage notwendig sind, wertfrei mitgeteilt. Gescheiterte Verfahren und versuchte Interventionen sind ebenso darzulegen wie sonstige Auffälligkeiten und Besonderheiten.[100] Die Feststellungen sind unter Beachtung wissenschaftlich gesicherter Gesetzmäßigkeiten zu interpretieren und kritisch zu würdigen. *Alle* für die psychologischen Fragen relevanten Ergebnisse sind einzeln zu interpretieren. Die Einzelergebnisse sind in Anbetracht der Erhebungsumstände (Zeitpunkt, Ort, Besonderheiten, sprachliche Probleme[101]) und methodischer Einschränkungen auf ihre Gültigkeit hin kritisch zu bewerten.[102] Widersprüche zwischen einzelnen Ergebnissen bedürfen einer besonderen Beachtung.[103] Wird ein Kriterium als gegeben bewertet, muss sich diese Bewertung auf mindestens zwei unterschiedliche Datenquellen stützen können.[104] Ebenso ist kenntlich zu machen, wenn keine eindeutigen Schlussfolgerungen möglich sind (z. B. wegen Defiziten bei der Datenerhebung).[105]

d) Beantwortung der gerichtlichen Fragestellung

Die gerichtliche Fragestellung ist aus psychologischer Sicht vollständig zu beantworten. Wird oder kann die Frage nur teilweise beantwortet werden oder nur mit verbleibenden Unsicherheiten, ist dies begründet darzulegen.[106] Es sind alle für die Fragestellung relevanten Faktoren/Kriterien für die konkrete Familie zu bewerten und gegeneinander abzuwägen. Bei mehreren Regelungsmöglichkeiten sind die Vor- und Nachteile abzuwägen.[107] Bei empfohlenen Hilfsmaßnahmen sind deren Notwendigkeit und voraussichtliche Wirksamkeit darzulegen. Unter allen Aspekten ist diejenige Regelung zu empfehlen, die unter den gegebenen Umständen eine bestmögliche Entwicklung des Kindes sichert.[108]

---

100 *Arbeitsgruppe Gutachten*, Mindestanforderungen, 2015, S. 14; *DGPs*, Qualitätsstandards, 2011, S. 11.

101 *Salewski/Stürmer*, Standards, 2014, S. 25.

102 *Westhoff/Kluck*, S. 77 ff.; *DGPs*, Qualitätsstandards, 2011, S. 12; *Salewski/Stürmer*, Standards, 2014, S. 23. Zu Fehlern und Verzerrungen siehe ausführlich *Westhoff/Kluck*, S. 116 ff.

103 *DGPs*, Qualitätsstandards, 2011, S. 11 f.

104 *Arbeitsgruppe Gutachten*, Mindestanforderungen, 2015, S. 14.

105 *DGPs*, Qualitätsstandards, 2011, S. 12.

106 *DGPs*, Qualitätsstandards, 2011, S. 13.

107 *Arbeitsgruppe Gutachten*, Mindestanforderungen, 2015, S. 15.

108 *Arbeitsgruppe Gutachten*, Mindestanforderungen, 2015, S. 15.

IV. Mindestanforderungen der Arbeitsgruppe „Familienrechtliche Gutachten“ 2015

1. Anlass, Zusammensetzung und Ziel

Im Auftrag des *Bundesministeriums der Justiz und für Verbraucherschutz (BMJV)* wurde unter der Koordination von *Kannegießer*[109] und *Rotax*[110] im Jahr 2015 die Arbeitsgruppe *„Familienrechtliche Gutachten“* geschaffen. Erstmalig wurden Mindestanforderungen nicht nur einseitig von Psychologen, sondern in Zusammenarbeit von juristischen, psychologischen und medizinischen Fachverbänden, der Bundesrechtsanwalts- und Bundespsychotherapeutenkammer aufgestellt.[111] Erklärtes Ziel war die Entwicklung von bundesweiten Qualitätszielen unter Einbeziehung der Anforderungen der Praxis und der Erkenntnisse der Wissenschaft. Die Mindestanforderungen sollen in der Gutachtenerstellung professionsübergreifend, d. h. gleichermaßen für Psychologen und Psychiater zum Standard werden.[112] Die Empfehlungen richten sich sowohl an Sachverständige als auch an Gerichte und sonstige Adressaten von Gutachten. Für die Sachverständigen werden auf S. 19 Verhaltensempfehlungen für das Vorgehen bei der Begutachtung formuliert, die sie anleiten sollen. Aus Sicht der Familienrichter werden im Anschluss (S. 20–21) Fragen formuliert, mit deren Hilfe sie die Qualität von Sachverständigengutachten im Einzelfall besser überprüfen können sollen.

Die Mindestanforderungen stellen streng genommen keine Neuerung dar. Vielmehr bündeln sie die Erkenntnisse der psychologischen Wissenschaft, unter Einbeziehung der lösungsorientierten Sichtweise. Zunächst werden die rechtlichen Grundlagen und die in der psychologischen Wissenschaft und Rechtsprechung aufgestellten Grundprinzipien (Wissenschaftlichkeit sowie Transparenz und Nachvollziehbarkeit) erläutert (S. 3–6). Auf den S. 5–6 werden die möglichen kindschaftsrechtlichen Fragestellungen sowie der Zusatzauftrag des Sachverständigen in § 163 Abs. 2 FamFG dargelegt. Es folgen Anforderungen an die Sachkunde des Sachverständigen im Kindschaftsrecht (S. 8–9 und 18–19). Anschließend wird ein Katalog an inhaltlichen, methodischen und formellen Mindestanforderungen an kindschaftsrechtliche Gutachten aufgestellt (S. 9–17).

---

109 Rechtsanwältin Dipl. Psych. Dr. jur. *Anja Kannegießer*, Mitglied und Vertreterin des BDP.

110 Richter am Amtsgericht i.R. *Horst-Heiner Rotax*, Vertreter des Dt. Familiengerichtstages.

111 *Arbeitsgruppe Gutachten*, Mindestanforderungen, 2015, S. 2 f.

112 *Arbeitsgruppe Gutachten*, Mindestanforderungen, 2015, S. 1, 9.

2. *Verbindlichkeit der Mindestanforderungen*

Wie die Arbeitsgruppe selbst anmerkt, stellen die Empfehlungen für die diagnostisch-methodische Erstellung von Gutachten in Kindschaftssachen zwar keine rechtlich verbindlichen Mindeststandards dar. Sie sollen jedenfalls nicht für die Überprüfung von Gerichtsentscheidungen im Rechtsmittelverfahren herangezogen werden können.[113] Gleichwohl erhoffen sich die Verfasser, dass sie von den Familienrichtern und Sachverständigen berücksichtigt werden. In Anbetracht der mitwirkenden Personengruppen ist diese Hoffnung nicht unbegründet.

Um eine flächendeckende Qualität zu gewährleisten, regte der *BDP* im Gesetzgebungsverfahren zur Änderung des Sachverständigenrechts, die erarbeiteten Mindestanforderungen zur Qualität von Sachverständigengutachten im Kindschaftsrecht als *handlungsleitend* für die Erstellung von Sachverständigengutachten in diesem Bereich aufzunehmen.[114] Gleiches forderte *Nedder-Boeger*, der beispielhaft auf die gesetzliche Normierung in § 280 Abs. 3 FamFG verweist.[115] In § 280 Abs. 3 FamFG werden die in Betreuungssachen wichtigsten inhaltlichen Eckpunkte eines Gutachtens aufgelistet: Krankheitsbild einschließlich der Krankheitsentwicklung, durchgeführte Untersuchungen und diesen zugrunde gelegten Forschungserkenntnisse, körperlicher und psychiatrischer Zustand des Betroffenen, Umfang des Aufgabenkreises und voraussichtliche Dauer der Maßnahme. Der Gesetzgeber kam dieser Anregung schließlich nach und ergänzte den von der Bundesregierung eingebrachten Gesetzesentwurf u. a. um die Entschließung unter Buchstabe b der Drucksache 18/9092 dahingehend, dass die aufgestellten Mindestanforderungen *handlungsleitend* sein sollen.[116]

B. Studien zur Qualität familienpsychologischer Begutachtung

I. Empirische Studien der letzten 40 Jahre

Im Vergleich zu anderen Rechtsbereichen mangelt es an empirisch belastbaren Befunden hinsichtlich der Qualität familienrechtspsychologischer Gutachten. Auf nationaler Ebene sind bislang lediglich vier Untersuchungen größerer Stichproben bekannt, die Gutachten in Kindschaftssachen anhand von Qualitätskriterien systematisch analysierten.

113 *Arbeitsgruppe Gutachten*, Mindestanforderungen, 2015, S. 3.
114 *BDP*, Stellungnahme zum Reg-E v. 14.03.2016, S. 2.
115 *Nedder-Boeger*, Stellungnahme zum Reg-E v. 09.03.2016, S. 10.
116 BT-Drs. 18/9092, S. 3 mit Sitzung v. 06.07.2016; BR-Drs. zu 465/16, S. 2.

Erstmalig untersuchte die interdisziplinäre Arbeitsgruppe „*Projekt Gutachten*“ von *Werst/Hemminger* in den Jahren 1984/1985 Gutachten für das Familienrecht. Untersucht wurden 118 Gutachten in Sorge- und Umgangsstreitigkeiten aus dem gesamten Bundesgebiet hinsichtlich psychologisch-diagnostisch formaler und methodischer Kriterien der Fachwissenschaften. Die Gutachten stammten sowohl von selbständigen Sachverständigen als auch von Universitätsangehörigen. Die meisten Gutachten schnitten schlecht ab, weil sie unvollständig, schlecht dokumentiert und nicht nachvollziehbar begründet waren.[117] Zusätzlich fand eine Befragung der beauftragenden Richter statt. 85 % gaben an, die (fehlerhafte) Sachverständigenempfehlung vollständig übernommen zu haben.[118]

Eine vergleichsweise breite Stichprobe von 245 Gutachten aus den OLG-Bezirken Hamm, Düsseldorf und Köln (77 Amtsgerichte) im Zeitraum 1992/1993 untersuchte die Arbeitsgruppe *Klüber/Terlinden-Arzt* unter der Leitung von *Westhoff*.[119] Hinsichtlich der Qualifikation und Verteilung der Gutachten (Einzelpersonen, Gemeinschaftspraxen, Institute) konnten wegen der Anonymisierung keine Erhebungen gemacht werden.[120] Die Ergebnisse zur Gutachtenqualität ähneln denen *Werst/Hemmingers*. In 73 % der Gutachten wurden aus der gerichtlichen Fragestellung keine psychologischen Fragen abgeleitet.[121] Gespräche und Verhaltensbeobachtungen wurden teilweise unsystematisch durchgeführt und in nicht nachvollziehbarer Weise dokumentiert.[122] Bei zwei Drittel der Kinder wurden projektive Verfahren eingesetzt,[123] deren theoretischer Hintergrund und Güte (Validität) fragwürdig war. Trotz der teilweise gravierenden methodischen Mängel kamen auch *Terlinden-Arzt/Klüber* zu dem Ergebnis, dass in über 85 % der Fälle die Sachverständigenempfehlungen übernommen wurden.[124]

---

117 Die Studie von *Werst/Hemminger* wurde nicht veröffentlicht. Eine Kurzdarstellung der wesentlichen Ergebnisse findet sich bei *Stürmer/Rohmann*, Qualität, S. 47 ff.

118 *Stürmer/Rohmann*, Qualität, S. 47 ff.

119 *Terlinden-Arzt*, 1998 und *Klüber*, 1998. Eine kurze Zusammenfassung der Untersuchung und Ergebnisse findet sich bei *Westhoff/Kluck*, S. 238 f. Im Zuge der Ergebnisse der Studie veröffentlichten *Westhoff/Terlinden-Arzt/Klüber* zusammen ein Buch: Entscheidungsorientierte psychologische Gutachten für das Familiengericht, 2000.

120 Eine Zusammenfassung der wesentlichen Ergebnisse findet sich bei *Stürmer/Rohmann*, Qualität, S. 49 ff.

121 *Terlinden-Arzt*, 1998, S. 152.

122 *Klüber*, 1998, S. 126.

123 *Stürmer/Rohmann*, Qualität, S. 51.

124 *Klüber*, 1998, S. 58 f.

Unter der Leitung *Leitners* fanden bisher zwei Untersuchungen statt. In den 1990ern untersuchte er 52 familienpsychologische Gutachten auf ihre diagnostische Methodik. Die eingesetzten Testverfahren erwiesen sich unter fachlichen Standards als problematisch.[125] Insgesamt bestätigte *Leitner* die festgestellten Mängel von *Werst/Hemminger* und *Terlinden-Arzt/Klüber*: fehlende wissenschaftliche Fundierung, unsystematische Exploration und Verhaltensbeobachtung und Anwendung fragwürdiger projektiver Verfahren.[126] Eine weitere Studie *Leitners* mit einem Stichprobenumfang von 70 Gutachten aus den Jahren 2009/2010 fiel vergleichbar schlecht aus. Die verwendete Fachliteratur erwies sich in vielen Fällen als nicht aktuell, systematische Verhaltens- und Interaktionsbeobachtungen wurden nur in wenigen Fällen durchgeführt. Die eingesetzten Testverfahren entsprachen überwiegend nicht den Gütekriterien.[127]

Als Gesamtergebnis der vier Studien kann festgehalten werden, dass die Ergebnisse über einen Zeitraum von 30 Jahren durchweg dieselben Mängel an familienpsychologischen Gutachten feststellten. Dass zudem in 85 % der Fälle die Gerichte den methodisch zweifelhaften Erhebungen der Sachverständigen folgten, ist ein starkes Indiz dafür, dass die Qualifikation der Familienrichter verbessert werden muss sowie Qualitätskriterien festgeschrieben werden sollten, die den Richtern eine Überprüfung der Verwertbarkeit der Gutachten ermöglicht. Allerdings müssen die Ergebnisse empirischer Studien auch immer vor dem Hintergrund etwaiger methodischer Einschränkungen gesehen werden. Die den Studien zugrundegelegten Gutachten, mit Ausnahme der Studie von *Leitner* aus den Jahren 2009/2010, wurden von den Gerichten bzw. Verfahrensbeteiligten selbst ausgesucht und übersandt. Dadurch ist nicht erkennbar, ob überwiegend „gute" oder „schlechte" Gutachten eingereicht wurden. Dies schlägt sich auf die Repräsentativität der Ergebnisse nieder.[128] Zudem liegt die Hälfte der Erhebungen zwanzig (1992/1993) bis dreißig (1984/1985) Jahre zurück, die aktuelle Schlussfolgerungen auf die Qualität von Gutachten in Familiensachen nicht zulassen.[129] Dennoch kann den übereinstimmenden Ergebnissen eine starke Indizwirkung nicht abgesprochen werden.

---

125 *Leitner*, FuR 2000, 57; *Leitner*, Forschung, S. 14 (16).

126 *Leitner*, FuR 2000, 57 (58).

127 Sehrbrock/Erdélyi/Gand/*Leitner*, S. 68 (71 ff.).

128 *Stürmer/Rohmann*, Qualität, S. 53.

129 *Stürmer/Rohmann*, Qualität, S. 53.

II. Die Hagener Studie von Salewski/Stürmer 2014

1. *Zeitraum, Stichprobe und Ziel*

Der Notwendigkeit neuerer Untersuchungen nahmen sich *Salewski/Stürmer* an. Unterstützt durch das Justizministerium des Landes Nordrhein-Westfalen[130] wurde unter der Leitung der Psychologie-Professoren der Fernuniversität Hagen *Salewski*[131] und *Stürmer*[132] ein größeres Forschungsprojekt durchgeführt. Untersucht wurden 116 Gutachten aus den Jahren 2010 und 2011 an vier Amtsgerichten im OLG-Bezirk Hamm, mit teilweise erschreckenden Ergebnissen zur Qualität. Als Gesamtergebnis wird konstatiert, dass je nach Kriterium zwischen einem Drittel bis 50 % der Gutachten mängelbehaftet sind.[133]

2. *Die Einzelergebnisse zur Gutachtenqualität*

Bei der Auswahl der Analysekriterien (Formulierung psychologischer Fragen, Begründung der Auswahl der Datenerhebungsverfahren, psychometrische Qualität der Datenerhebungsverfahren und methodenkritische Interpretation von Ergebnissen)[134] orientierten sich die Autoren an dem noch zu erörternden methodisch verbreitetem Vorgehen in der psychologischen Fachschaft.[135]

In 56 % (65 Gutachten) der Gutachten wurden keine psychologischen Fragen abgeleitet. Von den 51 Gutachten (44 %), in denen psychologische Fragen formuliert wurden, genügte nur die Hälfte (24) der Anforderung an eine wissenschaftliche Fundierung durch Bezugnahme auf psychologische oder weitere wissenschaftliche Erkenntnisse. Nur in einer unbedeutend geringeren Anzahl von Gutachten (28) erfolgte in den psychologischen Fragen eine Darlegung, welche (Kindeswohl)Kriterien für die Beantwortung der Frage herangezogen wurden. Hierbei genügte bereits die einmalige Bezugnahme auf ein Kriterium. Es wurde nicht offen gelegt, wie viele der 51 Gutachten (44 %) nur an einem oder an beiden Mängeln litten. Die Anzahl der ordnungsgemäß formulierten psychologischen Fragen dürfte sich aber erheblich reduzieren.[136]

---

130 Bescheid vom 27.07.2012.

131 Prof. Dr. *Christel Salewski*, Professorin für Psychologie und Leiterin des Lehrstuhls für Gesundheitspsychologie an der Fernuniversität Hagen.

132 Prof. Dr. *Stefan Stürmer*, Professor für Psychologie und Leiter des Lehrstuhls für Sozialpsychologie an der Fernuniversität Hagen.

133 *Salewski/Stürmer*, Standards, 2014, S. 22.

134 *Salewski/Stürmer*, Standards, 2014, S. 6.

135 Dazu weiter unten in diesem Kapitel unter Punkt B.

136 *Salewski/Stürmer*, Standards, 2014, S. 11 ff.

Die Auswahl der Untersuchungsmethoden wurde in 85,5 % (98 Gutachten) der Gutachten weder begründet noch in Bezug zu den psychologischen Fragen bzw. Variablen gesetzt.[137] Die Ergebnisse zur methodischen bzw. psychometrischen Qualität der Datenerhebung fielen ebenso ernüchternd aus. 107 Gutachten (89,7 %) erhielten keinerlei Angabe zum Ziel der diagnostischen Interviews. Welche Themen hierbei behandelt wurden und mit Bezug zu welcher psychologischen Frage sie stattfanden, wurde weder aus der Verfahrensbeschreibung noch aus der Dokumentation der Verfahrensdurchführung ersichtlich. Zwar wurde in 94 Gutachten der Einsatz von geplanten Verhaltensbeobachtungen dokumentiert (wobei als Minimalkriterium bereits die Nennung der Zielsetzung ausreichte). Allerdings ließen 91 Gutachten keinerlei Angaben erkennen, nach welcher Systematik die Beobachtung erfolgte.[138] In 98,6 % (85 von den 91 Gutachten) wurde zusätzlich auf Testverfahren zurückgegriffen. Hierbei wurden in 55,3 % (47 von 85) projektive Verfahren zur verdeckten Erfassung unbewusster Motive, Ängste und Wünsche eingesetzt wurden, die nicht den allgemein anerkannten Testgütekriterien der Objektivität, Reliabilität und Validität entsprachen.[139]

Insgesamt erfolgte die Datenerhebung in 35 % der Fälle ausschließlich über methodisch problematische Verfahren (unsystematische Gespräche und Verhaltensbeobachtungen und fragwürdige Testverfahren).[140] Die notwendige methodenkritische Interpretation der Ergebnisse (Einschränkungen im Einzelfall, z. B. wegen sprachlicher Schwierigkeiten der untersuchten Personen und Auswirkungen auf die Gültigkeit) konnte in den überwiegenden Gutachten bereits deshalb nicht überprüft werden, weil keine psychologischen Fragen formuliert wurden (56 %) und die angewandten Verfahren größtenteils nicht erkennen ließen, welche psychischen Merkmale erfasst werden sollen.[141] Eine kritische Interpretation wäre insbesondere in den projektiven Verfahren zu fordern gewesen. *Salewski/Stürmer* zeigen mit aller Deutlichkeit auf, dass eine methodenkritische Interpretation ohne wissenschaftlich fundiertes Vorgehen der vorausgehenden Begutachtungsschritte nicht möglich ist. Demnach überrascht es nicht, dass in 91 Gutachten (78,4 %) überhaupt keine kritische Bewertung der Ergebnisse erfolgte.[142]

---

137 *Salewski/Stürmer*, Standards, 2014, S. 14.
138 *Salewski/Stürmer*, Standards, 2014, S. 17 f.
139 *Salewski/Stürmer*, Standards, 2014, S. 19 f., 22.
140 *Salewski/Stürmer*, Standards, 2014, S. 2.
141 *Salewski/Stürmer*, Standards, 2014, S. 23.
142 *Salewski/Stürmer*, Standards, 2014, S. 25.

3. *Methodische Einschränkungen und Kritik an der Hagener Studie*

a) *Allgemeines*

Die Studie hat in den Medien größtenteils bedenkenlose Übernahme gefunden. Dagegen wurden der Studie von Seiten renommierter psychologischer Sachverständiger (teils vernichtende) Kritiken entgegen gebracht.[143] An vielen Stellen wird die Methodik der Studie verglichen zum wissenschaftlich verbreiteten Vorgehen empirischer Forschung als unzureichend kritisiert, „wodurch unzulässig erscheinende Schlussfolgerungen methodisch nicht hinreichend informierten Kreisen suggeriert werden".[144] Die Autoren selbst unterziehen ihre Studie im Nachgang nur einer sehr eingeschränkten Überprüfung hinsichtlich etwaiger Einschränkungen ihres Aussagegehalts (Prüfkriterien entsprechend dem wissenschaftlichen Fachstandard und Generalisierbarkeit aufgrund Vollerhebung).[145] Kritisiert werden vor allem die Repräsentativität der ausgewählten Prüfkriterien, das empirische Vorgehen sowie der Aussagegehalt und die Generalisierbarkeit der Ergebnisse sowie die Feststellungen zur Qualifikation von Sachverständigen.

b) *Repräsentativität der Prüfkriterien*

Die „Reliabilität des Erhebungsinstruments ist eine notwendige Voraussetzung für dessen inhaltliche Gültigkeit, die wiederum voraussetzt, dass das Kategoriensystem nur solche Kategorien enthält, die den Untersuchungsgegenstand angemessen repräsentieren".[146] Die Autoren der *Hagener Studie* orientieren sich bei der Festlegung ihrer Prüfkriterien (Idealnorm) an dem dargestellten Stand innerhalb der wissenschaftlichen Fachschaft.[147] Hierbei kritisieren einige Psychologen in Bezug auf die Analysekriterien der methodischen Qualität der Datenerhebung und der methodenkritischen Interpretation der Ergebnisse die zu starre Sichtweise der Studie.[148]

---

143 *FSLS*, Stellungnahme, spricht von einem „methodischen Artefakt" (S. 2), einer eher „ästhetischen Prüfung" (S. 4) und kommt zu dem Schluss, dass die Ergebnisse „bestenfalls extrem eingeschränkt repräsentativ sind" (S. 2); *Hommers*, PdR 2014, 477; *Fichtner*, ZKJ 2015, 9 und 63.

144 *Hommers*, PdR 2014, 477 (479). S. 481: „Wer über Standards anderer urteilen will, müsste die auf ihn selbst zutreffenden auch einhalten."

145 *Stürmer/Rohmann*, Qualität, S. 92 ff.

146 *Stürmer/Rohmann*, Qualität, S. 92.

147 *Salewski/Stürmer*, Standards, 2014, S. 6.

148 *Hommers*, PdR 2014, 477 (485).

Hommers kritisiert, dass *Salewski/Stürmer* die Verwendung projektiver Verfahren per se als methodisch fehlerhaft bezeichnet,[149] ohne dabei zu unterscheiden, ob die Verfahren angewandt wurden, um die Beziehungsstrukturen und Bindungen des Kindes zu seinen Eltern festzustellen oder lediglich die Annäherung an das Kind bezweckten (Explorationshilfe).[150] Die Verwendung projektiver Verfahren ist auch nach *Fichtner* dann unbedenklich, wenn keine Schlussfolgerungen aus generellen Äußerungen gezogen und andererseits beispielsweise Zeichnungen nicht standardisiert interpretiert, sondern die Hintergründe dazu erfragt werden.[151]

Auch wird nicht wissenschaftlich korrekt zwischen den zwei Formen der Gesprächs- und Verhaltens- und Interaktionsbeobachtung unterschieden, einerseits strukturierte (wissenschaftliche) und andererseits unstrukturierte (Alltags-) Beobachtungen). Für die Annahme einer strukturierten Beobachtung ließen *Salewski/Stürmer* das Minimalkriterium genügen, dass der Zweck des Gesprächs bzw. des Ziels der Beobachtung im Vorfeld angegeben wurde.[152] Damit wurde unsystematischen (Alltags-)Beobachtungen jegliche Grundlage entzogen, die eine zu enge Verwissenschaftlichung erkennen ließen.[153]

Hingegen kann die Kritik von *Jopt*[154] und *Behrend*[155] nicht durchgreifen, wenn sie als Verfechter der lösungsorientieren Begutachtung[156] bemängeln, dass die Gutachten nur anhand rein formaler, methodischer Analysekriterien untersucht wurden und dies nicht dem übereinkommenden Verständnis einer familienrechtspsychologischen Begutachtungspraxis (vgl. § 163 Abs. 2 FamFG) entspräche.[157] Da in den 116 analysierten Gutachten lediglich in einem Fall der Zusatzauftrag angeordnet wurde,[158] waren allerdings vertiefende Ausführungen hierzu weder sinnvoll noch möglich.

Zudem wurden die Untersuchungsverläufe und Erhebungen nicht transparent genug dargelegt, um diese einer methodenkritischen Überprüfung unterziehen

149 *Salewski/Stürmer*, Standards, 2014, S. 22.
150 *Hommers*, PdR 2014, 477 (486); *Fichtner*, ZKJ 2015, 63 (64). Dazu näher unten B.III.4.b)dd).
151 *Fichtner*, ZKJ 2015, 63 (64).
152 *Salewski/Stürmer*, Standards, 2014, S. 16, 18.
153 *Hommers*, PdR 2014, 477 (486).
154 Bergmann/Jopt/Rexilius/*Jopt/Rexilius*, S. 177 (199).
155 *Behrend*, S. 191 (198).
156 Dazu ausführlich 2. Kapitel unter D.II.2.
157 *FSLS*, Stellungnahme zur Hagener Studie, S. 3; *Fichtner*, ZKJ 2015, 9 (12 f.).
158 *Salewski/Stürmer*, ZKJ 2015, 4 (5).

zu können hinsichtlich der Aussagekraft der Ergebnisse und etwaiger Einschränkungen.[159] Es verwundert deshalb nicht, dass *Salewski/Stürmer* selbst von keinerlei Einschränkungen in den 97 Gutachten berichten.[160] Die fehlende Überprüfbarkeit der Ergebnisse relativiert damit ihren Aussagegehalt. Darüber hinaus zeichnet sich wissenschaftliche Forschung insbesondere dadurch aus, dass Verhaltensweisen an einer (Ideal)Norm gemessen werden und Unterschiede oder Zusammenhänge mit (früheren) empirischen Arbeiten festgestellt werden.[161] Beidem wird die Studie nur ansatzweise gerecht. Gemessen an der Idealnorm, 100 %-ige Erfüllung aller aufgestellten Qualitätskriterien, bleibt unklar, ab welcher Abweichung vom Idealwert *Salewski/Stürmer* ein Gutachten wegen „gravierender Mängel"[162] als mangelhaft angesehen haben.[163] Es wird lediglich festgestellt, dass nur 5 % (sechs der Gutachten) die aufgestellten Qualitätskriterien, im Durchschnitt 1,3 der vier Analysekriterien, erfüllten.[164] Auch werden nur Mittelwerte aus Einzelwerten gebildet (z. B. in wie viel Prozent der Gutachten werden keine psychologischen Fragen formuliert), ohne Variationen bei der Auswertung von Stichproben mitzuteilen, z. B. wie sich die Gutachten ohne psychologische Fragen auf die vier Amtsgerichte verteilen.[165] Solche Angaben zwangen sich deshalb auf, weil zwei der Amtsgerichte in Groß- und zwei in Klein- bzw. Mittelstädten ansässig sind.[166]

Schließlich verglichen *Salewski/Stürmer* ihre Ergebnisse nur sehr oberflächlich mit denen früherer Erhebungen[167]. Die Autoren führen an, dass in der Studie von *Terlinden-Arzt/Klüber* lediglich in 27 % der Fälle, demgegenüber in ihrer Studie in 44 % der Fälle aus der gerichtlichen Fragestellung psychologische Fragen abgeleitet wurden. Auch wenn hierbei immer noch nicht der Idealzustand erreicht wurde, ist doch eine deutliche Verbesserung zu verzeichnen. Hierbei hätte der Anstieg von 17 % einem statistischen Vergleich unterzogen werden müssen. Durch die Vollerhebung der *Hagener Studie* war durchaus eine deutliche Verbesserung der Verhältnisse zu verzeichnen.[168]

---

159 *Fichtner*, ZKJ 2015, 63 (66).
160 *Salewski/Stürmer*, Standards, 2014, S. 25.
161 Siehe dazu *Hommers*, PdR 2014, 477 (479).
162 *Salewski/Stürmer*, Standards, 2014, S. 2.
163 Dazu *Hommers*, PdR 2014, 477 (483).
164 *Salewski/Stürmer*, Standards, 2014, S. 27.
165 *Hommers*, PdR 2014, 477 (481).
166 *Salewski/Stürmer*, Standards, 2014, S. 8.
167 In diesem Kapitel unter Punkt B.I.
168 *Hommers*, PdR 2014, 477 (481).

c) Repräsentativität und Generalisierbarkeit der Ergebnisse

Neben der methodischen Qualität der Erhebungen als potenzielle Einschränkung der Aussagekraft der Ergebnisse ist deren Generalisierbarkeit zu überprüfen. Im Gegensatz zu den früheren Studien, die von den Gerichten eigens ausgewählte Gutachten analysierten, haben *Salewski/Stürmer* sämtliche zum Zeitpunkt der Datenerfassung abgeschlossenen familienrechtspsychologischen Gutachten der Jahre 2010/2011 an vier Amtsgerichten untersucht. Durch die „Vollerhebung" sind die Daten für die vier Amtsgerichte ohne Frage repräsentativ.[169] Dass einige Gutachten der Jahre 2010/2011 nicht verfügbar waren, ist eher als Messfehler statt als Einschränkung zu bewerten. Anders kann sich der Hinweis auswirken, dass aufgrund der gerichtlichen Praxis, bestimmte Sachverständige regelmäßig zu beauftragen, davon auszugehen ist, dass die 116 Gutachten nicht auch von 116 unterschiedlichen Sachverständigen verfasst wurden.[170] Der Anonymisierung geschuldet konnten dazu keine Angaben gemacht werden.[171] In Anbetracht des kurzen Auswahlzeitraums (2010/2011) gegenüber dem Zeitaufwand von mehreren Monaten für die Erstellung eines psychologischen Gutachtens relativieren sich die angeführten Bedenken nur unwesentlich. Denn Sachverständige können selbstverständlich mehrere Aufträge parallel annehmen und bearbeiten.

Skeptisch äußerte sich *Fichtner* dahingehend, ob alle einbezogenen 116 Gutachten trotz Vorauswahl die formalen Anforderungen an ein psychologisches Sachverständigengutachten erfüllten. Von den 125 zur Verfügung gestellten Gutachten wurden acht psychologische Stellungnahmen und ein Kurzgutachten von der Analyse ausgeschlossen, da sie den Bestimmungsmerkmalen eines psychologischen Gutachtens nicht entsprechen.[172] Vor dem Hintergrund, dass der Seitenumfang der übrig gebliebenen 116 Gutachten zwischen 10 und 137 Seiten lag, ist die Skepsis *Fichtners* nicht unbegründet, ob die Grenze zwischen Kurzgutachtung und Gutachten korrekt gezogen wurde.[173] Jedenfalls muss in erheblichem Maße angezweifelt werden, dass die geforderten vier Qualitätsanforderungen auf lediglich 10 Seiten Textumfang in vollem Maße erfüllt werden können. Sofern die Gerichte auch betreffend dieser Gutachten im Beweisbeschluss ein

---

169 *Salewski/Stürmer*, Standards, 2014, S. 8; *Stürmer/Rohmann*, Qualität, S. 95. *Hommers* betont, dass eine Stichprobe für sich selbst immer repräsentativ ist, PdR 2014, 477 (478).

170 *Salewski/Stürmer*, Standards, 2014, S. 10.

171 Kritisch äußert sich *Fichtner*, ZKJ 2015, 9 (11).

172 *Salewski/Stürmer*, Standards, 2014, S. 9. Zur Abgrenzung siehe 3. Kapitel C.III.

173 *Fichtner*, ZKJ 2015, 9 (11): 40–60 Seiten könnten noch als „Kurzgutachten" durchgehen.

„normales" psychologisches Gutachten in Auftrag gegeben haben, durften die Gutachten aber zu recht in die Bewertung mit einbezogen werden. Ein nur 10 Seiten umfassendes „normales" Gutachten ist dann vielmehr ein weiteres Indiz für die mangelhafte Begutachtungspraxis. Zum entsprechenden Beweisbeschluss fehlen allerdings jegliche Angaben, um dies abschließend bewerten zu können.

Im Nachgang wurde durch das *OLG Hamm* bekannt, dass sieben der 116 Gutachten nachweislich nicht von Psychologen erstellt wurden und bei weiteren drei Sachverständigen der berufliche Hintergrund nicht festgestellt werden konnte.[174] *Fichtner* sieht dadurch die Anzahl repräsentativer Gutachten nochmals reduziert. Dem ist entgegen zu halten, dass das primäre Anliegen der Studie, die Qualität „psychologischer" Gutachten in Kindschaftssachen festzustellen, dadurch nicht konterkariert wird. Denn solange keine rechtlichen Vorgaben für die Qualifikation von psychologischen Sachverständigen existieren, spiegelt die Beauftragung auch von Nicht-Psychologen die Realität wieder, auch wenn dies nicht tragbar ist[175]. Interessant wäre hierbei ein Vergleich zwischen der Qualität der Gutachten von Nicht-Psychologen und der von Psychologen gewesen, der Aussagen zu den Qualifikationsanforderungen an psychologische Sachverständige zugelassen hätten.

Als erste Vollerhebung an vier Amtsgerichten ist die Studie unter wissenschaftlichen Gesichtspunkten begrüßenswert. Dem Vorgehen der *Hagener Studie* wird aber von *Hommers* eine Art Selbstselektion vorgeworfen, die den Aussagegehalt der „Vollerhebung" schmälere.[176] Richtig ist, dass sich von den angeschriebenen 38 Amtsgerichten überhaupt nur neun vorläufig bereit erklärten, an der Studie teilnehmen zu wollen. Nach ersten Vorgesprächen sagten aber schließlich nur vier Amtsgerichte zu (Selektionsquote von 11 %).[177] Dies könnte sich durchaus dadurch erklären, dass die Teilnahme an der Studie für die Amtsgerichte einen erheblichen zusätzlichen Arbeitsaufwand bedeutete. Die Akten mit Gutachten in kindschaftsrechtlichen Verfahren zu Sorge und Umgang mussten herausgesucht, geschwärzt, kopiert und kontrolliert werden.[178] Aus der Bereitschaft der vier Amtsgerichte, sich diesem enormen Zeitaufwand zu stellen, schließt *Hommers*, dass sie entweder besonders unzufrieden oder besonders überzeugt von der guten Qualität der Gutachten sind.[179] Dabei handelt es sich jedoch um reine

174 Pressmitteilung vom 27.09.2014, berichtet in *Fichtner*, ZKJ 2015, 9 (11).
175 Ausführlich hierzu im 5. Kapitel B.II.3.a)
176 *Hommers*, PdR 2014, 477 (483 f.).
177 So aber *Hommers*, PdR 2014, 477 (482).
178 *Hommers*, PdR 2014, 477 (483 f.).
179 *Hommers*, PdR 2014, 477 (484).

Spekulation ohne jegliche Grundlage, die nicht geeignet ist, eine Selbstselektion überzeugend zu begründen.

Eine andere Frage ist die, ob und inwieweit die Resultate über die vier Amtsgerichte hinaus für Deutschland bundesweit repräsentativ sind. *Salewski/Stürmer* gestehen selbst ein, dass dafür weitere umfangreiche systematische Prüfungen notwendig sind. Dennoch messen sie ihren Befunden unter Hervorhebung der Ähnlichkeiten zu früheren Befunden eine generalisierende Bedeutung bei.[180] Gegenüber den ca. 650 bundesdeutschen Amtsgerichten stellt sich die Erhebung an lediglich vier Amtsgerichten als bedeutend gering dar.[181] Aktuellen Schätzungen des Bundesministeriums für Justiz und Verbraucherschutz zufolge werden jährlich 270.000 FamFG-Gutachten erstattet.[182] Wie viele davon auf kindschaftsrechtliche, speziell sorge- und umgangsrechtliche Verfahren fallen, wurde nicht einzeln ausgewiesen. Der *Deutsche Richterbund* geht von jährlich bis zu 10.000 Gutachten aus.[183] Gegenüber dieser Größenordnung erlauben die untersuchten 116 Gutachten jedenfalls nur eine sehr eingeschränkte Generalisierbarkeit.

d) Ergebnisse zur Qualifikation von Sachverständigen

Gesonderter Betrachtung bedürfen die Feststellungen zur Qualifikation von Sachverständigen.[184] Schon von der Zielrichtung her war die Studie nicht darauf angelegt, die Qualifikation der Sachverständigen zu analysieren und ließ auch keine dahingehenden näheren Untersuchungen erkennen.[185] Deshalb verwundert die Feststellung von *Salewski/Stürmer*, dass Sachverständige mit einer Zertifizierung zum Fachpsychologen für Rechtspsychologie BDP/DGPs eine *signifikant* höhere Qualität aufwiesen, als Gutachten von Sachverständigen ohne diese Zusatzqualifikation. Sie empfehlen deshalb, „dass eine strukturierte Weiterbildung, wie sie mit der Weiterbildung zum zertifizierten Rechtspsychologen BDP/DGPs bereits seit Jahren besteht, als eine Eingangsvoraussetzung für die Tätigkeit als psychologische/r Sachverständige/r definiert werden sollte".[186] Einen Unterschied zu approbierten Sachverständigen konnten sie nicht verzeichnen.[187]

---

180 *Stürmer/Rohmann*, Qualität, S. 95 ff.

181 *Hommers*, PdR 2014, 477 (482).

182 BT-Drs. 18/6985, Gesetzesentwurf v. 09.12.2015, S. 3.

183 *DRB Stellungnahme*, Nr. 15/15 August 2015, S. 5; *DRB*, Stellungnahme Ref-E, S. 5.

184 *Salewski/Stürmer*, Standards, 2014, S. 27.

185 *Salewski/Stürmer*, Standards, 2014, S. 5.

186 *Salewski/Stürmer*, Standards, 2014, S. 32. Zum Weiterbildungsprogramm der BDP/DGPs siehe bereits 2. Kapitel E.IV.2.

187 *Salewski/Stürmer*, Standards, 2014, S. 27.

Einschränkend ist hier auch anzumerken, dass die Ergebnisse zu Qualifikationsmerkmalen von Sachverständigen lediglich positiv zugunsten einer Weiterbildung zum Rechtspsychologen bewertet werden. Die Tatsache, dass auch die zertifizierten Rechtspsychologen den Mindestanforderungen nur zur Hälfte genügten, wird überspielt.[188] Interessant wäre gewesen, ob überhaupt ein Gutachten eines Rechtspsychologen allen Anforderungen genügte. Zwecks umfassender Ergebnisse zu Qualifikationsmerkmalen des Sachverständigen hätten zumindest alle eingangs in Ansatz gebrachten Sachverständigengruppen (41 psychotherapeutisch Approbierte, 36 promovierte und 30 zertifizierte Fachpsychologen) Berücksichtigung finden müssen.[189] Indem die Autoren die Gruppe der zertifizierten Rechtspsychologen positiv herausstellen, suggerieren sie, dass deren Beauftragung die Qualität der Begutachtung sichert. Dies können die empirischen Untersuchungen aber nicht belegen. *Fichtner* spricht den Ergebnissen deshalb ihre Verwertbarkeit ab.[190] Dem muss entgegen gehalten werden, dass die Ergebnisse dennoch als Indiz dafür herangezogen werden können, dass sich eine Weiterbildung im Bereich der familienpsychologischen Begutachtung qualitätssteigernd auswirkt.

e) Notwendigkeit interdisziplinärer Austausch zwischen den Professionen

Neben der gesetzlichen Fixierung der Zertifizierung zum Rechtspsychologen als Voraussetzung für die Erstellung familienrechtspsychologischer Gutachten fordern *Salewski/Stürmer* einen verbesserten interdisziplinären Dialog der mit Gutachten in Berührung kommenden Professionen.[191] Sodann beschränken sie aber ihre Forderung darauf, dass Richtern „ein rechtlich verbindliches und flächendeckendes Qualitätssicherungssystem der (familien-)rechtspsychologischen Sachverständigentätigkeit" an die Hand gegeben werden sollte, indem sie hinsichtlich der Kriterien weitergebildet werden sollen. Das deckt sich mit der dieser Arbeit zugrundeliegenden These, dass verbindliche Qualitätsstandards zur Erstellung von familienpsychologischen Gutachten sowie eine bessere Qualifikation von Familienrichtern zur Qualitätssicherung erforderlich sind. Nähere Vorgaben hinsichtlich des von *Salewski/Stürmer* geforderten Dialogs werden vermisst. Es sollte aufbauend auf den von der Arbeitsgruppe „Familienpsychologische

188 *Fichtner*, ZKJ 2015, 9 (11).
189 *Hommers*, PdR 2014, 477 (480).
190 *Fichtner*, ZKJ 2015, 63 (67).
191 *Salewski/Stürmer*, Standards, 2014, S. 32.

Gutachten" entwickelten Qualitätsstandards ein regelmäßiger offener Austausch zwischen psychologischen und juristischen Berufsgruppen stattfinden.[192]

Der interdisziplinäre Dialog ist nicht nur in Zusammenhang mit Sachverständigengutachten zu fordern. Die Vielzahl der in kindschaftsrechtlichen Verfahren beteiligten Professionen (Anwälte, Vertreter des Jugendamtes, Verfahrensbeistand, Sachverständiger, sonstige Pädagogen sowie Ärzte) erfordert ein kooperatives und kommunikatives Zusammenwirken auf allen Ebenen. Zu diesem Zwecke sind über die Verfahren hinausgehende fallunspezifische Vernetzungen in interdisziplinären Arbeitskreisen erforderlich.[193]

III. Zwischenergebnis zum Aussagegehalt der Hagener Studie

Trotz bzw. gerade aus den angeführten Mängeln können durch die Studie wichtige Rückschlüsse auf die Qualität familienpsychologischer Gutachten und ihre möglichen Ursachen gezogen werden. Sowohl durch die methodische Vorgehensweise und Dokumentation der Ergebnisse von *Salewski/Stürmer* und die darauf folgende Kritik von Fachkollegen als auch durch die untersuchten Stichproben selbst wurde deutlich, dass innerhalb der psychologischen Fachschaft teilweise Uneinigkeiten bestehen, beispielsweise über die anzuwendenden wissenschaftlichen Methoden (z. B. projektive Verfahren) und sich nicht alle Gutachter an dem wissenschaftlichen Konsens in der Vorgehensweise orientieren.

Letztlich hat die Studie wesentlich dazu beigetragen, dass die Sicherung der Gutachtenqualität in Kindschaftssachen durch das Gesetz zur Änderung des Sachverständigenrechts vom 11.10.2016[194] und durch die Arbeitsgruppe *„Familienrechtliche Gutachten"* unter Begleitung des *Bundesministeriums der Justiz und für Verbraucherschutz (BMJV)*[195] auch auf politischer Ebene angegangen wurde.

IV. Fazit zum 4. Kapitel

Es kann festgehalten werden, dass die stark schwankende Qualität von familienpsychologischen Gutachten unter anderem darauf zurückzuführen ist, dass bislang keine einheitlichen rechtsverbindlichen Qualitätskriterien für die Erstellung familienrechtspsychologischer Gutachten existieren. Die von den Berufsverbänden *DGPs* und *BDP* aufgestellten Kriterien verpflichten nur ihre Mitglieder zu

192 So auch *Fichtner*, ZKJ 2015, 63 (67).

193 U. a. *17. DFTG*, Brühler Schriften, 2008, S. 168; *Walter*/18. DFTG, AK 23, Brühler Schriften, 2010; *Arbeitsgruppe Gutachten*, Mindestanforderungen, 2015, S. 3.

194 BGBl. I, S. 2222; BT-Drs. 18/6985.

195 Dazu weiter oben in diesem Kapitel unter Punkt A.IV.

deren Einhaltung. Demnach erklären sich auch die Qualitätsunterschiede, die durch die *Hagener Studie* festgestellt wurden. Daher waren die durch die Arbeitsgruppe „*Familienrechtliche Gutachten*" entwickelten Mindestanforderungen ein notwendiger Schritt auf dem Weg zur Sicherung der Gutachtenqualität. In Zusammenarbeit verschiedener psychologischer und juristischer Berufsträger ist es der Arbeitsgruppe gelungen, die innerhalb der psychologischen Fachschaft bestehenden formalen, methodischen und inhaltlichen Anforderungen in einer überschaubaren, verständlichen Broschüre für Sachverständige und Gerichte aufzubereiten. Es bleibt zu hoffen, dass die Mindestanforderungen nach den Vorstellungen des Gesetzgebers zur Änderung des Sachverständigenrechts tatsächlich und flächendeckend von den aktiven Sachverständigen als *handlungsleitend* angenommen werden und damit die Überprüfung der Gutachten durch die Familiengerichten erleichtert. Jedenfalls ist es den Familienrichtern möglich, anhand des überschaubaren Kriterienkatalogs Gutachten besser zu würdigen.

Weiterhin ist anzumerken, dass die Festlegung und Einhaltung von formalen und methodischen Qualitätsstandards zwar der Fehlerreduktion aus wissenschaftlicher Sicht dient. Derartige Standards garantieren aber keineswegs, dass die Empfehlungen des Sachverständigen zu einem dem Kindeswohl dienenden und gerichtlich verwertbaren Ergebnis führen.[196] „Gut" ist im Ergebnis eine durch das Ergebnis des Gutachtens getroffene Empfehlung, die möglichst positive Entwicklungsbedingungen für das Kind nach der Trennung der Eltern oder in Gefährdungssituationen sichert und für langfristige Konfliktreduzierung sorgt. Bislang gibt es wenige Studien zur Zufriedenheit der Eltern mit Begutachtungen.[197] Studien zur Entwicklung von Kindern und von Elternkonflikten nach Begutachtungen sind daher wünschenswert.[198]

---

196 *Hommers*, PdR 2014, 477 (486).

197 *Fichtner*, ZKJ 2012, 46 (49); *Zütphen*, S. 163 ff.; *Bergau*, PdR 2014, 196.

198 *Fichtner*, ZKJ 2015, 63 (65). *Endrass* schlägt vor, dass Richter Gutachtenaufträge an mindestens zwei unterschiedliche Gruppen von Sachverständigen geben sollten, um im direkten Vergleich zu erörtern, welche Gutachten vom Auftraggeber besser verstanden wurden und wie sich die familiäre Situation nach der Entscheidung weiterentwickelt, Stürmer/Rohmann/*Endrass*, Qualität, 2016, S. 123.

5. Kapitel: Qualifikation von familienpsychologischen Sachverständigen

Ein weiterer Aspekt, der die Qualität eines familienpsychologischen Sachverständigengutachtens maßgeblich beeinflusst, ist die Befähigung des Sachverständigen selbst. Der fachlichen Qualifikation des Sachverständigen kommt eine gewisse Indizwirkung für eine qualitativ gute Begutachtung zu.[1] Dem gut ausgebildeten Sachverständigen sind die wissenschaftlichen Methoden bekannt und er ist in der Lage, diese fachgerecht anzuwenden. Auch wenn die Feststellungen der *Hagener Studie* zur Qualifikation von familienpsychologischen Sachverständigen nur sehr beiläufig und mit eingeschränktem Aussagegehalt getroffen wurden, ist hier eine weitere Schwachstelle zu verzeichnen, die nunmehr durch die Reform des Sachverständigenrechts von 2016 angegangen wurde.

A. Neuerungen durch die Reform des Sachverständigenrechts von 2016

Anlass für die bereits dargestellte *Hagener Studie* war auch die Erklärung der Regierungsparteien CDU, CSU und SPD im Koalitionsvertrag für die 18. Legislaturperiode, in Zusammenarbeit mit den Berufsverbänden die Neutralität gerichtlicher Sachverständiger und die Qualität von Gutachten, insbesondere im Familienrecht, zu verbessern.[2]

Das im Jahr 2015 durch den Referentenentwurf des BMJV[3] angestoßene Reformgesetz zum Sachverständigenrecht ist am 02.09.2016 unter dem neu gefassten Titel *Gesetz zur Änderung des Sachverständigenrechts und zur weiteren Änderung des Gesetzes über das Verfahren in Familiensachen und in den Angelegenheiten der freiwilligen Gerichtsbarkeit sowie zur Änderung des Sozialgerichtsgesetzes, der Verwaltungsgerichtsordnung, der Finanzgerichtsordnung und des Gerichtskostengesetzes (Gesetz zum Sachverständigenrecht)* beschlossen worden und zum 15.10.2016 in Kraft getreten.[4] Das Gesetz verfolgt das Ziel,

---

1 Bleutge/Roeßner/*Grossam* spricht der Persönlichkeit und Qualifikation des Sachverständigen eine Indizwirkung zu, § 12 Rn. 1; auch *Pieper*, ZZP 1971, 29.

2 Koalitionsvertrag CDU, CSU und SPD für die 18. Legislaturperiode, S. 154.

3 *Ref-E BMJV*, 29.05.2015.

4 BT-Drs. 465/16, BGBl. I, S. 2222. Zum Gesetzgebungsverfahren: Am 25.09.2015 wurde der ersten Regierungsentwurf (BR-Drs. 438/15) veröffentlicht, der nach Stellungnahme

das Vertrauen in die Unabhängigkeit und Neutralität der Sachverständigen zu steigern, die Auswahl qualifizierter, geeigneter Sachverständiger zu sichern und Verfahrensverzögerungen durch Gutachten entgegenzuwirken.

Im laufenden Gesetzgebungsverfahren reichten die Fraktionen CDU, CSU und SPD am 04.02.2016 einen Änderungsantrag beim Bundestag ein, der über die geplanten Neuregelungen hinaus weitere Normen im FamFG einer Änderung unterzieht (§§ 155b, 155c FamFG).[5] Der Antrag wurde im Gesetzeserlass schließlich berücksichtigt. Dies betrifft insbesondere die Einführung einer Verfahrensverzögerungsrüge. Die hierzu gemachten Ausführungen hinsichtlich des Anlasses und potenzieller Anwendungsfälle deuten darauf hin, dass die zur Rüge berechtigenden Gründe vor allem die primären Verfahrensleitungs- und -förderungspflichten des Gerichts (Ansetzung eines frühen ersten Termins, zeitnahe Bestellung eines Verfahrensbeistandes, Terminierung der Anhörung, Beschlussfassung etc.[6]) umfassen. Etwaige Verzögerungen durch einen seinerseits verzögerten Begutachtungsprozess dürften daher allenfalls mittelbar und auch nur in seltenen Ausnahmefällen zu einer solchen Rüge berechtigen. Schließlich werden in dieser Arbeit eigene Reformvorschläge und Vorschläge zur Optimierung und Überwachung des Begutachtungsprozesses unterbreitet, die gerade auf die Reduzierung vermeidbarer Verfahrensverzögerungen bei der Einbeziehung von Sachverständigengutachten gerichtet sind. Deshalb wird auf die Verfahrensverzögerungsrüge in der vorliegenden Arbeit auch nicht näher eingegangen.

Im Folgenden werden die wesentlichen gesetzlichen Bestrebungen, Stellungnahmen und Änderungsvorschläge zusammengetragen und daran anknüpfend und – soweit möglich und notwendig – eigene Reformvorschläge entwickelt.

B. Festschreibung von Qualifikationsanforderungen für familienpsychologische Sachverständige in § 163 FamFG

Ausweislich des Berichts des *Ausschusses für Recht und Verbraucherschutz* ist eine mangelhafte Qualifikationsquote von bis zu 10 % zu verzeichnen. Bei jährlich bis zu 10.000 familienpsychologischen Gutachten betrifft dies bis zu 1.000

des Bundesrates vom 06.11.2015 in den zweiten Gesetzesentwurf vom 09.12.2015 mündete (BT-Drs. 18/6985). Am 16.03.2016 lud der Rechtsausschuss des Bundestages (Ausschuss für Recht und Verbraucherschutz) zur öffentlichen Anhörung ausgewählter Experten aus unterschiedlichen Berufsgruppen ein. Hierbei wurde vielfältige Kritik an der geplanten Umsetzung geäußert. Es folgte am 06.07.2016 die zweite und abschließende Sitzung des Rechtsausschusses (BT-Drs. 18/9092).

5 Änderungsantrag CDU, CSU und SPD v. 04.02.2016.

6 BT-Drs. 16/9092, S. 17.

Gutachten. Deshalb wurden erstmalig in § 163 Abs. 1 FamFG Anforderungen an die Qualifikation der Sachverständigen in kindschaftsrechtlichen Verfahren geregelt. Die Abspaltung des Abs. 3 (Zeugenvernehmung des Kindes) von § 163 FamFG durch Einfügung eines neuen § 163a FamF ist aus systematischen Gründen ohne Einschränkungen zu befürworten. Die darüber hinausgehenden Änderungen des FamFG sind mangels Bezugs zum Sachverständigenbeweis nicht von Relevanz.

I. Neufassung des § 163 Abs. 1 FamFG

In der Neufassung des § 163 Abs. 1 FamFG heißt es: *In Verfahren nach § 151 Nr. 1 bis 3 FamFG ist das Gutachten durch einen geeigneten Sachverständigen zu erstatten, der mindestens über eine psychologische, psychotherapeutische, kinder- und jugendpsychiatrische, psychiatrische, ärztliche, pädagogische oder sozialpädagogische Berufsqualifikation verfügen soll. Verfügt der Sachverständige über eine pädagogische oder sozialpädagogische Berufsqualifikation, ist der Erwerb ausreichender diagnostischer und analytischer Kenntnisse durch eine anerkannte Zusatzqualifikation nachzuweisen.*[7]

Ausweislich der Gesetzesbegründung bezieht sich das Kriterium der Geeignetheit auf die Auswahl eines Sachverständigen innerhalb der jeweiligen aufgezählten Berufsgruppe.[8] Die Anforderungen an die Geeignetheit bemessen sich nach den konkreten Beweisfragen. In kindschaftsrechtlichen Verfahren sind typischerweise psychologische Fragen zu begutachten, so dass ein Sachverständiger mit psychologischer Qualifikation auszuwählen ist. Hierbei kann beispielsweise in Sorgerechtsverfahren eine interventionsorientierte Begutachtung (§ 163 Abs. 2 FamFG) sinnvoll erscheinen, so dass ein Psychologe mit Kenntnissen im Bereich der Intervention geeignet ist.

---

7 BT-Drs. 18/9092, S. 5; BGBl. I, S. 2222. Die Formulierung von S. 1 entspricht dem Vorschlag der Bundesregierung, der vom Bundestag beschlossen wurde, BT-Drs. 18/6985, S. 8. Im Referentenentwurf hieß es noch, *Ref-E des BMJV* v. 01.06.2015, S. 1: *„In Verfahren nach § 151 Nr. 1 bis 3 soll das Gutachten durch einen Sachverständigen mit einer geeigneten psychologischen, psychotherapeutischen, psychiatrischen, medizinischen, pädagogischen oder sozialpädagogischen Berufsqualifikation erstattet werden. Die Auswahl des Sachverständigen hat das Gericht in seiner Beweisanordnung zu begründen.“* S. 2 wurde erst im laufenden Gesetzgebungsverfahren ergänzt, BR-Drs. 495/15, S. 3.

8 *Begründung BReg.*, BT-Drs. 18/6985, S. 17. Siehe auch *DRB*, Stellungnahme Ref-E, S. 5; *Lüblinghoff*, Stellungnahme BT-Drs. 18/6985, S. 6.

Die Gerichte sollen durch die Festschreibung von Qualifikationsanforderungen in der kindschaftsrechtlichen Begutachtungspraxis stärker in die Pflicht genommen werden, die Qualifikation des Sachverständigen eingehend zu überprüfen, wodurch sich die Regierung eine fachlich fundiertere Sachverständigentätigkeit verspricht, die letztlich zu einer Qualitätsverbesserung in der Begutachtung führen soll.[9] Ob das durch die Neuregelung tatsächlich erreicht werden kann, muss allerdings bezweifelt werden.

II. Kritische Bewertung der Neufassung

1. Soll-Vorschrift

Die Ausgestaltung als Soll-Vorschrift hinsichtlich der Berufsqualifikationen ist nicht zu beanstanden und entspricht der Formulierung in anderen Vorschriften des FamFG, die Vorgaben für Gutachten beinhalten (§§ 167 Abs. 6, 280 Abs. 1, 321 Abs. 1 FamFG).[10] Die Soll-Vorschrift berücksichtigt vor allem den Umstand, dass nicht immer ausreichend qualifizierte Sachverständige zur Verfügung stehen und deshalb im Ausnahmefall auch auf andere geeignete Sachverständige zurückgegriffen werden können muss.[11] Dies trägt auch dem Umstand Rechnung, dass es aktuell noch keine gesetzlichen Vorgaben oder öffentliche Listen für (öffentlich bestellte) familienpsychologische Sachverständige gibt.[12] Gerade um die aktuell noch bestehende Mangellage abzufangen, müssen sog. „Übergangszeiten“ eingeplant werden, um den Sachverständigen die Möglichkeit zu geben, die (Zusatz)Qualifikationen erwerben zu können.

2. Keine Begründung der Auswahl

Zu begrüßen ist es auch, dass die durch das *BMJV* vorgeschlagene Pflicht zur Begründung der getroffenen Auswahl nicht Gesetz wurde.[13] Das Gericht soll nur im Ausnahmefall, wenn es von den in § 163 Abs. 1 FamFG aufgezählten

9 *Begründung BReg.*, BT-Drs. 18/6985, S. 17.

10 A. A. *DPG*, Stellungnahme Ref-E, S. 6.

11 Kritisch dazu der *VAMV*, Stellungnahme Ref-E, S. 4: die Soll-Vorschrift ist ein Einfallstor für die Weiterführung der Bestellung nicht ausreichend qualifizierter Sachverständiger.

12 So auch *Empfehlungen der BR-Ausschüsse*, BR-Drs. 438/1/15, S. 10; *Nedden-Boeger*, Stellungnahme BT-Drs. 18/6985, S. 9.

13 So auch *Heilmann*, Stellungnahme BT-Drs. 18/6985, S. 3; *DFGT*, Stellungnahme Ref-E, S. 6; *FöDP*, Stellungnahme Ref-E, S. 8; a. A. *DRB*, Stellungnahme Ref-E, S. 5; *DPG*, Stellungnahme Ref-E, S. 7: fordert sogar eine qualifizierte Begründung.

Berufsgruppen und Anforderungen abweicht, die Auswahl eines bestimmten Sachverständigen begründen.[14] Selbst die Befürworter einer Begründungspflicht geben zu bedenken, dass keine allzu hohen Anforderungen an die Begründung gestellt werden dürfen und die Begründung im Regelfall ohnehin formelhaft erfolgen wird.[15]

In Kindschaftssachen wäre eine Begründungspflicht schon insoweit nicht zielführend gewesen, da der Beweisbeschluss ohnehin unanfechtbar ist.[16] Der *Deutsche Juristinnenbund (DJB)* gibt außerdem zu bedenken, dass weitere Voraussetzungen an den Inhalt des Beweisbeschlusses als die in § 359 ZPO genannten mit dem Beweisrecht der ZPO und des FamFG nicht zu vereinen sind. Nach § 359 sei der Inhalt des Beweisbeschlusses klar und abschließend geregelt. Begründungen hinsichtlich der Auswahl eines Beweismittels seien den Gesetzen fremd.[17] Jedoch sollten die Gerichte, auch zum Zwecke der eigenen Kontrolle, dann ihre Auswahl begründen, wenn von den Qualifikationsanforderungen abgewichen wird.

3. *Einzelne Kritikpunkte*

Streng genommen führt die Neufassung des § 163 Abs. 1 FamFG nicht zu einer merklichen Verbesserung der derzeitigen Rechtslage. Die Aufzählung der Berufsqualifikationen umfasst dem Grunde nach alle diejenigen, die auch bisher zur Gutachtenerstattung herangezogen wurden.[18] Faktisch kann somit weiterhin nahezu jede Person ein Gutachten in kindschaftsrechtlichen Verfahren erstatten.[19] Diese Kritik betrifft im Wesentlichen folgende zwei Aspekte: zu weit gefasste Grundqualifikationen und keine Zusatzqualifikationen.

a) Zu weit gefasste Grundqualifikationen

Im Vergleich zu den Verfahren zur Unterbringung Minderjähriger und in Betreuungs- und Unterbringungsverfahren, in denen der Sachverständige einer bestimmten Berufsgruppe zugehörig sein muss,[20] ist der Kreis potentieller

14 *Begründung BReg.*, BT-Drs. 18/6985, S. 17.
15 *DRB*, Stellungnahme Ref-E, S. 5.
16 So auch *DFGT*, Stellungnahme Ref-E, S. 6.
17 *djb*, Stellungnahme Ref-E, S. 4.
18 So auch *Nedden-Boeger*, Stellungnahme BT-Drs. 18/6985, S. 8.
19 Siehe hierzu bereits 3. Kapitel D.
20 § 280 Abs. 1 FamFG: ein Arzt für Psychiatrie oder Arzt mit Erfahrung auf dem Gebiet der Psychiatrie; § 167 Abs. 6 S. 1 FamFG: ein Arzt für Kinder- und Jugendpsychiatrie

Sachverständiger in Kindschaftssachen in § 163 Abs. 1 FamFG sehr groß. Verschiedene Berufsgruppen stehen gleichrangig nebeneinander. Ohne Frage ist die Aufnahme der psychologischen Qualifikation in den Gesetzestext unerlässlich. Der Begriff des Psychologen ist auf Diplom-/Master-Psychologen beschränkt und damit hinreichend geschützt.[21] Bedenken bestehen, ob alle aufgeführten Berufsgruppen in der kindschaftsrechtlichen Gutachtenpraxis ihre Berechtigung haben.

Zunächst fällt auf, dass einzelne der aufgeführten Berufsgruppen die gleiche Grundqualifikation haben, so dass hier eine Zusammenfassung zwecks Übersichtlichkeit sinnvoll ist. Da auch (Kinder- und Jugend-)Psychiater wie Ärzte im Allgemeinen das Studium der Medizin abgeschlossen haben müssen, wurde vereinzelt die gesonderte Ausweisung einer medizinischen/ärztlichen Qualifikation für nicht notwendig erachtet.[22] Hiergegen wird von *Heilmann* jedoch zu Recht eingewendet, dass vor allem in Kinderschutzfällen die Expertise eines Allgemeinmediziners erforderlich werden kann, um den Missbrauchsverdacht zu klären.[23] Die Bedenken *Nedden-Boegers*, dass der Begriff der ärztlichen Berufsqualifikation insgesamt zu weit gefasst sei, da beispielsweise auch Radiologen oder Dermatologen erfasst werden,[24] wird durch das Kriterium der Geeignetheit hinreichend abgefangen. Deshalb sollte der umfassendere Begriff der medizinischen Berufsgruppe aufgenommen werden, der sowohl Ärzte als auch Psychiater miteinschließt.

Auch die Notwendigkeit einer gesonderten Ausweisung der Gruppe der *psychologischen Kinder- und Jugend- Psychotherapeuten (KJP-Therapeut)* und der *psychologischen Psychotherapeuten (PP-Therapeut)* ist aus demselben Grund nicht notwendig.[25] So ist Zugangsvoraussetzung für die Ausbildung zum *PP-Therapeuten* ein abgeschlossenes Studium der Psychologie. Die Ausbildung zum *KJP-Therapeuten* erfordert dagegen aktuell eine bestandene Abschlussprüfung in den Studiengängen Psychologie, Pädagogik oder Sozialpädagogik,[26] auch wenn

und -psychotherapie; § 321 Abs. 1 S. 4 FamFG ein Arzt für Psychiatrie, zumindest ein Arzt mit Erfahrung auf dem Gebiet der Psychiatrie.

21 Dazu bereits im 2. Kapitel unter Punkt E.III.1.

22 *DFGT*, Stellungnahme Ref-E, S. 5; *Nedden-Boeger*, Stellungnahme BT-Drs. 18/6985, S. 8.

23 *Heilmann*, Stellungnahme BT-Drs. 18/6985, S. 4. Zu den Kindesschutzverfahren im 3. Kapitel unter Punkt D.

24 *Nedden-Boeger*, Stellungnahme BT-Drs. 18/6985, S. 8.

25 Nach Ansicht des *DFGT* wird die Norm dadurch unnötig aufgebläht, Stellungnahme Ref-E, S. 5.

26 Hierzu bereits im 2. Kapitel E.III.2.

in der Praxis regelmäßig nur Psychologen zur Ausbildung zugelassen werden. Therapeuten werden daher von der in § 163 Abs. 1 FamFG unerlässlichen psychologischen Berufsqualifikation größtenteils erfasst, so dass eine separate Aufzählung nicht zielführend ist.

Die Zusammenfassung und Beschränkung der Begutachtung in Kindschaftssachen auf psychologisch und medizinisch ausgebildete Sachverständige wird auch dem Umstand gerecht, dass überwiegend psychologische Fragestellungen aufkommen, gelegentlich zusätzlich medizinische bzw. psychiatrische Aspekte zu untersuchen sind. Es wird daher zu Recht kritisiert, dass in der jetzigen Fassung überwiegend psychopathologische Berufsgruppen aufgezählt werden, die eine falsche Akzentuierung suggerieren.[27]

Die Aufnahme der pädagogischen und sozialpädagogischen Berufsgruppe ist aus mehreren Gründen abzulehnen und sollte daher aus dem Gesetztext gestrichen werden.[28] Schon die Berufsbezeichnung an sich ist sehr weitläufig. Unter Pädagogen werden Personen zusammengefasst, die sich mit der Erziehung und Bildung von Personen befassen. Darunter fallen in der Alltagssprache sämtliche pädagogisch tätige Fachkräfte wie Lehrer, Sozialarbeiter und Erzieher, die eine sehr unterschiedliche Ausbildung erfordern, mit nur bedingt vergleichbarer Zielrichtung und Kenntniserlangung. Aus wissenschaftlicher Sicht wird für die Bezeichnung als Pädagoge ein Studienabschluss in Pädagogik (Diplom oder Staatsexamen) oder ein Master in Erziehungswissenschaft verlangt.[29] Aufgrund der unterschiedlichen Beschreibungen und Ausbildungen ist die Aufnahme des allgemein gehaltenen Begriffs des (Sozial-)Pädagogen im Gesetzestext deshalb abzulehnen. Letztlich muss Pädagogen und Soziologen per se ihre Eignung für die Erstellung psychologischer Gutachten in Kindschaftssachen abgesprochen werden.

Diplom-Pädagogen oder Sozialpädagogen erlernen in ihrer Ausbildung nicht die Fähigkeiten und Fertigkeiten zur Anwendung psychologisch-diagnostischer Methoden, so dass sie als Gutachter psychologischer Fragestellungen nicht geeignet sind.[30] Sie können zwar Stellungnahmen zu Fragen der Erziehungskompetenz und -fähigkeit oder zur Bindung und Bindungstoleranz abgeben. Es handelt sich aber letztlich um die reine Wiedergabe der Geschehnisse und

27 *FöDP*, Stellungnahme Ref-E, S. 5 f.

28 So auch *Lüblinghoff*, Stellungnahme BT-Drs. 18/6985, S. 6.

29 *Nedden-Boeger*, Stellungnahme BT-Drs. 18/6985, S. 8 benennt die Berufe des Chemielehrers oder Religionspädagogen.

30 So auch *DRB*, Stellungnahme Ref-E, S. 5; *Kannegießer*, NZFam 2015, 620 (622); *Korn-Bergmann/Purschke*, FamRB 2013, 338 (340).

Beobachtungen, die nicht das Ergebnis einer empirischen Befunderhebung sind. Von wissenschaftlich fundierten Diagnosen kann daher nicht gesprochen werden. Das belegen, ungeachtet ihrer methodischen Einschränkungen, ansatzweise auch die Ergebnisse der *Hagener Studie*.[31] Selbst wenn ein Diplompädagoge sich über entsprechende Seminare auf dem Gebiet der Psychologie weiterbildet, ersetzt das keinesfalls die Studieninhalte und erworbenen Fähigkeiten und Kenntnisse eines erfolgreich abgeschlossenen Diplom-/Master-Psychologiestudiums. Allerdings ist umgekehrt eine zusätzliche (sozial-)pädagogische Qualifikation von psychologischen Sachverständigen durchaus begrüßenswert.

Die festgestellten Defizite im Hinblick auf die Befähigung zur Begutachtung in Kindschaftssachen eines (Sozial-)Pädagogen gegenüber einem Psychologen hat auch der Gesetzgeber erkannt, das Problem aber über § 163 Abs. 1 S. 2 FamFG nur unzureichend gelöst. Insoweit ist insbesondere fraglich, ob die Gerichte ausreichende diagnostische und analytische Kenntnisse i.S.d. § 163 Abs. 1 S. 2 FamFG feststellen können. Eine anerkannte Zusatzqualifikation dürfte wohl durch die Ausbildung zum *KJP-Therapeuten* zu bejahen sein. Welche darüber hinausgehenden Zusatzqualifikationen zur Erfüllung der Anforderungen ausreichen, bedürfte näherer Erläuterung.[32] Die Ergänzung ist daher im Ergebnis nicht geeignet, die Berufsgruppe der Pädagogen in § 163 Abs. 1 FamFG zu rechtfertigen.

b) Keine zusätzlichen Qualifikationen bzw. Ausbildungen

Allein die Normierung beruflicher Grundqualifikationen ist jedenfalls noch kein Garant für qualitativ gute Gutachten.[33] Es müssen darüber hinausgehende Anforderungen formuliert werden. Zwar ließ auch der Entwurf erkennen, dass die Regierung zusätzliche Anforderungen für erforderlich hält. So heißt es in der Gesetzesbegründung, dass *„mit der gesetzlichen Vorgabe einer **Mindestqualifikation** […] die Erwartung verbunden [ist], dass das Familiengericht bei der Auswahl von Sachverständigen auch prüft, ob der Sachverständige entsprechende zusätzliche Qualifikationen und Berufserfahrung erworben hat.“*[34] Es wurden aber keine zusätzlichen Qualifikationen in § 163 Abs. 1 FamFG formuliert. Der notwendige „Dreiklang aus Grundqualifikation, Berufserfahrung und einschlägiger

31 Zu den Ergebnissen zur Qualifikation siehe 4. Kapitel A.II.3.d).

32 Einen Vorschlag unterbreitet *Stemmler/Kannegießer*, NZFam 2017, 639 (642 f.).

33 So auch *Lüblinghoff*, DRiZ 2015, 194 (198); *Lüblinghoff*, DRiZ 2015, 52; *Antrag des Landes NRW*, BR-Drs. 438/2/15, S. 2; *Empfehlungen der BR-Ausschüsse*, BR-Drs. 438/1/15, S. 9; *djb*, Stellungnahme Ref-E, S. 4.

34 BT-Drs. 18/6985, S. 17.

Zusatzqualifikation“[35] sollte im Gesetzestext konkretisiert und fixiert werden.[36] Denn auch das Studium der Psychologie qualifiziert - wie ausgeführt[37] - noch nicht zur Erstattung eines familienpsychologischen Sachverständigengutachtens.[38]

Die Bedenken seitens des *Deutschen Familiengerichtstages (DFG)* dahingehend, ob es überhaupt möglich ist, über die Grundqualifikation (Master-/ Diplom-Psychologe) hinaus gesetzliche Zusatzqualifikationen festzulegen,[39] können nicht geteilt werden. Die Schwierigkeit darf nicht davon abhalten. Ziel ist es, die unerlässlichen Kenntnisse einerseits klar und deutlich zum Ausdruck zu bringen, ohne die Auswahl an Sachverständigen mehr als notwendig zu begrenzen.

Auch die seitens der *Bundesregierung* vorgebrachten Bedenken, „dass es derzeit entsprechend zusätzlich fortgebildete und berufserfahrene Sachverständige noch nicht flächendeckend in ausreichender Anzahl gibt“, können nicht durchgreifen. Diese Mangellage sollte vielmehr angegangen werden. Hierbei schaffen gesetzliche Anforderungen Anreize, sich entsprechend fortzubilden. Dadurch wird längerfristig eine ausreichende Anzahl qualifizierter Sachverständiger und damit die Qualität von Gutachten gesichert.

III. Vorschläge zur Konkretisierung des § 163 FamFG

Im Zuge der Veröffentlichung des Referentenentwurfs am 29.05.2015 und zuletzt im Rahmen der Anhörung einer Expertenrunde durch den Bundestagsausschuss für Recht und Verbraucherschutz im März 2016 wurden von Vertretern verschiedener Berufsgruppen unterschiedliche Vorschläge entwickelt, welche über die in § 163 Abs. 1 FamFG hinausgehenden zusätzlichen Qualifikationen zu fordern sind.

1. Vorschlag 1a: Öffentlich-bestellte oder zertifizierte Fachpsychologen

Der erste Vorschlag geht auf den *Ausschuss für Frauen und Jugend (FJ)* vom 23.10.2015 zurück.[40] Dieser empfiehlt, die Mindestanforderungen dahingehend zu konkretisieren, dass grundsätzlich nur *öffentlich bestellte Sachverständige* in familiengerichtlichen Verfahren beauftragt werden sollen, *alternativ* mit einer

35 *Nedden-Boeger*, Stellungnahme BT-Drs. 18/6985, S. 8.
36 So auch *Nedden-Boeger*, Stellungnahme BT-Drs. 18/6985, S. 8.
37 Siehe hierzu im 2. Kapitel unter D.IV.
38 Zu den zusätzlichen Anforderungen siehe bereits 2. Kapitel E.IV.
39 *DFGT*, Stellungnahme Ref-E, S. 5.
40 Empfehlungen der Ausschüsse, BR-Drs. 438/1/15.

Beschränkung auf Sachverständige mit einer *Zertifizierung zur Fachpsychologin oder zum Fachpsychologen Rechtspsychologie*.[41]

Die Ausgangsempfehlung scheitert bereits an einer aktuell vorhandenen Zertifizierungsstelle für öffentlich bestellte und vereidigte Sachverständige der Psychologie. Eine solche muss für Psychologen und Mediziner erst eingerichtet werden, damit der Vorschlag überhaupt aufgegriffen werden kann. Dass die Einführung einer öffentlichen Bestellung auch für psychologische, ebenso wie für medizinische Sachverständige sinnvoll ist, wurde bereits aufgezeigt (regelmäßige Qualitätskontrolle, Verpflichtung zur Auftragsannahme).[42] Der Vorschlag ist aber insoweit als unzureichend zu bewerten, als dadurch keine konkreten Zusatzanforderungen formuliert werden. Es bedarf klarer Vorgaben, nach welchen Voraussetzungen familienpsychologische Sachverständige öffentlich bestellt werden sollen.

Die Alternativempfehlung des *FJ* greift die Ergebnisse und Empfehlungen der *Hagener Studie* auf, wonach die Qualifikation zum Fachpsychologen der Rechtspsychologie mit einer höheren Qualität der Gutachten einhergeht. Dadurch würden zwar zertifizierte gegenüber nicht zertifizierten Sachverständigen bevorzugt bzw. anders gesagt, würde Nicht-Zertifizierten ihre berufliche Grundlage als gerichtlicher Sachverständiger entzogen werden.[43] Eine solche Berufsausübungseinschränkung könnte aber durchaus mit dem Ziel der Qualitätssicherung der Gutachten gerechtfertigt werden. Auch hierbei müssten aber Übergangszeiten zugestanden werden, da nach aktuellem Stand bundesweit lediglich 300 zertifizierte Rechtspsychologen tätig sind.[44] Dennoch erscheint die Fokussierung auf das Zertifizierungsangebot der *FöDP* zu eng und damit nicht zielführend, um die Mangellage an qualifizierten Sachverständigen in qualitativer und quantitativer Hinsicht zu verbessern. Es sollte der Anreiz bestehen, weitere Qualifizierungsstellen zu schaffen, die Weiterbildungen für die im Folgenden noch näher zu konkretisierenden Kenntnisse anbieten. Hierbei sind insbesondere die Bestrebungen der Hochschule Bonn und der privaten wissenschaftlichen Psychologen Hochschule Berlin hervorzuheben, die seit einigen Jahren jeweils einen Masterstudiengang mit der Bezeichnung „Rechtspsychologie" anbieten.[45] Zwischen den Universitäten

41 *Empfehlungen der Ausschüsse*, BR-Drs. 438/1/15, S. 9.

42 Siehe nur 2. Kapitel D.VI.2.b).

43 Das *DIJuF* sieht darin einen legitimen Anreiz, Hinweise Ref-E, S. 3.

44 *Antrag des Landes NRW*, BR-Drs. 438/2/15, S. 2.

45 http://www.master-rechtspsychologie.de/extras/praesentation.pdf (zuletzt abgerufen am 01.08.2017); http://www.psychologische-hochschule.de/studium-ausbildung/rechtspsychologie/ (zuletzt abgerufen am 01.08.2017).

und der *FöDP* besteht sogar die Vereinbarung, dass Veranstaltungen des Masterstudiums Rechtspsychologie auf die theoretischen Seminare der Weiterbildung zum Fachpsychologen und umgekehrt angerechnet werden können.[46] Letztlich sollte aber eine berufsbegleitende Qualifizierung gefordert werden.

2. *Vorschlag 1b: Zertifizierter Rechtspsychologe oder vergleichbare Qualifikation*

Vor diesem Hintergrund erweist sich der Vorschlag des *Landes Nordrhein-Westfalen (NRW)* praktikabler, grundsätzlich nur Sachverständige mit einer *Zertifizierung zur Fachpsychologin/zum Fachpsychologen Rechtspsychologie* oder *mit einer vergleichbaren Qualifikation in familiengerichtlichen Verfahren* einzusetzen.[47] Das könnte allerdings suggerieren, dass primär zertifizierte Fachpsychologen zu beauftragen sind und nur sekundär Sachverständige mit vergleichbarer Qualifikation. Problematisch ist aber auch an diesem Vorschlag vor allem, dass nicht ersichtlich wird, welche konkreten Kenntnisse zu erwerben sind, an denen sich vergleichbare Qualifikationsstellen zu orientierten hätten. Der Vorschlag ist damit ebenso unspezifisch wie der des *FJ* und deshalb nicht ausreichend.

3. *Vorschlag 2: Differenzierte Zusatzanforderungen an die Berufsgruppen*

Nedden-Boeger formuliert in seinem Vorschlag an die Berufsgruppen mit psychologischer, ärztlicher und pädagogischer, sozialpädagogischer oder vergleichbarer Berufsqualifikation unterschiedliche zusätzliche Qualifikationen. Sachverständige mit einer psychologischen Berufsqualifikation sollen über Erfahrung auf dem Gebiet der Rechtspsychologie, der Kinder- und Jugendpsychotherapie oder der psychologischen Psychotherapie verfügen; solche mit ärztlicher Berufsqualifikation über Erfahrung auf dem Gebiet der Kinder- und Jugendpsychiatrie und -psychotherapie, der Psychiatrie und Psychotherapie oder der Rechtsmedizin; und last but not least Sachverständige pädagogischer, sozialpädagogischer oder vergleichbarer Berufsqualifikation über familienpädagogische Berufserfahrung sowie einer kinder-, jugend- oder familientherapeutischen Zusatzqualifikation.[48]

---

46 http://www.psychologische-hochschule.de/studium-ausbildung/rechtspsychologie/ (zuletzt abgerufen am 01.08.2017); https://zwpd.transmit.de/zwpd-dienstleistungen/zwpd-rechtspsychologie/ zwpd-weiterbildung-rechtspsychologie (zuletzt abgerufen am 01.08.2017).

47 *Antrag des Landes NRW*, BR-Drs. 438/2/15, S. 1.

48 *Nedden-Boeger*, Stellungnahme BT-Drs. 18/6985, S. 9.

An diesem Vorschlag bestätigt sich die angebrachte Kritik, die beruflichen Grundqualifikationen in Gruppen zusammenzufassen. Denn die Ergänzung der im Regierungsentwurf aufgelisteten Berufsgruppen um zusätzliche Qualifikationen geht zulasten der Übersichtlichkeit. Hierbei ist insbesondere zu kritisieren, dass *Nedder-Boerger* nicht die Gruppe der Pädagogen herausnimmt. Zwar räumt er selbst ein, dass die Eignung zur Erstattung familienrechtspsychologischer Gutachten sich in der absteigenden Reihenfolge (psychologische, ärztliche und pädagogische Berufsqualifikation) widerspiegelt.[49] Pädagogen könnten die ausbildungsbedingten Defizite durch therapeutische Zusatzqualifikation ausgleichen und vor allem bei lösungsorientierten Aufgabenstellungen herangezogen werden.[50] Dem ist mit Blick auf die *KJP-Therapeuten* mit lediglich pädagogischem Studienabschluss beizupflichten. Darüber hinaus ist eine Begutachtung durch einen Pädagogen aber aus den benannten Gründen abzulehnen.[51] Therapeutische Qualifikationen sind zwar zur Interventionen bei familiären Konflikten hilfreich, ersetzen aber nicht die für die Gutachtenerstellung notwendige psychodiagnostische Grundqualifikation.

4. Vorschlag 3: Kenntnisse in Fragen des Wohls des Kindes

Das *Deutsche Institut für Jugendhilfe und Familienrecht (DIJuF)* schlägt vor, die Qualifikationsanforderungen des Sachverständigen noch dichter an diejenige des § 167 Abs. 6 FamFG anzulehnen: *„[…] das Gutachten durch einen in Fragen des Wohls des Kindes in Sorge-, Umgangs- und Herausgabeangelegenheiten ausgewiesenen […] erstattet werden“*.[52] Genauere Angaben über die erforderlichen Kenntnisse sollen in der Gesetzesbegründung ausgearbeitet werden. Nach Auffassung des Verbandes wäre das Kriterium „ausgewiesen“ erfüllt, wenn besondere Kenntnisse oder praktische Erfahrungen im relevanten Gebiet vorgewiesen werden können.[53]

Es überzeugt nicht, die genauen Anforderungen lediglich in der Gesetzesbegründung zu benennen. Vielmehr sollten sich die zusätzlichen Anforderungen an die Qualifikation aus der Norm selbst ergeben, damit sie für die Richter deutlich einsehbar sind. Die Verwendung von unbestimmten Begrifflichkeiten ist dabei kontraproduktiv. Zu allgemein gehalten ist die Formulierung „Fragen des

49 *Nedden-Boeger*, Stellungnahme BT-Drs. 18/6985, S. 9.
50 *Nedden-Boeger*, Stellungnahme BT-Drs. 18/6985, S. 9.
51 Siehe dazu weiter oben in diesem Kapitel unter B.II.3.a)
52 *DIJuF*, Hinweise Ref-E, S. 3.
53 *DIJuF*, Hinweise Ref-E, S. 3.

Wohls des Kindes". Denn Erkenntnisse zum Kindeswohl in der Trennungsphase sind zu unterscheiden von Kindeswohlgefährdungen nach § 1666 BGB. Je nach Verfahren bzw. materiellem Recht sind unterschiedliche spezifische Kenntnisse zu fordern (in Sorge- und Umgangssachen vor allem Entwicklungspsychologie, Bindungstheorie und Trennungs- und Scheidungsforschung, in Kindesschutzfällen Kenntnisse von Risiko- und Schutzfaktoren und Hilfsmaßnahmen nach SGB VIII). Der Vorschlag wirft somit insgesamt mehr Fragen auf, als dass er zu einer Spezifizierung der Qualifikationsanforderungen beitragen kann.

5. *Vorschlag 4: Spezifizierung zusätzlicher Kenntnisse und Erfahrungen*

Die psychologischen und psychotherapeutischen Berufsverbände schlagen mit ihren Empfehlungen den richtigen Weg ein, indem sie die spezifischen Zusatzqualifikationen konkret benennen. Gemein ist den Vorschlägen, dass neben theoretischen Kenntnissen auch praktische Erfahrungen im Familienrecht, respektive in familiengerichtlichen Fragestellungen vorausgesetzt werden. Die Kombination aus theoretischem Wissen auf dem Gebiet der Familienrechtspsychologie und praktischer Tätigkeit gewährleistet ein fundiertes und erprobtes Vorgehen, die die erworbenen theoretischen Grundlagen der universitären Ausbildung ergänzen.

Die *Deutsche Psychotherapeuten Vereinigung (DPtV)* schlägt vor, § 163 Abs. 1 FamFG um einen weiteren Satz zu ergänzen: *Mit der Begutachtung sollen Sachverständige beauftragt werden, die über Kenntnisse insbesondere des Verfahrensrechts, materiellen Rechts sowie über forensische und spezifische psychologische und psychotherapeutische Sachkunde und Erfahrungen verfügen.*[54] Die psychotherapeutische Berufsqualifikation wird hierbei i.S.d § 1 Abs. 1 PsychThG verstanden. An dem Vorschlag überzeugt nicht, dass der Sachverständige über spezifische psychologische und psychotherapeutische Sachkunde und Erfahrungen verfügen muss, da es sich um zwei unterschiedliche Anwendungsfelder handelt.

Überzeugender sind dagegen die Formulierungsvorschläge der *FöDP* und der Vorschlag des *BDP*, die sich nur in Nuancen unterscheiden. Ersterer fordert Gutachter *„mit einer geeigneten psychologischen und psychopathologischen Berufsqualifikation und rechtspsychologischen bzw. forensischen Kenntnissen und Erfahrungen im Familienrecht."*[55] Demgegenüber lautet der Vorschlag der *BDP*: *„mit einer geeigneten psychologischen oder medizinischen Berufsqualifikation und*

54 *DPtV*, Stellungnahme Ref-E, S. 2.
55 *FöDP*, Stellungnahme Ref-E, S. 7.

Kenntnissen und Erfahrungen für den familiengerichtlichen Bereich."[56] Der Vorschlag ähnelt in vielen Punkten der Neuregelung in § 463 Abs. 4 S. 5 StPO hinsichtlich Begutachtungen bei Vollstreckung von Maßregeln der Besserung und Sicherung.[57] Positiv ist hervorzuheben, dass *FöDP* und *BDP* losgelöst von speziellen bestehenden Weiterbildungsprogrammen Zusatzqualifikationen fixieren. Insgesamt bleiben aber leider auch diese Vorschläge zu unspezifisch.[58]

IV. Eigener Reformvorschlag zu § 163 FamFG

1. Reformvorschlag zu den Qualifikationsanforderungen

Auf Grundlage der bisherigen Überlegungen und der kritischen Würdigung der oben dargestellten Formulierungsvorschläge wurde ein eigener Reformvorschlag entwickelt. § 163 FamFG sollte mit den nachfolgenden Änderungen neu gefasst bzw. ergänzt werden.

> *(1) In Verfahren nach § 151 Nr. 1 bis 3 soll das Gutachten durch einen geeigneten Sachverständigen mit psychologischer oder ärztlicher Berufsqualifikation und rechtspsychologischen bzw. forensischen Kenntnissen und Erfahrungen im Familienrecht erstattet werden.*
>
> *(2) [1]Bei der Auswahl eines geeigneten Sachverständigen ist durch das Gericht sicherzustellen, dass der Sachverständige auch über die für das konkrete Verfahren, das konkrete Beweisthema und die konkrete Begutachtungsart erforderlichen Zusatzqualifikationen verfügt. [2]Das ist in der Regel anzunehmen, wenn der Sachverständige*
>
> 1. *in Fragen des Sorgerechts und Umgangsrechts über Kenntnisse und Erfahrungen auf dem Gebiet der Familienrechtspsychologie mit Bezügen zur Entwicklungspsychologie, Bindungsforschung, Trennungs- und Scheidungsforschung sowie pädagogischen und klinischen Psychologie verfügt.*
> 2. *in Fragen der Kindeswohlgefährdung über aussagepsychologische, psycho-analytische oder psycho-pathologische Kenntnisse und Erfahrungen sowie über Kenntnisse des SGB VIII verfügt.*
> 3. *beim Auftrag zur Herstellung des Einvernehmens nach Abs. 4[59] über intervenierende, psychoedukative und mediative Kenntnisse und Erfahrungen verfügt.*

56 *Kannegießer*, Stellungnahme BT-Drs. 18/6985, S. 3.

57 „Mit der Begutachtung sollen nur ärztliche oder psychologische Sachverständige beauftragt werden, die über forensischpsychiatrische Sachkunde und Erfahrung verfügen.“, Gesetz zur Novellierung des Rechts der Unterbringung in einem psychiatrischen Krankenhaus gemäß § 63 des Strafgesetzbuches und zur Änderung anderer Vorschriften, BGBl. I, S. 1610; BT-Drs. 18/8267.

58 Zum Vorschlag der *FöDP* und *BDP* weiter oben in diesem Kapitel unter Punkt B.III.5.

59 Zum Gesamtreformvorschlag im 7. Kapitel unter Punkt B.

2. *Begründung zu Absatz 1*

Der Änderungsvorschlag zu Absatz 1 greift die Formulierungsvorschläge der *FöDP* und des *BDP* auf. Die unnötige und verwirrende Aufzählung in Betracht kommender Berufsbezeichnungen in § 163 Abs. 1 FamFG sollte einer übersichtlicheren Unterteilung weichen. Zu fordern ist eine psychologische oder ärztliche Grundqualifikation. Denn in kindschaftsrechtlichen Verfahren werden typischerweise psychologische Fragen relevant, in Kindesschutzverfahren daneben auch ärztliche, vor allem psychiatrische und pathologische Fragen, denen aber das Studium der Medizin gemein ist. Auch die Überlegungen und Feststellungen zu den einzelnen Berufsgruppen aus dem 2. Kapitel belegen, dass durch die Forderung einer psychologischen und ärztlichen Grundausbildung alle in Kindschaftssachen relevanten Fragestellungen hinreichend abgedeckt werden.

Die zusätzlich geforderten *rechtspsychologischen bzw. forensischen Kenntnissen und Erfahrungen im Familienrecht* heben hervor, dass eine besondere über die Studieninhalte der erfassten Professionen hinausgehende Sachkunde erforderlich ist. Der Begriff der Familienrechtspsychologie umfasst – wie bereits ausgeführt[60] – alle in der Schnittstelle Recht und Familienpsychologie relevanten Abteilungen und Bereiche der Psychologie (u. a. forensische Psychologie). Neben den psychologischen Theorien und sonstigen Erkenntnissen werden vor allem auch die materiell- und verfahrensrechtlichen Grundsätze des Kindschaftsrechts erfasst. Über den Begriff der *Erfahrungen* soll deutlich werden, dass allein theoretische Kenntnisse nicht ausreichen, um wissenschaftlich fundierte Begutachtungen durchführen und Gutachten erstellen zu können. Vielmehr müssen die erlernten Methoden und Theorien auch angewendet werden können. Für die Begutachtung in Kindschaftssachen betrifft dies vor allem die Durchführung von diagnostischen Gesprächen, Verhaltensbeobachtungen und Interaktionen sowie Interventionen.

3. *Begründung zu Absatz 2*

Absatz 2 ergänzt die Norm des § 163 FamFG um spezifische Zusatzqualifikationen. Das wurde bei allen bisher vorgebrachten Vorschlägen vermisst. Über das Kriterium der Geeignetheit soll das Gericht im Hinblick auf die konkreten Beweisfragen stets einen fachlich geeigneten Sachverständigen beauftragen. Es wird aber nicht näher spezifiziert, unter welchen Voraussetzungen ein Sachverständiger für welche Beweisfragen als geeignet anzusehen ist. Wie im Zusammenhang

60 Dazu ausführlich im 1. Kapitel unter B.II.

mit der Frage zur Notwendigkeit von Sachverständigengutachten festgestellt wurde, hängt dies vom konkreten Verfahren, den konkreten Beweisfragen und der Begutachtungsart ab. Diese Erkenntnis und die daraus zu ziehenden Schlussfolgerungen manifestieren sich in Absatz 2.

Damit die Gerichte die in den verschiedenen Verfahren relevanten Begutachtungsarten und die dafür erforderlichen Kenntnisse überblicken können, werden ihnen Beispiele an die Hand gegeben, die eine nähere Spezifizierung vornehmen. Das erleichtert letztlich auch die Frage, ob ein Sachverständigengutachten im konkreten Fall eingeholt werden sollte. Deshalb werden in Absatz 2 Satz 2 spezifische psychologische Zusatzqualifikationen aufgelistet, die typischerweise für die psychologische Begutachtungspraxis in kindschaftsrechtlichen Verfahren erforderlich werden können. Die Aufzählungen sind als nicht abschließende Regelbeispiele, sortiert nach ihrer Häufigkeit, zu verstehen. Das betrifft nach Absatz 2 Satz 2 Ziffer 1 vor allem Kenntnisse und Erfahrungen in den wesentlichen Bereichen der Familienrechtspsychologie.[61] Insbesondere in Sorgerechts- und Umgangsrechtsverfahren sind die Kindeswohlkriterien unter Heranziehung der wissenschaftlichen Erkenntnisse der Psychologie zu bewerten.

Zur Beurteilung von Kindeswohlgefährdungen (Ziffer 2) kommt es dagegen entscheidend darauf an, die häuslichen und familiären Gegebenheiten und die erzieherischen Kompetenzen der Eltern zu diagnostizieren. Soll die Persönlichkeit der Eltern begutachtet werden, sind psycho-analytische Kenntnisse und Erfahrungen erforderlich.[62] Für die Beurteilung und Erklärung von Verhaltensauffälligkeiten und Symptomen im Zusammenhang mit einem Verdacht auf Misshandlung, Missbrauch oder Vernachlässigung müssen psycho-pathologische Kenntnisse und Erfahrungen vorliegen. Schließlich können Aussagen des Kindes, insbesondere beim Verdacht des sexuellen Missbrauchs, zu bewerten sein, wofür aussagepsychologische Kenntnisse und Erfahrungen zu fordern sind. Daneben sollten auch Sachverständige über Kenntnisse auf dem Gebiet des SGB VIII verfügen, um mögliche Hilfsmaßnahmen in Betracht zu ziehen und deren Wirksamkeit zur Abwendung der Kindeswohlgefährdung prognostizieren zu können.

Ziffer 3 greift die seit 2009 bestehende Möglichkeit des Gerichts auf, den Sachverständigen mit dem Zusatzauftrag des Hinwirkens auf Einvernehmen (aktuell § 163 Abs. 2 FamFG) zu betrauen. Hierfür muss der Sachverständige zusätzlich

---

61 Zu den einzelnen Forschungsbereichen der Familienrechtspsychologie ausführlich im 1. Kapitel unter Punkt B.; siehe auch *FöDP*, Stellungnahme Ref-E, S. 5.

62 Eine Übersicht findet sich bei *FöDP*, Stellungnahme Ref-E, S. 5.

über intervenierende, psychoedukative und mediative Kenntnisse und Erfahrungen verfügen.

Im Rahmen des Auswahlprozesses sind die in Frage kommenden Sachverständigen unbedingt mit einzubeziehen. Die in Absatz 2 angeführten Regelbeispiele geben den Gerichten Anhaltspunkte an die Hand, welche Qualifikationen sie in einem Vorabgespräch mit dem in Frage kommenden Sachverständigen abfragen sollten.[63] Gleichwohl wird sich die jeweilige Qualifikation des Sachverständigen erst im Vorabgespräch feststellen lassen und im Einzelfall vielleicht sogar andere oder weitere Aspekte aufzeigen. Im Sinne einer effizienten Verfahrensgestaltung muss nicht nur der Kompetenzbereich des Sachverständigen, sondern auch der Zeitrahmen der Begutachtung und der Inhalt des Beweisauftrages vor Auftragserteilung geklärt werden.[64] Dem trägt auch bereits § 404a Abs. 2 ZPO Rechnung, wonach das Gericht den Sachverständigen beispielsweise bei Schwierigkeiten hinsichtlich der Formulierung von Beweisfragen hören kann.[65] Indem nach § 163 Abs. 1 FamFG nur ein geeigneter Sachverständiger beauftragt werden soll, werden die Gerichte gleichzeitig zur vorherigen Kontaktaufnahme verpflichtet. Das unterstreicht die Wichtigkeit der Kommunikation zwischen dem Gericht und den Sachverständigen während des gesamten Begutachtungsprozesses.

4. *Information der Sachverständigen über den Verfahrensausgang*

Im gleichen Zuge sollte auch dem Wunsch der Sachverständigen nachgegangen werden, dass sie über den Ausgang des Verfahrens informiert werden.[66] Schon die *Kommission für das Zivilprozessrecht (ZPO-Kommission)* von 1977[67] schlug vor, die ZPO in dieser Hinsicht zu ergänzen. § 413 ZPO-E lautete: *Das Gericht kann den Sachverständigen auf seinen Antrag vom Ausgang des Rechtsstreits unterrichten und ihm eine Abschrift der ergangenen Entscheidung erteilen.*[68] Dem steht nicht entgegen, dass nach § 299 ZPO dem Wortlaut nach nur die Parteien berechtigt sind, die Akten einzusehen und Abschriften anzufordern. Denn auch der Sachverständige bekommt bereits nach Auftragserteilung die Akten des

---

63 So auch Heilmann/*Heilmann*, § 163 Rn. 20; Prenzlow/*Früh-Naumann*, S. 219 (222).

64 So auch Prenzlow/*Früh-Naumann*, S. 219 (221 f.); dazu *Varrentrapp*, DRiZ 1969, 351 (351).

65 Stein/Jonas/*Berger*, § 404a Rn. 4.

66 *Bericht der ZPO-Kommission*, S. 142.

67 *Bericht der ZPO-Kommission*, S. 138.

68 *Bericht der ZPO-Kommission*, S. 350. Jedenfalls auf Wunsch: *Pieper*, ZZP 1971, 1 (34).

Verfahrens zur Einsicht übersandt. Da er von Berufs wegen dazu verpflichtet ist, mit den Daten sensibel umzugehen, wäre es widersprüchlich, ihm das Verfahren während der Begutachtung offen zu legen, sich aber nach der Erstattung des Gutachtens auf § 299 ZPO zu berufen.[69]

Zum Zwecke der von den Sachverständigen geforderten kritischen Reflexion und Supervision sollte Sachverständigen in kindschaftsrechtlichen Verfahren sogar unaufgefordert eine Kopie der Entscheidung übersandt werden. Sie sollen wissen, ob ihrem Gutachten gefolgt wurde oder aus welchen Gründen davon abgewichen wurde. § 163 FamFG sollte daher um folgenden Absatz 5 ergänzt werden:

> *(5) Das Gericht hat den Sachverständigen über den Ausgang des Verfahrens zu unterrichten und ihm eine Abschrift der ergangenen Entscheidung zu übersenden.*

Es kann nicht oft genug betont werden, dass das Gelingen interdisziplinärer Zusammenarbeit insgesamt eine enge Kommunikation und Kooperation von den Beteiligten erfordert. Zu wünschen ist daher ein beständiger Kontakt und Austausch zwischen Gericht und Sachverständigen, und zwar im Vorfeld, während der Begutachtung in Form von Zwischenberichten und im Anschluss an die Begutachtung.[70] Denn mangelhafte Gutachten lassen sich nicht nur auf eine unzureichende Qualifikation des Sachverständigen zurückführen, sondern sind oft das Ergebnis schlechter Auftragserteilung. Bereits kleinste Missverständnisse können sich erheblich auf das Gutachtenergebnis auswirken. So liegt es beispielsweise dann, wenn die Beweisfrage falsch verstanden und dadurch in eine völlig andere Richtung begutachtet wurde. Nicht selten wird der Auftrag auch im Umfang überschritten, was einen Ablehnungsgrund begründen kann.[71] Sofern sich im Verlauf der Exploration neue Aspekte ergeben (z. B. eine Gefährdung des Kindeswohls), die über die gerichtliche Fragestellung hinaus klärungsbedürftig erscheinen, ist das Gericht zu kontaktieren. Eigenmächtige Überschreitungen des Gutachtenauftrages sind dem Sachverständigen untersagt.[72]

5. Einrichtung adäquater Qualifizierungsstellen

Möchte man die Qualität psychologischer Gutachten in Kindschaftssachen ernsthaft verbessern, genügt aber auch die über die Grundqualifikation hinausgehende Normierung zusätzlicher Qualifikationen nicht. Die Forderung darf

---

69 So auch *Bericht der ZPO-Kommission*, S. 142: § 299 ZPO stehe nicht entgegen.

70 *17. DFGT*, Empfehlungen des Vorstandes, Brühler Schriften, 2008, S. 181: ggf. sogar ein Zwischentermin.

71 Zuletzt auch *OLG Karlsruhe* NZFam 2015, 432.

72 *Salzgeber*, Gutachten, S. 67.

keine theoretische bleiben, sondern verlangt Weiterbildungsangebote, die psychologischen Sachverständigen eine adäquate Qualifizierung im Sinne des vorgeschlagenen § 163 Abs. 1, 2 FamFG ermöglichen.[73] Aktuell bestehen lediglich das Weiterbildungsangebot zum zertifizierten Rechtspsychologen der BDP/DGPs sowie die Masterstudiengänge Rechtspsychologe an den Universitäten Bonn und Berlin. Wobei im gesamten Bundesgebiet nur 193 zertifizierte Fachpsychologen für Familienrecht gelistet sind. Diese können die anfallenden psychologischen Gutachten für Familiengerichte alleine niemals abdecken.[74]

Zusätzlich sollten auch die Justizverwaltungen der Länder aktiv werden. Unbedingt sollte die (Wieder)Einführung von öffentlich bestellten Sachverständigen für den Bereich der Psychologie und der Medizin angestrebt werden.[75] Dies wird schon seit längerem immer wieder angeregt. Bei der Aufstellung von Anforderungen an die öffentliche Bestellung von familienpsychologischen Sachverständigen kann sich die zuständige Bestellungsbehörde an den im Reformvorschlag aufgestellten zusätzlichen Qualifikationsanforderungen orientieren. Denkbar wäre hier auch eine Rückkopplung mit den BDP/DGPs. Die auf diese Weise öffentlich bestellten psychologischen Sachverständigen könnten sodann in dem bundesweiten Sachverständigenverzeichnis der IHK aufgenommen werden. Dort werden aktuell über 8000 von den benannten Bestellungskörperschaften öffentlich bestellte und vereidigte Sachverständige aus mehr als 280 Sachgebieten gelistet.[76] Dadurch würde die gerichtliche Auswahl qualifizierter Sachverständiger erheblich erleichtert werden.[77] Mangels Gesetzgebungskompetenz des Bundes ist die Führung von Gerichtssachverständigen- und Gerichtsdolmetscherlisten durch das Bundesministerium für Justiz nach dem Vorbild Österreichs, die in regelmäßigen Abständen gepflegt werden, leider nicht umsetzbar.[78]

Nur wenn Sachverständige in ausreichender Zahl und mit ausreichender Qualifikation auf dem Gebiet des familienpsychologischen Berufsfeldes zur Verfügung stehen und in öffentlich zugänglichen Listen geführt werden, kann die gerichtliche Auswahl eines Sachverständigen effektiver gestaltet und damit langfristig eine Verbesserung der Qualität familienpsychologischer Begutachtungen in Kindschaftssachen erreicht werden. Gerade hierdurch könnte es zu einer

---

73 In diesem Sinne u. a. *Müller*, Stellungnahme BT-Drs. 18/6985, S. 8.

74 http://www.rechtspsychologen-register.de/recht/results/?s=bnxdydffstslazk4j44xgqbktvujf6pu-44jlcq (zuletzt abgerufen am 01.08.2017).

75 *70. DJT*, 2014, A 106; *DJI*, Stellungnahme Ref-E, S. 4.

76 http://svv.ihk.de/content/home/home.ihk (zuletzt abgerufen am 01.08.2017).

77 *DAV*, Stellungnahme Ref-E, S. 7; *Kramme*, Stellungnahme BT-Drs. 18/6985, S. 5.

78 Dafür *DAV*, Stellungnahme Ref-E, S. 7; *DJI*, Stellungnahme Ref-E, S. 4.

positiven Wechselwirkung dergestalt kommen, dass einerseits die Auswahl- und Kontrollmöglichkeit von Seiten des Gerichts verbessert wird und andererseits die Sachverständigen gezwungen sind, sich den Anforderungen in kindschaftsrechtlichen Verfahren entsprechen zu qualifizieren, um auch weiterhin für Gerichte Gutachten erstellen zu können. Denn nicht nur die Gerichte, auch die Sachverständigen und sonstigen Beteiligten sind letztlich dem Kindeswohl verpflichtet.

C. Neufassung des Sachverständigenbeweises in der ZPO

I. Rechtsentwicklung

Mit dem Gesetz zum Sachverständigenrecht wurden auch die Vorschriften zum Sachverständigenbeweis endlich einer Erneuerung unterzogen. Die wenigen Vorschriften zum Sachverständigenbeweis, die überwiegend auf die Vorschriften des Zeugenbeweises verweisen, bestehen seit ihrer Normierung 1879 nahezu unverändert fort. Das erstaunt insoweit, als sich die Stellung und Bedeutung des psychologischen Sachverständigen – wie ausgeführt[79] – in der gerichtlichen Praxis insgesamt sichtlich verändert hat. Bereits die *ZPO-Kommission* von 1977 gab zu bedenken, dass der Gesetzgeber des FGG diese Entwicklung „sichtlich nicht vorausgesehen" haben konnte und schlug deshalb vor, den Sachverständigenbeweis vom Zeugenbeweis abzukoppeln, jedoch ohne von der Grundkonzeption abzuweichen.[80] Denn andere Grundkonzeptionen, wie beispielsweise eine Integration des Sachverständigen in die Spruchkörper als technische Berater,[81] würden jegliche beweisrechtliche Züge leugnen. Möglich und effizienter ist es, die speziellen Vorschriften des Sachverständigenrechts neuzufassen und zu ergänzen. Selbst Neuregelungen mit lediglich klarstellender Wirkung können einen Anstoß zur Überwindung der vorhandenen Mängel geben.[82]

Durch das Gesetz zur Änderung des Sachverständigenrechts wurde der Sachverständigenbeweis zwar nicht vom Zeugenbeweis abgekoppelt, dennoch einigen Neuerungen unterzogen. Im Folgenden wird nur auf die Änderungen der ZPO eingegangen, die Berührungspunkte mit den kindschaftsrechtlichen Verfahren aufweisen. Hierbei stellt die Gesetzesbegründung ausdrücklich klar, dass alle Änderungen in der ZPO über § 30 Abs. 1 FamFG auch in förmlichen Beweisverfahren

79 Siehe dazu 2. Kapitel F.IV.7.

80 Bericht der *ZPO-Kommission*, S. 138 f.; *Pieper/Breunung/Stahlmann*, S. 57.

81 Art. 61 ff., 191 ff. des italienischen Zivilprozessrechts: *Pieper/Breunung/Stahlmann*, S. 62. Oder auch Sachverständige als iudex facti, Gutachten mit Zustimmungszwang: *Pieper/Breunung/ Stahlmann*, S. 60.

82 So bereits *Pieper*, ZZP 1971, 1 (33); auch *Bericht der ZPO-Kommission*, S. 138.

der FamFG-Verfahren gelten sollen, jedoch nicht im Widerspruch zu den Grundsätzen der jeweiligen FamFG-Verfahrensarten stehen dürfen.[83]

II. Parteianhörung zur Sachverständigenauswahl (§ 404 Abs. 2 ZPO)

1. Neufassung

In § 404 ZPO wurde ein neuer Abs. 2 gefasst, wonach vor dessen Ernennung die Parteien/Beteiligten[84] zur Person des Sachverständigen befragt werden *können.*[85] Der Gesetzgeber hat sich damit bewusst für eine Kann-Regelung entschieden. Noch im Referentenentwurf war eine zwingende Anhörung (müssen) vorgesehen.[86] Der Referentenentwurf sah noch vor, dass die Parteien zwingend anzuhören sind (*müssen*). Bereits der Gesetzesentwurf entschärfte die Regelung in Form einer Soll-Formulierung.[87]

Eine frühzeitige Beteiligung ist in Übereinstimmung mit der Begründung des Gesetzesentwurfes zur Verwirklichung des verfassungsrechtlichen Grundsatzes des rechtlichen Gehörs (Art. 103 Abs. 1 GG) grundsätzlich zweckmäßig.[88] Auch der *BGH* ist der Ansicht, dass die Gerichte den Anregungen der Parteien nachzugehen haben.[89] Es wird die Auffassung vertreten, dass es nur noch eine Frage der Zeit sei, bis das *BVerfG* seine Rechtsprechung zum rechtlichen Gehör[90] fortführe und ebenso wie der *BGH* zur Anhörung der Beteiligten Stellung beziehe.[91] Dies bleibt abzuwarten.

Dennoch ist die Entscheidung für eine Kann-Vorschrift und damit gegen eine zwingende Anhörung durchweg zu begrüßen. Indem die Anhörung der Parteien in das Ermessen des Gerichts gestellt wird, kann auf die Besonderheiten der verschiedenen Verfahren und Fallkonstellationen, die über Verweisungsnormen

---

83 BT-Drs. 18/6985, S. 11.

84 Im Weiteren wird nur der Begriff der Parteien verwendet.

85 BT-Drs. 465/16, S. 2.

86 *Ref-E BMJV* v. 29.05.2015, S. 0.

87 BT-Drs. 18/6985, S. 7. Zustimmend: *DFGT*, Stellungnahme Ref-E, S. 2; *DRB*, Stellungnahme Ref-E, S. 2; *FöDP*, Stellungnahme Ref-E, S. 1 ff., ist sogar für eine zwingende Anhörung, zeitliche Verzögerungen seien gegenüber dem Nutzen einer sachgerechten Begutachtung hinzunehmen. a. A. *Stellungnahme BR*, BT-Drs. 18/6985, S. 22; *DIJuF*, Hinweise Ref-E, S. 2. Kritisch u. a. auch *Müller*, Stellungnahme BT-Drs. 18/6985, S. 1.

88 *Reg.-Begr.*, BT-Drs. 18/6985, S. 13; bereits *Ref-E BMJV* v. 29.05.2015, S. 8; *Thomas/Putzo*, § 404 Rn. 1.

89 BGHZ 131, 76 (80) = NJW 1996, 196.

90 *BVerfG* NJW 1998, 2273; Beschl. v. 17.01.2012 – 1 BvR 2228/10 –, juris.

91 *DRB*, Stellungnahme Ref-E, S. 2; *Lüblinghoff*, NJW 2016, 3329 (3329 f.).

§ 404 Abs. 2 ZPO zu Anwendung kommen lassen, Rücksicht genommen werden. Im Gesetzesentwurf wurden zahlreiche Fallgestalltungen angeführt, in denen von einer Anhörung abgesehen werden sollte. Das betrifft unkompliziert gelagerte Fälle (Routinefälle) oder Eilverfahren bzw. Verfahren mit besonderem Beschleunigungsbedürfnis wie Kindschaftssachen.[92] Die Formulierung der Anhörung als Soll-Vorschrift wäre den Eigenheiten anderer Verfahren gerade nicht gerecht geworden. Denn in den benannten Verfahren ist nicht nur ausnahmsweise, sondern grundsätzlich eine Verzögerung durch eine vorherige Anhörung der Parteien zur Sachverständigenauswahl zu erwarten, was sich – wie der *Bundesrat* zurecht feststellt – mit dem Charakter einer Soll-Vorschrift nicht vereinbaren lasse.[93] Vielmehr hätten explizite Ausnahmeregelungen getroffen werden müssen.[94] Somit hat sich der Gesetzgeber zugleich für die „einfachste" Variante entschieden.

2. *Bedeutung für kindschaftsrechtliche Verfahren*

In Kindschaftssachen ist unter mehreren Gesichtspunkten eine vorherige Anhörung besonders kritisch zu sehen.[95] Während des Gesetzgebungsverfahrens wurde deshalb sogar empfohlen, diese explizit aus dem Anwendungsbereich des § 404 Abs. 2 ZPO herauszunehmen.[96] Durch die Formulierung als Kann-Regelung ist das nicht mehr notwendig gewesen.

Die Nachteile einer Verfahrensverzögerung überwiegen hier insgesamt die Vorteile einer angestrebten höheren Transparenz.[97] Die Entscheidung ein Gutachten einzuholen, wird regelmäßig nach dem frühen ersten Termin getroffen.

---

92 *Stellungnahme BR*, BT-Drs. 18/6985, S. 22. Der *federführende Rechtsausschuss* bezieht sich in seiner Empfehlung an den Bundesrat v. 23.10.2015 auf Verkehrsunfallsachen, Streitigkeiten über eine Mietminderung und einfache bis mittelschwere Bausachen, BR-Drs. 438/1/15, S. 2.

93 *Stellungnahme BR*, BT-Drs. 18/6985, S. 23.

94 So auch *DRB*, Stellungnahme Ref-E, S. 3. *Empfehlungen der Ausschüsse*, BR- Drs. 438/1/15, S. 3, 6; *Müller*, Stellungnahme BT-Drs. 18/6985, S. 7.

95 So auch *Heilmann*, Stellungnahme BT-Drs. 18/6985, S. 3; *DFGT*, Stellungnahme Ref-E, S. 2.

96 *DRB*, Stellungnahme Ref-E, S. 3 regt an, Ausnahmen vom Grundsatz der Anhörungspflicht zu regeln; *Empfehlungen der Ausschüsse*, BR-Drs. 438/1/15, S. 5 f.: „Dies gilt nicht für Kindschaftssachen nach § 151 Nr. 1 bis 3, 6 und 7 des Gesetzes über das Verfahren in Familiensachen und in den Angelegenheiten der freiwilligen Gerichtsbarkeit".

97 *Stellungnahme BR*, BT-Drs. 18/6985, S. 22; *Heilmann*, Stellungnahme BT-Drs. 18/6985, S. 3.

Um der Anhörungsregelung gerecht zu werden, müsste ein zusätzlicher Termin zur Anhörung anberaumt werden oder jedenfalls eine Aufforderung zur schriftlichen Stellungnahme unter Setzung einer Frist ergehen, der dem besonderen Beschleunigungsbedürfnis in Kindschaftssachen zuwiderläuft. Zu Recht wird weiter angeführt, dass die emotional aufgeladenen Kindschaftssachen einer zusätzlichen Konfliktverschärfung ausgesetzt würden, die letztlich eine notwendige Begutachtung und auch das Hinwirken auf Einvernehmen gefährden.[98] *Heilmann* führt ergänzend an, dass hierbei die Gefahr bestünde, dass die in den Medien ausgetretenen Verfehlungen von Sachverständigen von den Beteiligten pauschal aufgegriffen und über die Anhörung in das Verfahren eingeführt werden, mit der Folge einer erheblichen Verzögerung und Erschwerung der gerichtlichen Auswahl.[99]

In Anbetracht der bisherigen Feststellungen ist ergänzend auszuführen, dass eine Vielzahl von Familienrichtern Schwierigkeiten haben, einen geeigneten Sachverständigen für den konkreten Fall auszuwählen. Es ist deshalb nicht ersichtlich, inwieweit die Beteiligten als psychologische Laien hier einen tatsächlichen Mehrwert zum Bestellungsprozess beitragen können sollen. Dies gilt insbesondere mit Blick auf die bereits dargestellte Komplexität der verschiedenen psychologischen Berufsbereiche, die aber überblickt werden muss, um einen für die konkreten Begutachtungsfragen geeigneten Sachverständigen auswählen zu können. Deshalb wird in Kindschaftssachen auch üblicherweise nicht von § 404 Abs. 4 ZPO Gebrauch gemacht, wonach die Parteien aufgefordert werden können, im Rahmen der Auswahl eines Sachverständigen ihnen geeignet erscheinende Personen zu bezeichnen.

Da die Beteiligten aber ungeachtet dessen jederzeit die Möglichkeit haben, Vorschläge und Einwände an das Gericht heranzutragen, beispielsweise einen Ablehnungsantrag nach § 406 ZPO zu stellen, wird ihr Anspruch auf rechtliches Gehör hinreichend gewahrt. Auch wenn das Gericht letztlich nicht an das Votum der Parteien gebunden ist und auch nicht sein sollte.[100] Bestrebungen in Richtung auf ein einmaligen Vetorechtes mit Bindungswirkung für das Gericht haben sich zu Recht auch nicht in klassischen Zivilverfahren durchgesetzt.[101] Auch geht die Erwartung fehl, dass die Parteien von späteren Ablehnungsgesuchen (§ 406

98 *Empfehlungen der Ausschüsse*, BR- Drs. 438/1/15, S. 4 ff.; *Stellungnahme BR*, BT-Drs. 18/6985, S. 22.

99 *Heilmann*, Stellungnahme BT-Drs. 18/6985, S. 3; *Empfehlungen der Ausschüsse*, BR-Drs. 438/1/15, S. 5 f.

100 *Reg.-Begr.*, BT-Drs. 18/6985, S. 14.

101 *VAMV*, Stellungnahme Ref-E, S. 2.

ZPO) Abstand nehmen, weil sie anfänglich mit der Bestellung (noch) einverstanden waren. Ablehnungsgründe ergeben sich zudem regelmäßig erst während des Begutachtungsprozesses oder sogar erst nach Gutachtenerstattung.

III. Zwingende Fristsetzung (§ 411 Abs. 1 ZPO)

1. Neufassung

Bis zur Gesetzesänderung hieß es in § 411 Abs. 1 ZPO, das Gericht *soll* dem Sachverständigen eine Frist zur Begutachtung setzen. Nunmehr ist die Fristsetzung bei schriftlichen Gutachten obligatorisch („*setzt*").[102] Damit soll vermeidbaren Verfahrensverzögerungen vorgebaut werden.[103]

§ 411 Abs. 1 ZPO enthält jedoch keine Angaben zum Umfang einer angemessenen Frist. Das wäre auch nicht wünschenswert, da § 411 Abs. 1 ZPO über Verweisungsvorschriften in den unterschiedlichsten Verfahren Anwendung findet.[104] Ausweislich der Gesetzesbegründung hat das Gericht bei der Bemessung der Frist „neben dem Gebot der beschleunigten Verfahrensführung den voraussichtlichen Zeitaufwand einer fachgerechten Begutachtung einschließlich des Umfangs der Beweisfragen und Akten sowie der erforderlichen Tatsachenfeststellungen und der fachlichen und tatsächlichen Komplexität des zu begutachtenden Sachverhaltes zu beachten".[105]

Zwecks effektiver Verfahrensbeschleunigung ist die obligatorische Fristsetzung durchweg zu begrüßen.[106] Nach den eindeutigen Ergebnissen einer Studie von *Keders/Walter* zufolge setzen Amts- und Landgerichte lediglich in 55–65 % der Zivilverfahren eine Frist.[107] Der *Bundesrat* wendet hiergegen ein, dass eine solche Regelung nicht praxistauglich sei, weil für das Gericht die Setzung einer angemessenen Frist teilweise nur schwer einschätzbar sei und eine zu enge Frist die Bereitschaft der ohnehin geringen Anzahl an geeigneten Sachverständigen

102 Kemper/Schreiber/*Schreiber*, § 30 Rn. 3.
BT-Drs. 18/6985, S. 7.

103 BT-Drs. 18/6985, S. 15.

104 So auch *DFGT*, Stellungnahme Ref-E, S. 3.

105 BT-Drs. 18/6985, S. 15.

106 So auch *DFGT*, Stellungnahme Ref-E, S. 3; *DRB*, Stellungnahme Ref-E, S. 4; *Heilmann*, Stellungnahme BT-Drs. 18/6985, S. 3; siehe bereits Beschlüsse des *70. DJT*, 2014, S. 6 Nr. 17a); a. A. *Müller*, Stellungnahme BT-Drs. 18/6985, S. 5.

107 *Keders/Walter*, NJW 2013, 1697 (1701). A. A. *Stellungnahme Bundesrat*, BT-Drs. 18/6985, S. 23, wonach eine obligatorische Fristsetzung weder erforderlich noch praxistauglich sei, da bereits regelmäßig Fristen gesetzt und durch die Gerichte überwacht würden.

in vielen Bereichen negativ beeinflussen könnte.[108] Gegen die zwingende Fristsetzung wird weiter angeführt, dass Fristüberschreitungen nicht immer auf die Person des Sachverständigen zurückzuführen seien. Zu nennen seien insbesondere die fehlende Mitwirkung der Parteien oder sonstige Unabwägbarkeiten im Vorfeld.[109]

Beides steht aber letztlich der Setzung einer angemessenen Frist nicht entgegen. Die Gerichte sind auch jetzt schon gut beraten, die Frist nach vorheriger Abstimmung mit dem Sachverständigen und unter Beachtung der Besonderheiten des Einzelfalles festzusetzen, und machen von dieser Möglichkeit auch häufig Gebrauch.[110] Um dennoch auch die Fälle zu erfassen, in denen Fristen eigenmächtig durch die Gerichte gesetzt und hinsichtlich der angemessenen Länge falsch eingeschätzt werden, sollte § 411 Abs. 1 ZPO dahingehend ergänzt werden, dass die Frist in Absprache mit dem Sachverständigen gesetzt werden soll.[111] Hierbei kann an die Formulierung in § 73 Abs. 1 S. 2 StPO angelehnt werden. In jedem Fall ist eine ständige Kommunikation zwischen Gericht und Sachverständigem über das gesamte Verfahren hinweg unerlässlich.[112]

Außerdem steht es dem Sachverständigen jederzeit frei, eine Fristverlängerung bei Gericht zu erwirken (§ 224 Abs. 2 ZPO). Können erhebliche Gründe glaubhaft gemacht werden, ist in Zivilverfahren grundsätzlich eine Fristverlängerung zu gewähren. Das trifft insbesondere auch auf Gründe außerhalb der Sphäre des Sachverständigen zu,[113] zumal die Gerichte zwecks Aufklärung des Sachverhaltes auf die Ergebnisse des Gutachtens angewiesen sein werden. Gerade weil die nachträgliche Fristverlängerung nach § 224 Abs. 2 ZPO aber mit einem zusätzlichen Aufwand für alle Beteiligten verbunden ist, ist die anfängliche

---

108 Die Zweckmäßigkeit einer zwingenden Fristsetzung wurde bereits im FGG-Reformgesetz angezweifelt, BT-Drs. 16/6308, S. 379; *Stellungnahme BR*, BT-Drs. 18/6985, S. 23; *DPG*, Stellungnahme Ref-E, S. 4.

109 *Stellungnahme BR*, BT-Drs. 18/6985, S. 23.

110 Prütting/Helms/*Hammer*, § 163 Rn. 10; *Bumiller/Harders/Schwamb*, § 163 Rn. 1; MüKoZPO/ *Schumann*, § 163 Rn. 5; Coester-Waltjen et al./*Jestaedt*, S. 45; *Willutzki*, ZKJ 2006, 224 (228); Musielak/Borth/*Borth*, § 163 Rn. 2; Prütting/Helms/*Stößer*, § 163 Rn. 2; BeckOKFamFG/*Schlünder*, § 163 Rn. 4; 18. *DFGT*, Brühler Schriften, 2010, S. 139 (AK 23 Aufgaben des Sachverständigen im FamFG)

111 Siehe bereits die Empfehlung des *17. DFGT*, Empfehlungen des Vorstandes, Brühler Schriften, 2008, S. 185; nunmehr auch *DPtV*, Stellungnahme Ref-E, S. 1. Für eine Rücksprache mit dem Sachverständigen auch der *DPG*, Stellungnahme Ref-E, S. 4.

112 So auch *DFGT*, Stellungnahme Ref-E, S. 3; *FöDP*, Stellungnahme Ref-E, S. 4.

113 BT-Drs. 18/6985, S. 15.

Absprache mit dem Sachverständigen über den Begutachtungszeitraum die effektivere Alternative.[114]

2. *Bedeutung für kindschaftsrechtliche Verfahren*

Da in kindschaftsrechtlichen Verfahren die obligatorische Fristsetzung bei schriftlichen Gutachten bereits 2009 in § 163 Abs. 1 FamFG a.F. gesetzlich normiert war, bedeutet die gleichlautende Neuregelung des § 411 Abs. 1 ZPO, die über § 30 Abs. 1 FamFG in Kindschaftssachen anwendbar ist, keine Neuerung für diese Verfahren. Dennoch wird die Streichung des § 163 Abs. 1 FamFG nicht begrüßt. Zwecks Unterstreichung des Beschleunigungsgrundsatzes sollte die Regelung des § 163 Abs. 1 FamFG a.F. erhalten bleiben. Die Auslagerung der Fristenregelung in der ZPO wird der hohen Bedeutung der Fristenregelung in Kindschaftssachen nicht gerecht. Vielmehr sollten die wichtigsten Anforderungen und Grundsätze hinsichtlich der Einholung eines schriftlichen Sachverständigengutachtens in Kindschaftssachen in der Norm des § 163 FamFG auf einen geregelt sein.

IV. Obligatorische Festsetzung eines Ordnungsgeldes (§ 411 Abs. 2 ZPO)

1. *Neufassung*

Hat der Sachverständige die vom Gericht gesetzte Frist versäumt, konnte das Gericht gegen den Sachverständigen schon in der Vergangenheit ein Ordnungsgeld festsetzen. Nunmehr *soll* das Gericht nach Androhung eines Ordnungsgeldes und erfolgloser Nachfristsetzung gegen den Sachverständigen ein Ordnungsgeld verhängen (§ 411 Abs. 2 S. 1 ZPO). Damit wird die Verhängung eines Ordnungsgeldes zum Regelfall erhoben. Der Gesetzgeber erhofft sich dadurch, dass die Begutachtungsfrist besser eingehalten und damit die Verfahren insgesamt beschleunigt werden. Denn Untersuchungen ergaben, dass in 3/4 der überprüften zivilgerichtlichen Hauptsacheverfahren eine durchschnittliche Fristüberschreitung von 4,9 Monaten zu verzeichnen, aber nur in den seltensten Fällen ein Ordnungsgeld verhängt worden war,[115] selbst nicht bei offensichtlich in der Sphäre des Sachverständigen liegender Verzögerung.[116] Über die Formulierung als Soll-Vorschrift ist es den Gerichten weiterhin möglich, im Einzelfall von der

114 So auch *Stockmann*, FamRB 2016, 442 (443).
115 *Keders/Walter*, NJW 2013, 1697 (1701 f.).
116 *Heilmann*, Stellungnahme BT-Drs. 18/6985, S. 3.

Verhängung eines Ordnungsgeldes abzusehen, ohne dass sie diese Entscheidung förmlich begründet müssen.[117]

Die Höhe des Ordnungsgeldes wurde von maximal 1.000 Euro (vgl. § 380 ZPO i.V.m. § 6 Abs. 1 S. 1 EGStGB) auf maximal 3.000 Euro erhöht, § 411 Abs. 2 S. 3 ZPO.[118] Der Gesetzgeber entschied sich damit gegen die im Gesetzesentwurf vorgeschlagene Erhöhung auf 5.000 Euro.[119]

Die konsequente Überwachung und Ahndung der Sachverständigen durch die Gerichte ist im Hinblick auf eine zügige Beweiserhebung zu begrüßen.[120] Sowohl Gerichte als auch Sachverständige werden dadurch stärker in die Pflicht genommen, Fristüberschreitungen egal aus welchen Gründen aktiv entgegen zu wirken. Die tatsächliche Festsetzung eines Ordnungsgeldes entsprechend § 381 ZPO erfolgt nur bei Verschulden des Sachverständigen.[121] Ein solches kann auch dann zu setzen sein, wenn der Verzögerungsgrund zwar nicht primär aus der Sphäre des Sachverständigen herrührt, er aber nicht seiner Pflicht nachkommt, das Gericht über jegliche Verzögerungen zu unterrichten, damit das Gericht geeignete Maßnahmen ergreifen kann. Sofern die Begutachtung noch erfolgversprechend erscheint, wird das Gericht regelmäßig eine Fristverlängerung gewähren. In einem solchen Fall darf es letztlich keinen Unterschied machen, ob der Verzögerungsgrund aus der Sphäre des Sachverständigen selbst herrührt (z. B. Arbeitsüberlastung) oder auf anderen Umständen (z. B. fehlende Mitwirkung der Parteien, veränderte Umstände oder anderweitige Komplikationen) beruht.[122]

Aus den Reihen der Gutachter wird vor allem die Anhebung des Ordnungsgeldes als „falsches Signal"[123] und als unverhältnismäßig beanstandet, weil der Betrag von 3.000 Euro die durchschnittliche Vergütung eines Sachverständigen deutlich überschreiten könne.[124] Dem ist entgegenzuhalten, dass es sich um einen Höchstbetrag, nicht um einen Mindestbetrag handelt, der unter Berücksichtigung der Umstände des Einzelfalls, mitunter auch der Kosten des jeweiligen

---

117 *Gegenäußerung BReg.*, BT-Drs. 18/6985, S. 28.

118 BT-Drs. 465/16, S. 2.

119 BT-Drs. 18/6985, S. 7.

120 So auch *DRB*, Stellungnahme Ref-E, S. 4; *DFGT*, Stellungnahme Ref-E, S. 5; *Heilmann*, Stellungnahme BT-Drs. 18/6985, S. 3.

121 MüKoZPO/*Zimmermann*, § 411 Rn. 7; *Gegenäußerung BReg.*, BT-Drs. 18/6985, S. 28.

122 MüKoZPO/*Zimmermann*, § 411 Rn. 7 benennt nur den Verzögerungsgrund der Arbeitsüberlastung; ebenso *OLG Celle* NJW 1972, 1524. So kann wohl auch der *DFGT*, Stellungnahme Ref-E, S. 5 verstanden werden.

123 *DIJuF*, Hinweise Ref-E, S. 3.

124 *FöDP*, Stellungnahme Ref-E, S. 4.

Gutachtens, festgesetzt werden soll. Auch muss es nicht zur Verhängung eines Ordnungsgeldes kommen, wenn der Sachverständige rechtzeitig um eine Fristverlängerung bittet bzw. Verzögerungsgründe rechtzeitig mitteilt. Deshalb greifen auch nicht die vorgebrachten Bedenken durch, dass die Androhung eines Ordnungsgeldes zu einer Einhaltung der Frist um jeden Preis führen könne.[125]

2. *Bedeutung für kindschaftsrechtliche Verfahren*

In kindschaftsrechtlichen Verfahren ist vor allem die vorgebrachte Kritik nicht von der Hand zu weisen, dass das Inaussichtstellen eines Ordnungsgeldes die Bereitschaft einiger Sachverständiger zur Gutachtenerstellung negativ beeinflussen und damit die bereits bestehende Mangellage tätiger Sachverständiger verschärfen kann.[126] Demnach ist im Bereich der Familienrechtspsychologie aktuell nicht zu erwarten, dass die Festsetzung eines Ordnungsgeldes weniger zu einem Mangel an Sachverständigen als vielmehr zu einer Verteilung der Gutachtenaufträge auf mehr Sachverständige führen wird.[127] Mit anderen Worten sich diejenigen abschrecken lassen werden, die ihre Arbeit nicht gewissenhaft machen.

Insgesamt ist die Auswahl an geeigneten und qualifizierten Familienpsychologen – wie bereits mehrfach ausgeführt – vergleichsweise gering. Daneben offenbart sich an dieser Stelle erneut die Problematik der fehlenden öffentlichen Bestellung von Sachverständigen im Bereich der Psychologie. Gerade auch vor dem Hintergrund einer möglicherweise abschreckenden Wirkung des § 411 Abs. 2 ZPO ist der Gesetzgeber daher aufgefordert, die bestehende Mangellage sukzessive zu verbessern. Hierzu müssen einerseits Strukturen geschaffen werden, die sich einer hinreichende Qualifikation von Sachverständigen in kindschaftsrechtlichen Verfahren verschreiben und andererseits muss es den Familiengerichten über die Einrichtung öffentlicher Sachverständigenlisten möglich sein, auf qualifizierte Sachverständige zurückgreifen zu können.

125 *DPG*, Stellungnahme Ref-E, S. 5; ähnlich *VAMV*, Stellungnahme Ref-E, S. 3.

126 *Stellungnahme BR*, BT-Drs. 18/6985, S. 24; *DFGT*, Stellungnahme Ref-E, S. 5: zumindest nicht förderlich.

127 So die generelle Erwartung der BReg. *Stellungnahme BReg.*, BT-Drs. 18/6985, S. 28.

6. Kapitel: Gutachtenbasierte Entscheidungsfindung und Richterfähigkeiten

Als weitere Problematik im Zusammenhang mit der Einbeziehung von Sachverständigengutachten in kindschaftsrechtlichen Verfahren, respektive dem Einfluss von Gutachten auf die Entscheidung, stellt sich deren adäquate Überprüfung durch die Gerichte dar. Aufgrund der unbestreitbaren faktischen Abhängigkeit der Gerichte von den Sachverständigen[1] ist es für sich genommen noch nicht zu bemängeln, wenn sich die Gerichte die Ausführungen der Sachverständigen zu eigen machen und ihrer Entscheidung zugrunde legen. Dies ist vielmehr logische Konsequenz der eigenen fehlenden Sachkunde. In ihrer Umfrage kamen *Grafe/Klosinski* zu dem Ergebnis, dass 78 % der Richter in 60–90 % der Fälle den Empfehlungen des Gutachters folgen, 16 % sogar in 9 von 10 Fällen.[2]

Bedenklich ist es nur, wenn die Ausführungen des Sachverständigen blind übernommen werden, erst recht wenn hierbei Mängel übersehen werden. Beispielhaft sei hier nur die aufsehenerregende Entscheidung des *BVerfG* vom 19.11.2014 erwähnt. Dort wurde die Verwertbarkeit des Gutachtens von den Fachgerichten nicht in Zweifel gezogen, obwohl sich dies geradezu hätte aufdrängen müssen (rassistische Bemerkungen des Sachverständigen, fragwürdiges Erziehungsleitbild als Maßstab).[3] Das ist zum einen den bereits angeführten teilweise undurchsichtigen Anforderungen an die Gutachtenerstellung geschuldet. Zum anderen müssen Familienrichter ihrerseits in der Lage sein, Gutachten nachzuvollziehen, zu bewerten und aus den Ausführungen des Sachverständigen rechtliche Schlussfolgerungen zu ziehen.

A. Anforderungen an die richterliche Beweiswürdigung (§ 37 FamFG)

I. Grundsatz der freien Beweiswürdigung

An die Sachverhaltsermittlung schließt sich die Feststellung an, ob die Tatsachenbehauptungen wahr oder unwahr sind. Nach einer Beweiserhebung ist

1 *Pieper/Breunung/Stahlmann*, S. 33.

2 Warnke/Trott/Remschmidt/*Grafe/Klosinski*, S. 56 (59).

3 *BVerfG* FamRZ 2015, 112 (114). Ein fragwürdiges Idealbild legte auch der Sachverständige im Verfahren vom 20.01.2016 an, *BVerfG* FamRZ 2016, 439 (441).

zu prüfen, ob der Beweis gelungen ist.[4] Ziel ist die richterliche Überzeugung (subjektiver Maßstab) vom Vorliegen oder Nichtvorliegen eines entscheidungserheblichen Sachverhalts. Die Würdigung richtet sich nach § 37 Abs. 1 FamFG.[5] Danach entscheidet der Familienrichter nach seiner freien, aus dem gesamten Inhalt des Verfahrens gewonnenen Überzeugung. Dabei sind alle Tatsachen und relevanten Erfahrungssätze[6] sowie „sämtliche Informationen, von denen das Gericht prozessordnungsgemäß Kenntnis erlangt hat"[7] mit einzubeziehen (formelle Entscheidungsgrundlage). Der Richter ist bei seiner Überzeugungsbildung frei, d. h. grundsätzlich nicht an Beweisregeln gebunden.[8] Er wägt selbständig ab, welches Gewicht er welchem Beweismittel beimisst.[9]

Auch wenn eine Begründung der Überzeugungsbildung in § 37 FamFG nicht explizit erwähnt wird, gilt die in § 286 Abs. 1 S. 2 ZPO genannte Begründungspflicht auch in FamFG-Verfahren. Das folgt bereits daraus, dass nach § 38 Abs. 3 S. 1 FamFG der Beschluss selbst zu begründen ist und ergibt sich zudem aus dem Gebot des rechtlichen Gehörs und dem verfassungsrechtlichen Willkürverbot.[10] Der Weg der richterlichen Überzeugungsbildung muss nachvollziehbar und nachprüfbar sein, wenngleich das Ergebnis von einer Rechtskontrolle ausgeschlossen ist.[11] Deshalb muss der Richter darlegen, auf welche Erkenntnisquellen er sich bei seiner Entscheidung gestützt hat und welche Gesichtspunkte für seine Entscheidung ausschlaggebend waren.[12]

II. Überzeugungsmaß und Beweismaß

Für den Überzeugungsmaßstab ist im Rahmen des § 37 Abs. 1 FamFG auf denjenigen zurückzugreifen, den die Rechtsprechung zu § 286 Abs. 1 ZPO entwickelt hat.[13] Nach der Auffassung des *BGH* reicht ein für das praktische Leben brauchbarer

---

4 Vgl. Prütting/Helms/*Prütting*, § 37 Rn. 9.

5 Der Grundsatz der freien richterlichen Beweiswürdigung gilt seit dem 19. Jahrhundert im deutschen Prozess- und Verfahrensrecht (vgl. § 286 ZPO), Prütting/Helms/*Prütting*, § 37 Rn. 4.

6 Vgl. Prütting/Helms/*Prütting*, § 37 Rn. 11.

7 Prütting/Helms/*Prütting*, § 37 Rn. 9.

8 Keidel/*Meyer-Holz*, § 37 Rn. 10; Zu berücksichtigende Beweisregeln: §§ 415–418, 435, 438 Abs. 2 ZPO (Urkundenbeweis), §§ 32–35 GBO, § 54 PStG, § 190 StGB.

9 BeckOKFamFG/*Burschel*, § 37 Rn. 13; Keidel/*Meyer-Holz*, § 37 Rn. 10.

10 *BVerfG* NJW 1994, 2279.

11 MüKoZPO/*Ulrici*, § 37 Rn. 10.

12 BeckOKFamFG/*Burschel*, § 37 Rn. 15; *BGH* NJW 1991, 1894.

13 Amtl. Begr. BT-Drs. 16/6308, S. 194; Keidel/*Meyer-Holz*, § 37 Rn. 10.

Grad an Gewissheit aus, der Zweifeln Schweigen gebietet, ohne sie völlig auszuschließen.[14] Weder ist eine überwiegende Wahrscheinlichkeit ausreichend[15] noch wird vollständige Gewissheit verlangt, weil sie sich nicht erreichen lässt.[16]

Dieser Maßstab gilt gleichermaßen für den Frei- und Strengbeweis.[17] Deshalb ist den Beweismitteln grundsätzlich ein gleicher Beweiswert zuzusprechen. Es wäre rechtsfehlerhaft, wenn das Gericht den Beweiswert eines bestimmten Beweismittels im Vergleich zu dem eines anderen Beweismittels immer geringer oder höher bewertet.[18] Daraus folgt, dass einem schriftlichen Sachverständigengutachten allein durch die Erhebung im Strengbeweisverfahren und dessen Formvorschriften noch nicht per se ein höherer Beweiswert zukommt, auch wenn das Strengbeweisverfahren gegenüber dem Freibeweis einige Vorteile mit sich bringt.[19] Psychologischen Gutachten kommt gerade keine absolute Beweiskraft zu, wie sie beispielsweise Gutachten in Abstammungssachen haben. Vielmehr handelt es sich grundsätzlich um ein gleichrangiges Beweismittel.[20] Deshalb muss der Beweiswert eines psychologischen Gutachtens im Einzelfall festgestellt werden.

III. Kritische Würdigung des Sachverständigengutachtens

1. Keine formelhafte Übernahme der Ausführungen

Das Familiengericht darf die Feststellungen des Sachverständigen demnach nur dann übernehmen, wenn es in freier Würdigung des gesamten Verfahrensinhaltes zu der persönlichen Überzeugung gelangt ist, dass die Schlussfolgerungen und Empfehlungen des Sachverständigen das Wohl des Kindes sichern. Die Gerichte müssen die Feststellungen des Sachverständigen eigenständig auf ihre rechtliche Relevanz hin auswerten.[21] Die im Rahmen der Beweiswürdigung erforderliche Gutachtenkontrolle durch das Gericht umfasst die formale und inhaltliche Richtigkeit des Gutachtens, insbesondere der Ergebnisse und deren Bedeutung für

---

14 *BGH* NJW 1970, 946; 1993, 935 (937).

15 *Keidel/Sternal*, § 29 Rn. 28; MüKoZPO/*Ulrici*, § 37 Rn. 14.

16 *BGH* NJW 1993, 935 (937); 1994, 1348 (1349); *Bumiller/Harders/Schwamb*, § 30 Rn. 22; *Keidel/Sternal*, § 29 Rn. 28.

17 Amtl. Begr. BT-Drs. 16/6308, S. 194; *BGH* NJW-RR 2012, 509 (510); MüKoZPO/*Ulrici*, § 37 Rn. 14; *Haußleiter/Gomille*, § 29 Rn. 14.

18 MüKoZPO/*Ulrici*, § 37 Rn. 10.

19 Siehe dazu ausführlich 3. Kapitel A.

20 So auch *Salzgeber*, Gutachten, S. 85.

21 Siehe nur *BVerfG* FamRZ 2015, 112.

das Kindeswohl.[22] Gestützt auf die Mindestanforderungen der Arbeitsgruppe „Familienpsychologische Gutachten“ betonte das *OLG Hamm* jüngst, dass das Ergebnis und die Empfehlungen eines Sachverständigengutachtens sind bezüglich der einzelnen Schlussfolgerungen dahingehend zu bewerten, ob sie auf konkreten (unstreitigen) Belegtatsachen beruhen.[23]

Formelhafte Formulierungen wie „nach überzeugender und nachvollziehbarer Auffassung des Sachverständigen“[24] oder „aufgrund des guten und nachvollziehbaren Gutachtens wird in Übereinstimmung mit dem Sachverständigen...“[25] genügen den Anforderungen einer kritischen Würdigung des Gutachtens jedenfalls nicht. Ebenso wenig genügt ein Vertrauen in die gute Reputation und Qualifikation des Sachverständigen.

2. *Beschränkte Überprüfbarkeit von Gutachten*

In Anbetracht dessen, dass das Gericht einen psychologischen Sachverständigen hinzuzieht, gerade weil ihm die erforderliche Sachkunde fehlt, sind der freien Überzeugungsbildung immanente Schranken gesetzt.[26] Der Umfang der Kontrolle hängt einerseits von der Sachkunde des Gerichts und andererseits von der Darstellung, Begründung und Erläuterung des Gutachteninhalts ab. Die Vorgehensweise und Untersuchungen des Sachverständigen kann selbst ein auf dem Gebiet tätiger anderer Sachverständiger nur dann nachvollziehen, wenn die Methoden, Ergebnisse und Schlussfolgerungen dargelegt wurden. Befundtatsachen können nicht überprüft werden, da sie außerhalb des Gerichtsverfahrens erhoben wurden. Die Gerichte müssen darauf vertrauen, dass die psychologischen Verfahren richtig durchgeführt und die Beobachtungen richtig dargelegt wurden. Daher beschränkt sich die freie Würdigung eines psychologischen Gutachtens darauf, dass dieses formal und inhaltlich plausibel und nachvollziehbar ist.[27]

---

22 *Salzgeber*, Gutachten, S. 84.

23 *OLG Hamm* FamRZ 2016, 1940, Ls.

24 *BVerfG*, Beschl. v. 20.01.2016 – 1 BvR 2742/15 –, juris Rn. 16.

25 *Pieper/Breunung/Stahlmann*, S. 9.

26 *Müller*, § 19 Rn. 689. Zur Überprüfung und Auswertung von familienpsychologischen Gutachten aus richterlicher Sicht, *Herrler*, NZFam 2015, 597.

27 Ebenso *Pieper/Breunung/Stahlmann*, S. 19.

3. *Abweichen vom Gutachten*

Eine weitere Einengung erfährt die freie Beweiswürdigung durch die hohen Anforderungen an das Gericht, wenn es vom Gutachten abweichen will. Das *BVerfG* vertritt in ständiger Rechtsprechung die Auffassung, dass die Fachgerichte berechtigt sind, im Einzelfall von fachkundigen Feststellungen und fachlichen Wertungen eines Sachverständigen abzuweichen, wenn sie eine *anderweitige zuverlässige Grundlage für ihre am Kindeswohl orientierte Entscheidung haben.*[28] Die abweichende Überzeugung ist ausreichend zu begründen[29] und muss erkennen lassen, dass sie nicht auf einem Missverständnis des Gutachtens oder mangelnder eigener Sachkunde beruht.[30] Es genügt jedenfalls nicht, die Ergebnisse des Gutachtens mit Hinweisen auf Ausführungen in Sachbüchern zu widerlegen.[31] Eigene Sachkunde des Gerichts über einschlägige Fachliteratur und Erfahrung mit Gerichtsgutachten ist aber durchaus geeignet, Gutachten besser zu verstehen.[32] Auch die Bezugnahme auf eine telefonische Auskunft eines anderen, unbenannten Sachverständigen reicht allein zur Begründung einer abweichenden Auffassung nicht aus.[33]

Ohne Frage kann und darf das Gericht das Gutachten seiner Entscheidung nicht zu Grunde legen, wenn es fehlerhaft ist. Darüber hinaus ist denkbar, dass sich die Aussagen des Sachverständigen nicht mit den anderweitig im Verfahren gewonnenen Erkenntnissen decken. Das Gericht kann zu dem Ergebnis gelangen, dass die Schlussfolgerungen des Sachverständigen nicht durchgreifen können, so wie in einem vom *OLG Brandenburg* zu entscheidenden Sorgerechtsverfahren nach § 1671 Abs. 1 S. 2 Nr. 2 BGB.[34] Das Gericht holte eine ergänzende Stellungnahme des bereits in erster Instanz beauftragten Sachverständigen zur Frage des zukünftigen Aufenthaltes des Kindes ein.[35] Damals hielt der Sachverständige noch beide Elternteile für grundsätzlich erziehungsfähig und stellte vergleichbar gute Förderungskompetenzen fest. Wegen der stark reduzierten Bindungstoleranz des Vaters gegenüber der nur leichten Bindungsintoleranz der Mutter,

---

28 Zuletzt *BVerfG* FamRZ 2017, 524; bereits 1999, 1417 (1418); 1999, 1285.

29 So bereits RGZ 162, 223 (227 f.); *BGH* NJW 1951, 566; 1989, 2948; *BayOLG* FamRZ 1980, 482: verlangt wohlerwogene und stichhaltige Gründe.

30 Vgl. *BGH* FamRZ 1961, 306, Ls. 3; *KG* FamRZ 1963, 308 (310); *OLG Hamm* MDR 1966, 62.

31 *Salzgeber*, Gutachten, S. 85.

32 So auch Bayerlein/Bleutge/Roeßner/*Grossam*, § 12 Rn. 1.

33 *OLG Schleswig* FamRZ 2008, 1363, 2. Ls.

34 *OLG Brandenburg*, Beschl. v. 12.03.2015 – 9 UF 20/14 –, juris.

35 *OLG Brandenburg*, Beschl. v. 12.03.2015 – 9 UF 20/14 –, juris Rn. 14.

sprach der Sachverständige sich für einen Verbleib der Kinder bei der Mutter aus.[36] In seinem Ergänzungsgutachten empfahl er dagegen den Wechsel der Kinder in den väterlichen Haushalt, da deutliche Einschränkungen der Erziehungskompetenz der Mutter bis hin zu psychischer und emotionaler Vernachlässigung der Kinder sowie eine Verfestigung ihrer eingeschränkten Bindungstoleranz zu erkennen seien.[37] Die Ergebnisse standen im massiven Widerspruch zu den Beobachtungen und Darstellungen der Familienhelferin und des Jugendamtes. Auch die Schule, Kindertagesstätte und der Hort konnten keine Auffälligkeiten feststellen. Da die übereinstimmenden positiven Beobachtungen der Familienhelferin und des Jugendamtes innerhalb eines deutlich längeren Zeitraums als die des Sachverständigen erfolgt waren, bewertete das Gericht die Ergebnisse des Ergänzungsgutachtens zu Recht als nicht überzeugend.[38]

In einer Entscheidung aus 2017 befand das *BVerfG* über die Verwertung eines Sachverständigengutachtens in einem Kindeswohlgefährdungsverfahren, welches für sich genommen an Mängeln litt und deshalb in seiner Gesamtheit keine verlässliche Grundlage für die Feststellung einer Kindeswohlgefährdung bot. Das *BVerfG* stellte zu Recht klar, dass sich die Fachgerichte dennoch auf einzelne Aussagen aus dem Gutachten stützen konnten. Dies sei dann verfassungsrechtlich unbedenklich, wenn die Mängel thematisiert, die fachliche Qualifikation des Sachverständigen geklärt und nachvollziehbar darlegt wird, inwiefern Aussagen aus dem Gutachten gleichwohl verwertbar sind und zur Entscheidungsfindung beitragen können.[39]

Festzuhalten ist, dass das Gericht allen Widersprüchen und Zweifeln am Gutachten nachgehen muss. Solche können sich aus dem Gutachten selbst ergeben, aus einem Vergleich zu anderen fachlichen Stellungnahmen sowie aus dem Vorbringen der Beteiligten. Erhebliche Zweifel kann auch eine privat eingeholte psychologische Stellungnahme zu einem erstatteten Gutachten begründen.[40] Nicht immer wird aber die Begründung der Abweichung vom Gutachten so leicht fallen, wie in der oben beschriebenen Fallkonstellation. *Pieper* hat nicht ganz Unrecht, wenn er in den zu erfüllenden Anforderungen im Falle eines Abweichens vom Gutachten „die Forderung nach zumindest gleich großer, wenn nicht sogar noch größerer Sachkunde des Gerichts" erblickt.[41]

---

36 *OLG Brandenburg*, Beschl. v. 12.03.2015 – 9 UF 20/14 –, juris Rn. 7.

37 *OLG Brandenburg*, Beschl. v. 12.03.2015 – 9 UF 20/14 –, juris Rn. 14.

38 *OLG Brandenburg*, Beschl. v. 12.03.2015 – 9 UF 20/14 –, juris Rn. 37.

39 *BVerfG* FamRZ 2017, 1055 (1056).

40 *OLG Schleswig-Holstein*, Beschl. v. 16.04.2014 – 8 UF 81/13 –, juris Rn. 4.

41 *Pieper*, ZZP 1971, 1 (25 f.).

B. Qualifikation von Familienrichtern

I. Tätigkeitsfeld des Familienrichters zwischen Masse und Komplexität

Für Familiensachen ist seit dem Ersten Eherechtsreformgesetz von 1976[42] als Eingangsinstanz das Amtsgericht mit seinen Abteilungen für Familiensachen ausschließlich zuständig (§§ 23a Abs. 1, 23b Abs. 1 GVG). Die Familiengerichte erledigen damit die Grundlagenarbeit. Sie sind nicht nur die erste, sondern häufig auch die letzte Instanz. In Kindschaftssachen spielt vor allem der Zeitfaktor für die Erfolgsaussichten der Beschwerde eine entscheidende Rolle. Auch wenn die Verfahren instanzenübergreifend dem Beschleunigungsgrundsatz unterliegen, kann dadurch nur bedingt verhindert werden, dass nicht wieder rückgängig zu machende Tatsachen geschaffen werden. Umso bedeutender erweist sich die gewissenhafte Tätigkeit der Familiengerichte.

Im Zuge der Kindschaftsrechtsreform 1998 wurden die bis dato auf die Familiengerichte, Vormundschaftsgerichte und Amtsgerichte als Prozessgerichte verteilten Zuständigkeiten für Kinder betreffende Verfahren einheitlich bei den Familiengerichten konzentriert („Großes Familiengericht").[43] Zu den Verfahren im Zusammenhang mit Trennung und Scheidung sind den Familiengerichten beispielsweise nunmehr auch die den ehemaligen Zuständigkeitsbereich der Vormundschaftsgerichte zugewiesenen Verfahren zur Herausnahme von Kindern aus Familien und zur Rückführung von Pflegekindern hinzugekommen. Selbst erfahrene Familienrichter dürften die große Bandbreite an Verfahrensarten, die unterschiedlichen Verfahrensvorschriften unterliegen, beklagen. Sich dabei auf dem neuesten Stand der Gesetzes- und Rechtsprechungsentwicklung zu halten, ist eine zweifellos anspruchsvolle Aufgabe. Neben den Kindschaftssachen stellen beispielsweise auch die Scheidungsfolgesachen eine immer breiter und komplexer werdende Rechtsmaterie mit Schnittstellen zu anderen Rechtsgebieten dar (z. B. Sozialrecht, Bilanz- und Steuerrecht, Versicherungsrecht und Gesellschaftsrecht). Die Anforderungen an die Familienrichter sind damit insgesamt sehr hoch.

42 Erstes Gesetz zur Reform des Ehe- und Familienrechts vom 14.06.1976, BGBl. I, S. 1421. Zur Entstehung der spezailisierten Familiengerichte siehe umfassend *Dutta*, RabelsZ 2017, 510 (513 ff.).

43 BT-Drs. 13/4899, S. 47.

Allein die kindschaftsrechtlichen Verfahren zu beherrschen, ist eine komplexe Aufgabe.[44] Sie sind vorrangig und beschleunigt vor anderen Verfahren durchführen. Gleichzeitig müssen die Gerichte den Sachverhalt hinreichend aufklären, um eine am Kindeswohl orientierte Entscheidung treffen zu können. Dabei müssen sie einschätzen können, inwieweit dafür ein Sachverständiger notwendig ist, diesen sorgfältig auswählen, die richtigen Beweisfragen stellen und schließlich das Gutachten auf etwaige Mängel überprüfen. Es muss angezweifelt werden, dass ein neu am Familiengericht tätiger Richter diese Aufgaben, neben den anderen Aufgaben, ohne spezifisches (Vor)Wissen zum Wohle des Kindes erfüllen kann.

Die Bemühungen, dem Umfang und der Komplexität der Verfahrensarten gerecht zu werden, werden zusätzlich in zeitlicher Hinsicht erschwert. Die Masse an zu bearbeitenden Akten beeinflusst de facto die Arbeitstiefe und Qualität der Entscheidungen, ein Missstand, der insbesondere in Kindschaftssachen seit langem kritisiert wird.[45] Umso wichtiger ist es, dass die Abteilungen für Familiensachen mit qualifizierten Familienrichtern besetzt werden.

II. Zugangsvoraussetzung für die Tätigkeit als Familienrichter

1. Geltende Rechtslage

Nach §§ 23a Abs. 1, 23b Abs. 3 S. 1 GVG gilt, dass die familiengerichtlichen Abteilungen mit Familienrichtern zu besetzen sind. Die Befähigung zum Richteramt erwirbt, wer ein rechtswissenschaftliches Studium an einer Universität mit der ersten Prüfung und einen anschließenden Vorbereitungsdienst mit der zweiten Staatsprüfung abschließt (§ 5 Abs. 1 DRiG). Der Kreis der Familienrichter wird kraft Gesetzes nur insoweit eingeschränkt, als dass Richter auf Probe (§ 12 DRiG) im ersten Jahr nach ihrer Ernennung noch keine Geschäfte des Familienrichters wahrnehmen dürfen (vgl. § 23b Abs. 3 S. 2 GVG). Das gilt auch für die Vertretung eines Familienrichters.[46]

Nach dem Zweck der sog. Probezeit soll der Richter die Justiz nicht nur punktuell kennenlernen, sondern übergreifend an verschiedenen Gerichten und Staatsanwaltschaften „erprobt“ werden. Das Gesetz spricht auch von „verwendet werden“ (§ 13 DRiG). Darin soll zum Ausdruck kommen, dass der Richter ohne

---

44 Zu den Besonderheiten von Familiensachen siehe auch *Dutta*, RabelsZ 2017, 510 (515 ff.).

45 Bereits *Salgo*, FamRZ 1984, 221.

46 Vgl. BeckOKFamFG/*Nickel*, § 111 Rn. 47; Zur verfassungsrechtlichen Unbedenklichkeit *BVerfG* NJW 1980, 692.

seine Zustimmung an ein anderes Gericht oder eine andere Behörde zugewiesen werden kann. Die Ernennung zum Richter auf Lebenszeit erfolgt frühestens nach drei (§ 10 Abs. 1 DRiG), spätestens nach fünf Jahren (§ 12 Abs. 2 S. 1 DRiG). In Hessen beträgt die richterliche Probezeit in der Regel 3,5 bis 4 Jahre.[47]

2. *Bedenken gegen die Einsetzung von Richtern auf Probe*

Juristen genießen eine allgemeine Ausbildung, die sie nach Ablegung des zweiten juristischen Staatsexamens grundsätzlich zur Ausübung aller denkbaren juristischen Berufe qualifiziert. Die Ausbildung erfolgt ungeachtet individueller Spezialisierungen rechtsgebietsübergreifend. Von einem Richter auf Probe wird erwartet, dass dieser sich ein ihm bisher unbekanntes Rechtsgebiet erarbeiten kann.

Beim Dezernat des Familienrichters handelt sich wie eben dargestellt um eine vergleichsweise sehr komplizierte Materie, die den Richtern viel abverlangt[48] und eine gewisse Einarbeitungszeit erfordert. Von Neuzugängen kann weder in zeitlicher noch inhaltlicher Hinsicht die gleiche Leistung erwartet werden wie von erfahrenen Kollegen. Die Gewährung einer längeren Einarbeitungszeit gestaltet sich bei Richtern auf Probe allerdings problematisch. Denn sie können nach vergleichsweise kurzer Zeit (1–2 Jahre) schon wieder versetzt werden. Daher kann unter den aktuellen Bedingungen die Besetzung eines familienrechtlichen Dezernats mit Richtern auf Probe nicht befürwortet werden und steht einer reibungslosen Rechtspflege eher im Weg.[49]

3. *Mögliche Neuregelung*

Es ist die Aufgabe des Gesetzgebers, die Qualität der Rechtspflege zu sichern. Das wirft die Frage auf, wie die Situation an den Familiengerichten verbessert werden könnte.

a) *Keine Besetzung mit Richtern auf Probe (Schnitzler)*

Schnitzler vertritt die Auffassung, dass die Regelung des § 12 DRiG dahingehend abgeändert werden sollte, dass Richter auf Probe überhaupt nicht als Familienrichter eingeteilt werden können.[50] Mit dieser Forderung möchte er den Zustand

---

47 *Richterbund Hessen*, Assessorenmappe, S. 9.

48 So auch *Schnitzler*, FF 2015, 133 (133), Editorial.

49 Anders aber *Dutta*, RabelsZ 2017, 510 (534): verlangt eine gewisse Berufserfahrung, die über die einjährige Erfahrung als Richter auf Probe hinausgehe.

50 *Schnitzler*, FF 2015, 133 (133), Editorial.

herstellen, der bis zur Wiedervereinigung der Bundesrepublik bestand. Im Zuge der Bildung von Familiengerichten durch das Erste Gesetz zur Reform des Ehe- und Familienrechts (1. EheRG) vom 14.06.1976[51] wurde die Norm des § 23b GVG eingefügt, in dessen Abs. 3 S. 2 es hieß: *Ein Richter auf Probe darf Geschäfte des Familienrichters nicht wahrnehmen.*

Mit dem Gesetz zur Entlastung der Rechtspflege vom 11.01.1993[52] wurde Abs. 3 in die bis heute geltende Fassung abgeändert. Das Gesetz diente dem Aufbau eines funktionierenden Justizwesens in den neuen Ländern sowie der Entlastung der Rechtspflege insgesamt.[53] Proberichter sollten nach einjähriger Amtszeit ausweislich der Gesetzesbegründung als Vertreter eines geschäftsplanmäßigen Familienrichters eingesetzt oder bei gesteigertem Geschäftsaufkommen mit der Verwaltung einer Abteilung des Familiengerichts betraut werden können.[54]

Seit der Wiedervereinigung hat sich das Justizsystem neu strukturiert. Auch heute noch ist die hohe Belastung der Gerichte ein großes Thema. Eine Entlastung der Gerichte durch zusätzliche Richterstellen wäre flächendeckend wünschenswert. Aufgrund der Komplexität des Familienrechts kann aktuell nicht davon ausgegangen werden, dass die Einsetzung von Familienrichtern auf Probe unter den gegebenen Umständen (Masse und Komplexität der Verfahrensarten) zu einer merklichen Entlastung beiträgt. Vielmehr muss erwartet werden, dass Richter auf Probe an den Familiengerichten größtenteils überfordert sein werden.

Dennoch sollte Richtern während ihrer Probezeit nicht gänzlich der Zugang zu den Familiengerichten verwehrt werden. Die Forderung *Schnitzlers* birgt die Gefahr, dass die Familiengerichte im Ergebnis funktionsunfähig werden. Wenn dort keine Proberichter mehr eingesetzt werden dürfen, sind die Familiengerichte darauf angewiesen, dass sich genügend verbeamtete Richter auf das Amt des Familienrichters bewerben. Denn diese können ohne ihre Zustimmung nicht ohne Weiteres versetzt werden. Die Justizverwaltung würde durch die Forderung *Schnitzlers* zudem der Möglichkeit beraubt werden, die durch Elternzeit, Schwangerschaft und Krankheit auftretenden Schwankungen in der personellen Besetzung der Familiengerichte durch die Verwendung von Proberichtern punktuell abzufangen.

---

51 BGBl. I, S. 1421.

52 BGBl. I, S. 50.

53 BT-Drs. 12/1217, S. 1; siehe auch *Schnitzler*, FF 2014, 133 (133), Editorial.

54 BT-Drs. 12/1217, S. 46.

b) Erleichterung des Berufseinstiegs für Richter auf Probe

Damit die Stellen nicht unbesetzt bleiben, das Interesse von Richtern auf Probe für das Rechtsgebiet geweckt wird und gleichzeitig die Qualität der Jurisprudenz nicht leidet, wäre denkbar, ihnen den Einstieg zu erleichtern. Als Lösung käme in Betracht, Richtern auf Probe an den Familiengerichten als Eingewöhnungszeit für einen bestimmten Zeitraum ein minimiertes Dezernat zu übertragen. Das ist bei den Neuzugängen in der Staatsanwaltschaft bereits gängige Praxis.[55] Neben einer Reduzierung der Anzahl der Akten könnte ihnen ein begrenzter Bereich an Verfahren aus dem Zuständigkeitsbereich der Familiengerichte übertragen werden. Ihnen sollten aus den benannten Gründen jedenfalls vorerst keine Kindschaftssachen zugeteilt werden.

Dieser Vorschlag ist allerdings nicht ohne Weiteres umzusetzen und wäre mit einem erhöhten Arbeitsaufwand für die Geschäftsstellen verbunden. Der Verteilungsschlüssel für Verfahren müsste neu strukturiert werden. Weiterhin sollten für eine derartige Umsetzung zudem neue Stellen geschaffen werden. Denn wenn Berufseinsteiger in den Abteilungen für Familiensachen ein vermindertes Dezernat übertragen bekommen, müssen zwangsläufig ihre Kollegen die übrige Arbeit leisten. Ansonsten würden die bereits jetzt überlasteten Familiengerichte zusätzlich belastet werden, was sich wiederum auf die Qualität ihrer Arbeit auswirken wird.

c) Gesetzliche Verschärfung der Eingangsvoraussetzungen

Die Problematik nicht hinreichend qualifizierter Familienrichter besteht nicht nur bei Familienrichtern auf Probe, sondern auch bei Dezernatswechslern. Selbst jahrelange Erfahrungen in anderen Rechtsgebieten qualifizieren einen Richter wegen der Unterschiedlichkeit der Rechtsgebiete noch lange nicht zum Familienrichter.[56] Die Forderung nach besserer Qualifikation der Familienrichter ist so alt wie die Forderung nach Familiengerichten selbst. Immer wieder lebt die Forderung im Rahmen von Gesetzgebungsverfahren auf, ohne dass bisher eine Regelung festgeschrieben wurde.[57] Der deutsche Gesetzgeber wollte bereits bei Schaffung der Familiengerichte diese mit „besonders sachkundigen", „besonders erfahrenen und qualifizierten" bzw. „entsprechend befähigten" Richtern besetzt

55 Das Dezernat bei der Staatsanwaltschaft ist für Proberichter in den ersten sechs Wochen auf ca. 30 % abgesenkt, *Richterbund Hessen*, Assessorenmappe, S. 13.

56 Dazu auch *Heilmann*, Stellungnahme zum Reg-E v. 11.03.2016, S. 2.

57 Siehe hierzu bereits *Salgo*, FamRZ 1984, 221 (226 ff.); *Dutta*, RabelsZ 2017, 510 (529 ff., insbesondere 534 ff.).

wissen.[58] Allgemeines „Erfahrungswissen" reicht in kindschaftsrechtlichen Verfahren, wie bereits aufgezeigt, grundsätzlich nicht aus, um sich als sachkundig auf dem Gebiet bezeichnen zu können.[59]

Der Grundsatz der Bestenauslese nach Art. 33 Abs. 2 GG gilt für alle Ämter des Richters wie des Staatsanwalts und ermöglicht es, die Besetzung der verschiedenen Ämter von spezifischen, dem Rechtsgebiet angepassten Anforderungen abhängig zu machen.[60] Zulässig erscheint es daher, Richter mit Vorkenntnissen auf dem Gebiet des Familienrechts, beispielsweise durch eine Dissertation oder erworbene Qualifikationen, zu bevorzugen. Bereits in anderen Bereichen hat der Gesetzgeber eingesehen, dass schärfere Zugangsvoraussetzungen unerlässlich sind, um die Qualität richterlicher Tätigkeit zu fördern. So werden seit dem 01.01.2013 für die Besetzung der Insolvenzgerichte besondere Voraussetzungen verlangt (§ 22 Abs. 6 GVG: *belegbare Kenntnisse auf den Gebieten des Insolvenzrechts, des Handels- und Gesellschaftsrechts sowie über Grundkenntnisse der für das Insolvenzverfahren notwendigen Teile des Arbeits-, Sozial- und Steuerrechts und des Rechnungswesens*). Besondere Eingangsvoraussetzungen gelten auch für im Jugendstrafrecht eingesetzte Richter. Sie sollen nach § 37 JGG *erzieherisch befähigt und in der Jugenderziehung erfahren sein.*

Ähnliche Überlegungen gibt es nunmehr auch auf dem Gebiet des Familienrechts.[61] In Anlehnung an § 22 Abs. 6 GVG schlägt *Heilmann* eine Ergänzung des § 23b Abs. 3 GVG vor: *Richter in Familiensachen sollen über belegbare Kenntnisse auf dem Gebiet des Kindschaftsrechts sowie über Grundkenntnisse der für das familiengerichtliche Verfahren notwendigen Teile des Kinder- und Jugendhilferechts und der Psychologie, Pädagogik und sozialen Arbeit verfügen. Einem Richter, dessen Kenntnisse auf diesen Gebieten nicht belegt sind, dürfen die Aufgaben eines Familienrichters nur zugewiesen werden, wenn der Erwerb der Kenntnisse alsbald zu erwarten ist.*[62] Etwas kürzer, aber mit der gleichen Zielrichtung, formulierte auch der *Berufsverband Deutscher Psychologinnen und Psychologen (BDP)* die Norm des § 23 b GVG neu: *dass für die Wahrnehmung von Geschäften des Familienrichters besondere belegbare Kenntnisse und Erfahrungen im Umgang mit dem Kindschaftsrecht erforderlich sind.*[63]

---

58 BT-Drs. 7/650, S. 79, 189.

59 Prütting/Helms/*Prütting*, § 163 Rn. 4; Staudinger/*Coester*, § 1666 Rn. 284.

60 *DRB*, Qualität, S. 6.

61 *Heilmann*, Stellungnahme zum Reg-E v. 11.03.2016, S. 1; so auch *VAMV*, Stellungnahme zum Ref-E v. 22.07.2015, S. 4: betreffend Berufseinsteiger und Dezernatswechsel.

62 *Heilmann*, Stellungnahme 18/6985, S. 2.

63 *Kannegießer*, Stellungnahme 18/6985, S. 4.

Die Formulierung des *BDP* ist gegenüber der von *Heilmann* zu unspezifisch. Die gesetzliche Regelung muss erkennen lassen, aus welchen konkreten Bereichen, namentlich Kinder- und Jugendhilferecht, Psychologie, Pädagogik und soziale Arbeit, und mit welcher Tiefe Kenntnisse verlangt werden. Der Vorschlag von *Heilmann* deckt die vorhandenen Schnittstellen des Kindschaftsrechts ab. Um ihre Stellungnahmen auswerten und für die Entscheidung verwenden zu können, müssen Familienrichter die Grundzüge ihres Arbeitsfeldes kennen. In seiner letzten Sitzung am 06.07.2016 forderte auch der Ausschuss § 23b Abs. 3 GVG um den Vorschlag von *Heilmann* zu ergänzen.[64] Dem ist vollumfänglich zuzustimmen. Eine gesetzgeberische Umsetzung ist leider nicht erfolgt. Es ist nicht nachvollziehbar, warum von allen professionell am Verfahren Beteiligten (Fachanwälte, Verfahrensbeistände, Mitarbeiter des Jugendamtes und Gutachter) spezielle Qualifikationen verlangt werden, von Familienrichtern als Verfahrensführer und Verfahrensentscheider aber nicht.

4. *Reformvorschlag zu den Eingangsvoraussetzungen*

§ 23b Abs. 3 GVG sollte um folgenden Satz ergänzt werden:

> *Richter in Familiensachen sollen über belegbare Kenntnisse auf dem Gebiet des Kindschaftsrechts sowie über Grundkenntnisse der für das familiengerichtliche Verfahren notwendigen Teile des Kinder- und Jugendhilferechts und der Psychologie, Pädagogik und sozialen Arbeit verfügen. Einem Richter, dessen Kenntnisse auf diesen Gebieten nicht belegt sind, dürfen die Aufgaben eines Familienrichters nur zugewiesen werden, wenn der Erwerb der Kenntnisse alsbald zu erwarten ist.*

Allerdings müsste in einer etwaigen Gesetzesbegründung genauer erläutert werden, wann derartige Kenntnisse bzw. Grundkenntnisse als erfüllt gelten und inwieweit diese belegt werden können (Dissertation, Seminare etc.). Ebenso bedarf es näherer Erläuterung, was unter dem Wort „alsbald“ zu verstehen ist. Nach hiesiger Auffassung müssen bereits vor Aufnahme der Tätigkeit als Familienrichter Kenntnisse im Familienrecht und in den benannten Schnittstellen vorliegen. Keinesfalls müssen aber bereits in allen Bereichen (vertiefte) Kenntnisse erlangt worden sein. Mit Aufnahme der Tätigkeit können fehlende Bereiche über die Teilnahme an Seminaren abgedeckt werden. Nicht ausreichend ist es jedenfalls, erst mit Aufnahme der Tätigkeit als Familienrichter entsprechende Seminare zu belegen. Das fehlende Wissen kann wohl kaum neben der Bearbeitung der verschiedenen Verfahren in Familiensachen aufgeholt werden.

---

64 BT-Drs. 18/9092, S. 13.

III. Fortbildungspflicht für Familienrichter

1. *Aktuell keine Fortbildungspflicht für Richter und Staatsanwälte*

Um den hohen und steigenden Anforderungen an den Beruf des Familienrichters gerecht werden zu können, müssen Familienrichter die geforderten Kenntnisse regelmäßig auffrischen und vertiefen.[65] Das betrifft nicht nur Jungrichter, sondern alle tätigen Richter bis sie in Pension gehen.

Zwar sollte der Wille zur stetigen Fortbildung schon dem Selbstverständnis von Richtern entsprechen. Der *Deutsche Richterbund (DRB)* beschreibt die Weiterbildung von Richtern als Obliegenheit im öffentlichen Interesse und zur Gewährung von Rechtssicherheit für unabdingbar.[66] In ihrer Stellung als unabhängige Richter und Interessenvertreter des Volkes dürfe von ihnen eine eigenständige Qualitätssicherung und -kontrolle erwartet werden. Insoweit sei die Fortbildungsverpflichtung als ihrem Berufsstand immanent anzusehen.[67] Ein solches Engangement ist aber in der Realität sehr unterschiedlich ausgeprägt. Eine Erhebung des *DRB* ergab, dass die Zahl der Richter, die sich nicht weiterbilden, leider immer noch erschreckend groß ist.[68]

Nur in der Probezeit werden Richter und Staatsanwälte in den ersten Jahren ihrer Amtszeit zur Teilnahme an verschiedenen mehrwöchigen Veranstaltungen verpflichtet. Das was die Juristenausbildung in nicht ausreichendem Maße zu leisten vermag, soll post-assessoral nachgeholt werden. Die Veranstaltungen zum Berufseinstieg dienen der Einführung in die Arbeits- und Entscheidungstechniken in den unterschiedlichen Bereichen der Justiz.[69] Eine darüber hinausgehende stetige Fort- und Weiterbildung hängt letztlich vom Eigenengagement der Richter und Staatsanwälte ab.

2. *Forderung nach einer Fortbildungspflicht*

Im Zusammenhang mit den Gesetzesbestrebungen zum Sachverständigenrecht lebte auch die Forderung nach einer gesetzlichen Fortbildungspflicht für Richter im Allgemeinen wieder auf.[70] Beim *22. DFGT* wurde die Fortbildung im

---

65 So auch u. a. *Salgo*, NJW-aktuell 23/2016, S. 3; *Dutta*, RabelsZ 2017, 510 (535).

66 *DRB*, Qualität, S. 9.

67 *DRB*, Eckpunkte, S. 1.

68 *DRB*, Qualität; siehe auch *Heilmann*, Stellungnahme zum Reg-E v. 11.03.2016, S. 3.

69 *DRB*, Qualität, S. 9.

70 *Heilmann*, Stellungnahme zum Reg-E v. 11.03.2016, S. 2; *ders.*, FamRZ 2015, 92 (93); *DJB*, Stellungnahme zum Ref-E v. 12.08.2015, S. 5; *VAMV*, Stellungnahme zum Ref-E v. 22.07.2015, S. 4; siehe auch *Salgo*, NJW-aktuell 23/2016, S. 3.

Familienrecht nunmehr umfassend erörtert. Der Arbeitskreis empfiehlt einstimmig, für Familienrichter eine gesetzliche Fortbildungspflicht, insbesondere im Kindschaftsrecht, auch mit seinen außerjuristischen Bezügen, festzuschreiben.[71]

Damit Richter und Staatsanwälte ihrer Fortbildungsverpflichtung nachkommen können, muss die Justizverwaltung und Politik entsprechende Fortbildungsmöglichkeiten anbieten. Die Pflicht des Staates, die Voraussetzungen für eine verantwortungsvolle und effektive Rechtspflege zu schaffen, endet nicht mit der Besetzung der Abteilungen und Ernennung der Richter auf Lebenszeit. Die Fortbildungsveranstaltungen sollen einen (interdisziplinären) Austausch ermöglichen und aktuelle gesellschaftliche und rechtliche Entwicklungen beleuchten, aber auch organisatorische Aspekte und die Außenwirkung umfassen.[72] Gemeinsame Fortbildungen aller am kindschaftsrechtlichen Verfahren beteiligten Professionen empfiehlt auch der Arbeitskreis des *22. DFGT*.[73] Für die dafür erforderlichen personellen und sachlichen Ressourcen muss gesorgt werden.[74] Das bestehende Angebot der *Deutschen Richterakademie*[75] und der *Justizakademien der Länder*[76] sollte ausgebaut werden. Gleichzeit muss der Personalbedarf im Rahmen von PEBB§Y (Personalbedarfsberechnungssystem für die deutschen Justizbehörden) angepasst werden, damit sich die Arbeitsbelastung der Gerichte nicht noch weiter verschärft.[77] Denn das Streben nach einer Steigerung der Qualifizierung der Richter darf keinesfalls zu einer Steigerung des Risikos fehlerhafter oder verzögerter Entscheidungen führen, die auf Grund personalen und damit auch zeitlichen Drucks zwangsläufig entstehen.

3. *Anregung zum Erlass einer Fortbildungspflicht durch die Bundesländer*

Bereits im Entwurf der Bundesregierung für ein 2. Justizmodernisierungsgesetz[78] wurde vorgeschlagen, in das Deutsche Richtergesetz einen § 43a einzufügen mit dem Wortlaut: *Der Richter ist verpflichtet, sich fortzubilden.*[79] Da im Zuge

---

71 *22. DFGT*, Fortbildung im Familienrecht, S. 1.

72 Hierzu insgesamt *DRB*, Qualität, S. 10.

73 *22. DFGT*, Fortbildung im Familienrecht, S. 2.

74 So auch *DRB*, Qualität, S. 4, 9.

75 Das Jahresprogramm ist einsehbar auf der Homepage www.deutsche-richterakademie.de (zuletzt abgerufen am 01.03.2017).

76 Zum Angebot siehe https://justizakademie.hessen.de/irj/Justizakademie_Internet (zuletzt angerufen am 01.03.2017).

77 *DRB*, Qualität, S. 10; *ders.*, Eckpunkte, S. 1; *22. DFGT*, Fortbildung im Familienrecht, S. 2.

78 BT-Drs. 16/3038.

79 BT-Drs. 550/06, S. 4 f.

der Föderalismusreform von 2006[80] die Gesetzgebungskompetenz für Richter im Landesrecht auf die Bundesländer übertragen wurde, hatte der Bundestag letztlich auf die Empfehlung des Rechtsausschusses[81] hin auf eine Umsetzung verzichtet. Die Experten-Arbeitsgruppe Familiengerichtliche Maßnahmen bei Gefährdung des Kindeswohls, die anlässlich erschütternder Misshandlungs- und Vernachlässigungsfälle im Auftrag der Bundesjustizministerin Brigitte Zypries im März 2006 einberufen wurde, griff den Vorschlag in ihren Abschlussberichten vom 17.11.2006[82] und 14.07.2009[83] wieder auf.

Aktuell finden sich lediglich in drei Bundesländern dem § 43a DRiG-E vergleichbare Regelungen zur Fortbildungspflicht. In Baden-Württemberg heißt es in § 8a LRiStaG: *Die Richter sind verpflichtet, sich fortzubilden. Die dienstliche Fortbildung ist vom Dienstherrn durch geeignete Maßnahmen zu fördern.* Der identische Wortlaut, lediglich in der Singularform („Der Richter...") findet sich im Richtergesetz von Sachsen-Anhalt (§ 7 LRiG). Gleiches ist auch in § 13 LRiStaG des Landes Nordrhein-Westfalen geregelt, mit der expliziten Einbeziehung auch von Staatsanwälten und Staatsanwältinnen. Die übrigen Bundesländer sollten eine entsprechende Regelung in ihr Landesrecht aufnehmen, um eine bundeseinheitliche Fortbildungsverpflichtung für Richter einzuführen.

4. Vereinbarkeit mit der richterlichen Unabhängigkeit aus Art. 97 GG

Ob eine Fortbildungspflicht mit der richterlichen Unabhängigkeit aus Art. 97 GG zu vereinbaren ist, wird aktuell (wieder) kontrovers diskutiert.[84] Das *Bundesjustizministerium* als auch der *DRB* sehen die richterliche Unabhängig als gefährdet an, wobei die Argumentation sehr oberflächlich bleibt. So sei eine Überprüfung der richterlichen Tätigkeit einzig über den Rechtsmittelweg und eine Dienstaufsicht möglich.[85] Hierbei überzeugt schon nicht, die Fortbildungspflicht als weitere Überprüfung von Richtern zu begreifen. Vielmehr ermöglicht die regelmäßige Fortbildung den Richtern erst eine unabhängige und freie Entscheidungsfindung.

In diesem Sinne stärkt die Fortbildungspflicht die richterliche Unabhängigkeit, statt sie zu verletzen. Speziell die freie und selbstbestimmte Entscheidungsfindung

80 BGBl. I 2006, S. 2034.
81 BT-Drs. 16/3640, S. 49.
82 *Arbeitsgruppe Kindeswohlgefährdung*, Bericht 2006, S. 12 f.
83 *Arbeitsgruppe Kindeswohlgefährdung*, Bericht 2009, S. 24 f.
84 Siehe hierzu nur *Salgo*, NJW-aktuell 23/2016, S. 3.
85 Eine Übersicht findet sich bei *Salgo*, NJW-aktuell 23/2016, S. 3

durch Familienrichter ist gefährdet, wenn diese sich mangels sozialwissenschaftlicher und psychologischer Sachkunde nicht mit den professionell am Verfahren Beteiligten auseinandersetzen können. Hinsichtlich des Umgangs mit Gutachtern und Gutachten wurde die Notwendigkeit und Problemtaik fachlichen Austauschs bereits an mehrfacher Stelle thematisiert und kritisiert (Notwendigkeit der Einholung eines Gutachtens, Auswahl des Sachverständigen, Kontrolle und Verwertbarkeit des Gutachtens). Zum Zwecke des effektiven Rechtsschutzes der sensiblen Grundrechte des Kindes und der Eltern und der existentiellen Bedeutung der gerichtlichen Entscheidung für ihr weiteres Leben ist die Fortbildungspflicht in Kindschaftssachen als Qualitätssicherungsmittel der Entscheidung ein legitimes Mittel. Nur wenn die Bedingungen für fachlichen Austausch geschaffen werden, kann die von allen Professionen geforderte Kommunikation und Kooperation zum Wohle des Kindes verbessert werden. *Salgo* geht sogar so weit, aus Art. 97 GG einen Rechtsanspruch auf eine regelmäßige und hochqualifizierte Fortbildung von Richtern und Staatsanwälten herzuleiten.[86]

Wenig überzeugend ist deshalb auch der Einwand des *DRB*, dass es jedem Richter selbst überlassen sein müsse, welche Art der Fortbildung und welche Gegenstände hierbei sinnvoll sind. Seiner Ansicht nach dürfe die Teilnahme an bestimmten Fortbildungen nicht (Zugangs-)Voraussetzung für die Übertragung einzelner Aufgaben sein.[87] Gleichzeitig räumt der *DRB* aber ein, dass die Fortbildungspflicht auch die Ausgestaltung der Modalitäten zur Erfüllung selbiger umfasse, da sie andernfalls eine bloße Leerformel bliebe.[88] Hierbei sind vor allem der zeitliche Umfang und die Vereinbarkeit mit dem Alttagsgeschäft, d. h. die sachlichen und personellen Kapazitäten zu regeln. Der Arbeitskreis des *22. DFGT* empfiehlt einstimmig, für Familienrichter eine gesetzliche Fortbildungspflicht – entsprechend den Regelungen der Fachanwaltschaft – von mindestens 15 Stunden jährlich, insbesondere im Kindschaftsrecht, auch mit seinen außerjuristischen Bezügen, festzuschreiben.[89]

Typischerweise können Fortbildungsverpflichtungen über die Teilnahme an Seminaren erfüllt werden. Gleichermaßen wie Fachanwälte sollten sich Richter auch im Wege von Publikation (Aufsätzen, Kommentierungen o. Ä.) in den Gebieten des Kindschaftsrechts und Kinder- und Jugendhilferechts fortbilden können. Grundkenntnisse in den außerjuristischen Schnittstellen der Psychologie,

---

86 *Salgo*, NJW-aktuell 23/2016, S. 3.

87 *DRB*, Qualität, S. 9; *ders.*, Eckpunkte, S. 1 f.; a.A. ist auch *Heilmann*, Stellungnahme zum Reg-E v. 11.03.2016, S. 2.

88 So nunmehr auch der *DRB*, Eckpunkte, S. 1.

89 *22. DFGT*, Fortbildung im Familienrecht, S. 1.

Pädagogik und sozialen Arbeit sollten aber über Seminare von auf diesen Gebieten tätigen Personen erwartet werden. Das Angebot sollte von den Justizministerien kontrolliert werden.

Auf diese Weise wäre über die Zugangsvoraussetzungen hinaus sichergestellt, dass sich die Familienrichter fortbilden müssen. Unabhängig davon, wann die restlichen Bundesländer eine solche Regelung schaffen, sollte schon allein wegen der geforderten schärferen Zugangsvoraussetzungen zu den Familiengerichten durch die Justizministerien ein „umfassendes, hochwertiges und bedarfsdeckendes Angebot“[90] an Seminaren für das Kindschaftsrecht und seine Schnittstellen gesichert werden.

IV. Einrichtung von Spezialabteilungen für Kindschaftssachen

Solange auf der Ebene der Amtsgerichte die verschiedenen Verfahren nach bestimmten Verteilungsschlüssel grundsätzlich auf alle Familienrichter verteilt werden, ist die Spezialisierung des Familienrichters auf den Gebieten des Kinder- und Jugendhilferechts, der Psychologie und der Pädagogik angesichts der Masse an verschiedenen Familiensachen und Verfahren der freiwilligen Gerichtsbarkeit eine schier unmögliche Aufgabe.

Es erscheint notwendig, die Abteilung Familienrecht ähnlich wie bei der Staatsanwaltschaft, in verschiedene Dezernate einzuteilen. Die Einteilung sollte sich an den Büchern bzw. Abschnitten des FamFG orientieren. Die Familiensachen des 2. Buches könnten in zwei Dezernate unterteilt werden: einerseits die Ehesachen, Ehefolgensachen und sonstige im Zusammenhang mit der Ehe stehenden Verfahren (Abschnitt 2, 6–12) und andererseits die Kindschaftssachen, Abstammungssachen und Adoptionssachen (Abschnitt 3–5). Ein 3. Dezernat könnte die Verfahren aus Buch 3 bis einschließlich Buch 8 umfassen. Die vorgeschlagenen Zugangsvoraussetzungen in § 23b Abs. 3 GVG wären dann auf das Dezernat der Kindschaftssachen zu beschränken. Auf diese Weise wäre es den Familienrichtern möglich, sich gezielt über die Entwicklungen in ihrem Dezernat auf dem aktuellen Stand in der Wissenschaft und Rechtsprechung zu halten, statt sich wie aktuell in der Masse an Entwicklungen im Familienrecht zu verlieren.

Problematisch könnte sich bei einer derartigen Einteilung jedoch die Durchführung eines Verbundverfahrens erweisen (§ 137 FamFG). Nach § 137 Abs. 3 kann eine Kindschaftssache (elterliche Sorge, Umgang, Herausgabe des Kindes) als Folgesache in den Verbund mit einem anhängigen Scheidungsverfahren

90 *DRB*, Eckpunkte, S. 1.

beantragt werden. Das hätte bei Einteilung in die vorgeschlagenen Dezernate zur Folge, dass ausnahmsweise der für Ehesachen zuständige Familienrichter eine dezernatsfremde Kindschaftssache entscheiden müsste. Das Gericht kann den Antrag auf Verbund allerdings zurückweisen, wenn es die Einbeziehung aus Gründen des Kindeswohls für nicht sachgerecht hält. Dies wird wegen des Grundsatzes der Verfahrensbeschleunigung regelmäßig der Fall sein.[91] Eine Überschneidung der Zuständigkeitsbereiche wird daher nur im Ausnahmefall zu erwarten sein. Da aber bereits eine einzige falsche kindschaftsrechtliche Entscheidung eines auf diesem Gebiet nicht qualifizierten Familienrichter eine zu viel ist, erscheint es sinnvoll, Kindschaftssachen komplett aus dem Verbund herauszunehmen.

Gegen die Herausnahme aus dem Verbund sprechen keine gewichtigen Gründe. Zwar gilt, dass die Kosten (insbesondere die außergerichtlichen) sich verringern. Funktional bietet das Verbundverfahren jedoch keine Vorteile, die einem Ausschluss entgegenstehen würden. Die Herausnahme würde vielmehr die allseits gepredigte Trennung von Paar- und Elternebene unterstützen. Zudem ist die strikte Trennung beider Verfahren (Scheidung und Kindschaftssache als Folgesache) geeignet, zu einer Entschärfung der elterlichen Konflikte beizutragen. Die Eltern bekommen in der Kindschaftssache einen neutralen Richter zugeteilt, auf den sich nicht etwaige negative Erfahrungen aus den anderen Folgesachen übertragen. Dadurch würde die im Zuge des 1. EheRG von 1976 begonnene Trennung von Scheidung und elterliche Sorge vollendet werden.

Daneben können auch Überschneidungen zwischen Kindesunterhaltsverfahren und Kindschaftsverfahren bestehen, insbesondere weil die Frage des Aufenthaltes des Kindes über den „anspruchsberechtigten" Elternteil entscheidet. Jedoch ist dies unter den oben genannten Gründen kein Argument, sich gegen die Herausnahme aus dem Verbund zu stellen. Solche Konstellationen sind schlicht und ergreifend mit prozessualen Mitteln zu lösen, sei es durch die Beiziehung von Akten, oder (sofern sich als Folge eines parallelen Kindschaftsverfahrens der Aufenthalt und damit die Anspruchsberechtigung ändert) durch die Erledigungserklärung im Unterhaltsverfahren.

Bedenken könnten auch dahingehend geltend gemacht werden, dass sich die Konzentration von Kindschaftssachen auf eine bestimmte Anzahl von Familienrichtern negativ auf die Pflicht zur frühen Terminierung und Beschleunigung der kindschaftsrechtlichen Verfahren auswirken könnte. Dem kann entgegen gehalten werden, dass durch die Einführung von Zugangsvoraussetzungen und

---

91 Keidel/*Weber*, § 137 Rn. 22.

die Unterteilung in Dezernate eine Spezialisierung erreicht wird, die sich auch auf die Qualität der Verfahrensführung auswirken wird. Selbstverständlich muss zusätzlich sichergestellt werden, dass genügend Familienrichter dem Dezernat für Kindschaftssachen, Abstammungssachen und Adoptionssachen zugeteilt sind. Das lässt sich anhand der durchschnittlichen Neuzugänge von Kindschaftssachen berechnen und kann bei Bedarf angepasst werden.

V. Fazit zum 6. Kapitel

Zusammenfassend ist festzuhalten, dass die aktuellen Zugangsvoraussetzungen für Familienrichter nicht ausreichen, eine kindeswohlorientierte Verfahrensgestaltung sicherzustellen. Familienrechtspsychologische Grundkenntnisse sind notwendig, um psychologische Sachverständige effizient in das Verfahren einbeziehen und die Gutachten vollumfänglich würdigen zu können. Hier besteht weiterer gesetzgeberischer Handlungsbedarf.

Die Eingangsvoraussetzungen für die Bekleidung des Amtes des Familienrichters sollten angehoben und die Familienrichter darüber hinaus zur regelmäßigen Fortbildung verpflichtet werden. Damit die Richter diese Anforderungen erfüllen können, müssen seitens des Staates die dafür erforderlichen Bedingungen geschaffen werden, insbesondere die Bereitstellung entsprechender Fortbildungsmöglichkeiten und die Besetzung der Familiengerichte mit einer ausreichenden Anzahl an Richtern. Als längerfristiges Projekt sollten an den Familiengerichten eigene Dezernate für Kindschaftssachen geschaffen und die Herausnahme von Kindschaftssachen im Verbundverfahren (§ 137 FamFG) angestrebt werden, um die in Kindschaftssachen geforderten besonderen Kompetenzen zu verdichten. In der Konsequenz würden sich die aktuell für alle Familienrichter geforderten Zugangsvoraussetzungen auf diejenigen Familienrichter in den Dezernaten für Kindschaftssachen beschränken.

7. Kapitel: Gesamtfazit und Ausblick

A. Zusammenfassende Thesen

1. Die Etablierung der Familienrechtspsychologie hat die Entwicklungen im Kindschaftsrecht wesentlich geprägt. Durch den familienpsychologischen Sachverständigen wird für die Sachverhaltsermittlung notwendiges psychologisches Fachwissen in das kindschaftsrechtliche Verfahren eingebracht, welches den Familienrichtern in aller Regel fehlt.
2. Der psychologische Sachverständige nimmt eine Sonderstellung in Kindschaftssachen ein. Im Vergleich zu den anderen am Verfahren beteiligten Professionen (Verfahrensbeistand, Mitarbeiter des Jugendamtes) verfügt er über diagnostische und analytische Datenerhebungsmethoden zur Erlangung wissenschaftlich gesicherter Prognosen für die Entwicklungsbedingungen des Kindes. Gleichzeitig ist er mittlerweile in vielen Bereichen (Ablehnungsgründe, § 406 ZPO; eigenverantwortliches Hinwirken auf Einvernehmen, § 163 Abs. 2 FamFG) dem Familienrichter nahezu gleichgestellt und fungiert als dessen Berater.
3. Es besteht eine unbestreitbare faktische Einflussnahme des familienpsychologischen Sachverständigen auf die gerichtliche Entscheidung. Zudem verstärkt sich durch die Einholung eines solchen Gutachtens der Zielkonflikt kindschaftsrechtlicher Verfahren, möglichst schnell eine zuverlässige Grundlage für eine am Kindeswohl orientierte Entscheidung zu erlangen.
4. Umso wichtiger ist es, dass die Familiengerichte im Rahmen ihrer Amtsermittlungspflicht die Sachverständigen umfassend anleiten, um die Kontrolle über den Begutachtungsprozess und das Verfahren zu behalten. Den mit einer Begutachtung einhergehenden Risiken (faktische Präjudizierung, Belastung der Beteiligten und Verzögerung des Verfahrens) ist durch die frühzeitige Beauftragung, die Setzung einer angemessenen Frist und die Formulierung konkreter Beweisfragen entgegenzuwirken.
5. Das Gelingen einer notwendigen am Kindeswohl orientierten Zusammenarbeit zwischen Gutachter und Familienrichter erfordert eine enge Kommunikation und Kooperation im Vorfeld, während und im Anschluss an die Begutachtung.
6. Die Frage der Notwendigkeit eines familienpsychologischen Gutachtens bemisst sich nach den Vorgaben des dem jeweiligen kindschaftsrechtlichen Verfahren zugrunde liegenden materiellen Rechts, insbesondere nach dem

jeweiligen Kindeswohlmaßstab (§ 1671, § 1684, § 1666 BGB) und den Entscheidungsalternativen sowie den verfassungsrechtlichen Wertungen.

7. Hierbei müssen die Möglichkeiten und Grenzen psychologischer Begutachtungen beachtet werden. So existiert kein ideales Erziehungskonzept, an dem Psychologen die Elternteile messen und miteinander vergleichen können. Unterschiede können über die konkreten Bedürfnisse des Kindes und die Fähigkeiten der Eltern, diese zu erkennen und zu befriedigen sowie über Erziehungseinschränkungen festgestellt werden.

8. Selbst innerhalb der verschiedenen kindschaftsrechtlichen Verfahren (§ 1671, § 1684, § 1666 BGB) sind generelle Aussagen zur Notwendigkeit von psychologischen Sachverständigengutachten nur in sehr engen Grenzen möglich.

9. In Sorgerechtsverfahren nach § 1671 BGB bemisst sich die Notwendigkeit eines Gutachtens im Wesentlichen nach einer Gesamtschau der Sorgerechtskriterien für den einen oder den anderen Elternteil. Bei gegenläufigen Kriterien oder widersprechenden Anhaltspunkten kann ein Sachverständigengutachten zur tiefergehenden Aufklärung beitragen.

10. Bei bestehenden Zweifeln an der Beachtlichkeit einer ablehnenden Haltung des Kindes oder konkreten Anhaltspunkten für eine Beeinflussung des Kindeswillens kann nur ein Psychologe beurteilen, ob der geäußerte Kindeswille Ausdruck der inneren Überzeugung des Kindes ist oder auf negativen Erlebnissen bzw. negativer Haltung eines Elternteils beruht.

11. Auch bei Anhaltspunkten für einen sexuellen Missbrauch kann nur ein Psychologe beurteilen, ob die Vorwürfe erlebnisbasiert sind oder nicht. Für die Befragung des Kindes muss der Sachverständige über aussagepsychologische Kenntnisse verfügen. Zur Feststellung pädophiler Neigungen ist darüber hinaus ein psychiatrisches Persönlichkeitsgutachten einzuholen.

12. Die für die Feststellung einer konkreten Kindeswohlgefährdung i.S.d. § 1666 BGB erforderliche Beurteilung der Entwicklungsbedingungen des Kindes ist wegen der hohen verfassungsrechtlichen Anforderungen in Art. 6 Abs. 2, 3 GG oft nur mit Hilfe eines psychologischen Gutachten möglich.

13. Die zu erwartenden hohen Kosten für ein familienpsychologisches Gutachten dürfen die Frage der Notwendigkeit der Einholung eines solchen nicht beeinflussen. Die Kosten sollten aber dann in den Blick genommen werden, wenn das Gutachten mangelhaft ist. Hier ist durch die Gerichte insbesondere zu überprüfen, ob ein Grund zur Vergütungskürzung nach § 8a JVEG vorliegt oder ob nach § 81 FamFG ausnahmsweise von der Erhebung der Kosten abzusehen ist.

14. Die mangelhafte Qualität familienpsychologischer Gutachten ist im Wesentlichen auf drei Aspekte zurückzuführen: die ungenügenden Qualifikationsanforderungen an familienpsychologische Sachverständige, den Mangel an rechtsverbindlichen Mindeststandards bei der Erstellung derartiger Gutachten und die nicht hinreichende Qualifikation von Familienrichtern.
15. Angesichts der hohen Einflussnahmemöglichkeiten des Sachverständigen auf die Entscheidung muss seine Eignung für die konkreten Beweisfragen besonders sorgfältig überprüft werden. Für die Erstellung eines psychologischen Gutachtens in Kindschaftssachen sind nur ausgebildete Psychologen mit rechtspsychologischen bzw. forensischen Kenntnissen und Erfahrungen im Familienrecht qualifiziert. Die im Einzelfall mit Blick auf die konkreten Beweisfragen zusätzlich zu fordernden Qualifikationen ergeben sich aus dem Reformvorschlag zu § 163 FamFG unter Punkt B. und sollten durch die Gerichte sichergestellt werden.
16. Es sollten öffentlich einsehbare Listen mit qualifizierten psychologischen Sachverständigen eingerichtet werden, um die Suche nach einem geeigneten Sachverständigen zu erleichtern und zu beschleunigen. Neben öffentlichen Listen der jeweiligen Qualifizierungsstellen (z. B. BDP/DGPs) sind die strukturellen Voraussetzungen zu schaffen, damit auch für den Bereich der Psychologie Sachverständige öffentlich bestellt werden können.
17. Trotz vielfältiger berufsständischer Richtlinien und Empfehlungen gibt es keine rechtsverbindlichen Mindeststandards für die Erstellung von familienpsychologischen Gutachten. Eine Verbesserung im Umgang mit psychologischen Gutachten durch die Familiengerichte und deren Überprüfbarkeit ist nur dann möglich, wenn allgemein gültige Qualitätskriterien bestehen. Die durch die Arbeitsgruppe „Familienrechtliche Gutachten" entwickelten Mindestanforderungen waren ein notwendiger Schritt auf dem Weg zur Sicherung der Gutachtenqualität.
18. Die Familiengerichte dürfen sich durch die Einholung eines Gutachtens nicht ihrer Aufgabe entledigen, kindschaftsrechtliche Verfahren selbst zu entscheiden.
19. Richter müssen sich im Rahmen der Beweiswürdigung mit dem Gutachten kritisch auseinandersetzen und dürfen dieses nicht bedenkenlos übernehmen. Damit dies auch bei den Familienrichtern gewährleistet ist, sollte der Zugang zu den Familiengerichten an bestimmte Eignungsvoraussetzungen geknüpft werden. Familienrichter sollten über nachweisbare Kenntnisse auf dem Gebiet des Kindschaftsrechts sowie über Grundkenntnisse der für das

familiengerichtliche Verfahren notwendigen Teile des Kinder- und Jugendhilferechts und der Psychologie, Pädagogik und sozialen Arbeit verfügen.

20. Um die geforderte Spezialisierung von Familienrichtern effektiv nutzen zu können, sollten die Familiengerichte als längerfristiges Ziel in verschiedene Zuständigkeitsbereiche eingeteilt werden. Hierbei sollten die Kindschaftssachen ein eigenes Dezernat umfassen.

21. Schließlich sollten die Bundesländer landesrechtliche Vorschriften erlassen, welche (Familien)Richter zur regelmäßigen Fort- und Weiterbildung verpflichten.

B. Reformvorschlag zu Sachverständigengutachten in Kindschaftssachen

§ 163 FamFG Sachverständigengutachten

(1) In Verfahren nach § 151 Nr. 1 bis 3 soll das Gutachten durch einen geeigneten Sachverständigen mit psychologischer oder ärztlicher Berufsqualifikation und rechtspsychologischen bzw. forensischen Kenntnissen und Erfahrungen im Familienrecht erstattet werden.

(2) [1]Bei der Auswahl eines geeigneten Sachverständigen ist durch das Gericht sicherzustellen, dass der Sachverständige auch über die für das konkrete Verfahren, das konkrete Beweisthema und die konkrete Begutachtungsart erforderlichen Zusatzqualifikationen verfügt. [2]Das ist in der Regel anzunehmen, wenn der Sachverständige

1. *in Fragen des Sorgerechts und Umgangsrechts über Kenntnisse und Erfahrungen auf dem Gebiet der Familienrechtspsychologie mit Bezügen zur Entwicklungspsychologie, Bindungsforschung, Trennungs- und Scheidungsforschung sowie pädagogischen und klinischen Psychologie verfügt.*
2. *in Fragen der Kindeswohlgefährdung über aussagepsychologische, psychoanalytische oder psycho-pathologische Kenntnisse und Erfahrungen sowie über Kenntnisse des SGB VIII verfügt.*
3. *beim Auftrag zur Herstellung des Einvernehmens nach Abs. 4 über intervenierende, psychoedukative und mediative Kenntnisse und Erfahrungen verfügt.*

(3) Wird schriftliche Begutachtung angeordnet, setzt das Gericht dem Sachverständigen zugleich eine Frist, innerhalb derer er das Gutachten einzureichen hat.

Aktueller Abs. 2 wird Abs. 4:
[*(4)* Das Gericht kann in Verfahren, die die Person des Kindes betreffen, anordnen, dass der Sachverständige bei der Erstellung des Gutachtens auch auf die Herstellung des Einvernehmens zwischen den Beteiligten hinwirken soll.]

(5) Das Gericht hat den Sachverständigen über den Ausgang des Verfahrens zu unterrichten und ihm eine Abschrift der ergangenen Entscheidung zu übersenden.

C. Reformvorschlag zur Qualifikation von Familienrichtern

§ 23b GVG

(3) [1]Die Abteilungen für Familiensachen werden mit Familienrichtern besetzt. [2]Ein Richter auf Probe darf im ersten Jahr nach seiner Ernennung Geschäfte des Familienrichters nicht wahrnehmen. [3]*Richter in Familiensachen sollen über belegbare Kenntnisse auf dem Gebiet des Kindschaftsrechts sowie über Grundkenntnisse der für das familiengerichtliche Verfahren notwendigen Teile des Kinder- und Jugendhilferechts und der Psychologie, Pädagogik und sozialen Arbeit verfügen. Einem Richter, dessen Kenntnisse auf diesen Gebieten nicht belegt sind, dürfen die Aufgaben eines Familienrichters nur zugewiesen werden, wenn der Erwerb der Kenntnisse alsbald zu erwarten ist.*

D. Ausblick

Aufgrund der bekanntgewordenen Mängel in familienpsychologischen Gutachten und ihrer besonderen Bedeutung in Kindschaftssachen war ein politisches Eingreifen unumgänglich. Die Reform des Sachverständigenrechts[92] ist ohne Frage ein richtiger und notwendiger Schritt, die Qualität von Gutachten im Familienrecht zu verbessern. Ausreichend ist sie aber auf keinen Fall. Die Qualifikationsanforderungen an Sachverständige in Kindschaftssachen werden nicht hinreichend konkret festgeschrieben. Aus dem Gesetzestext muss eindeutig hervorgehen, in welchen Verfahren und Fallkonstellationen welche zusätzlichen Qualifikationen zu fordern sind. Hier besteht Nachbesserungsbedarf.

In § 163 FamFG sollten auf einen Blick alle Anforderungen und Vorgaben im Zusammenhang mit der Einholung familienpsychologischer Sachverständigengutachten in kindschaftsrechtlichen Verfahren normiert werden, selbst wenn ihnen teilweise nur klarstellende Bedeutung zukommt.

---

92 BGBl. I, S. 2222.

Daneben bleibt abzuwarten, wann und in welcher Form die Bundesregierung und die Länder der Aufforderung in der Beschlussfassung des Bundestages nachkommen, einen Gesetzesentwurf zu verfassen, mit dem angemessene Eingangsvoraussetzungen für Familienrichter und eine Fortbildungspflicht eingeführt werden. Eine zeitnahe Umsetzung ist unter Kindeswohlgesichtspunkten dringend notwendig, damit die familiengerichtliche Praxis sicheren Kurs auf das Kindeswohl nehmen kann.

8. Anhang: Checkliste zur Einholung eines familienpsychologischen Sachverständigengutachtens

Um die Einholung eines psychologischen Sachverständigengutachtens in Kindschaftssachen zukünftig effektiver zu gestalten, sollten die Familiengerichte folgende Schritte einhalten. Dabei werden die festgestellten Mängel aufgegriffen. Die Checkliste möchte sicherstellen, dass sich die Gerichte mit den wichtigsten Fragen im Zusammenhang mit der Einholung eines psychologischen Sachverständigengutachtens intensiv auseinandersetzen und den Beweisbeschluss so konkret wie möglich formulieren, um Unklarheiten vorzubeugen. Sie ist keinesfalls abschließend zu verstehen. Vielmehr sind die Punkte als notwendige Mindestanforderungen an die Beauftragung und Zusammenarbeit zwischen Gerichten und Sachverständigen zu verstehen.[1]

I. Nach dem frühen ersten Termin

1. Ist die Einholung eines Sachverständigengutachtens geboten?*
2. Zu welchem Themenbereich wird Sachverständigenexpertise benötigt?
3. Welche Qualifikation muss der Sachverständige haben?* Hierbei gibt der Reformvorschlag zu § 163 FamFG Hilfestellung.
4. Kontaktaufnahme mit einem potentiellen Sachverständigen, um seine fachliche Eignung und seine zeitlichen Kapazitäten abzuklären. Ggf. bereits Möglichkeiten des Zusatzauftrages (Herstellung des Einvernehmens) klären.

II. Erlass des Beweisbeschlusses

1. Welche Beweisfragen sind dem Sachverständigen zu stellen? Kindeswohlmaßstab beachten!*
2. Soll angeordnet werden, dass der Sachverständige bei der Erstellung des Gutachtens auch auf die Herstellung des Einvernehmens zwischen den Beteiligten hinwirken soll?*
3. Benennung der Person des Gutachters.*
4. Benennung der Tatsachen, von denen der Sachverständige auszugehen hat (sog. Anknüpfungstatsachen).

1 Die Checkliste lehnt sich teilweise an die von Heilmann/*Heilmann*, § 163 Rn. 66 an. Übernommene Punkte sind mit einem * gekennzeichnet.

5. An den Einzelfall angepasste Fristsetzung!*
6. Hinweis an die Beteiligten, dass etwaige Einwände gegen die Person des Sachverständigen unverzüglich vorzubringen sind.
7. Hinweis an den Sachverständigen: Bitte um
   - unverzügliche Rücksprache bei jeglichen Unklarheiten hinsichtlich des Gutachtenauftrages
   - Nachricht über anberaumte Explorationstermine*
   - unverzügliche Benachrichtigung bei unzureichender Mitwirkung eines Beteiligten*
   - unverzügliche Benachrichtigung über sonstige Komplikationen oder Unklarheiten
   - Rücksprache, sofern aus Sicht des Sachverständigen weitere Personen in die Begutachtung mit einbezogen werden sollten
   - Hinweis, soweit aus Sicht des Sachverständigen eine Eilentscheidung des Familiengerichts zur Veränderung der tatsächlichen Verhältnisse des Kindes geboten ist.*
8. Aktenübersendung*

III. Während der Begutachtungsphase

1. Überwachung der Sachverständigenfrist*
2. Ggf. Sachstandsnachfragen an Sachverständigen in angemessenen (kurzen) Zeitabständen!*
3. Ggf. Einschreiten des Familiengerichts bei fehlender Mitwirkung eines Beteiligten,* z. B. Anhörung des Beteiligten unter Gegenwart des Sachverständigen
4. Ggf. Prüfung der Voraussetzungen einer Nachfristsetzung sowie der Androhung bzw. Festsetzung eines Ordnungsgeldes gegen den Sachverständigen.*

IV. Nach Eingang des Gutachtens

1. Gewährung rechtlichen Gehörs und i.d.R. zugleich Anberaumung eines Termins, ggf. Ladung des Sachverständigen*
2. Prüfung der Verwertbarkeit des Gutachtens*
3. Bei Zweifeln an der Verwertbarkeit oder sonstigen Unsicherheiten Anberaumung eines Termins zur mündlichen Erläuterung des Gutachtens.

V. Nach Entscheidung des Gerichts

Übersendung einer Abschrift der Entscheidung nebst Entscheidungsgründen an den Sachverständigen.

Studien zum deutschen und internationalen Familien- und Erbrecht

Band 1 Jessica Kriewald: Statusrelevante Erklärungen des Familienrechts. 2009.

Band 2 Martin Gilbert: Unmoralische Angebote, Grundrechtskitsch und die kalte Hand des Erblassers. 2009.

Band 3 Anja Vellmer: Religiöse Kindererziehung und religiös begründete Konflikte in der Familie. Eine rechtsübergreifende Darstellung familiärer religiöser Konflikte und der staatlichen Instrumentarien zu ihrer Lösung. 2010.

Band 4 Uta Heidenreich: Auskunfts- und Wertermittlungsansprüche des Pflichtteilsberechtigten. 2010.

Band 5 Ulla Möhn: Vertrauensschutz im intertemporalen Scheidungsunterhaltsrecht. Zugleich eine Analyse des § 36 Nr. 1 EGZPO. 2010.

Band 6 Gabriele Metternich: Verfügungsverhalten von Erblassern. Eine empirische Untersuchung als Beitrag zur Rechtstatsachenforschung und Reformdiskussion auf dem Gebiet des Erbrechts. 2010.

Band 7 Patrick Schroer: Europäischer Erbschein. Mit rechtsvergleichender Darstellung. 2010.

Band 8 Isabella Toscano: Ehescheidungen mit grenzüberschreitendem Bezug. Von divergierenden nationalen Scheidungsvoraussetzungen zu einem einheitlichen europäischen Scheidungsrecht? 2011.

Band 9 Ulrich Kühle: Die gerichtliche Überprüfung von Erb- und Pflichtteilsverzichtsverträgen im Spiegel ehevertraglicher Inhaltskontrolle. 2011.

Band 10 Gregor Blüm: Härtefälle im Recht des Versorgungsausgleichs. Eine legitimationszentrierte Untersuchung der Rechtsprechung zur Generalklausel des § 1587c Nr. 1 BGB a. F. unter Berücksichtigung der Neuerungen in der Härtefallregelung des § 27 VersAusglG. 2011.

Band 11 Linda Schlegel: Die Bedeutung des vorehelichen Zusammenlebens im Scheidungsfolgenrecht. 2011.

Band 12 Tobias Breitling: Rechtsfolgen von sittenwidrigen Bedingungen in Verfügungen von Todes wegen. Erblasserwille und objektives Recht. 2012.

Band 13 Anja Sommer: Das Verhältnis von Familiengericht und Jugendamt. Kooperation zum Wohle des Kindes? 2012.

Band 14 Pia Maria Schulze: Das deutsche Kindschafts- und Abstammungsrecht und die Rechtsprechung des EGMR. 2012.

Band 15 Sebastian Schaufert: Das Verbot der Doppelverwertung von Vermögenspositionen bei Unterhalt und Zugewinn. 2012.

Band 16 Natalie Ivanits: Die Stellung des Kindes in auf Einvernehmen zielenden gerichtlichen und außergerichtlichen Verfahren in Kindschaftssachen. 2012.

Band 17 Robert Bauer: Die Neuerungen im ehelichen Güterrecht. Eine kritische Untersuchung der Rechtslage nach der Reform von 2009. 2013.

Band 18 Birthe Schekahn: Tatsächliche Unterhaltsleistungen faktischer Lebensgefährten im Todesfall. Ein Vorschlag für eine Reform des § 844 Abs. 2 BGB und zugleich eine Definition der faktischen Lebensgemeinschaft. 2013.

Band 19 Michelle Favier: Die gemeinsame rechtliche Elternschaft von eingetragenen Lebenspartnern durch die Annahme eines Kindes. 2014.

Band 20 Holke-Leonie Doench: Mediation als kindgerechtes Verfahren. 2014.

Band 21 Katharina Frank: Eheverträge als effektives Gestaltungsinstrument. Die Grenzen der Privatautonomie im englischen und deutschen Sachrecht sowie im europäischen Zivilverfahrens- und Kollisionsrecht. 2015.

Band 22 Renata von Pückler: Der Ausgleich konkurrierender Ehegattenunterhaltsansprüche. 2015.

Band 23 Sandra Schröder: Wer hat das Recht zur rechtlichen Vaterschaft? Vorschlag zur Neugestaltung der rechtlichen Stellung des biologischen Vaters im Abstammungsrecht bei Bestehen einer sozial-familiären Beziehung zwischen Kind und rechtlichem Vater. Unter Berücksichtigung interdisziplinärer und historischer Aspekte. 2015.

Band 24 Kerstin Aust. Das Kuckuckskind und seine drei Eltern. Eine kritische Würdigung der bestehenden Rechtslage mit Vorschlägen für interessengerechte Regelungen unter rechtsvergleichenden Aspekten aus dem EMRK-Raum. 2015.

Band 25 Marc Alexander Voigt: Abstammungsrecht 2.0. Ein rechtsvergleichender Reformvorschlag vor dem Hintergrund der Methoden der künstlichen Befruchtung. 2015.

Band 26 Carola Berneiser: Die verfahrensrechtliche Neuregelung der Erörterung der Kindeswohlgefährdung in § 157 FamFG. Möglichkeiten und Grenzen der Umsetzung in der familiengerichtlichen Praxis. 2015.

Band 27 Hüsniye Saygin: Geschlechtergerechtigkeit unter dem Deckmantel der Leitbildneutralität. Trennungs- und Scheidungsfolgen im Spiegel der Ehe- und Familienförderung. 2016.

Band 28 Dragana Damljanovic: Das Wechselmodell. Geltendes Recht und Reformbedarf. 2016.

Band 29 Bianca Reichert: Die erbrechtliche Ausgleichung von Unterhaltsleistungen an behinderte Abkömmlinge. 2017.

Band 30 Meike Löwer: Familienpsychologische Sachverständigengutachten in Sorge-, Umgangs- und Kindeswohlgefährdungsverfahren. Zur effektiven Einbeziehung von psychologischen Sachverständigen in kindschaftsrechtlichen Verfahren zum Wohle des Kindes. 2017.

www.peterlang.com

www.ingramcontent.com/pod-product-compliance
Ingram Content Group UK Ltd.
Pitfield, Milton Keynes, MK11 3LW, UK
UKHW021834290926
8980IPUK00004B/455

9 783631 73616